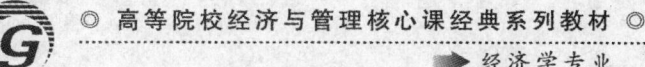

◎ 高等院校经济与管理核心课经典系列教材 ◎

➤ 经济学专业

# 公共财政学

GONGGONG CAIZHENGXUE

（第三版）

安体富 ◎ 主审

梁 朋 ◎ 主编

首都经济贸易大学出版社
Capital University of Economics and Business Press
·北京·

图书在版编目(CIP)数据

公共财政学/梁朋主编. —3 版. —北京:首都经济贸易大学出版社,
2012.8
(高等院校经济与管理核心课经典系列教材·经济学专业)
ISBN 978 - 7 - 5638 - 1494 - 7

Ⅰ.①公…  Ⅱ.①梁…  Ⅲ.①公共财政—财政学  Ⅳ.①F810

中国版本图书馆 CIP 数据核字(2012)第 166386 号

---

公共财政学(第三版)
安体富  主审    梁朋  主编

---

| | |
|---|---|
| 出版发行 | 首都经济贸易大学出版社 |
| 地　　址 | 北京市朝阳区红庙(邮编 100026) |
| 电　　话 | (010)65976483　65065761　65071505(传真) |
| 网　　址 | http://www.sjmcb.com |
| E - mail | publish@cueb.edu.cn |
| 经　　销 | 全国新华书店 |
| 照　　排 | 首都经济贸易大学出版社激光照排服务部 |
| 印　　刷 | 北京地泰德印刷有限责任公司 |
| 开　　本 | 710 毫米×1000 毫米　1/16 |
| 字　　数 | 364 千字 |
| 印　　张 | 19 |
| 版　　次 | 2003 年 9 月第 1 版　2006 年 8 月第 2 版　**2012 年 8 月第 3 版**<br>2012 年 8 月总第 8 次印刷 |
| 印　　数 | 24 001 ~ 28 000 |
| 书　　号 | ISBN 978 - 7 - 5638 - 1494 - 7/F·867 |
| 定　　价 | 29.00 元 |

---

图书印装若有质量问题,本社负责调换
版权所有　侵权必究

# 出版总序

经济领域竞争的实质,是人才的竞争;而人才的培养,有赖于教育,尤其是培养高素质专业人才的高等教育。目前直至今后相当长的一个时期内,我们还缺乏一大批理念先进,勇于创新,善于管理,精通业务,既熟悉现代市场经济运行规则,又精通专业知识,适应国内经济发展和国际竞争需要的高级经济类、管理类专业人才。

教育是当代科技生产力发展的基础,是科学技术转化为现实生产力的条件,是培养高素质专门人才和劳动者的根本途径,也是实现管理思想、管理模式、管理手段现代化的重要因素。

人才的培养离不开教材,教材是体现教学内容的知识载体,是进行教学的基本工具,更是培养人才的重要保证。

教材质量直接关系到教育质量,教育质量又直接关系到人才的培养质量。因而,教材质量与人才培养质量密切相关。

正是由于教材质量在实施科教兴国的发展战略中具有十分重要的作用,我们在策划与组织编写本套教材的过程中倾注了大量的心血、人力和物力。

我们希望奉献给广大教师、学生、读者的是一套经得起专家论证和实践检验的经济与管理类各专业核心课精品系列教材。

在策划和编写本套教材的过程中,我们始终贯彻精品战略的指导思想,使之具有如下特点:

第一,以全面推进素质教育为着眼点,以教育部《普通高等教育教材建设与改革的意见》为指导,面向现代化,面向未来,面向经济全球化,充分考虑学科体系和知识体系的完备性、系统性和科学性,同时兼顾教材的实用性和可读性,以适应教学和教材改革的需要,适应国内外经济发展的需要,适应培养高素质、创新型、复合型专业人才的需要,并力求教材具有体系新、内容新、资料新、方法新的特点。

第二,在广泛调查研究的基础上,通过多所国内著名高等院校一批有着丰富教学经验的专家教授论证和推荐,优化选题,优选编者。参加本套教材论证和编写的专家教授分别来自北京大学、清华大学、中国人民大学、中国政法大学、对外经济贸易大学、复旦大学、上海交通大学、首都经济贸易大学、东北财经大学、西南财经大学、中南财经政法大学、上海财经大学、天津财经大学、武汉大学、南开大学、天津商学院、南京大学、华中科技大学、北京科技大学、厦门大学、北京工商大学、四川大学、中央财经大学等多所国内著名高等院校。

第三，在选择教材内容以及确定知识体系和编写体例时，注意素质教育和创新能力、实践能力的综合培养，为学生在基础理论、专业知识、业务能力以及综合素质的协调发展方面创造条件。在确定选题时，一方面考虑了当前经济与管理类各相关学科发展和实践的迫切需求，一方面又贯彻了教育部关于专业核心课的设置及素质教育的要求；除传统课程外，在充分学习和借鉴国外经典教材的基础上，编选了部分带有前沿性、创新性的专业教材，以利于中外高等教育在课程设置方面的接轨。

第四，考虑到培养复合型人才的实际需要，本套教材突破了原有的较为狭隘的专业界限和学科界限，在经济学和管理学两大一级学科的统领下，广纳多个分支学科的基础课、专业基础课、专业主干课教材。这些分支学科和专业包括工商管理、经济学、金融学、人力资源管理、物流学、广告学、会计学、市场营销、电子商务、国际经济与贸易、旅游管理、行政管理、信用管理等。从纵向上看，各学科、各专业的教材自成体系，完整配套；从横向上看，各学科、各专业的教材体系又是开放式的，相互交叉，学科与专业之间没有明确的界限，以便于各院校、各专业根据自身的培养目标设置课程，交叉选用。

本套教材自身也是开放式的。我们将根据学科发展的需要、教学改革的需要、专业设置和课程调整的需要、中国经济建设的需要，不断加以补充和完善。

本套教材不仅是一大批专家教授多年科研成果和教学实践的总结，同时在编写体例上也有所突破和创新，希望它的出版能够对我国经管专业高级专业人才的培养有所帮助。

出版者

# 修订第三版前言

　　时光飞驰,光阴似箭,弹指间《公共财政学》的上次修订已经是6年前的事了,6年来我国公共财政建设发展十分迅速,公共财政收入规模已位居世界第二,公共财政体制改革稳步推进,公共财政管理日益规范透明,财政政策运用更加灵活自如,如此等等。我国公共财政改革和建设的伟大实践不仅是推动我国财政理论不断前行的动力,也是这本教材进行再次修订的重要原因,因为理论联系实际、密切关注我国公共财政改革和建设中的重大问题,一直是编写这本教材所追求的目标之一。

　　基于此,本次修订主要集中在以下几个方面:

　　第一,对各种图表数据进行了全面的更新和修订,以反映近几年公共财政的发展和变化。

　　第二,对一些案例材料进行了更新,主要是想为读者提供若干公共财政改革中的具体实践和创新做法,使读者能够对我国公共财政体制改革中的新问题、新趋势有所了解和思考。

　　第三,针对读者提出的一些意见、建议,作者进行了相应的改进和完善。

　　本次教材修订能够顺利完成,首先应该感谢我国财税领域中的广大理论研究者和实践工作者,正是他们的理论思想火花和实践中的创新探索,不断推进我国公共财政的改革和建设,也为教材的修订和完善提供了非常丰富的素材和养料;其次,衷心感谢那些在使用教材中发现问题并提出改进和完善意见、建议的读者,你们的意见和建议是我们不断进步的重要动力;最后,向协助收集整理资料的博士生周幼曼女士,辛勤而高效工作的田玉春编辑,以及所有关心和帮助教材修订工作的各方面人士表示由衷的感谢!

教材的修订是一件颇费心力的事,虽然编者力图做得更好,仍难免有疏漏甚至是错误的存在,诚恳的期待广大读者和专家们的批评、指正和帮助。先哲说:生于忧患而死于安乐,在这人人只争朝夕、社会不断进步的时代,我们会心怀忧患意识、不断进取,及时对教材进行更新和完善,力争为读者提供一部更好更有帮助的教材。

梁　朋

2012年7月于中共中央党校

# 前　言

自1998年全国财政工作会议提出建立公共财政基本框架的设想以来，围绕公共财政问题所进行的讨论一直十分热烈。尽管直到现在财税理论界还存在不同的意见和看法，但我国公共财政的构建却早已进入实施阶段，并已经取得了初步的成效。

公共财政实质上是市场经济财政，其研究和分析问题的出发点是市场失灵。市场机制是市场经济中资源配置的最主要力量，只有在市场机制失灵的领域，政府才有介入的必要，这决定了公共财政存在的必要性及职能范围。构建公共财政，反映了政府理财观念的重大转变，明确了市场经济条件下政府角色的定位，也表明随着我国从计划经济走向市场经济，客观上要求对原有的财政运行模式进行彻底的变革。建立公共财政，实际上是财政运行模式适应市场化改革的必然结果。

目前公共财政的理论研究明显滞后于实践，这或多或少地也反映在财政学教材的编写方面。受首都经济贸易大学出版社的委托，由我主持编写了这本教材，中共中央党校经济学部副教授梁朋博士、中国人民大学财金学院副教授岳树民博士和山东大学经济学院讲师张斌同志共同承担了教材的具体写作。本教材是为高等院校财经专业的本科生而写的，读者首先应对宏观经济理论和知识有一定的储备和理解。在教材的编写过程中，我们力求贯彻理论联系实际的原则，把公共财政理论与我国公共财政框架建设和财税改革实践结合起来，注意借鉴和吸收目前财税界有关公共财政研究的最新成果;在主要介绍理论知识的基础上,我们以案例的形式介绍了一些公共财政体制构建的新进展,以及我国财税体制改革的新情况、新问题和新的实践经验。但是,公共财政对我国来说毕竟还是新生事物,有的观点和认识还有待实践的检验,教材的内容和体系也有待进一步完善和系统化。囿于作者的理论水平和实践经验,书中难免有疏漏或不当之处,欢迎读者批评指正,以备我们今后进行修正。

最后,衷心地向公共财政研究领域的同仁和财税实际工作部门的同志表示感谢,正是他们的研究和开创性的工作,为我们提供了大量可借鉴的观点和实践经验。

安体富

2003年8月12日

# 目 录

**第一章 公共财政导论** ························· 1
  第一节 现代市场经济中的市场与政府 ············ 1
  第二节 公共财政的含义 ························· 7
  第三节 公共财政的职能 ························· 15
  案例分析 ······································· 21

**第二章 公共支出的基本理论分析** ············· 25
  第一节 公共支出概述 ··························· 25
  第二节 公共支出的规模分析 ····················· 30
  第三节 公共支出的结构分析 ····················· 39
  第四节 公共支出的效益分析 ····················· 46
  案例分析 ······································· 55

**第三章 财政购买性支出和转移性支出** ········· 58
  第一节 财政投资性支出 ························· 58
  第二节 社会消费性支出 ························· 65
  第三节 社会保障支出 ··························· 68
  第四节 财政补贴 ······························· 73
  案例分析 ······································· 78

**第四章 公共收入** ··························· 81
  第一节 公共收入的含义和形式 ··················· 81
  第二节 公共收入的规模分析 ····················· 87
  第三节 公共收入的结构分析 ····················· 96

案例分析 ·············································· 107

## 第五章　税收原理 ·········································· 110
　　第一节　税收的概念与特征 ································ 110
　　第二节　税收分类 ········································ 114
　　第三节　税收原则 ········································ 116
　　第四节　税收效应 ········································ 123
　　第五节　税收负担与税负转嫁 ······························ 130
　　第六节　最适课税理论和税制优化 ·························· 141
　　案例分析 ·············································· 145

## 第六章　税收制度 ·········································· 148
　　第一节　税收制度要素 ···································· 148
　　第二节　我国税收制度与税制改革 ·························· 152
　　第三节　商品课税 ········································ 157
　　第四节　所得课税 ········································ 162
　　第五节　资源课税与财产课税 ······························ 172
　　第六节　行为课税 ········································ 175
　　案例分析 ·············································· 178

## 第七章　公共债务 ·········································· 181
　　第一节　公债概述 ········································ 181
　　第二节　公债的产生与发展 ································ 187
　　第三节　公债管理与公债市场 ······························ 191
　　第四节　公债的经济影响 ·································· 199
　　案例分析 ·············································· 209

## 第八章　政府预算 ·········································· 211
　　第一节　政府预算的原则与分类 ···························· 211
　　第二节　政府预算的体系与程序 ···························· 219
　　第三节　政府预算平衡理论 ································ 224

第四节　我国市场经济条件下的政府预算改革 …………… 229
　　案例分析 ………………………………………………………… 236

第九章　政府间财政关系 ……………………………………………… 239
　　第一节　政府间财政关系的基本理论 …………………………… 239
　　第二节　政府间转移支付制度 …………………………………… 245
　　第三节　我国政府间财政关系的演变 …………………………… 253
　　第四节　我国的分税制及其改革 ………………………………… 255
　　案例分析 ………………………………………………………… 262

第十章　财政政策 ……………………………………………………… 266
　　第一节　财政政策的内容和特点 ………………………………… 266
　　第二节　财政政策的功能与财政政策乘数 ……………………… 274
　　第三节　财政政策的类型 ………………………………………… 278
　　第四节　财政政策的选择与运用 ………………………………… 281
　　第五节　财政政策与货币政策的配合 …………………………… 284
　　案例分析 ………………………………………………………… 287

参考文献 ………………………………………………………………… 291

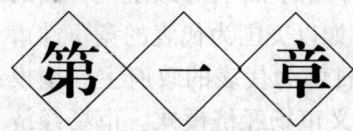

# 公共财政导论

★ 本章学习要点与要求 ★

通过对本章内容的学习,应理解现代市场经济是市场机制和政府干预共同发挥作用的混合经济,掌握市场经济的特征和市场失灵现象,了解不同经济学流派在不同时期对市场和政府关系的认识。掌握公共财政的概念和含义,理解为什么说公共财政就是市场经济条件下的财政,而财政的主体从来都是国家(或政府),因而公共财政也就是国家财政或政府财政。理解为什么市场失灵决定了公共财政存在的必要性、公共财政的职能范围是什么,以及我国建立公共财政的实质是由计划经济的财政模式转向市场经济的财政模式。掌握公共产品的定义和特征,理解建立在公共产品理论基础上的公共财政具有的特征,掌握公共财政的职能。

## 第一节 现代市场经济中的市场与政府

### 一、现代市场经济是一种混合经济

现代市场经济与古典的自由放任式市场经济已经大不相同,它是市场与政府、计划因素与市场因素、政府经济行为与个人经济行为的混合,实际上是一种混合经济体制。公共财政是一种政府经济活动,要研究现代市场经济条件下的公共财政问题,首先要从分析现代市场经济中市场与政府的关系入手。目前实行市场经济的国家,有的主张市场因素多一些,有的更倾向于政府干预和计划的作用;有的国家公共部门大一些,政府财政支出占 GDP 的比重甚至在 50% 以上,而有的国家则尽量把公共部门控制在较小的范围内;有的国家比较强调公共经济目标和公共选择,而有的国家则更为强调个人目标和个体经济决策的自由。由于各国在经济发展水平、社会政治结构以及占统治地位的意识形态等方面的不同,导致现代各国的市场经济体制形成了各具特色、互有差异的不同模式,如以美国为代表的竞争性市场经济模式、以德国为代表的社会市场经济模式、以日韩为代表的政府主导型模式、以法国为代表的计划市场模式和中国特色社会主义市场经济模式。市场经济的模式虽各不相同,但不论哪种模式,它们都具有共同的特征,即市场机制在资源配置中发挥基础性作用,同时竞争性的市场机制必须与国家干预或政府的宏观调控相结合。不同的模式只不过是在强调市场机制作用和政府作用上的程度不同而已。现代市场经济之所以是一种市场机制与政府干预相结合的混合经济,主要原因就是市场和政府都不是万能的,它们各有优劣,只有共同发挥作用才能保证经济和社会的稳定发展。由于崇尚自由市场与崇尚政府干预的思想相互吸收和渗透,因此目前绝大多数国家均选择既具有完备的市场机制和市场体系,又具有适度政府干预和科学计划指导的现代市场经济体制。

**二、市场经济的特征和市场失灵**

简单地说,市场经济就是以市场机制为基础来配置土地、资本、劳动等社会资源的经济运行方式。市场经济的首要原则是市场主体选择和决策的自由,市场主体为了追求利润最大化的目标,自由地通过市场竞争、供求变化、价格波动和资源流动,来组织社会的生产、交换、分配和消费。由供求规律决定的价格制度、实现自由消费的消费者主权,以及企业和个人追求自身利益最大化的目标,被认为是市场经济能够高效运行的三个重要支点。

(一)市场经济的特征

市场经济作为一种经济运行和资源配置方式,具有以下一些特征:

1. 自主性。在市场经济中,生产什么、为谁生产、生产多少和怎样生产,投资的方向和规模,买卖的数量,以及消费的方式,都是由市场经济主体自主决定的。参与市场经济的各个市场主体,必须能够自主决策、自主经营和自负盈亏,以实现利润最大化为目标,自觉面向市场,独立地开展生产经营活动。

2. 竞争性。为了生存和发展,为了追求最大利润,参与到市场经济中的各个市场主体必然会展开激烈的竞争,通过采用先进技术、加强管理、提高商品和服务质量、降低成本等措施来占领市场,以最大限度地获取利润。

3. 平等性。市场经济主体必须遵循统一的市场法则,按照公平、公正、公开的原则进行竞争,它们在市场经济活动中具有完全平等的地位和权利。

4. 法制性。市场经济在某种意义上可以说是法制经济,它要求一切经济活动和市场竞争都要在科学严谨的法制框架内有序地进行,它有一整套法律、法规、规章制度来规范市场主体的行为,并维护正常的市场秩序。

具有上述特征的市场经济在有效配置资源、调动市场经济主体和各种要素的积极性、提高经济运行效率等方面具有无可比拟的优越性。各国市场经济的发展，证明市场经济是人类目前所能运用的最有效率的资源配置形式。但是市场经济又不是完美无缺的，它存在市场失灵的问题。

（二）市场失灵

所谓市场失灵，是指市场机制本身存在无法解决或解决不好的问题和缺陷，如果完全依靠市场机制的作用，就无法或不能充分实现社会资源的最优配置和社会福利的最佳状态。那么，什么样的社会资源配置和社会福利状态才是最优的呢？对此作出最严谨解释的是意大利著名经济学家菲尔弗雷多·帕累托。按照帕累托的说法，如果社会资源配置或社会福利已经达到这样一种状态，即任何重新调整和改变都不可能在不使其他人景况变坏的情况下，而使任何一人的景况变得更好，那么这种资源配置就是最佳的，也是具有效率的；反之，则是缺乏效率的。这就是著名的"帕累托效率"准则。

帕累托效率准则，为实行市场经济的社会描述了一种合理配置资源的最理想状态。但在现实的经济生活中，大多数的经济活动都可能是以其他人境况变坏为条件而使某些人的境况变得更好的。所以，可以将帕累托效率准则的实际含义解释为：经济活动的任何措施，都应当使"得者所得大于失者所失"，也就是说从全社会看，如果任何重新调整和改变会使社会福利大于由此而产生的社会成本，即在受损者得到充分的利益补偿后还有社会福利的净增加，那么这种改变和调整就是有效率的。

由于市场失灵的存在，完全依靠市场机制本身，是不能达到这种社会资源配置的帕累托最优状态的。市场失灵表现在许多方面，主要有以下几点：

1. 垄断。前面已经讲到，市场经济的首要原则是市场主体选择和决策的自由。在完全竞争的条件下，存在众多的生产者和消费者，谁也不能控制市场；在价格机制的作用下，各种资源能够在各部门、各产业之间合理、自由地流动，价格机制使各种资源能够流向高效率的企业，使资源配置能够达到最优状态。但是，现实中并不是永远存在这种完全竞争的自由市场，例如在一些行业和部门，存在着规模收益递增和成本递减的特点，随着生产和经营规模的不断扩大，边际成本不断下降，规模收益递增，优势企业在竞争中的地位不断得到加强，生产和经营越来越集中到少数企业手中，从而使得一些行业和部门被少数企业所控制，产生垄断的现象。垄断必然排斥竞争，占垄断地位的少数企业往往会通过合谋、默契、卡特尔等形式和手段来限制产量、抬高价格，使垄断价格高于边际成本，从而获得额外的垄断利润。垄断的形成会阻止社会资源自由地流动，阻碍技术的进步，甚至导致整个竞争性市场的解体，会对社会资源造成极大的浪费。垄断是在市场的自由竞争中孕育、发展为生产的集中，由集中发展到一定阶段，就自然而然形成了垄断。此外，一些具有天然垄断性质的行业（如供水、供电），由于规模经济效益明显，实行独家经营可能比自由竞争更具有效率，这就意味着市场机制在这些领域存在天然失效的可能性。因此，垄断是市场机制本身无法解决的问题，需要市场之外的力量来加以解决。

2. 信息不对称、不充分。竞争性市场的生产者和消费者都要求有充分、真实的信息以支持其决策。生产者要知道消费者需要什么样的商品、需要多少、需求会发生什么样的变化，消费者想了解商品的品质和性能，不同的生产者、消费者之间也需要进行信息的沟通。但在市场经济条件下，生产者和消费者的生产、销售、购买都属于个人行为，不可能完全掌握充分的信息。再加上经济人追求最大利润的动机，掌握信息的企业和个人常常只是将对自己有利的信息提供给信息的需求者，或者是只提供部分信息，这样就会出现信息提供者与信息需求者之间的信息不对称。信息不对称、不充分也是市场机制本身无法解决的问题。

3. 外部效应和公共产品。所谓外部效应，指的是私人成本与社会成本之间或私人得益与社会得益之间的非一致性，是指某个人或企业的行为活动影响了他人或其他企业，却没有为之承担应付的成本或没有获得应有的报酬。外部效应包括正、负两种类型，正外部效应是指给他人带来了利益却没有获得应有的报酬，负外部效应是指给他人造成了损失却没有承担应承担的成本。由于正、负外部效应的存在，决定了具有外部效应的产品是无法通过市场供给来达到最优配置的，只能是过多或不足，从而导致了社会资源配置的扭曲。公共产品（关于公共产品我们后面还将进行详细的分析）就具有典型的正外部效应特征。公共产品的生产和提供，如治理环境污染、兴办义务教育会给社会或其他人带来利益和好处，但如果这种活动完全依靠市场机制则无法获得应有的报酬，那么追求自身利益最大化的理性的市场主体就会更多地希望别人来投资生产和提供这类公共产品，自己则"免费搭车"，无偿地享受这些公共产品的外溢利益。如果大家都这样想，就必然会导致公共产品的供应不足，从而使社会福利遭受损失，而这正是理性的市场主体在市场机制下进行自由选择的必然结果。

4. 收入分配不公。市场经济条件下，每一个参与市场活动的人都是追求自身利益最大化的经济人，同时人与人之间又必然存在差别，如在体格、天分、智力、学历、知识、技能、环境、家庭条件等各种先天和后天的因素上存在差别，这种差别必然会影响到每个人在市场竞争中的能力，再加上机会的不均等，从而影响到每个人的收入分配。市场经济就是靠收入上的差别来产生利益上的刺激，从而进行优胜劣汰的竞争，以此带来效率，而如果完全自发地依靠市场机制来进行分配，那么个人收入差距会越来越大，贫富两极分化会越来越严重，甚至会违背人类社会最基本的公平准则。这不仅会影响经济发展，还会带来社会的不稳定。由此可见，收入分配不均是市场机制无法依靠自身力量解决的难题之一。

5. 经济波动与失衡。自由放任的市场经济都不可能自动、平稳地向前发展，这是因为:一方面,价格信号在某些重要的市场上并不具有伸缩自如、灵活反应的调节能力;另一方面,从供求角度看,不同经济主体在实现其经济利益上所具有的竞争性和排他性,也会使市场的自发力不能经常保证供求平衡,于是失业、通货膨胀和经济的波动与失衡等会周期性地重复出现,有时甚至会发展成经济危机。

此外,如果完全依靠市场机制进行资源配置,由于市场主体的自利性和行为短期化,可能会使得社会基础设施的投资、一些对社会和个人很有益处但消费者个人评价较低的所谓优效品,如严肃音乐、基础教育等的生产和消费不足。

总之,市场失灵是市场机制运行本身所固有的问题和缺陷,是以居民和企业为主体的私人经济或私人部门经济无力解决的。此时,需要市场以外的力量来进行干预和调节,即需要以政府为主体的公共经济或公共财政的介入,用非市场机制的方式去解决市场失灵问题。由此可见,市场经济条件下为什么需要政府干预、政府如何进行干预的问题,都是以"市场失灵"为切入点来进行界定和分析的。

### 三、市场经济中的政府职能

由于市场失灵的存在,需要政府在市场机制发挥基础性作用的前提下对市场进行干预和调节。但在不同的时期、不同的国家,人们对市场和政府的作用会有不同的认识。从市场经济的发展历程看,对政府干预的必要性经历了由肯定到否定、再由否定到肯定的不断认识和发展的过程。

(一)对政府干预和政府职能的不同认识

1. 重商主义提倡政府干预。16 和 17 世纪占经济学统治地位的重商主义认为,货币是社会财富的主要形态,流通领域是财富的直接来源。重商主义提出,为了使外国货币大量流入,增加本国的财富,必须由政府来控制国民经济的活动,采取各种经济方法和行政手段,保护和扶持本国出口产业的发展,实行贸易保护主义和严格外汇管制,实现贸易顺差,以获取和积累金银货币,使国家富裕强盛。因此,重商主义主张政府对经济生活进行全面的干预。

2. 经济自由主义反对政府干预。从 17 世纪中叶到 20 世纪初,崇尚市场机制、反对政府干预的经济自由主义占经济学的主流地位。经济自由主义的代表人物亚当·斯密认为,自由竞争的市场机制这只"无形的手",会使得在社会经济活动中,每个人在追求个人利益的同时能自动增进整个社会的福利,通过市场的自发调节,完全可以达到资源的最优配置。因此,斯密反对政府对经济生活的干预,但他同时也认为政府是社会生活中必不可少的,只不过对其职能应有一定的限制。亚当·斯密提出了界定政府职能的两条原则:①凡是利润能够偿还其费用的活动,都应交由市场来做,政府不应插手,凡是利润不能够偿还其费用又为社会所必需的事业,才由政府出面兴办;②政府干预也有成本,而且其各种花费都是非生产性的,因此应提倡建立"廉价政府",尽量减少政府干预的成本。

基于以上原则,亚当·斯密认为政府的活动主要限于下述三个方面:

第一,保护社会,使其不受其他独立社会的侵犯。

第二,保护社会上每一个人,使其不受社会上其他任何人的侵害或压迫;制定合理的规则,维护自由交易和平等竞争。

第三,建设并维护某些公共事业和公共设施。

3. 凯恩斯主义主张政府干预。20世纪初,由于经济大危机的爆发,市场失灵不断暴露,"市场万能"的神话也随之破灭,主张对市场进行政府干预的凯恩斯主义应运而生,并成为主流经济思想。凯恩斯主义认为,由于存在有效需求不足,自由放任的市场机制不可能实现"供给自动创造需求",因此市场经济不能自动达到充分就业。凯恩斯主义提出以需求管理为主的政府干预思想,指出必须依靠政府的力量,采取刺激需求的政策,才能弥补市场自发调节的不足,实现充分就业的均衡。其主要措施是通过实行扩张性的财政政策,以增加投资、刺激消费、扩大有效需求,解决经济危机和失业问题。

4. 凯恩斯以后的各经济学流派对政府干预的不同认识。凯恩斯以后的各经济学流派对政府要不要干预、干预什么、如何干预仍存在不同的认识,大致可以划分为两大阵营:①以萨缪尔森和托宾为代表的后凯恩斯主义,即新古典综合派,他们认为现代市场经济是一种既有市场机制发挥作用,又有政府对经济生活进行干预的混合经济。主张宏观经济学与微观经济学相结合,既重视研究政府干预,又重视研究市场调节和企业行为,提出改变政府干预的单一政策论,主张用灵活多样的经济政策解决相应的、不同的经济问题,其中包括以需求管理为目标的相机抉择的财政政策和货币政策、以反经济周期为目标的财政政策和货币政策、以充分就业为目标的扩张性财政政策和货币政策,以及实现多项政策目标的多种政策的综合运用等。而新凯恩斯主义提出了新型的政府—市场观,认为现代市场经济是私人经济和公共经济的混合,政府与市场之间不是替代关系,而是互补关系,强调失业和经济波动的微观基础,主张政府对市场进行适度的干预。②新经济自由主义,主要包括以弗里德曼等人为代表的货币主义、以拉弗等人为代表的供给学派、以卢卡斯等人为代表的理性预期学派,以及以布坎南等人为代表的公共选择学派。他们的共同特点是继承和发展了传统的经济自由主义思想,更为注重市场机制本身的力量,例如货币主义者认为社会经济动乱是由于政府采用了旨在干预市场经济的错误的财政货币政策造成的,他们提出货币最重要,主张实行"单一规则"货币政策,精简政府机构,减少政府对经济的干预;理性预期学派提出"政府不过多地卷入经济是最好的";公共选择学派则提出"政府干预永远只能是第二位的选择";如此等等。

总之,现代市场经济中,对政府和市场之间关系的认识,基本不存在极端的经济自由主义思想和完全自由放任的政策主张,也不存在极端的集权主义和实行政府全面管制的政策主张。经济自由主义者也主张政府要发挥一定的职能,做好那些市场做不好的事情;凯恩斯主义及其追随者也不否认市场机制的作用,而是主张市场机制与政府干预相结合。他们之间主要是在政府干预的内容和程度上存在差异。

现实中各国在政府干预的内容和程度上确实存在较大的差异,这突出地反映在政府部门支出占国民生产总值的比例上。例如2005年,经合组织(OECD)30个成员国的政府部门的支出占国民生产总值的比例高的达到60.1%(瑞典),低的只有18.1%(韩国)①,反映出同是实行市场经济,但各国政府部门对经济活动的干预和参与程度存在较大的差异。

(二)政府的基本职能

一般认为,现代市场经济中政府的基本职能至少应该包括以下几个方面:

1. 提供公共产品,满足社会的公共需要。如,保证公共安全、提供公共基础设施和公共事业服务等,我们将在本章的第二节对公共产品进行更详细的分析。

2. 制定市场运行规则,建立和维护市场秩序。这方面的内容包括建立对全社会有效的信用机制、反对垄断和非法竞争、保护市场主体的各种权益等。

3. 对经济运行实行计划指导或宏观调控。这方面的内容包括对经济长期发展的方向、目标和速度的预测,对国民经济总量和结构平衡进行调控,调节社会成员之间的收入分配,避免贫富过分悬殊,实现社会公平等。政府实行计划指导或宏观调控主要是依靠具有指导性、间接性的经济手段来进行。

政府必须依靠收入手段从分配中占有一部分社会产品和资源,然后通过政府支出把它们用于各项职能的履行,政府为履行职能所进行的这种收支活动,实际上就是政府的财政活动。

# 第二节 公共财政的含义

## 一、公共财政的概念

在社会经济生活中,我们从日常的衣食住行到社会环境、公共安全和国家的经济建设,每天都会感受到政府财政活动的存在,接触到各种各样的财政现象和财政问题。那么究竟什么是财政?什么是公共财政呢?

(一)公共财政就是财政,而财政从来都是国家(或政府)财政

所谓公共财政,是指以国家(或政府)为主体,通过政府的收支活动,集中一部

---

① 资料来源:OECD Economic Outlook,No.78。

分社会资源,用于履行政府职能、提供公共产品以满足社会公共需要的经济活动。公共财政就是市场经济条件下的财政,而财政的主体从来都是国家(或政府),因而公共财政也就是国家财政或政府财政。

那么为什么会出现这样一些不同的称谓呢?其原因主要是翻译的问题,因为不同国家语言表达不一样,有时找不到在含义上完全相互对应的词汇。英文"Public Finance"中,Finance 一词起源于公元 13~15 世纪的拉丁文"Finis",有结算支付期限的意思。后经演变,到 16 世纪形成法语 Finance,是指公共收入和公共理财活动。17 世纪后专指国家的理财活动,19 世纪后又泛指一切公共团体的理财活动,20 世纪初 Finance 一词由法国传入其他国家。可见 Finance 是一个多义词,可翻译成中文的"财政"、"财务"、"资金"、"金融"、"融资"等。为了使词义明确,只有在前面加上 Public 进行限制,才是与中文"财政"含义相当的词,否则会含混不清。事实上财政活动虽然是一个古老的经济范畴,但"财政"一词在我国的使用是近代的事情。中国古代称财政为国用、国计、度支等。据考证,"财政"一词是日本人从英文"Public Finance"一词翻译而来,又由日本引入我国的。清朝光绪二十四年(公元 1898 年)在戊戌变法《明定国事》诏书中有"改革财政,实行国家预算"的条文,这是政府文件中最初使用"财政"一词。光绪二十九年(公元 1903 年)清政府设财政处,整顿财政,为官方用财政名称之始。后来又有人将"Public Finance"一词直译为"公共财政"。可见"财政"与"公共财政"对应的英文词汇都是"Public Finance"。

其实,财政在我国的含义是特指以国家或政府为主体的理财活动,与微观经济主体的企业财务和家庭理财相对比,国家或政府的理财活动本来就是"公共性"的,所以财政、公共财政、国家(政府)财政是相同的概念,所指的都是国家或政府的理财活动。

问题在于,在我国改革开放之前,人们习惯把实行市场经济的资本主义国家的财政称为"公共财政",认为是非生产建设性财政模式,而把实行计划经济的社会主义国家的财政称为"国家财政",认为是生产建设性财政模式。与资本主义的公共财政相比,国家财政更具有优越性。这样一来,约定俗成,公共财政成了资本主义财政的代名词,自然两者之间就有了根本的区别。而我们认为这种简单地把"公共财政"与资本主义画等号的做法是不恰当的,道理就如同不能把"市场经济"与资本主义画等号一样。与其说公共财政代表了资本主义国家财政的特点,倒不如说公共财政概括了市场经济国家财政运行所体现出来的基本特征。

(二)公共财政实质是市场经济财政

撇开财政模式后面所反映的社会制度性质不说,从经济运行的角度看,如果承认目前发达国家所实行的是较为成熟的市场经济体制,那么经济决定财政,在此基础上建立的公共财政应该是与市场经济相适应的财政模式,其实质是市场经济财政。

公共财政实质上是市场经济财政,突出表现在公共财政理论的核心是市场失灵论。公共财政理论认为,在市场经济条件下,社会资源的主要配置者是市场,而不是政府。只有在市场失灵的领域,政府部门的介入才是必要的,即市场失灵决定了公共财政存在的必要性及其职能范围,而只有市场经济才有所谓的市场失灵。正是因为在市场经济条件下,财政存在和职能范围确定的主要依据是弥补市场失灵,满足社会公共需要,所以市场经济条件下的财政被称为公共财政,而公共财政实质上就是市场经济财政。

(三)我国建立公共财政的必要性

建立公共财政,实质上是指我国财政由过去带有明显计划经济特征的财政模式转向市场经济条件下的财政模式。我国建立公共财政的必要性,概括地说就是为了适应建立健全社会主义市场经济体制的客观需要,为了适应当前和今后改革与发展的新形势、新要求和新变化。具体说主要是:

1.适应资源配置方式转变的要求。在传统的计划经济体制下,政府部门是社会资源配置的主体,财政作为以国家为主体的分配,必然在社会资源配置中居于主导地位;相应地,形成财政的职能范围大而宽,几乎囊括了生产、投资乃至消费的各个方面。在市场经济条件下,社会资源的主要配置者是市场而不是政府,这就需要转变政府职能,重新界定我国财政的职能范围,即国家财政只应在社会资源的配置中起补充和配角的作用。财政所要解决的只能是通过市场不能解决或者通过市场不能解决好的事项,诸如提供公共产品、纠正外部效应、维持有效竞争、调节收入分配和稳定经济等。财政一般不再直接参与竞争性、营利性的生产经营活动,财政对资源的配置转变到主要为全社会提供必要的公共产品和公共服务、为市场配置资源作用的发挥创造良好的外部条件和必要条件上,改变过去那种排斥市场、替代市场、政府配置包打天下的财政管理和财政运行模式。

2.适应政府职能转变的要求。随着市场经济体制的确立,政府职能的范围发生了重要变化。政府职能的重新界定,要求国家财政必须从旧体制下那种政企不分、以干预微观经济活动为己任的状态中彻底摆脱出来,转到以宏观调控为重点的轨道上来;以弥补市场缺陷、充分发挥市场机制作用为基本着眼点,为各种经济成分、各类市场主体和投资主体创造公平竞争的环境,为全社会提供必要的公共产品和公共服务,以充分体现政府的"社会性"和"公共性"。

3.适应宏观经济调控模式转变的要求。市场经济条件下,政府干预经济的方式也发生了变化,要求主要采取经济手段调控经济运行,即运用财政、金融、计划手段协调配合,实现资源优化配置,保证市场经济健康、有序地发展。国家财政作为政府收支活动,是政府配置资源的一种方式,是社会经济运行的重要变量,也是国家调控经济的重要手段。政府通过在一定经济条件下财政收支的安排,体现政府的宏观调控政策,以促进经济的稳定增长。

4. 财税体制自身改革和发展的必然结果。改革开放以来,财政率先改革,打破统收统支的财政体制,成为整个经济体制改革的突破口,对整个经济体制市场化改革发挥了重要作用。在税收制度上,建立了以增值税为主体,以消费税、营业税为补充,完善所得税制的新税制;在财政预算编制上,实行了复式预算、零基预算等预算管理制度;在财政体制上,初步建立了以分税制为基础的分级财政管理体制;在宏观调控上,改变了财政直接控制的方式,转向综合运用预算、税收、国债、补贴等财政政策工具,促进经济总量平衡和结构优化等,这基本形成了适应社会主义市场经济体制要求的财政体制的框架。从改革开放以来我国财税体制改革的实践看,财税体制自身不断改革和完善的过程,实质上就是一个不断向公共财政趋近的过程,因此,公共财政是我国财税体制自身改革和发展的必然结果。

5. 规范财政运行和提高效率的需要。从我国目前财税体制的运行看,由于公共财政体制尚未健全,财税体制还存在诸多弊端,仍存在一些不容忽视的问题。突出表现在:财政与市场的职能界定还不清楚,财政资金配置中"越位"和"缺位"现象严重;收支压力较大,收支矛盾突出;财政收支行为不够规范,财经秩序有待进一步规范,财政资金使用效益尚需进一步提高;财税体制本身以及财税体制与其他经济体制之间还有许多尚未理顺的关系,导致制度效益低下;财政预算中为民理财的责任意识不够,缺乏公共性等等。这些问题只有通过加快公共财政体制建设才能逐步加以解决。公共财政作为政府为市场提供公共物品满足社会公共需要的经济活动,其核心是要解决效率问题。从计划财政转向公共财政说到底也是提高经济活动效率的必然要求。公共财政一方面通过提高社会资源的配置效率,使私人和公共物品的资源配置都达到帕雷托效率状态;另一方面,通过财税制度改革,以更低廉的成本提供更为优质的公共产品和服务,提高财政资金的使用效率;同时,由于公共财政规范性、法制性的属性,也必将使财税体制的运行更加规范有序。

6. 我国政治文明建设的要求。建设社会主义政治文明是我国全面建设小康社会的一个重要目标,也是今后我国经济和社会发展的重要任务。公共财政是在市场经济条件下,主要为满足社会公共需要而进行的政府收支活动或财政运行机制。公共财政既是一个经济范畴,也是一个政治范畴。公共财政的主体在民,因而公共财政的本质是民主财政,是社会公众的财政,是以人民为主体进行公共决策的活动。民主财政作为公共财政的本质,并非孤立存在,而是体现在公共财政的各个方面。因此,公共财政建设与社会主义政治文明建设在方向上具有内在的一致性,民主理财是社会主义政治文明的一个重要标志,也是我国政治文明建设的客观要求。

## 二、公共产品及其特征

公共财政的存在是为了弥补市场失灵,如果把政府为弥补市场失灵而采取的干预、调控和其他所有的政策和制度安排等"无形产品"都看做是政府部门提供、生产的"公共产品"的话,"市场失灵"理论和"公共产品"理论实质上是从不同的角度来说明了同一问题。

（一）公共产品的定义

公共产品这一概念的提出大约是在20世纪初,到20世纪60年代已成为现代财政学理论的重要组成部分。经济学把一般市场上交换用于满足家庭和个人需要的产品,例如食品、衣物等称为私人产品。而公共产品是与私人产品相对应的概念,满足的是社会成员的共同需要。一般认为,公共产品(Public Goods)的严格定义是美国经济学家萨缪尔森给出的,按照他的定义,纯粹的公共产品是指这样一种产品,即每个人消费这种产品不会导致别人对该产品消费的减少。

（二）公共产品的特征

与私人产品相对比,公共产品具有以下特征：

1. 效用的不可分割性。公共产品是向整个社会提供的,而不能将其分割成若干部分,分别归个人或集团消费,如安全、秩序、国防等。当然,根据受益范围的大小,可将公共产品区分为全国性或地区性的公共产品,而地区性公共产品的覆盖范围和面积,也存在着大小之分。尽管如此,公共产品的效用仍然是不可分割的,它总是向全国或某个地区的所有成员来提供其效用。而私人产品的效用则具有可分割性,其效用的发挥必须分割给每个人才能得以实现。

2. 消费的非排他性。消费的非排他性是指某个人或集团对公共产品的消费,并不影响或妨碍其他人或集团同时消费该公共产品,也不会减少其他人或集团消费该公共产品的数量或质量。例如,航海中的灯塔,可以为夜间航行的所有船只指引航向。有些公共产品虽然经过技术处理可以具有排他性,但由于这种处理的费用过于昂贵,因而在经济上不可行。私人产品具有排他性,当消费者为私人产品付钱之后,其他人就不能享用该种产品或劳务所带来的利益了。

3. 取得方式的非竞争性。这里的非竞争性是指消费者的增加不会引起生产成本的增加,即多一个消费者所引起的边际成本为零,因此价格也为零。这意味着可能形成"免费搭车者",即消费者无须通过市场采用出价竞争的方式即可获得公共产品。而私人产品,如衣服、食品、住宅等,消费者必须通过市场采用出价竞争的方式获得。

4. 提供目的的非营利性。这里的非营利性是指提供公共产品不以营利为目的,而是追求社会效益和社会福利的最大化。而私人产品的提供则是为了追求利润的最大化。

公共产品的上述四个特征是密切联系的,其中核心特征是非排他性和非竞争性,其他两个特征是它的必然延伸。在实际生活中,真正的纯公共产品并不是非常多,更常见的是具有公共产品特征,但又兼有一些私人产品特征的"准公共产品"或"混合产品"。

（三）正确理解公共产品的含义和特征

对公共产品的含义和特征的理解应注意以下几点：

1. 公共产品与私人产品的区别主要是根据消费该产品的不同特征来区分的，而不是按产品的所有制性质，即公有还是私有来区分的，也不是按产品提供的部门是私人部门还是公共部门来区分的。私人产品并不一定完全由私人部门提供，例如由政府部门提供给个人的食品、住房等；反过来，公共产品也不完全排除由私人部门提供的可能，如私人捐建的学校、图书馆等公共设施。

2. 公共产品与社会产品是不同的概念。社会产品是由物质生产部门创造的物质产品，通常不包括服务，更不包括精神产品。而公共产品不仅指物质产品，更主要的还指各种公共服务，它包括无形产品和精神产品，有许多在传统意义上不被认为是商品的事物也具有公共产品的特征。例如，国防作为一种公共产品，它指的不是向军队提供的武器装备、防御设施等，而是指政府通过这些物质条件的总和所提供的保卫国家安全的服务，像秩序、环保、防疫等公共产品都属于这种类型。因为在西方经济学看来，政府也是经济行为的一个主体，它也创造价值。在西方的国民经济核算体系中，生产活动不仅限于物质生产部门，而且包括提供各种服务的第三产业。这样，政府机关、军队、警察、教育、卫生等部门，由于向社会提供服务，因此其活动也属于生产活动的范围。

3. 对公共产品的划分不是绝对不变的，要取决于市场和技术条件。例如，当读者不多时，一个大图书馆的阅览室是公共产品，但是随着读者数量增加，如果产生了拥挤和座位不够的问题，这时对图书馆的消费就不再是非排他性和非竞争性的了，可能就需要通过缴费办理证件或规定一定的限制条件，这时的图书馆就可能带上一些私人产品的特征。因此，公共产品的公共性在很多时候是一个程度上的问题。

4. 由公共部门来提供公共产品并不意味着应由公共部门来生产这些产品。例如，公共交通和环境卫生这类公共产品，既可以由公共部门直接组织生产、提供服务，也可以通过招标承包，转交给企业和个人来生产。

三、公共财政的特征和含义

公共财政就是在市场经济条件下弥补市场失灵、提供公共产品的财政运行模式。公共产品的特征决定了市场在提供公共产品方面是失灵的，公共产品必须由政府来提供，这也就决定了公共财政存在的必要性及特点。

（一）公共财政的特征

作为与市场经济相适应的财政运行模式，公共财政的基本特征可以概括为：

1. 着眼于弥补市场失灵、提供公共产品和满足社会公共需要。也就是说，公共财政活动的领域、规模、内容和方式，从根本上说都是由市场决定和认可的，是与市场经济运行相适应的。弥补市场失灵、提供公共产品、满足社会公共需要,是公共财政必须遵循并且只能遵循的唯一活动准则,即按照"市场能干的,政府就不要去干;市场不能干而社会又必需的,政府就要去干"的原则来界定公共财政的活动范围。

2. 立足于非营利性。在市场经济条件下,政府作为社会管理者,其行为的动机不是也不能是为了取得报酬或营利,而只能是以追求公共利益为己任。其职责只能是通过提供公共产品、满足社会公共需要,为市场的有序运转提供必要的制度保证和物质基础。即便有时提供公共产品和服务的活动也会附带产生一定数额的利润,但其基本的出发点和归宿仍然是满足社会公共需要,而不是营利。这表现在财政收支上,就是财政收入的取得要建立在为满足社会公共需要而筹措资金的基础上;财政支出的安排,要始终以满足社会公共需要为宗旨。因为政府是拥有政治权力的管理者,如果介入市场营利性活动,就不可避免会干扰市场正常的运行秩序,财政资金也会为牟取利润而偏离公共财政轨道,从而使公共产品供应不足。政府也难以做到为各种所有制的市场经济主体提供非歧视的、无差别的公共服务。

3. 财政活动规范化、法制化。公共财政活动和运作是在法律法规的约束规范下进行的,社会公众能够通过法律程序对政府行为包括其收支活动进行决定、约束、规范和监督。具体表现在:政府预算是经立法机关以法律形式通过、具有法律约束力的财政收支计划;在公共财政的收入方面,政府只能依据税法征税,政府收入纳入政府预算;在支出方面,必须得到立法机关的同意和批准,按照预算安排来进行。也就是说公共财政的一切活动,都必须是依照法律来进行的规范行为。

4. 公共性。公共财政是以公共性与其他经济体制下的财政类型相区别,与自然经济下的"家计型财政"和计划经济下的"生产建设型"财政相比,市场经济下的公共财政最典型的特征就是它的公共性。公共财政的公共性主要体现在:①公共财政的一切权力来源于公众、来源于人民,公共财政的决策是以议会或纳税人的公众意愿为权力中心,政府财政只是受社会公众的委托,出于社会公众的共同利益和长远利益,从社会公众手中集中一部分财力,以提供公共安全、公共秩序、公共教育和公共设施等公共产品,也就是说,政府提供公共物品并拥有强制课税和颁布法令的权力,是由社会公众赋予的,是为了用来解决分散决策难以解决的各种问题,如果没有公众的授权、脱离了集体的民主决策,政府的权力就失去了根基,失去了执政的合法性,因此,公共财政的决策主体在表现上是政府,而在本质上是公众,公众通过选举制度和投票机制等一系列民主决策程序,掌握着公共财政决策的实际控制权,并通过法律制度保证这一机制的运行;②财政收支的公共性,"取之于民,用之于民"是公共财政之本,也就是说公共财政的收入来源于最广大的公众,其支出也要用于服务最广大的公众,公共财政利用税收、收费、公债等工具从广大的社会成员手中集中特定数量的经济资源,形成财政收入,然后再经过财政支出过程,以特定方式把这些财政资源具体转化为各种特定的公共物品和服务,直接和间接地提供给全体社会成员,尽量为全体公众提供无差别的"国民待遇",这与计划经济条件下财政收支实行"区别对待"原则是完全不同的,如果说,计划经济条件下的财政收支是政府和国有经济"取自家之财,办自家之事",那么市场经济条件下的公共财政则是政府"取众人之财,办众人之事";③公共财政是一种公开、透明的财政运行模式,公共财政的本质是社会公众的财政,因此公共财政的决策应该是公众意图的真实体现,具有普遍的代表性,在公共财政决策和执行中充分体现公开、公平、公正原则,财政活动必须公开、透明,包括程序公开、过程公开、信息公开、预算执行结果公开,在社会主义制度下,公共财政是人民的财政,一切财政活动都应该是为了满足最广大人民的根本利益,并按照人民的意愿和要求来进行财政管理,因此,从本质上说公共财政是一种公开、透明的民主财政模式。

（二）正确理解公共财政的含义

要正确理解公共财政的含义,必须澄清以下认识:

1. 公共财政不等于"吃饭财政"。有的人把公共财政简单地等同于"吃饭财政"或理解为公共财政要从生产建设领域完全退出,这是对公共财政的错误理解。目前,可以说世界上不存在无建设性支出的财政,在实行公共财政的市场经济国家中,各种基础设施和公用设施,历来都是公共产品和服务的代表,通常都纳入社会公共需要的范围,或由政府直接投资兴办,或由政府与民间共同兴办。与过去相比,目前公共财政活动范围显著增加的领域就包括共同生产条件方面的支出,主要是基础设施、环保、农业等方面,其性质显然是属于建设性领域或经济方面的支出。因此,不能把公共财政等同于"吃饭财政"。

2. 公共财政并不意味着不搞甚至取消国有经济。其实,财政对国有企业的投资,从根本上说也是满足社会公共需要的途径之一。各国的经验表明,在公共财政框架内,政府既可以通过直接的公务活动来提供公共产品,也可以通过投资于国有企业的途径来提供公共产品。也就是说,公共财政同样要安排对国有经济的投资,只不过投资的出发点和归宿都要立足于满足社会公共需要而不是营利。因此,公共财政并不意味着不搞甚至取消国有经济,而是要从与满足公共需要无关或市场能够有效作用的领域退出,从而更好地保证对提供公共产品和服务领域的国有经济的投资。

3. 公共财政并不等于资本主义财政。在我国改革开放之前,人们习惯把实行市场经济的资本主义国家的财政称为"公共财政",认为是非生产建设性财政模式,以示区别而把实行计划经济的社会主义国家的财政称为"国家财政",认为是生产建设性财政模式,与资本主义的公共财政相比,更具有优越性。这样一来,约定俗成,公共财政成了资本主义财政的代名词,自然,两者之间就有了根本的区别。而我们认为这种简单地把"公共财政"与资本主义画等号的做法是不恰当的,道理就如同不能把"市场经济"与资本主义画等号一样。应该说,财政从最本质上来说,是有阶级性的,强调公共财政的"公共性"并不等于否认财政的"阶级性"。这是因为公共财政作为与市场经济相适应的一种财政模式,其根本特征即是"公共性",而阶级性寓于"公共性"之中。公共财政的"公共性"与国家财政的"阶级性"是对立统一的,不是完全对立的,只要一个国家之中还存在不同的阶级和阶级利益,财政在具有公共性的同时,就不能完全否认它还具有阶级性的一面。但是,并不是说,公共财政就完全等同于资本主义财政,社会主义财政的根本属性也完全可以通过财政的公共性充分地体现出来,因此公共财政不等于资本主义财政。

4.建立公共财政的目的不只是为了缓解财政压力,调整财政收支结构。由于我国建设公共财政模式的目标是在财政面临诸多困难、财政收支结构面临重大调整的大背景下提出来的,因此不少人认为建立公共财政就是政府为了缓解财力压力,并主要是为了调整财政收支结构。诚然,建立公共财政模式必须要进行财政收支结构的调整,也有助于缓解财政压力,但是建立公共财政模式更重要的意义在于:第一,必须根据市场经济的要求,重新界定政府和市场的职责范围。第二,公共财政实质上是一种民主财政,实行公共财政模式意味着财政的民主决策、民主选择和民主监督,是把整个财政决策和运行过程置于公开、公平、公正的环境之下,这是从财政理念到财政运行方式的全方位的、根本性的变化。第三,建立公共财政模式,并不是对收支结构进行简单的调整或对某些具体财税制度进行修补,而是要根据社会主义市场经济发展要求,系统地改造财政制度安排,重塑财政运行机制。因此不能把搞公共财政的目的简单化为缓解财政压力、调整财政收支结构,而应把它作为财税体制一次系统而全面的改革。

## 第三节 公共财政的职能

公共财政的职能,是指公共财政在社会经济生活中所具有的职责和功能,它是公共财政这一经济范畴本质的反映,具有客观必然性。一般来讲,在任何情况下组织收入都是财政的最基本职能,政府机构的运作、政府职能的履行就是靠财政收入来支持的。在市场经济条件下,从财政宏观调控的角度看,可以把公共财政职能概括为三个方面:资源配置职能、收入分配职能和经济稳定职能。

### 一、资源配置职能

#### (一)资源配置的含义

所谓资源配置,是指通过对现有的人力、物力、财力等社会经济资源的合理调配,实现资源结构的合理化,使其得到最有效的使用,以获得最大的经济和社会效益。

高效地配置资源,实质上是对社会劳动和各种生产要素的合理分配和有效使用,这始终是经济学的核心问题。在不同的经济体制下,资源配置的方式是不同的:在计划经济体制下,计划配置包罗一切,起着主导作用,财政配置就包含在其中;在市场经济体制下,市场配置起主导作用。总体上说,市场配置是有效率的。在市场竞争中,受利益的驱使,每一个经济活动主体都会根据市场需求不断调整其对资源的配置,使自己获得最大的利润。但是,市场并不是完美无缺的,单靠市场机制并非在任何情况下都能实现资源的合理配置:一是许多社会公共需要和公共产品无法通过市场配置来有效地提供;二是市场配置资源有一定的盲目性,由于经济活动主体容易从自身的当前利益出发,因此往往会产生"短期行为",而市场提供的错误信息,又会把它们引入歧途,这些都会影响资源的合理配置和有效使用。因此,在市场经济条件下,需要国家从全社会的整体利益出发,将市场配置与财政配置相结合,运用财政配置等手段对资源进行必要的有计划的分配和调节,才能达到整个社会资源优化配置的目标。

(二)公共财政资源配置职能的主要内容

公共财政资源配置职能的主要内容包括:

1. 调节资源在地区之间的配置。在世界各国,地区之间经济发展不平衡是普遍现象。在我国,这一问题更加严重,这有历史、地理和自然条件等多方面的原因。解决这一问题,单靠市场机制难以奏效,有时还往往产生逆向调节,即资源从落后地区向发达地区流动。这对整个经济的均衡发展和社会的稳定是不利的,这就要求财政资源配置职能在这方面发挥作用。其主要手段是通过财政体制中的转移支付制度和财政补贴、政府投资、税收优惠等政策措施来实现。

2. 调节资源在产业部门之间的配置。合理、优化的产业结构对提高宏观经济效果,促使国民经济良性循环具有重要意义。调整产业结构不外乎有两条途径:一是调整投资结构,因为产业结构是由投资结构形成的,增加对某一产业的投资就会加快该产业的发展,反之,减少对某一产业的投资就可以延缓其发展;二是改变现有企业的生产方向,即调整资产存量结构,促使一些企业转产。在这两个方面,财政都能够发挥调节作用。

就调整投资结构来看,首先是调整国家预算支出中的投资结构,例如增加能源、交通、原材料等基础产业和基础设施方面的投资和减少加工部门的投资;其次,利用财政税收和投资政策引导企业的投资方向,鼓励企业向短线生产投资,对长线投资进行限制,例如通过对长、短线生产部门规定不同的税率、确定不同的折旧率和实行不同的贷款利率,可以起到对不同部门投资的奖限作用,从而引导投资方向。

在调整资产存量结构、改变现有企业的生产方向上,过去我国主要靠对企业实行"关、停、并、转"的行政手段来实现。今后,根据社会主义市场经济的要求,除了必要的行政措施外,主要应通过市场竞争,实行兼并重组和横向经济联合来进行,在这方面,采取有利于竞争和对不同产业区别对待的税收政策,可以发挥一定的调节作用。

3. 调节全社会资源在政府部门和非政府部门(企业和个人)之间的配置。公共财政这一职能取决于财政收入占国民生产总值或国民收入中比重的高低。提高这一比重,意味着社会资源中归政府部门支配使用的部分增多,归非政府部门支配使用的部分减少;反之,降低这一比重,则意味着社会资源中归政府部门支配使用的部分减少,归非政府部门支配使用的部分增多。社会资源在政府部门和非政府部门之间的分配主要是根据社会公共需要在整个社会需要中所占的比例而定的。这一比例不是固定不变的,而是随着经济的发展、国家职能和活动范围的变化而变化的。应当使政府部门支配使用的资源与其承担的责任相适应,政府支配使用的资源过多或过少都不符合优化资源配置的要求。

## 二、收入分配职能

### (一)收入分配的目标

收入分配通常是指对国民收入的分配。国民收入创造出来以后,通过分配形成流量的收入分配格局和存量的财产分配格局。国民收入分配分为初次分配和再分配。初次分配是在企业单位内部进行的要素分配,即根据要素投入的数量和价格获得相应的要素收入,如凭借劳动力的投入获得工资、凭借资本的投入获得利润或利息、凭借土地的投入获得地租等;再分配是指在初次分配的基础上进行的各种分配。各阶层居民的收入分为劳动收入和非劳动收入,劳动收入包括工资、薪金、奖金、津贴等,非劳动收入包括财产收入、租金、利息、红利和企业留利等。在社会主义建设的新阶段,我国提出要确立劳动、资本、技术和管理等生产要素按贡献参与分配的原则,完善按劳分配为主体,多种分配方式并存的制度。我国依法保护法人和居民的一切合法收入和财产,鼓励城乡居民储蓄和投资;允许属于个人的资本等生产要素参与收益分配。

收入分配的目标是实现公平分配,而公平分配包括经济公平和社会公平两个层次。经济公平是市场经济的内在要求,强调的是要素投入和要素收入相对称,它是在平等竞争的条件下通过等价交换来实现的。而社会公平则很难用某个指标来衡量,通常是指收入差距维持在现阶段各阶层居民所能接受的合理范围内。一些国家通过规定最低工资收入和确定贫困线的办法,关注社会中的低收入阶层。在我国的现阶段,要运用包括市场在内的各种调节手段实现收入的公平分配,既要鼓励先进,促进效率,合理拉开收入差距,又要防止两极分化,逐步实现共同富裕。但是对共同富裕必须要有正确的理解。第一,共同富裕并不意味着让全国居民在同一时间、以同样的速度同步富裕,而是要允许和鼓励一部分地区、一部分人通过诚实劳动和合法经营先富起来,然后通过他们的示范作用带动更多的地区和人走上共同富裕道路。第二,共同富裕不等于平均主义和收入均等,而是允许存在合理的收入差距。第三,实现共同富裕必须防止两极分化,走向富裕的手段必须是诚实劳动和合法经营。为实现公平分配目标,走共同富裕的道路,通过政府财政对收入分配进行合理的调节是非常必要的。

（二）公共财政收入分配职能的主要内容

公共财政的收入分配职能主要体现在以下几个方面:

1. 通过为全社会提供公共产品和服务,让全体社会成员享有公平的生存权和发展权。公共财政通过财政支出、税收、转移支付等手段参与国民收入再分配,为全体社会成员提供公共产品和公共服务。与初次分配相比,公共财政的再分配更注重社会公平,而所提供的公共产品具有非竞争性与非排他性,即无论个人占有资源的多少、支付能力的强弱,社会成员都有均等地享有最基本的公共产品和公共服务的权利。所以,公共财政的本质是公平导向的,它通过为全社会提供公共产品和服务,让全体社会成员享有公平的生存权和发展权,保证社会成员生活在一个较为公平的社会环境之中。

2. 通过财税调节,使企业公平竞争。公共财政通过间接税调节各种商品的相对价格,从而调节各种经济主体的要素分配;通过企业所得税或者其他课税剔除或减少客观因素对企业利润水平的影响,使企业的利润水平能够反映企业的生产经营管理水平和主观努力状况,使企业在大致相同的条件下获得大致相同的利润。例如,通过征收消费税剔除或减少价格的影响;征收资源税、房产税、土地使用税等剔除或减少由于资源、房产、土地状况的不同而形成的级差收入的影响等等。另外,公共财政通过统一税制、公平税负,为企业创造一个公平竞争的外部环境。

3. 调节居民个人收入水平。按照既要合理拉开收入差距,又要防止贫富悬殊,逐步实现共同富裕的要求,公共财政对居民个人收入的调节主要包括:一是通过税收进行调节,如通过征收个人所得税、社会保障税,缩小个人收入之间的差距;通过征收财产税、遗产税和赠与税调节个人财产分布等等。二是通过转移性支出,如社会保障支出、救济支出、补贴等,以维持居民基本的生活水平和福利水平。三是通过规范政府公务员工资制度,改革财政补贴制度,实现个人收入分配的货币化和商品化,增加透明度,理顺个人收入分配制度。

4. 调节地区之间的差距。调节地区之间差距的财政手段包括:在财政收入方面,主要是运用适当的区域性税收优惠政策。在财政支出方面,一是通过财政预算,安排财政投资;二是通过政府间的财政转移支付,解决地区间财力相差过大的问题。

### 三、经济稳定职能

#### (一)经济稳定的含义

经济稳定包括多方面的含义,通常包括:

1. 充分就业。它是指有工作能力且愿意工作的劳动者能够找到工作。这里的"就业"即工作或劳动,是泛指一切通过自己的劳动来维持自己生活的活动。也就是说,在各种所有制、各行各业的劳动,均属就业范畴。这里的"充分"就业,并不意味着全部可就业人口100%就业,而是指就业率(已就业人口占全部可就业人口的比率)达到了某一社会认可的比率,比如95%,97%等。

2. 物价稳定。它是指物价总水平基本稳定。在纸币流通的条件下,随着商品比价的不断调整,通常物价水平有徐徐上涨的趋势,只要物价上涨幅度在社会可容忍的范围内,即可视为物价水平稳定。

3. 国际收支平衡。它是指一国在进行国际经济交往时,其经常项目和资本项目的收支合计大体保持平衡。在开放的市场经济条件下,国际收支平衡是经济稳定的一个重要内容和标志。

应当着重指出,经济稳定并不是不要经济增长,稳定和增长是相辅相成的。我们讲的经济稳定,是在经济适度增长中的稳定,即动态稳定,而不是静态稳定。因此,经济稳定就包含有经济增长的内容,就是指要保持经济的持续、稳定、协调发展。

#### (二)公共财政经济稳定职能的主要内容

要实现经济的稳定增长,关键是要做到社会总供给与总需求的平衡,包括总量平衡和结构平衡,财政在这两个方面都能发挥重要作用。关于结构平衡,实质上是个资源配置问题,这在前面的资源配置职能中已作过论述,这里着重对财政在调节社会供求总量平衡方面的手段作些分析。

1. 通过财政预算政策进行调节,实现社会供求总量平衡,这主要是通过作为财政收支计划的国家预算来进行的。由于国家预算通常代表可供国家支配的商品物资量,是社会供给总量的一个组成部分,而国家预算支出会形成货币购买力,是社会需求总量的一个组成部分,因此,通过调整国家预算收支之间的关系,就可以起到调节社会供求总量平衡的作用。当社会总需求大于社会总供给时,可以通过实行国家预算收入大于支出的结余政策进行调节;当社会总供给大于社会总需求时,可以实行国家预算支出大于收入的赤字政策进行调节;在社会供求总量平衡时,国家预算应实行收支平衡的中性政策与之相配合。一般而言,在市场经济条件下,由于受各种复杂因素的影响,市场上的供求关系会经常发生变化,时而总供给大于总需求,时而总需求大于总供给,这就要求国家交替使用赤字预算和结余预算来进行调节。

2. 通过制度性安排,发挥财政"内在稳定器"的作用。这表现在财政收入和支出两方面的制度上。

在财政收入方面,主要是指实行累进所得税制。在这种税制条件下,当经济过热、出现通货膨胀时,企业和居民收入增加,适用税率相应提高,税收的增长幅度超过国民收入的增长幅度,从而可以抑制经济过热;反之,当经济萧条时,企业和居民收入下降,适用税率相应降低,税收的降低幅度超过国民收入的降低幅度,从而可以刺激经济复苏和发展。当然,上述作用是以所得税,特别是以个人所得税在整个税收中占有相当大的比重为前提的。目前在我国,企业所得税实行比例税率,而个人所得税规模又较小,因此这种作用十分微小,但从长远来看,作为一种制度安排仍然有借鉴意义。

在财政支出方面,财政"内在稳定器"的作用主要体现在转移性支出(社会保障、补贴、救济和福利支出等)的安排上,其效应正好同税收相配合。经济高涨时,失业人数减少,转移性支出下降,对经济起抑制作用;反之,经济萧条时,失业人数增加,转移性支出上升,对经济复苏和发展起刺激作用。

## 本章小结

1. 现代市场经济是既具有完备的市场机制和市场体系,又具有适度政府干预和科学计划指导的混合经济。

2. 市场经济作为一种经济运行和资源配置方式,具有自主性、竞争性、平等性和法制性的特征。但市场经济也存在市场失灵现象,主要包括:垄断,信息不对称、不充分,外部效应和公共产品,收入分配不公,经济波动与失衡。市场失灵是政府进行干预的理论前提。

3. 不同的时期、不同的国家,人们对市场和政府的作用会有不同的认识。从市场经济的发展历程看,对政府干预的必要性经历了由肯定到否定、再由否定到肯定的不断认识和发展的过程。一般认为,现代市场经济中政府的基本职能至少应该包括三方面:提供公共产品,满足社会的公共需要;制定市场运行规则,建立和维护市场秩序;对经济运行实行计划指导或宏观调控。

4. 所谓公共财政,是指以国家(或政府)为主体,通过政府的收支活动,集中一部分社会资源,用于履行政府职能、提供公共产品以满足社会公共需要的经济活动。公共财政就是市场经济条件下的财政,而财政的主体从来都是国家(或政府),因而公共财政也就是国家财政或政府财政。

5. 公共财政实质是市场经济财政,突出表现在公共财政理论的核心是市场失灵论,市场失灵决定了公共财政存在的必要性及其职能范围。我国建立公共财政,实质上是指我国财政由过去带有明显计划经济特征的财政模式转向市场经济条件下的财政模式。

6. 公共产品是指这样一种产品,即每个人消费这种产品不会导致别人对该产品消费的减少。公共产品具有以下特征:效用的不可分割性、消费的非排他性、取得方式的非竞争性、提供目的的非营利性。在实际生活中,真正的纯公共产品并不是非常多,更常见的是兼有一些私人产品特征的"准公共产品"或"混合产品"。

7. 对公共产品的含义和特征的理解应注意以下几点:公共产品与私人产品的区别主要是根据消费该产品的不同特征来区分的;公共产品与社会产品是不同的概念;对公共产品的划分不是绝对不变的,要取决于市场和技术条件;由公共部门来提供公共产品并不意味着应由公共部门来生产这些产品。

8. 建立在市场失灵和公共产品理论基础上的公共财政,具有三个特征:首先,它着眼于弥补市场失灵、提供公共产品和满足公共需要;其次,它立足于非营利性;再次,公共财政活动具有规范化、法制化的特点。

9. 公共财政的职能是指公共财政在社会经济生活中所具有的职责和功能,它是公共财政这一经济范畴本质的反映,在任何情况下组织收入都是财政的最基本职能。从财政宏观调控的角度看,可以把公共财政职能概括为三个方面:资源配置职能、收入分配职能和经济稳定职能。

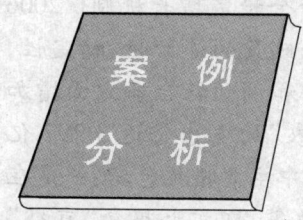

**案例  逐步建立和完善市场经济条件下的公共财政体制**
——从《2006 年财政预算草案》看我国财政体制改革的方向

2006 年 3 月 5 日,财政部向第十届全国人民代表大会第四次会议提交了《关于 2005 年中央和地方预算执行情况与 2006 年中央和地方预算草案的报告》,从中可以清楚地看到,公共财政的理财观念和特征进一步得到了凸显,财政收支和财政工作都是紧紧围绕着建立和完善公共财政体制这条主线来进行的。

2006 年预算的主要指标安排如下:中央财政总收入 19 272.04 亿元,比 2005 年增长 11.7%。中央财政总支出 22 222.04 亿元,比 2005 年增长 9.7%。中央财政收支相抵,赤字 2 950 亿元,比 2005 年预算减少 50 亿元,财政赤字占 GDP 的比重预计进一步下降到 1.5%。2006 年,中央财政安排国债项目资金 600 亿元,比 2005 年减少 200 亿元。2006 年全国财政收入预计将达到 35 423.38 亿元,增加

3 795.4亿元,增长12%;全国财政支出38 373.38亿元,增加4 665.36亿元,增长13.8%。

2006年政府预算的支出结构按照公共财政的要求进行了大力调整,加强了保障公共支出的需要,压缩一般性开支,向农业、教育、就业和社会保障、公共卫生等经济社会发展薄弱环节倾斜;向困难地区和弱势群体倾斜;向科技创新和转变经济增长方式倾斜。充分体现了公共财政弥补市场失灵、立足于非营利性提供公共产品和服务的本质,政府预算的公共性明显加强,财政活动进一步规范化、法制化,公共财政的特征体现得更加鲜明和突出。这主要表现在:

1. 着力加强财政宏观调控,促进经济快速稳健发展。根据中央经济工作会议精神和经济发展的客观需要,2006年要保持宏观经济政策的连续性和稳定性,继续实施稳健财政政策,通过调整和优化政府投资结构,整顿和规范收入分配秩序,巩固和发展出口退税负担机制,进一步发挥关税等税收政策作用等措施,着力推进投资、消费和出口健康发展。这既体现了市场经济条件下政府适度干预的思路,也充分体现了公共财政促进经济稳定和发展的职能。

2. 着力加大政策扶持和资金投入力度,加快建设社会主义新农村。建设社会主义新农村是党的十六届五中全会提出的一项宏伟目标,不仅有利于农业、农村的发展和农民的富裕,更关系到实现国家长治久安和中华民族伟大复兴的长远目标。要逐步扩大公共财政覆盖农村范围,建立健全财政支农资金稳定增长机制。2006年,将继续保持新增教育、文化、卫生支出主要用于农村等政策的连续性、稳定性,并加大投入力度,突出在"多予"和"放活"上做文章,引导和调动社会各方面增加"三农"投入的积极性。全年中央财政预算安排用于"三农"的支出将达3 397亿元,比2005年实际执行数增加422亿元,增长14.2%。其中主要措施包括:一是在全国范围内全面取消农业税;二是完善并加强"三补贴"政策,即扩大粮食"直补"资金规模、增加良种补贴资金和农机具购置补贴资金,扩大补贴范围,调整补贴重点,积极研究探索建立对农民种粮收益综合补贴制度;三是支持扩大新型农村合作医疗试点;四是积极支持农业综合生产能力建设,进一步整合支农资金,提高支农资金使用效益。

3. 着力建立农村义务教育经费保障机制,全部免除西部地区农村中小学生学杂费。加强农村义务教育,是关系经济社会发展全局的一项战略任务,是实现"十一五"规划战略目标和全面建设小康社会的重大举措。从2006~2010年,将按照"明确各级责任、中央地方共担、加大财政投入、提高保障水平、分步组织实施"的原则,逐步将农村义务教育全面纳入公共财政保障范围,建立中央和地方分项目、按比例分担的农村义务教育经费保障机制,预计全国财政2006~2010年累计新增农村义务教育经费将达2 182亿元。改革的主要内容是:对农村义务教育阶段学生免收学杂费,对贫困家庭学生提供免费课本和寄宿生活费补助;提高农村中小学公用经费保障水平;建立农村中小学校舍维修改造的长效机制;进一步巩固完善现行教师工资保障机制。同时全面建立农村中小学预算编制制度,积极推进教育综合改革,2007年全国农村将全面实行免费义务教育。

4. 着力支持就业再就业和社会保障工作,促进和谐社会的构建。加强就业再就业和社会保障工作,是维护群体利益、促进社会公平、构建社会主义和谐社会的重要措施。2006年,中央财政安排社会保障补助支出和就业再就业支出1 859.82亿元,比2005年增加236.23亿元,增长14.5%。其具体措施包括:一是继续做好就业再就业工作;二是完善企业职工基本养老保险制度;三是结合推行公务员职级工资改革,相应提高部分困难群众的待遇;四是认真帮助解决困难群众基本生活问题;五是进一步加大投入,支持公共卫生体系建设,提高重大疾病预防控制能力。

5. 着力促进自主创新,推动经济增长方式转变。提高自主创新能力是提升科技水平和国家核心竞争力的关键,是调整产业结构、转变经济增长方式的中心环节,也是促进经济持续平稳较快增长、实现经济可持续发展的必由之路。这方面的具体措施包括:一是大力增加财政科技投入,根据《国家中长期科学和技术发展规划纲要(2006~2020年)》和"十一五"科技发展规划的要求,2006年中央财政科技支出安排716.04亿元,比2005年增加115.26亿元,增长19.2%,地方财政也相应增加投入,通过这一政策信号更好引导全社会重视科技创新和增加科技投入;二是充分发挥税收政策促进科技进步的作用;三是完善企业财务和分配制度,建立符合现代企业制度、有利于企业自主创新的财务管理制度体系;四是积极制定并实施支持循环经济发展的财税政策。

6. 着力加大转移支付力度,促进区域协调发展。实现基本公共服务均等化,促进地区协调发展,这是公共财政的目标,更是构建和谐社会的要求。其具体包括:一是加大对欠发达地区的财政支持力度,促进革命老区、民族地区、边疆地区和贫困地区加快发展,2006年,中央财政对地方主要是中西部地区一般性转移支付资金将达到1 359亿元,比2005年增加238亿元,增长21.2%,对民族地区转移支付资金将达到200亿元,比2005年增加40.77亿元,增长25.6%;二是增加扶贫开发投入,2006年中央财政安排扶贫开发资金137亿元,比2005年增加7亿元;三是认真落实区域发展总体战略的各项财税政策措施。

同时,2006年的财政预算还将着力支持完善社会主义市场经济体制、加强政权建设、积极保障落实科学发展观、服务改革发展稳定大局的其他重点支出需要。

总之,2006年政府财政预算报告的突出特点是:财政支出的重点都是为弥补市场失灵,为全社会和全体公众提供公共产品和公共服务,促进经济社会协调、稳定发展。这一报告充分体现了公共财政的理财观念,凸显了公共财政的特征,清楚地表明了我国财政体制改革的方向是逐步建立和完善市场经济条件下的公共财政体制。

## 思考题

1. 什么是市场失灵？它主要表现在哪些方面？
2. 如何理解公共财政的实质？
3. 什么是公共产品？
4. 市场经济条件下如何界定政府的活动范围？
5. 公共财政的职能包括哪些？

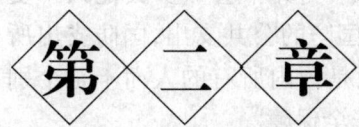

# 公共支出的基本理论分析

★ 本章学习要点与要求 ★

通过对本章内容的学习,应理解公共支出的概念和特点;掌握公共支出各种分类的标准和方法;理解影响公共支出规模的各种因素,掌握公共支出增长的一般趋势,以及各种解释这种趋势的理论;理解公共支出最优规模及其确定,了解我国公共支出规模变化的趋势及原因;掌握公共支出结构分析的方法,了解各国公共支出结构变化的一般规律,理解我国财政支出结构存在的问题及优化思路;理解公共支出中的公平与效率原则;掌握公共支出效益评价与微观经济主体支出效益评价的不同点,掌握公共支出效益分析的基本方法。

## 第一节 公共支出概述

### 一、公共支出的概念和特点

公共支出也称公共财政支出,是指在市场经济条件下政府为提供公共产品和服务、满足社会共同需要而进行的财政资金的支付。就其本质而言,公共财政支出是政府履行职能所花费的社会资源,是提供公共产品和服务的成本和费用。公共财政支出是财政活动的重要环节,它反映了市场经济条件下政府活动的范围和方向,也反映了政府参与资源配置的规模、结构和意图。

公共支出的特点是由公共财政的特点所决定的,公共财政是立足于弥补市场失灵的财政模式,因此,公共支出具有以下特点:

1. 公共性。公共支出主要是用于提供满足社会共同需要的公共产品和服务,从公共产品和服务的性质我们可以知道,公共产品和服务是可以无差别地由社会成员来共同享受的,而且某个人对公共产品和服务的享受并不会减少其他人享受公共产品和服务的质量和数量。典型的例子,如用于国防的公共支出,国防支出所提供的公共产品和服务是"国家安全",其保护的对象是国内所有的人而不是个别人,只要是该国的公民,都可以无差别地享受到这种安全保障。

2. 非营利性。在市场经济条件下,企业和个人都是追求自身利益的最大化,营利性是市场主体参与经济活动的根本目标。但作为社会组织者和管理者的政府,追求的是最大限度地满足社会的公共需要和弥补市场失灵,因此凡是市场营利性的活动,都不应属于政府涉足的领域,也不是政府公共支出的范围。即使在政府活动中由于提供公共产品和服务而取得一定的收入,那也是为了弥补成本或对享受公共产品和服务进行一定的限制,以免造成拥挤,而不是为了追求盈利。但是公共支出的非营利性并不意味着公共支出可以不讲效益,公共支出提供公共产品和服务所需要的资源来源于广大纳税人,而且社会资源总是有限的,具有稀缺性,如果用于公共支出就意味着可用于其他方面的资源减少了,因此公共支出也要讲效益,即尽量用最少的资源为社会提供更多更好的公共产品和服务,最大限度地满足公共需要。

## 二、公共支出的分类

所谓公共支出的分类,是指从不同的角度、根据不同的需要、依照不同的标准,把公共支出进行划分和归类。对公共支出的科学分类,是对公共支出进行结构分析的基础,同时对公共支出的规模分析也会有帮助,可以更加全面、准确和科学地把握公共支出的发展变化规律。公共支出的分类标准不是单一的,目前各国在公共支出的分类上还存在一些差别。

(一)按经济性质分类

按公共支出的经济性质,即按照公共支出是否能直接得到等价的补偿进行分类,可以把公共支出分为购买性支出和转移性支出。

1. 购买性支出又称消耗性支出,是指政府购买商品或劳务,包括购买进行日常政务活动所需的或用于进行政府投资所需的各种物品或劳务的支出。前者如政府各部门的行政管理费,后者如政府各部门的投资拨款。政府购买支出反映了政府部门占用和消耗社会资源的状况,也表明由政府部门运用这些资源而排除了私人部门运用这些资源的可能性。

购买性支出主要包括用于政府雇员、购置从事公务活动所需的设备与物品、投资于公共工程等方面的支出。

购买性支出的特点是:

(1)有偿性。政府财政一手付出资金,另一手相应地收回商品和服务,并可以运用、消耗这些商品和服务用于履行政府的职能。政府如同企业和个人等其他市场经济主体一样,在购买性支出中从事的是等价交换的市场活动。

(2)对经济的影响具有直接性。在购买性支出活动中,政府直接以商品和服务的需求者、购买者的身份出现在市场上,通过支出使政府掌握的公共资金与微观经济主体提供的商品和服务相交换,直接增加当期的社会购买力,并由政府直接占有商品和劳务,直接影响就业、生产和社会总需求,这一特点主要反映政府的资源配置职能。

2. 转移性支出是指政府按照一定方式,把一部分财政资金无偿地、单方面转移给居民和其他受益者。政府的转移性支出并不直接消耗公共资源,消耗者是转移性支出的接受者,政府通过转移性支出并不直接获得相应的商品和劳务等经济补偿。

转移性支出主要包括政府部门用于社会保障如养老金、失业救济、财政补贴、债务利息等方面的支出。转移性支出并不反映政府部门占用社会资源的要求,它只是对社会资源在社会成员之间进行再分配,政府部门只充当中介人的作用。

(1)转移性支出的特点。转移性支出具有以下特点:①无偿性,政府在将财政资金转移给居民和其他受益者时,并未得到任何补偿,是价值单方面的转移,所以,政府只是起到了中介人的作用,正是这种无偿性的特征,体现了收入再分配的作用;②对经济的影响具有间接性,从公共支出对资源配置的影响看,转移性支出与购买性支出不同,它并不形成新的社会产品价值,而只是把市场经济中形成的收入分配格局,重新加以调整,不会增加经济总量,所以,转移性支出对经济的影响是间接的。

(2)转移性支出的作用。转移性支出的作用主要表现在三个方面:①调节收入分配,实现社会公平,转移性支出是无偿地将财政资金转移给居民和其他受益者,提高了转移对象的可支配收入水平,而用于转移支付的资金又主要来自于收入水平较高的个人、企业和地区所缴纳的税收,因此,转移性支出可以缓和社会收入分配差距过于悬殊的矛盾,有助于实现社会公平;②实行有条件的支出,提高社会的福利水平,转移性支出的接受对象是有条件的,主要是那些生产和生活困难的企业和个人,为了保持其基本的生产和生活权利,政府按相应的条件和标准给予资助,这样就会使转移性支出资金的边际效用达到最大化,从而提高整个社会的福利水平;③对经济进行自动调节,转移性支出是调节经济的重要手段,它配合累进的所得税制度,实现对经济运行的调节。其基本原理是:当市场经济运行处于过热与膨胀阶段的时候,人们的收入水平会提高,企业的经营收入也会增加,而政府的转移性支出就会自动下降,这样就在一定程度上抑制了消费需求的上升,从而防止经济进一步过热;而当经济处于衰退阶段时,个人和企业的收入水平都会下降,而政府的转移性支出就会增加,相对地提高了企业和居民的可支配收入,从而使社会的有效需求增加,这样可以抑制经济的衰退。因此,转移性支出和累进所得税制度的结合,被称为市场经济的"自动稳定器"。

由此可见,从经济分析的意义看,购买性支出和转移性支出对经济运行的影响是不同的。在公共财政支出规模一定的情况下,当购买性支出在公共财政支出总额中占有较大比重时,对经济运行的影响较大,执行资源配置的功能较强;当转移性支出在公共财政支出总额中占有较大比重时,对收入分配的影响较大,执行收入再分配的功能较强。因此,这种分类对研究财政支出对宏观经济运行的影响有重要意义。

### (二)按政府职能分类

按政府职能对公共支出进行分类,是各国在财政支出管理上最常采用的一种分类方法,各国政府在编制财政支出预算时也大致采用类似的分类方法。当然,各国的情况有所不同,在分类的项目和包括的内容上不可能完全相同。

国际货币基金按职能分类,把各国的公共支出划分为雇员报酬、商品和服务的使用、固定资本消耗、利息、补贴、捐赠、社会福利以及其他支出等项目。表2-1就是一些国家按照国际货币基金组织的分类方法对公共支出进行的分类。

表2-1 若干国家中央政府的公共支出分类情况(2010年)

| 项目 | 美国(亿美元) | 韩国(10亿韩元) | 泰国(亿铢) |
| --- | --- | --- | --- |
| 雇员报酬 | 4 633 | 23 953 | 7 548 |
| 商品和服务的使用 | 5 799 | 25 868 | 6 066 |
| 固定资本消耗 | 388 | — | 554 |
| 利息 | 2 803 | 13 387 | 1 262 |
| 补贴 | 558 | 550 | 452 |
| 捐赠 | 6 631 | 93 448 | 1 826 |
| 社会福利 | 17 249 | 41 402 | 1 067 |
| 其他支出 | 983 | 34 531 | 43 |

资料来源:国际货币基金组织.《政府财政统计年鉴(2011年)》。

2007年以后,我国公共支出统计口径发生较大变化。目前,公共支出按政府职能分类时,一般分为:一般公共服务(含国内外债务付息)、外交(含对外援助)、国防、公共安全(含武装警察)、教育、科学技术、文化体育与传媒、社会保障和就业、医疗卫生、环境保护、城乡社区事务、农林水事务、交通运输(含车辆购置税支出)、工业商业金融等事务和其他支出等。我国近几年部分按政府职能或功能分类的公共支出情况如表2-2所示。

表 2-2  我国部分按政府职能分类的公共支出                单位:亿元

| 项目 | 2007 年 | 2008 年 | 2009 年 | 2010 年 | 2011 年 |
|---|---|---|---|---|---|
| 一般公共服务 | 8 514.24 | 9 795.92 | 9 164.21 | 9 337.16 | 108 929.7 |
| 外交 | 215.28 | 240.72 | 250.94 | 269.22 | 11 109 |
| 国防 | 3 554.91 | 4 178.76 | 4 951.1 | 5 333.37 | 6 026.7 |
| 公共安全 | 3 486.16 | 4 059.76 | 4 744.09 | 5 517.7 | 6 293 |
| 教育 | 7 122.32 | 9 010.21 | 10 437.54 | 12 550.02 | 16 116.1 |
| 科学技术 | 1 783.04 | 2 129.21 | 2 744.52 | 3 250.18 | 3 806.4 |
| 文化体育与传媒 | 898.64 | 1 095.74 | 1 393.07 | 1 542.7 | 1 890 |
| 社会保障和就业 | 5 447.16 | 6 804.29 | 7 606.68 | 9 130.6 | 11 143.9 |
| 医疗卫生 | 1 989.96 | 2 757.04 | 3 994.19 | 4 804.18 | 6 367.5 |
| 环境保护 | 995.82 | 1 451.36 | 1 934.04 | 2 441.98 | 2 617.6 |
| 城乡社区事务 | 3 244.69 | 4 206.14 | 5 107.66 | 5 987.38 | 7 652.6 |
| 农林水事务 | 3 404.7 | 4 544.01 | 6 720.41 | 8 129.58 | 9 890.1 |
| 交通运输 | 1 915.38 | 2 354 | 4 647.59 | 5 488.47 | 7 472.4 |

资料来源:根据 2008 年至 2012 年《中国统计年鉴》整理。

### (三)按经济类型分类

公共支出按经济类型分类,对于衡量政府公共支出项目对经济的影响,说明公共支出在资源配置方面的作用有一定的意义。国际货币基金组织按经济类型的划分方法,一般将公共支出划分为经常性支出、资本性支出和贷款净额三大类。

1. 经常性支出是政府用于经常项目的公共支出,包括商品和服务支出、利息支出、补贴和经常性转让。

2. 资本性支出是指政府用于资本项目的支出,包括现存的和新的固定资产购置、存货购买、土地和无形资产购买、资本转让等。

3. 贷款净额,包括国内外贷款净额。

这种分类实际上从总体上反映了政府公共支出的三种用途:公共消费支出、公共投资支出、政府的融资活动,有利于增强政府支出预算的透明度,便于社会各界监督支出预算的执行,有利于加强政府对投资的管理和对经济的宏观调控。

我国从 1992 年起,中央预算开始按复式预算的形式编制,地方省级预算也从 1993 年起实行复式预算。相应地,我国的财政支出分为经常性支出和建设性支出两类。经常性支出是指政府预算中用于维持政府活动、保障国家安全和社会秩序、发展各项事业以及用于人民生活和社会保障等方面的支出,具体包括文教科卫和行政单位基本建设支出、各项事业费支出、国防支出、行政管理费、武装警察部队支出、公检法司支出、政策性补贴支出、对外援助支出、总预备费、经常性专项基金支出和其他支出等。建设性支出是指政府预算中用于各项经济建设活动的支出,包括工业、农业、商业等基本建设支出、企业挖潜改造资金支出、农业支出、林业支出、支援不发达地区支出、建设性专项支出和其他支出等。

### (四)按财政支出的具体用途分类

按财政支出的具体用途进行分类,是目前我国政府预算支出科目设置所采用的方法。我国财政支出按具体用途分类,其所列各类支出就是我国的预算支出科目,主要包括以下内容:基本建设支出、企业挖潜改造资金支出、地质勘探费支出、科技三项费用支出、流动资金支出、农业支出、各项事业费支出、抚恤和社会福利救济支出、行政事业单位离退休支出、社会保障补助支出、国防支出、行政管理费、外交外事支出、武装警察部队支出(主要包括内卫部队经费、边防部队经费、消防部队经费和警卫部队经费等)、公检法司支出、城市维护费支出、政策性补贴支出、对外援助支出、支援不发达地区支出、债务利息支出、专项支出、其他支出、总预备费等。

这种按预算收支科目来进行公共支出分类的做法,会出现经济性质、政府职能和部门交叉分类的现象,导致预算收支科目体系较为混乱,逻辑关系不清楚,不便于进行统计分析。加之与国际上通行的分类方法不衔接,造成国际交流和进行国别分析时口径的不统一。我国目前正在进行预算科目分类的重新设置和改革,尽量与国际通行做法相衔接,以增强国际间的交流,同时科目名称要简洁、明白,有利于提高我国财政政策和预算管理的透明度,有利于促进社会公众对预算的监督和管理。

## 第二节 公共支出的规模分析

### 一、公共支出规模的含义及其影响因素

#### (一)公共支出规模的含义和衡量指标

公共支出规模是一定财政年度内政府安排的公共支出的总额。它反映的是政府在一定时期内集中支配使用的社会资源量,是考察政府活动规模和满足公共需要能力的重要指标。公共支出规模有广义和狭义之分,狭义的公共支出规模是指政府预算中公共支出的规模,广义的公共支出规模是指政府安排的所有公共支出,包括预算内和预算外支出。在大多数国家,政府支出都必须列入预算管理,没有多少预算外支出,广义与狭义的公共支出规模没多少差别。在我国,由于存在大量的

预算外资金,两个口径的指标相差较大。

常用的衡量公共支出规模的指标有:绝对量指标和相对量指标。绝对量指标是公共支出总额,它直接用货币量表示公共财政支出的数额,比较直观、具体地反映一定时期内政府财政的活动规模。相对量指标通常用公共财政支出占GDP的比重来表示,它说明在一定时期内的GDP中由政府集中和支配使用的份额,可以全面衡量政府经济在整个社会经济中的相对重要性。两个指标各有所长,也各有不足,在公共支出规模的理论研究和现实分析,以及公共支出规模的比较中,一般是根据实际需要采用不同的指标,通常的方法是用公共支出占GDP的比重这一相对指标来衡量公共支出规模。

(二)影响公共支出规模的因素

在一般情况下,公共支出的规模取决于一国政府公共财政活动的范围,具体地说主要受三个因素的影响:

1. 经济性因素。经济性因素主要指经济发展的水平、经济体制的选择和政府的经济干预政策等。经济发展水平的高低,决定了社会财富的多少,一般来说社会财富的不断增加会导致政府的收入增加,从而不仅为公共支出规模的扩大提供了可能性,也会在一定程度上刺激和带动公共支出扩大规模。经济体制的选择也会对公共支出规模发生影响,最为明显的例证便是我国经济体制改革前后的变化。在实行计划经济体制的年代,政府职能包揽一切,实行"统收统支"的财政制度,政府是资源配置的最主要渠道,政府财政支出占GDP的比重自然较高,一般都在30%以上;改革开放以后,社会主义市场经济逐步确立,市场在资源配置中起到了基础性作用,政府配置资源的比重逐渐减少,反映在公共财政支出占GDP的比重是呈下降趋势,到1995年,我国财政支出占GDP的比重下降到11.67%。政府的经济干预政策也对公共支出规模发生影响,一般而言,政府干预范围越广、干预程度越深,公共支出规模就越大,例如1998年我国实施积极财政政策以来,公共财政支出占GDP的比重有了明显的上升,但应当指出,如果政府的经济干预主要是通过政府管制而非通过政府的资源配置活动或收入转移来进行的,那么对公共支出规模的影响并不明显。因为,政府通过管制或制定各种规则对经济活动进行干预,并未发生政府的资源再配置或收入再分配活动,即公共财政支出的规模基本未变,显然,政府通过法律或行政手段对经济活动进行干预与通过公共财政支出手段对经济活动进行干预,具有不同的资源配置效应和收入分配效应。

2. 政治性因素。政治性因素对公共支出规模的影响主要体现在两个方面:一是政局是否稳定,当一国政局不稳,出现内乱或外部冲突等突发性事件时,公共财政支出的规模必然会超常规的扩大,最明显的例证是"二战"期间各参战国的财政支出大幅度飙升;二是政体结构的行政效率,若一国的行政机构臃肿、人浮于事、效率低下,行政、人员经费开支必然增多,公共财政支出规模也就庞大。

3. 社会性因素。社会性因素包括人口状态、文化背景等因素,也在一定程度上影响公共支出规模。如,发展中国家人口基数大、增长快,相应的教育、卫生保健以及救济贫困人口的支出压力便大;而在一些发达国家,老龄化问题、公众对改善社会生活质量等的要求,也会对公共支出提出新的要求。另外,一个国家的社会福利政策取向、人文背景也会导致公共支出上的差异。例如,同是实行市场经济的发达国家,美国和瑞典的公共支出规模相差很大,1996年美国政府的公共支出占GDP的比重为42%,而瑞典高达71%,主要原因就是瑞典实行的是高福利政策。因此,某些社会性因素也会影响公共支出的规模。

## 二、公共支出规模的增长趋势

### (一)各国公共支出不断增长的趋势

公共支出的规模,或者说财政支出占GDP的比重,每个国家都有所不同,在同一国家的不同时期,这一比重也是不同的。但从全球范围来看,公共支出无论是从绝对量上还是从相对量上都有不断增长的趋势。

以美国的政府公共支出为例,从1902年到1982年的80年间,美国政府公共支出从5 461万美元增加到426 397万美元,增长了78倍。在支出绝对数额快速增长的同时,其占国民生产总值的比重也呈逐年上升的态势,从1902年的8.2%提高到1982年的35.4%。

这种公共支出不断增长的趋势并不因各国的经济发展水平和国家结构不同而有所差异,只是增长速度的快慢不同而已(参见表2-3、表2-4)。

表2-3 部分发达国家财政支出占GDP的比重(%)

| 年度 | 法国 | 德国 | 日本 | 英国 | 美国 |
|---|---|---|---|---|---|
| 1880 | 15 | 10 | 11 | 10 | 8 |
| 1960 | 35 | 32 | 18 | 32 | 28 |
| 1985 | 52 | 47 | 33 | 48 | 37 |
| 1996 | 57 | 57 | — | 54 | 42 |
| 2008 | 52 | 44 | 48 | 46 | — |
| 2009 | 55 | 48 | 55 | 50 | 41 |

资料来源:郭庆旺、赵志耘.《财政理论与政策》,经济科学出版社,1999年版,第91页。国际货币基金组织.《政府财政统计年鉴(2011年)》数据整理所得。

表2-4 公共部门支出占GDP的比重(%)

| 国家 | 2002 | 2003 | 2004 |
|---|---|---|---|
| 高收入国家 | 27.71 | 28.27 | 27.96 |

续表

| 国家 | 2002 | 2003 | 2004 |
|------|------|------|------|
| 中等收入国家 | 18.23 | 18.59 | 18.06 |
| 低收入国家 | - | - | 11.00 |
| 世界平均 | 26.16 | 26.60 | 26.23 |

资料来源：世界银行.世界发展指标数据库。

统计资料表明：第一，世界各国的财政支出占 GDP 的比重呈上升趋势；第二，20 世纪80 年代中期以前的时期，财政支出占 GDP 的比重上升得较快；第三，经济发达国家财政支出占 GDP 的比重高于发展中国家。尽管 20 世纪80 年代以来，各国的财政支出占 GDP 比重的增长速度放慢了，但财政支出增长的趋势并不会逆转。

（二）对公共支出增长趋势原因的分析

面对公共支出的不断增长趋势，西方经济学界从各种角度探讨了公共支出增长的原因，比较有代表性的理论分析有以下几种：

1. 政府活动扩张论，也称瓦格纳法则。19 世纪末德国经济学家阿道夫·瓦格纳（A. Wagner）在考察了英国工业化革命，以及当时美、法、德、日的工业化状况之后，他预言：随着经济的发展，政府支出必定以比产出更快的比率增加。对此人们通常理解为：政府财政支出占国民生产总值（GNP）的比例与人均国民生产总值正相关。瓦格纳认为财政支出比率上升趋势的最基本原因是工业化。他认为，现代工业的发展会引起社会进步的要求，社会进步必然导致国家经济活动的增长。首先，随着经济的工业化，不断扩张的市场与这些市场中的行为主体之间的关系会更加复杂，市场关系的复杂化产生了对商业法律和契约的需要，并要求建立司法体系和管理制度，以规范行为主体的社会经济活动。其次，政府对经济活动的干预以及从事的生产性活动，也会随着经济的工业化而不断扩大。再次，工业的发展推动了都市化的进程，人口的居住将密集化，由此将产生拥挤等外部性问题，这也需要政府进行干预和管理。最后，瓦格纳把对于教育、娱乐、文化、保健与福利服务的公共支出的增长归因于需求的收入弹性，即随着实际收入的上升，对这些项目的公共支出的增长将会快于 GNP 的增长，这就是说，随着人均收入的增加，人们对上述服务的需求将增加更快，政府要为此增加支出。

2. 梯度渐进增长理论，也称为时间形态理论。英国经济学家皮考克（A. T. Peacock）和威斯曼（J. Wiseman）认为，在正常年份财政支出呈现一种渐进的上升趋势，但当社会经历"激变"（如战争、经济大萧条或其他严重灾害）时，财政支出会急剧上涨；当这种"激变"时期过去后，财政支出水平将会下降，但不会低于原来的水平。因此，在政府支出的统计曲线上，呈现一种梯度渐进增长的特征。他们的理论实质上阐明了财政支出增长的两类原因——内在因素和外在因素。内在因素是指公民可以忍受的税收水平的提高,在正常条件下,经济发展,收入水平上升,以不变的税率所征得的税收也会上升,于是政府支出上升会与 GNP 成线性关系,这种逻辑过程,揭示出在正常情况下财政支出呈渐进增长趋势的内在原因。外在因素是指社会动荡对财政支出造成的压力。

该理论是建立在这样一种假设的基础上:"政府喜欢多花钱,而公民不喜欢多纳税,这就迫使政府更多地注意公民的意愿。"这样,尽管政府财政支出本身具有膨胀的内在动因,但公众的"税收容忍水平"将通过投票箱而遏制政府支出膨胀的势头。它决定了在正常的时期,政府支出规模是逐渐扩大的。因为在既定的税制和税率水平下,经济增长和国民收入的扩大,容许政府支出与 GNP 同步,并且由于税率的超额累进性而稍快增长,使政府支出的相对规模呈现出逐渐缓慢爬升的趋势。然而,一旦社会剧变到来,如战争、大灾害、大危机等,它们都需要政府发挥更大的作用,决定了政府为应付这些突变而临时增大财政支出,此时增税对于选民来说是可以接受的,这就产生了"替代效应",即危机促进政府财政支出替代私人支出,而大大增加财政支出的相对规模。危机过后,选民将更为强烈地意识到平时没有注意到的社会问题,如战后的调整、退伍军人的退休金以及全民素质的提高等,从而促使人们对扩大财政支出予以支持,能够容忍较高的税收水平和财政支出水平,这就是检视效应(检查效应)。此外,战争等社会剧变还会促使中央政府财权扩大,地方政府财权不断缩小,即所谓的集中效应。这三种情况就打断了政府财政支出的渐进扩张进程,使财政支出增幅跨上了一个新的台阶。

3. 经济发展阶段论。马斯格雷夫(R. A. Musgrave)和罗斯托(W. W. Rostow)则用经济发展阶段论来解释财政支出增长的原因。他们认为,在经济发展的早期阶段,政府投资在社会总投资中占有较高的比重,公共部门为经济发展提供社会基础设施,如道路、运输系统、环境卫生系统、法律与秩序、健康与教育以及其他用于人力资本的投资等,这些投资,对于正处于经济发展早期阶段的国家进入"起飞"期,以至于进入发展的中期阶段是必不可少的。在发展的中期,政府投资还应继续进行,但这时政府投资只是对私人投资的补充。无论是在发展的早期还是中期,都存在着市场缺陷,因此中期也需要加强政府的干预。马斯格雷夫认为,在整个经济发展过程中,GDP 中总投资的比重是上升的,但政府投资占 GDP 的比重会趋于下降。罗斯托认为,一旦经济达到成熟阶段,公共支出将从基础设施支出转向不断增加的对教育、保健与福利服务的支出,且这方面的支出增长将大大超过其他方面支出的增长,也会快于 GDP 的增长速度。

4. 非均衡增长理论。美国经济学家鲍莫尔(W. J. Baumol)从公共部门生产函数中投入品价格的角度,对公共支出现象作了分析,从而形成了解释公共支出增长原因的非均衡增长理论。他把经济部门分为两大类,即进步部门和非进步部门。其中进步部门的特征是由于技术进步使劳动生产率迅速提高,非进步部门则因缺少技术进步以致劳动生产率的提高幅度大大小于进步部门。鲍莫尔认为政府公共部门是属于劳动密集型的非进步部门,但由于它的劳动力报酬即工资水平与进步部门保持同样的增长,在其他因素不变的前提下,公共支出会随着进步部门的工资率增长而增长。也就是说,公共支出的增长是由于较高的工资成本推动而造成的。

5. 官僚拉动支出增长理论。公共选择理论倾向于用官僚机构的行为模式来解释公共支出增长。所谓官僚是指政府公共政策的执行者的总称,包括政府官员、公共雇员和负责提供公共服务的机构。按照公共选择理论,作为理性的经济人,官僚追求的不一定是社会福利最大化,而是追求自身利益的最大化。与私人部门有所不同,官僚自身利益包括工资薪金、津贴、权力和地位、晋升机会、声誉等,官僚是通过追求公共支出预算规模最大化来实现其上述目标的。因为公共支出预算规模越大,机构的规模就越大,人数就越多,官僚的权力感就越强;公共支出预算规模越大,官僚掌握、控制的社会资源就越多。另外,同私人部门提供私人产品相比,官僚机构在提供公共产品和服务的过程中表现出三个方面的特点:一是政府官僚机构在提供公共产品的过程中缺乏竞争,导致政府部门的服务效率低下;二是官僚机构不以利润最大化作为追求目标,官僚行为的成本相对较高;三是公共产品和服务不以价格形式出售,社会成员难以对政府部门的工作效率进行计量和准确评价。正因为官僚机构以机构规模最大化作为目标,导致财政支出规模不断扩大,甚至财政支出规模增长超出了公共产品最优产出水平所需要的支出水平。此外,由于官僚机构通常拥有提供公共产品和服务的垄断权,监督部门难以完全掌握所需信息。

由于交易成本很高,拨款机构很难控制官僚行为。因此,官僚机构通常以两种方式扩大其预算规模:第一,他们千方百计让政府相信他们确定的产出水平是必要的;第二,利用低效率的生产技术来增加既定的产出量所必需的投入量,这时的效率损失不是源于官僚服务的过度提供,而是由于投入的滥用所导致。由此可见,官僚行为从产出和投入两个方面迫使财政支出规模不断膨胀。美国著名学者尼斯卡宁(W. A. Niskanen)认为,官僚是公共支出预算规模的增函数,因而公共部门的支出可能远远超出了社会所需要的最适合的规模。

许多经济学家对这一理论进行了发展,比如认为在预算决策中的简单多数规则,会使得一些总成本大于总收益的公共支出方案也会被顺利通过,由此必然导致公共支出规模的增长;再比如由于公共支出与税收在决策上的分离,会使人们产生财政幻觉,即希望官僚提供较多的公共产品和服务而忽视了税收负担的存在,这在以间接税为主体或以公债作为公共支出经费筹集手段时尤为明显。

### 三、公共支出的最优规模

(一)理论上的最优规模的确定

公共支出的最优规模问题,实际上是分析在全社会资源总量一定的前提下,公共部门在资源配置中应占多大比例最为合适。判断公共支出在资源配置中所占比例是否最优,首先得确定判断的标准。经济学上通常采用社会净效益最大化标准,即当改变社会资源在私人部门和公共部门之间的配置比例时,如果整个社会的所得要大于整个社会的所失,也就是社会净效益为正,那么这种资源配置方式的改变就是有效率的。一般认为,如果同样数量的资源交给公共部门配置,以公共支出的形式用于公共产品的生产和提供,所获得的社会收益要大于将这部分资源交给私人部门支出后用于私人产品生产所能获得的收益,那么说明这时应增加公共支出的规模;反之,则应减少公共支出的规模。只有当同样数量的资源交给公共部门配置所获得的收益与交给私人部门配置所获得的收益相等时,即当资源配置在私人部门的边际收益等于其在公共部门的边际收益,并且已经不可能再通过改变社会资源在私人部门和公共部门之间的分配比例来提高整个社会的收益时,那么整个社会资源在私人部门和公共部门之间的分配就达到了最优的状态,这时的公共支出规模就是最优支出规模。如图2-1所示。

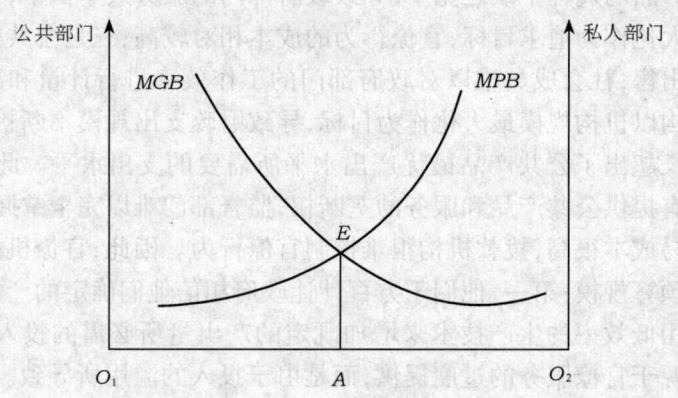

图2-1 公共支出的最优规模

在图2-1中,左、右两条纵轴分别是公共部门和私人部门配置资源所获得的边际收益,横轴 $O_1O_2$ 表示全社会可供配置的社会资源总量,$MGB$ 为公共部门的边际收益曲线,$MPB$ 为私人部门的边际收益曲线。按照上面的推导,只有在私人部门的边际收益等于公共部门的边际收益时,也即图中 $MPB$ 与 $MGB$ 相交的 $E$ 点,整个社会资源在私人部门和公共部门之间的分配就达到了最优的状态,这时的公共支出规模就是最优公共支出规模,即图中所示的 $O_1A$ 部分。

(二)现实中应考虑的因素

公共支出规模过大和过小都将对资源配置的效率产生不利影响。从理论上来说可以确定公共支出的最优规模,但现实生活中要精确地找到这一最优点则相当困难。由于各国的政治、经济制度以及历史传统等不同,公共支出规模也不可能有一个统一的标准。但就某一国家来说,在现实中确定公共支出规模时应考虑以下几个因素:

1. 满足政府职能的需要。政府职能包括政治职能、经济职能和社会职能。随着经济的发展,政府职能的范围和重点也在不断地变化和调整。处理政府职能的履行与公共支出规模二者之间关系的一种比较理想的目标是:能够保证政府职能充分履行的公共支出规模不会对社会私人部门的投资产生挤出效应。为此,首先要科学界定政府职能范围,其次要确定政府履行职能的成本,再次要确定新增加社会资源中可以分配的数量。此外,还应该提高政府的工作效率,尽可能降低成本。

2. 要与经济发展水平相适应。经济发展水平决定了社会财富和社会资源的多少,也就大体决定了公共收入的水平,从而决定了公共支出的规模。政府公共支出的主要来源如税收、公债都受制于经济发展水平的高低,经济发展水平高,税收和发行公债的空间就大,公共支出的规模也才可能增加。如果在经济发展水平一定的条件下,政府行使职能的资金能够得到保障,私人投资和个人的生活也能够保持在与经济发展速度相适应的水平,则可以说政府公共支出规模与经济发展水平是相适应的。

3. 要与国情相适应。国情是指一个国家的社会性质、政治、经济、文化等方面的基本情况和特点。国情影响着政府职能的范围,影响着政府公共支出的规模和结构。例如,发达国家公共支出规模要普遍高于发展中国家;同是发展中国家,更强调政府作用的国家的公共支出规模要高于更强调市场作用的国家;强调集体主义、更注重社会公平的国家的公共支出一般要高于强调个人自由竞争、追求效率的国家。国情是影响公共支出规模的重要因素。一国在确定公共支出规模时应慎重考虑本国的国情。

## 四、改革开放以来我国的公共支出规模分析

### (一)改革开放以来我国的公共支出规模

与世界上其他国家公共支出占 GDP 的比重不断上升的趋势不同,我国在改革开放后,公共支出占 GDP 的比重在波动中呈逐步下降,然后又有所回升的趋势(参见表 2 – 5)。

表 2 – 5　1978 ~ 2011 年我国的公共支出规模

| 年份 | 财政支出(亿元) | 财政支出占 GDP 的比重(%) |
| --- | --- | --- |
| 1978 | 1 122.1 | 30.8 |
| 1985 | 2 004.3 | 22.2 |
| 1990 | 3 083.6 | 16.5 |

续表

| 年份 | 财政支出（亿元） | 财政支出占 GDP 的比重（%） |
|---|---|---|
| 1994 | 5 792.6 | 12.0 |
| 1996 | 7 937.6 | 11.2 |
| 1998 | 10 798.2 | 12.8 |
| 2000 | 15 886.5 | 16.0 |
| 2002 | 22 053.2 | 18.3 |
| 2004 | 28 486.9 | 17.8 |
| 2006 | 40 422.7 | 18.7 |
| 2008 | 62 592.7 | 19.9 |
| 2011 | 108 929.7 | 23.1 |

资料来源：根据《中国统计年鉴（2012 年）》整理。

从表 2-5 可以看出，2011 年我国财政支出总额为 108 929.7 亿元，较 1978 年的 1 122.1 亿元增长了约 97 倍，财政支出占 GDP 的比重却有所下降。如前所述，世界各国的财政支出无论从绝对规模还是从相对规模来看，都呈现出随着人均收入的提高而增长的趋势。而我国自改革开放以来，财政支出占 GDP 的比重呈相反的态势，一直趋于下降，到 1996 年降到历史最低点 11.2%，之后这一比重又开始出现回升，到 2011 年回升到 23.1%。

（二）我国公共支出规模变化的原因

我国公共支出规模之所以出现上述的波动，主要原因是：

1. 体制转轨的影响。在经济体制改革以前，我国财政支出占 GDP 的比重是比较高的，这主要是由于我国当时实行高度集中的"统收统支"的财政管理体制。改革开放以来，我国对政府职能和财政支出的结构进行了相应的调整，以"放权让利"为主线的改革使收入分配向企业和个人倾斜。在一定时期伴随着公共收入规模的下降而出现公共支出规模的下降，反映了市场化取向的改革使得政府大包大揽的支出范围有所缩小，政府配置资源的主导作用逐步让位给市场机制，由市场机制发挥基础性的配置作用，因此这种下降的趋势是正常的。

2. 财政体制不规范的影响。改革开放以来，公共支出下降的另外一个原因是财政体制的不规范，导致没有纳入预算管理的预算外资金、制度外资金大幅度增加，从而使得预算内的公共收入和公共支出的规模占 GDP 的比重下降，例如 1996 年全国预算外收费、基金收入总额达 4 636 亿元，相当于公共收入的 63%，由于这部分资金是部门自收自支,不列入政府的预算,所以没有反映在按政府预算口径计算的公共支出规模里。因此,在1990~1998年,由于财政体制不规范导致没有纳入预算的政府支出过多,也是这一时期公共支出占GDP比重较低的原因。近几年,由于加强了对预算外资金的管理,并逐步把收费、基金等收入纳入到了预算内管理,因此公共支出占GDP的比重又出现了回升的趋势。

### (三)我国公共支出规模的调整

对我国公共支出规模的调整应从下面三点进行:

1. 公共支出规模应与我国经济发展水平相适应。一方面,市场经济发展的实践表明,随着市场经济的发展,政府职能范围会有所扩大,履行政府职能所需的公共支出规模也会相应增加;另一方面,随着我国社会主义市场经济的逐步成熟和完善,政府又会从原来在计划体制下所承担的一些职能中退出。通过这样有进有退的调整,公共支出规模总体上可能会有适度增长,但不会回到原来计划体制下占GDP那么高的比重。

2. 公共支出规模比重应适度提高。一方面,通过逐步完善税收体系,开设一些市场经济条件不可或缺的税种如社会保障税,以及加大税收征管力度,提高征管水平,减少偷逃税;另一方面,通过规范财政体制,加强对预算外资金的管理,尽可能将各种收费、基金等政府收入都纳入规范的公共收入和支出体系。

3. 在适度提高公共支出规模的同时,要科学界定政府在市场经济条件下的职能,精简机构,建立高效、规范、协调的政府管理体系,降低政府的运行成本,避免因政府低效率而导致的公共支出规模增长。

## 第三节 公共支出的结构分析

### 一、公共支出结构分析的内容和方法

公共支出结构即财政支出结构,是政府预算安排不同种类的支出的构成情况。它反映了政府的活动范围和方向,并影响财政资金的使用效率和效益。公共支出的结构分析主要是对各类支出构成及其演变的合理性和有效性进行分析、判断,以便改进未来的支出结构,提高公共支出的效益。

#### (一)公共支出结构分析的主要内容

公共支出结构分析的主要内容包括以下四点:

1. 分析和评价公共支出结构的合理性和有效性。对公共支出结构的合理性和有效性进行分析,一般依据的是政府作用与市场失灵的规范理论,首先分析和评价

公共支出的领域是否存在市场失灵,政府干预特别是具体的公共支出项目是否有适当的理由。政府在经济发展中的作用到底多大是合适的,或者说公共支出作用在哪些领域是合适的,对此,不同的市场—政府观念有着不同的看法。

(1)市场主导型观念认为,市场机制本身能够运转得很好,市场失灵只存在于一个十分有限的范围,因此着眼于促进市场机制运行效率的政府行为才是适当的。与此相适应,政府干预和公共支出应局限于一个狭窄的范围内,即除了提供诸如国防、法律这类基本的公共服务外,经济事务中的干预只应限于诸如环境保护、基础教育投资等具有明显外溢性的领域。

(2)政府主导型观念认为,市场失灵是较为普遍存在的,市场自身难以实现资源的有效配置、产业成长和经济稳定,特别是在经济发展初期,存在着大量市场失灵的现象,需要政府的强有力干预,因此公共支出的范围相对来说更为宽泛。

(3)市场增进论认为,政府的职能在于促进和补充民间部门的功能,政府在经济发展中的适当作用,就在于能够作出促进民间部门协调能力的制度安排,提高民间部门依靠自身克服市场失灵的能力,只有在民间确实无力克服市场失效时,政府的介入才是必不可少的。因此,公共支出结构是否合理,不仅要看是否作用在市场失灵领域,而且还得进一步分析这些市场失灵是不是确实通过民间部门本身协调也无法克服的。如果满足这两方面条件,市场增进论就认为这样的公共支出结构是合适的。

2. 分析不同发展阶段公共支出的特点。在经济发展的不同阶段,由于市场失灵的范围和程度不同,民间部门解决市场失灵的能力也不同。因此,一方面处于不同发展阶段国家的公共支出结构会有所差别,另一方面处于相同发展阶段国家的公共支出结构又会有共性。而且,随着经济发展阶段的演进,公共支出结构会出现一定规律性的变化趋势。

3. 分析和比较各种不同公共支出结构方案的成本和效益,以便选出那些能使社会福利达到最大化的支出结构。公共支出结构的成本和效益的计算既要考虑项目本身,又要考虑它所带来的社会效益和社会成本,还要考虑它对社会公平目标的影响,要分析和比较公共支出各种不同结构的成本和效益,是一件复杂而困难的事。

4. 运用国际比较和与其他国家对比的方法分析公共支出结构的合理性。由于处于同一发展阶段的国家其公共支出结构具有一些共性,而且公共支出结构的变化是有一定的规律可循的,所以可以通过国际比较和国别比较来分析本国公共支出结构的合理性和有效性。

(二)我国的公共支出结构分析思路

一般认为,判断我国的公共支出结构是否合理,至少应从以下几个方面来分析:

1. 按照一定的分类标准,将我国的公共支出进行科学的分类。它主要包括按职能和经济性质进行分类,对比分析各类公共支出项目之间的相对变化情况和增长速度,以及导致这些变化和增长的原因。

2. 根据我国所处的经济发展阶段以及在该阶段政府所追求的主要经济政策目标,分析公共支出结构的合理性和有效性。它主要考虑的因素包括我国社会主义市场经济的发展阶段、政府职能转变、新旧体制转轨、现阶段政府追求的目标、发展中人口大国的特殊国情等。

3. 同发达国家和经济发展水平相近国家的公共支出结构进行比较。一方面,通过与其他国家比较,分析我国在公共支出结构上存在的特点,以及这些特点形成的原因;另一方面,揭示公共支出结构变化的基本发展趋势,为优化我国公共支出结构提供依据。

## 二、公共支出结构变化的一般规律

从世界各国的情况看,公共支出结构的长期演变趋势与经济发展阶段有着密切的关系,在市场经济发展的不同阶段,政府公共支出政策会有不同的侧重点,公共支出结构也有明显不同的变化。

### (一)公共支出结构的发展模型

公共支出结构与经济发展阶段之间的相关性最初出现在由美国经济学家马斯格雷夫(R. A. Musgrave)和罗斯托(W. W. Rostow)提出的公共支出结构发展模型里。这一模型认为,在经济发展早期阶段,由于市场缺陷主要体现在基础设施和基础建设方面,公共支出中政府投资在社会投资总额中所占比例较高,政府需要提供较多的基础设施和基础建设,包括道路、供水、电力、通信等方面,从而在促进经济起飞方面发挥重要的作用,并且在很大程度上替代了私人投资的不足;在经济发展的中期阶段,市场失灵现象有所减少,民间资本力量发展起来,投资能力增强,这时社会总投资还会增长,但政府公共投资的比重会逐步下降,从替代私人投资转变为对私人投资的补充;到了经济发展的成熟阶段,公共支出的重点将从基础设施和基础建设领域转移到教育、保健、社会福利、环境保护等方面;再进一步发展到"大众消费"的阶段时,社会服务和收入转移显得日益重要,这方面的支出会随着人口的增长而迅速增加,逐步成为政府公共支出中最重要的项目。

根据经济发展阶段理论和政府在不同阶段职能重点的转变,公共支出结构会呈现出这样一些有规律性的趋势:

1. 经济性支出占全部公共支出的比重将逐步下降,社会服务性支出比重将逐步上升。

2. 在经济性支出的内部,基础设施投资的比重将从较高的水平逐步下降,该比重在经济发展初期阶段时最大,到经济发展中期阶段后会有一定程度的下降。

3. 在社会服务性支出内部，转移支付的比重将会经历一个逐步提高的过程。

（二）部分国家公共支出的结构

一个国家的公共财政支出结构随着该国不同时期政治、经济、社会发展和国际形势的变化而变化。下面，我们就一些主要的支出项目对各国的公共支出结构进行比较。

1. 各国在经济建设方面的支出。1993 年和 1994 年一些国家用于经济建设方面的支出占全部公共支出的比重分布情况如表 2-6 所示。

表 2-6  1993 年和 1994 年部分国家的经济建设支出

| 比　例 | 国　　　家 |
| --- | --- |
| 5% 以下 | 法国 |
| 5%~10% | 西班牙、澳大利亚、英国、加拿大、德国、美国、埃及、巴基斯坦 |
| 10%~20% | 肯尼亚、智利、新加坡、印度、土耳其、马来西亚、韩国、瑞典 |
| 20%~30% | 印度尼西亚、菲律宾、泰国 |
| 30%~35% | 赞比亚、墨西哥 |
| 35% 以上 | 中国 |

数据来源：根据《世界发展报告》1996 年、1997 年整理。

从表 2-6 我们可以看到，一般来说，作为经济发展程度较高的发达国家，如法国、美国、英国、澳大利亚等，它们的公共支出中用于经济建设方面的支出一般较少，而经济发展程度较低的发展中国家，如菲律宾、印度尼西亚、泰国、墨西哥等，在经济建设方面的支出要比发达国家多一些。在 1993 年和 1994 年我国经济建设支出比重在 35% 以上，远高于其他国家。这一方面，说明我国财政支出结构尚处于计划经济体制向市场经济体制转轨的过程中，政府公共支出中直接参与经济建设特别是生产性建设的支出还较多；另一方面，说明我国原有的基础设施和基础建设比较薄弱，还需要政府公共支出对此进行大规模的投入，才能为经济发展创造条件。

2. 各国在社会保障方面的支出。随着各国经济社会的发展，政府用于社会保障的支出都不断增加。2010 年一些国家用于社会保障的支出占 GDP 的比重情况如表 2-7 所示。

表 2-7  2010 年部分国家社会保障支出占 GDP 的比重

| 比　例 | 国　　　家 |
| --- | --- |
| 5% 以下 | 中国、阿富汗、南非、哥斯达黎加、玻利维亚 |
| 5%~10% | 巴西、韩国、突尼斯、以色列、格鲁吉亚 |

续表

| 比　例 | 国　家 |
|---|---|
| 10%～15% | 新西兰、瑞士、土耳其、澳大利亚、挪威 |
| 15%～20% | 美国、英国、瑞典、捷克、乌克兰 |
| 20%～25% | 日本、荷兰、葡萄牙、芬兰、希腊 |
| 25%以上 | 法国、德国、比利时、奥地利 |

资料来源：国际货币基金组织.《政府财政统计年鉴(2011年)》。

从表2-7可以看到，社会保障支出占GDP的比重，与经济发展程度呈现正相关关系，发展程度越高，社会保障支出占GDP的比重就越高。发达国家的社会保障支出比重一般占GDP的30%以上，而发展中国家一般都在10%以下。我国的社会保障支出占GDP的比重是偏低的，在发展中国家也属于偏低水平，这说明我国社会保障建设任重道远。

3. 其他一些支出项目。各国一般性公务支出，即国家行政管理费支出，发达国家一般多在5%～10%的水平，日本甚至控制在5%以下。我国这一比重一般都在15%左右，处于相对偏高的水平，说明我国行政管理的运行成本较高，有进一步精简机构和人员的必要。

从各国政府教育支出占公共支出的比重看，发达国家一般在5%～10%之间，如美国、德国、英国、法国、瑞典等国，而发展中国家在这方面支出的比重要相对更多些，一般都在15%以上，像泰国、马来西亚、墨西哥等国都在20%以上。

从各国政府医疗卫生支出占公共支出的比重看，发达国家一般在10%～15%以上，如美国、德国、英国、法国、澳大利亚等国，而发展中国家这方面支出的比重要相对少得多，一般都在5%以上，如印度、印度尼西亚等国。

另外，如果将公共支出划分为转移性支出和购买性支出，一般来说，发达国家转移性支出要比发展中国家的比重要高，发达国家该比重大约是40%左右，发展中国家一般只有20%多；而发达国家购买性支出要比发展中国家的比重低，发达国家该比重大约是45%左右，发展中国家一般达到60%多，这说明发达国家政府的公共支出更重视收入分配功能，而发展中国家政府则更多地参与到资源配置中。

### 三、我国公共支出的结构和优化

#### （一）我国财政支出结构的发展变化趋势

对我国财政支出可以进行多种分类，如果按职能分类法，新中国成立以来我国财政支出的结构如表2-8所示。

表 2-8  新中国成立以来我国各个时期财政支出结构  单位:%

| 时期 | 经济建设费 | 社会文教费 | 国防费 | 行政管理费 | 其他支出 |
|---|---|---|---|---|---|
| 经济恢复时期 | 34.7 | 11.6 | 38.2 | 12.7 | 2.7 |
| 一五时期 | 50.8 | 14.5 | 23.8 | 8.5 | 2.4 |
| 二五时期 | 66.6 | 14.3 | 12.2 | 5.9 | 1.7 |
| 三五时期 | 56.1 | 11.1 | 21.9 | 5.3 | 5.6 |
| 五五时期 | 59.9 | 14.4 | 16.4 | 5.3 | 4.0 |
| 七五时期 | 48.8 | 23.2 | 9.1 | 11.8 | 7.5 |
| 九五时期 | 38.3 | 27.2 | 8.3 | 15.7 | 10.5 |
| 2002 年 | 30.3 | 26.9 | 7.7 | 18.6 | 16.5 |
| 2003 年 | 28.0 | 26.2 | 7.7 | 19.0 | 18.9 |
| 2004 年 | 27.8 | 26.3 | 7.7 | 19.4 | 18.7 |
| 2005 年 | 27.5 | 26.4 | 7.3 | 19.2 | 19.7 |
| 2006 年 | 26.6 | 26.8 | 7.4 | 18.7 | 20.5 |

资料来源:根据《中国财政年鉴(2003 年)》和《中国统计年鉴(2007 年)》整理。

从表 2-8 可以看到我国财政支出结构呈如下发展变化趋势:

1.经济建设支出是最大的支出项目,长期趋势看其比重是逐步下降的。经济建设支出已由"七五"时期以前 50% 以上的高比例,逐步下降到 2002 年的 30.3%,2006 年的 26.6%。2007 年以后经济建设支出不再单独作为财政支出的一个统计项目。改革开放前我国实行计划经济体制,国家在资源配置中居绝对主导地位,经济建设主要依靠国家来组织和推动,因此经济建设支出在财政支出中的比重很大。改革开放以后,随着社会主义市场经济的逐步发展,市场机制在资源配置中逐步发挥基础性的作用,国家财政支出逐步作为市场的补充,因此经济建设支出比重呈现下降的趋势。可以预见,随着我国市场经济的日渐成熟,经济建设支出比重还会继续下降。

2.社会文教支出比重逐步上升。改革开放前,这一比重一直维持在 10% 多一些的水平,如"三五"时期是 11.1%,"五五"时期是 14.4%。改革开放后,社会文教支出增长较快,九五时期已达到 27.2%,2000 年以后一直超过 26%。这说明我国对教育、文化和社会服务事业发展的高度重视和支持,这是符合我国公共财政体制的发展方向的。随着公共财政体制的进一步完善,国家财政将从竞争性和经营性领域逐步退出,进而继续加强对文教社会事业的投入,因此文教社会事业支出比重还会继续增长。

3.国防支出明显受到国际、国内形势的影响,变化较大。在特定的历史条件下,当国家主权受到威胁时,为防止侵略、维护国家主权,国防支出的比重必然会增加,这意味着要把更多的社会资源用于国防建设。改革开放以来,我国总体上面临一个和平与发展的时期,国防支出在财政支出中的比重逐步下降,更多的资源将转移到国家经济建设和社会发展方面。因此,我国国防支出比重将保持在一个相对较低的水平。

4. 行政管理支出在改革开放后出现大幅度的上升,已由5%多一点的水平上升到了18%,按照经济学原理,行政管理费应当在保障政府职能正常履行的情况下尽量减少。我国行政管理费的上升,主要是改革开放之后,政府职能转变相对滞后,机构和人员难以精简,出现了机构臃肿和人员膨胀的难题。

(二) 我国财政支出结构存在的问题及优化思路

1. 我国财政支出结构存在的问题。从社会主义市场经济和公共财政发展的要求看,我国目前的财政支出结构不尽合理。

(1) 财政支出供给的范围不规范。政府一方面包揽的事情太多,另一方面一些在市场经济条件下必须由政府来完成的事情尚未完全承担起来。政府职能存在越位和缺位现象,公共支出结构自然也就存在不合理的地方。

(2) 财政支出供给的比例不合理。经济建设支出中,仍有相当一部分被用于竞争性、经营性领域的投入,而用于基础设施和基础建设方面的政府投资还是不足,从而影响基础设施的建设,影响产业结构的升级和合理化,抑制经济的快速增长。在财政支出总额中消费性支出的比重过大,而且增长速度大大超过生产性支出的增长速度,特别是行政管理支出的比重明显上升,说明我国政府运行成本偏高,政府机构和人员配置不合理,这对促进我国经济的"起飞"是极为不利的。

(3) 购买性支出和转移性支出比重不协调。从购买性支出和转移性支出占总支出的比重来看,一般地说,经济发达国家由于政府较少直接参与生产活动,财政收入比较充裕,财政职能侧重于收入分配和经济稳定,因而转移性支出占总支出的比重较大,往往同购买性支出平分秋色;而在发展中国家,由于政府较多地直接参与生产活动,财政收入相对匮乏,购买性支出占总支出的比重较大。据计算,我国1995年转移性财政支出占财政总支出的比重为21%,低于发达国家在80年代的41%,接近于发展中国家的22.5%。但我国需要注意的问题是:第一,在购买性支出中,用于行政管理方面的购买性支出增长过快,表明购买性支出的结构不尽合理;第二,在转移性支出中,社会保障性支出比重较小,而债务支出比重较高,说明我国的社会保障建设滞后,社会保障覆盖面窄,保障水平较低。

2. 我国财政支出结构的优化思路。优化我国财政支出的结构,必须根据建立社会主义市场经济体制和公共财政的要求,科学界定公共支出的范围,对公共支出结构进行必要的调整。

(1) 为国家的政权建设提供财力保障。政权建设是公共支出必须保障的基本职能,应提高对国家政权建设的财力保障。同时也要注意:一是要根据政府机构改革和政府职能的转变,精简机构、分流人员,压缩不合理的支出;二是严格控制国家政权建设中的行政管理支出,降低政府运行成本,提高办事效率。

(2)加强对那些代表社会共同利益和长远利益的社会公益事业的支出,包括基础教育、基础科研、卫生防疫、妇幼保健、公共博物馆和图书馆等。从总体上看,公共支出中对社会公益事业的支出应保持上升的趋势,以促进社会公益事业的发展。当然社会公益事业支出的内部结构也应有所调整、优化布局,以防止重复建设和资金浪费。

(3)适时扩大社会保障的范围,提高社会保障的程度。随着我国社会主义市场经济的发展,社会保障制度的建设和完善日趋紧迫,它关系到社会稳定和市场经济的有效运行。公共支出必须加大社会保障方面的支出,提高社会保障支出占公共支出的比重。

(4)财政要保持对非竞争性和非经营性领域的公共投资力度。一些基础设施、公共设施、自然垄断行业、高风险高技术产业的投资,必须依靠政府公共投资的支持。这一点既是公共财政建设的需要,也是发展中国家为实现经济快速发展而要求政府所必须承担的责任。因此公共支出还需要保持和加大对非竞争性和非经营性领域的公共投资力度。

在财政预算报告中,我国提出调整支出结构,确保各项重点社会事业发展的资金需要,具体包括:一是向低收入群体和困难群众倾斜,帮助他们解决基本生产、生活问题,积极参与并支持了城镇职工基本医疗保险制度改革。二是向农业、农村、农民倾斜,扩大公共财政覆盖农村的范围,促进农村的发展和稳定;保证基层政权的正常运转;支持了农村义务教育的发展,稳定和减轻农民负担;增加用于农村扶贫、农村电网改造和水利基础设施建设等方面的投入;改善了农村生活和生态环境,维护了农村稳定。三是向科技教育倾斜,推动科教兴国和自主创新战略的实施。

## 第四节 公共支出的效益分析

### 一、公共支出中应坚持公平与效率原则

对公平与效率的追求是贯穿于整个公共财政活动中的,公平与效率原则既是公共支出所要坚持的基本原则,也是公共支出所追求的目标。

(一)公平与效率的基本含义

1.公平的含义。在经济领域中,所谓公平是指社会收入分配的公平,社会收入

分配公平又包含两层含义：一是指社会成员参与分配的机会平等；另一层含义是指要达到分配结果的合理化。参与分配的机会平等要求在经济社会中，每个人的能力、企业的能力能够在竞争中得到充分的施展和发挥。就个人而言，例如在就业、受教育、参与社会民主管理和公共决策方面的机会应该是均等的；就企业来说，在市场经济活动中，是独立自主、平等竞争的利益主体，有获取利润的平等机会，享受竞争中的平等待遇。分配结果的合理要求在经济社会中，社会成果和财富在社会成员之间的分配合理化，符合当时社会的道德标准和规范。在我国社会主义市场经济条件下，应确立劳动、资本、技术和管理等生产要素按贡献参与分配的原则，完善按劳分配为主体、多种分配方式并存的分配制度。社会主义市场经济条件下的公平是指：一是社会成员享有平等的生存权；二是社会成员在社会经济生活中具有平等参与市场竞争的机会和环境；三是社会发展的最终目标是实现全体社会成员的共同富裕。当然，公平并不是平均，平均主义同样是分配不公平的表现，会极大地影响社会经济活动的效率。

2. 效率的含义。在经济领域中，效率实质上是指劳动生产率问题。即通过优化各种生产要素组合与经济运行方式，把有限的社会资源进行最优的配置，借以创造更高的劳动生产率，从而获得最大的经济效益和社会效益。经济活动是人所参与的活动，也是社会各种生产要素重新组合与创新的过程，只有充分调动各种要素的积极性，特别是人的聪明才智，实现资源的优化配置，才能实现经济活动的高效率。

（二）公平与效率之间的关系

公平与效率之间存在着内在联系，具体表现为：公平是提高效率的前提，因为只有重视劳动者的基本权利和利益，保持收入分配的公平，防止两极分化，才能激发出劳动者的积极性，营造出社会再生产顺畅运行的社会环境；效率是公平的基础，因为效率是对资源优化而言，只有提高效率，做到少投入、多产出，使经济效益大幅度提高，社会财富不断增加，才能使公平分配有一个强大的物质基础。

公平与效率之间又存在矛盾。一般地说，如果过分地强调效率，就会对社会公平产生一定的损害。比如，要刺激经济增长，就必然要拉开劳动报酬的差距，按各种要素贡献的大小来进行分配，这可能会导致贫富差距扩大。相反，如果过分强调公平，可能会弱化利益的刺激作用，降低各种要素参与经济活动和不断创新的积极性。比如，对个人所得税实行高税率，固然有助于缩小贫富差距，但又会出现工作与闲暇、财产集中与分散的替代效应，降低工作和投资的积极性，从而妨碍效率的提高。

解决公平与效率之间的矛盾，采取牺牲效率实现公平或牺牲公平实现效率的极端做法都是不可取的。在社会主义市场经济条件下，应坚持效率优先、兼顾公平，既要反对平均主义，又要防止收入过分悬殊。以共同富裕为目标，扩大中等收入者比重,提高低收入者收入水平。初次分配注重效率,利用市场机制,鼓励一部分人通过诚实劳动、合法经营先富起来;再分配注重公平,加强政府对收入分配的调节职能,调节差距过大的收入。

公共支出要坚持公平原则。首先,公共支出要使社会收益具有普遍性,社会成员享有公平的收益机会;其次,公共支出要有助于社会保障制度的建设和完善,减少贫困,促进社会分配的公平;第三,公共支出要有助于创造更多公平就业的机会。

**二、财政支出效益的含义和特殊性**

(一)财政支出效益的含义

公共支出的效率原则,是指通过公共支出,优化资源配置,提高劳动生产率和各种要素的贡献率,以获取最大的经济效益。公共支出的效益应包括以下三方面内容:

1. 确定合理的财政支出规模,使政府部门和非政府部门在资源配置上都能获得合理的供应,既能满足政府部门的需要,又能满足非政府部门的需要,从而使社会再生产能够顺畅运行。

2. 在财政支出规模既定的条件下,应通过优化支出结构,促进国民经济稳定协调发展,实现最好的宏观经济效益。

3. 就每项具体财政支出来说,要用尽可能节省的支出达到既定的支出目的,取得最佳效益。

提高财政支出效益,主要是通过以下两个方面来实现的:一是科学地编制财政预算,通过预算来保证政府部门和非政府部门之间实现社会资源的优化配置;二是对每项财政支出的效益都要进行考察与评价,尤其是要运用经济分析的方法来决定支出方案的取舍,以达到用最少的支出来实现最大的效益的目的。此外,根据国民经济供求的平衡情况,适时调整财政平衡政策,这也是财政支出效率原则的重要体现。

(二)财政支出效益的特殊性

财政支出的效益与微观经济主体支出的效益相比较,有许多特殊的地方,在评价财政支出效益时应加以注意。

1. 计算效益的范围不同。效益是通过对"所费"与"所得"的对比分析计算出来的。对微观经济主体来说,比如企业,它只计算发生在企业自身核算范围以内的直接的和有形的所费与所得。政府除了要计算直接的和有形的所费与所得外,还要考虑长期的、间接的和无形的所费与所得。

2. 衡量效益的标准不同。微观经济主体的支出在于追求自身经济效益的最大化,只要能获得利润,即所得大于所费,都是可以选择的目标。财政支出更重要的是追求社会效益最大化,即使某项支出从其自身看可能会出现亏损,但对整个社会来说如果能取得较大的社会效益,这项支出也是必要的。

3.效益的表现形式不同。微观经济主体支出的效益,其表现形式是单一的,只采取用货币计算的价值形式来表现就可以满足决策的需要。而财政支出的效益,其表现形式是多样的,除了可以用价值形式表现出来以外,还可以用其他形式表现出来。如,对社会管理、国家安全保卫、科教文卫支出,其效益还要通过政治的、社会的、文化的等多种形式表现出来,只有这样,才能满足财政支出决策的需要。当然,这个特殊性是由以上两个特殊性派生出来的。

### 三、提高财政支出效益的方法

由于财政支出的内容十分复杂,而且在支出性质上存在较大的差别,因此,采用的提高支出效益的方法也不完全相同。当前较为流行的几种方法是:"成本—效益"分析法、最低费用选择法、"公共劳务"收费法和政府采购。

#### (一)"成本—效益"分析法

"成本—效益"分析法是西方发达国家于20世纪40年代,把私人企业中进行投资决策的财务分析方法运用到财政分配领域,成为政府进行财政支出决策,从而有效地使用财政资金的重要方法。

"成本—效益"分析法的基本原理是:根据政府所确定的建设目标,提出实现该目标的各种方案,对这些可供选择的方案,用一定的方法计算出各方案的全部预期效益,通过计算成本与效益的比率,来比较不同项目或方案的效益,确定优先采用的次序。这种方法,特别适用于财政支出中有关投资性支出项目的分析。

运用"成本—效益"分析法,一般要经过以下几个步骤:

1.政府根据国民经济发展的要求,确定若干备选的支出项目,并组织各方面专家为每一个备选项目制定出若干备选的支出方案。
2.用贴现率计算各备选方案的成本与效益及其比率,并排出优劣次序。
3.从每个备选项目的备选方案中选择一个最佳的实施方案。
4.根据已确定的财政支出总规模,从备选项目中选择一个最佳的项目组合。
5.对选定的项目组合进行机会成本分析,最后将支出项目确定下来。

#### (二)最低费用选择法

最低费用选择法是指对每个备选的财政支出方案进行经济分析时,只计算备选方案的有形成本,而不用货币计算备选方案支出的社会效益,并以成本最低为择优的标准。换言之,就是选择那些使用最少的费用就可以达到财政支出目的的方案。该方法主要适用于军事、政治、文化、卫生等支出项目。

最低费用选择法的操作步骤与"成本—效益"分析法大体相同,由于不计算支出的无形成本与效益,故运用起来比"成本—效益"分析法简单一些。但是需要指出,许多财政支出项目都含有政治因素、社会因素等,如果只是以费用高低来决定方案的取舍,而不考虑其他因素也是不妥当的。这就需要在综合分析、全面比较的基础上进行择优选择。

(三)"公共劳务"收费法

所谓"公共劳务",是指政府为行使其职能而进行的各种工作,包括国防建设、行政工作、道路的建设与维护、城市供水与排水工作、住宅供应、公园的建设与维护等。政府向社会提供这些"公共劳务",供社会成员享用,在一个经济社会中,这些"公共劳务"同样也要求最有效、最节约地使用,也就是要提高财政在这些方面支出的效益。为此,人们把商品经济中的价格机制引申到对"公共劳务"的提供与使用中,以借助价格、收费的作用来提高财政支出的效益。"公共劳务"收费法,就是通过制定和调整"公共劳务"的价格和收费标准,来改进"公共劳务"的使用状况,使之达到提高财政支出效益的目的。

"公共劳务"收费法同"成本—效益"分析法以及最低费用选择法的区别在于:它是通过制定合理的价格与收费标准,来达到对"公共劳务"有效地节约使用,而不是对财政支出备选方案进行选择。

对"公共劳务"的定价,一般有四种情况,即免费、低价、平价和高价。

免费和低价政策可以促进社会成员最大限度地使用这些"公共劳务",使之获取极大的社会效益,但是免费和过低的价格,又会使享用者降低对该种"公共劳务"的重视,从而产生浪费、不节约使用的现象。适用于免费和低价提供的"公共劳务",必须是从全局和社会的利益出发,在全国普遍使用,但居民对此尚无完全觉悟的情况,如强制进行义务教育、强制注射疫苗等。

平价政策可以用收取的费用弥补该项"公共劳务"的人力、物力耗费。从消费方面来说,可以促进社会成员节约使用该项"公共劳务";从提供方面来说,政府有了进一步改进和提高"公共劳务"水平的费用。平价政策一般适用于从全社会的利益来看,无需特别鼓励使用、又无必要特别加以限制使用的"公共劳务",如公路、公园、铁路、医疗等。

高价政策主要适用于从全社会利益来看必须限制使用的"公共劳务"。实行高价政策既可以达到有效限制使用的目的,又可以提供较多的财政收入。

(四)政府采购

1. 政府采购的含义。政府采购也称政府统一采购,是指政府为了开展日常政务活动和为公众提供公共产品和公共服务,以法定的方式和程序,对货物、工程和劳务的购买活动,其主要形式是以公开招投标方式,从国内、国际市场上为政府部门或所属团体购买商品和劳务。

政府采购自1782年在英国创立以来,已有200多年的历史,目前已在国际上广泛应用。政府采购的优点是能克服以往分散购买中存在的盲目采购、重复采购、浪费严重、滋生腐败等弊端。政府采购一般都采取公开招标的方法,这种方法以公开、公平、公正为基础,通过招标通告,公开采购信息,使有能力的企业和公司都有机会参加竞争。通过资格预审,从众多的投标者中挑选出合格的竞争者。再通过开标评标,由各方面的专家组成的评标委员会根据已定的各项技术指标和经济标准,评选出最低评价标。这种做法由于其整个过程公开透明,充满竞争,不仅可以使采购物品(劳务)以最佳价位成交,节省开支,而且可以比较有效地防范公共采购领域的腐败。

2. 政府采购的作用。政府采购在提高财政资金效益、加强宏观调控等多方面可以发挥显著作用:

(1)政府采购是提高财政资金使用效益的有效手段。政府采购制度从三个层次上有利于提高财政支出的效益。第一个层次是从财政部门自身的角度看,政府采购制度有利于政府部门强化支出管理,硬化预算约束,在公开、公正、公平的竞争环境下,降低交易费用,提高财政资金的使用效率。第二个层次是从政府部门的代理人角度看,通过招标竞价方式,优中选优,具体的采购实体将尽可能地节约资金,提高所购买货物、工程和服务的质量,提高政府采购制度的实施效率。第三个层次是从财政部门代理人与供应商之间的关系角度看,由于政府采购制度引入了招标、投标的竞争机制,使得采购实体与供应商之间难以存在共谋问题,减少了财政支出中不合理的开支。目前我国的财政支出中,车、会、办公用品等支出占有较大的比重,控制财政支出必须大力压缩购买性支出。政府采购通过市场公开竞争的办法,采用规模采购、择地采购等手段,可以使政府获得价廉物美的商品和劳务,从而达到节省开支、降低政府行政成本、提高财政资金使用效益的目的。欧盟的经验表明,公开的政府采购可以提高资金的使用效率。20世纪80年代初期,英国政府将长期由国家包揽的福利性服务和市政维修工程向私人企业招标,使得整个服务业价格降低5.7%,节省采购开支25%。我国重庆市1997年采取公开招标的方式,公开采购65辆公务用车,几十家销售公司竞相推销,结果成交额比原来财政预算安排资金节约350万元,开支节约率为19.7%。据专家测算,我国行政事业单位每天的"消费支出"即采购金额约为20亿元,按国际普遍承认的政府采购节约率10%计算,我国推行政府采购制度后每天可节省开支2亿元,每年可节支七八百亿元。

(2)政府采购是强化政府宏观调控的重要经济手段。政府是一个国家最大的消费者,世界众多国家的政府采购额约占国内生产总值的10%。据欧盟估算,政府采购的金额占成员国国内生产总值的15%;美国政府采购支出约占联邦预算的近1/3。因此,政府采购决策不仅影响供应商,而且影响整个国民经济的运行。政府可以通过减少采购规模,实行紧缩性财政政策,防止经济过热;也可以通过增加采购规模,刺激萧条的经济。政府还可以通过采购导向,引导产业结构调整,也可以通过购买国内企业产品,从而实现政府的重大政策目标。

(3)政府采购是顺应经济国际化的客观要求。近年来,随着世界经济区域化、全球化进程的加快,推行政府采购已成为双边、多边及地区贸易的重要条件之一。关贸总协定成员国于20世纪70年代"东京回合"谈判中达成协议,各成员国的政府采购均实行公开招标。自此以后,各地区经济组织和国际经济组织相继在有关的贸易政策中明确了政府采购准入的条款,或者专门制定政府采购协议。世界银行和其他金融组织的贷款,也都把招标采购作为先决条件。一些发达国家已要求我国在加入世贸组织前签署《政府采购协议》,我国政府也承诺最迟于2020年亚太经济合作组织成员国对等开放政府采购市场。

(4)政府采购是反腐倡廉的重要举措。在目前市场体制尚不完备的情况下,分散无序的采购缺乏监督和公开竞争,容易滋生腐败现象。推行政府采购制度,使政府采购活动在公开、公平的环境中运作,有利于形成财政、审计、供应商和社会公众等全方位参与监督的机制,从源头上遏制公共采购活动中的各种腐败现象。

3. 我国政府采购制度的推行及其建立。目前我国建立政府采购制度已经具备了基本的条件,主要表现在:

(1)政府采购已成为各级政府的内在要求。目前地方各级政府财力都比较吃紧,压缩财政支出的呼声很高。减少不合理的财政支出,除了大力推进机构改革、精简冗员外,压缩公共支出也迫切地摆上议事日程。从我国先行推行政府采购制度的河北省、深圳市、重庆市等省市的成功实践来看,政府采购都取得了显著效果。仅河北省省直机关事业单位每年就节约资金1 500万元以上,全省机关事业单位可节约资金1亿元以上。

(2)政府采购所需的买方市场已经形成。随着市场经济的发展,我国市场运行态势已发生了实质性变化:一是从"卖方市场"转变为"买方市场",据原国内贸易部对600种主要产品供求关系的分析中可以看出,有95%左右的商品已连续数年供求基本平衡或供大于求;二是从"封闭市场"转变为"开放市场",随着我国关税的降低和加入世界贸易组织,国内市场正在进行重新组合,呈现出国际国内竞争一体化的格局,目前,我国国内商品空前丰富,短缺经济已不复存在,上计划、批条子已成为历史,这为竞价采购、异地采购等创造了条件。

(3)政府采购运作的财务条件已经具备。目前地方各级政府普遍推行了预算内外收支统管和综合预算制度,行政事业单位自行组织的收入全部上缴财政,支出由财政按预算核拨,单位的所有收支活动都纳入了财政预算管理的盘子,这为政府采购实行公共支出资金由财政直接结算创造了条件。

4. 构建我国的政府采购制度,提高财政支出效益。实行政府采购制度,是按制定的统一规划、标准和程序运作,使财政监督由价值形态向实物形态延伸,改变财政支出管理弱化的弊端,有助于提高财政支出效益。政府采购不等于控购,它不是通过直接的行政手段,分指标、搞审批,而是通过间接的规范采购(如招标)和财政监督(财政支付方式)来实现;政府采购不等于供给制,商品的使用者不是被动地接受商品,而是可以参与采购过程,对所购商品的性能、质量等技术和物理指标均可选择。政府采购制度的优越性是非常明显的,我国也已具备了建立政府采购制度的相应条件,当前应积极推动政府采购制度的建立。我国政府采购制度的建立,应从以下三个方面着手:

(1)建立管理体系。政府采购制度本身是一种控制支出、加强支出管理的手段,它的运作涉及预算资金的安排、支出管理政策等多方面的财政事务,应按国际惯例明确财政部门为政府采购的主管机构。我国可借鉴英国的做法,在财政部门内设立一个负责政府采购的专门部门。

(2)明确采购模式。目前国际上通行的采购模式大致有三种,即集中采购模式、分散采购模式、半集中半分散采购模式。集中采购是由财政部门负责本级政府的所有采购;分散采购是由各支出单位自行采购;半集中半分散采购模式是由财政部门直接负责部分商品的采购,其他则由各支出单位自行采购。从我国的情况看,对行政事业单位的车辆购置、车辆保险、车辆加油、纸品供应和印刷,宜实行统一招标、竞价采购办法。对房屋修建、会议费和一般设备、办公用品的购置等,一时难以实行公开招标、集中采购,在试行政府采购制度的初期,可试行政府询价,指导采购的办法。如,会议费管理,可采用会议招标办法,推行会议定点制度,实行让利接待;对党代会、人代会等大型会议还可推行财政驻会管理制度,待条件成熟后再过渡到集中采购。

(3)制定采购法规。我国虽有政府采购行为和活动,但还没有专门的政府采购法律法规和政策。推行政府采购制度将涉及部门利益的调整,如果没有法律依据,就难以得到有效的约束和规范。应尽快出台"政府采购法",明确政府采购的主体、招投标办法、政府采购方式及各自的适用条件、政府采购政策、政府采购管理机制等,还要制定配套法规。地方各级政府在不违反"政府采购法"的前提下,可制定各自的采购政策,通过法规和政策来规范政府采购的运作。

政府采购制度的实行虽然在国外已经有200多年历史,但在我国还刚刚起步,建立有效的政府采购制度是一个漫长的过程。这是因为,目前我国的市场体系尚不完善,政府采购实体和采购主管部门的职能还不能符合市场化进程的要求,各类竞争主体的市场机会不均等,再加上政府采购客体的市场组织化程度低,市场秩序比较混乱等,政府采购制度的创新仍然存在重重障碍。因此,我国需要在今后的实践中不断总结经验,建立起符合中国国情的政府采购制度。

## 本章小结

1.公共支出也称公共财政支出,是指市场经济条件下政府为提供公共产品和服务、满足社会共同需要而支出的财政资金,具有公共性、非营利性的特点。

2. 公共支出有各种分类的标准和方法:按公共支出的经济性质,可以把公共支出分为购买性支出和转移性支出;按政府职能对公共支出进行分类,是各国在财政支出管理上最常采用的一种分类方法,分为:一般公共服务、外交、国防、公共安全、教育、科学技术、文化体育与传媒、社会保障和就业、医疗卫生、环境保护、城乡社区事务、农林水事务、交通运输、工业商业金融等事务和其他支出;公共支出按经济类型分类,一般分为经常性支出、资本性支出和贷款净额等三大类。按财政支出的具体用途进行分类,是目前我国政府预算支出科目设置所采用的方法。

3. 公共支出规模是一定财政年度内政府安排的公共支出的总额,影响公共支出规模的因素包括经济性因素、政治性因素和社会性因素。长期看,公共支出存在不断增长的一般趋势,政府活动扩张论、梯度渐进增长理论、经济发展阶段论、非均衡增长理论、官僚拉动支出论从不同侧面对这种趋势进行了解释。

4. 理论上可以确定公共支出的最优规模,但应结合各种现实因素来决定一国公共支出的合理规模。我国公共支出规模的变化有一些特殊的体制原因,应适度提高我国的公共支出规模。

5. 公共支出结构即财政支出结构,是政府预算安排不同种类的支出的构成情况。它反映了政府的活动范围和方向,并影响财政资金的使用效率和效益。公共支出的结构分析主要是对各类支出构成及其演变的合理性和有效性进行分析、判断,以便改进未来的支出结构,提高公共支出的效益。

6. 公共支出结构分析的内容主要包括:依据政府作用与市场失灵的规范理论分析和评价公共支出结构的合理性和有效性;分析不同发展阶段公共支出的特点;分析和比较各种不同公共支出结构方案的成本和效益;运用国际比较和与其他国家对比的方法分析公共支出结构的合理性。

7. 根据经济发展阶段理论和政府在不同阶段职能重点的转变,公共支出结构会发生这样几条带有规律性的趋势:经济性支出占全部公共支出的比重将逐步下降,社会服务性支出比重将逐步上升。在经济性支出的内部,基础设施投资的比重将从较高的水平逐步下降。经济发展初期阶段的公共投资比重最大,经济发展中期阶段后会有一定程度的下降。在社会服务性支出内部,转移支付的比重将会经历一个逐步提高的过程。

8. 目前我国公共支出结构中存在一些问题,需要进一步优化。

9. 公共支出应坚持公平与效率原则。提高支出效益的主要方法是:"成本—效益"分析法、最低费用选择法、"公共劳务"收费法和政府采购。

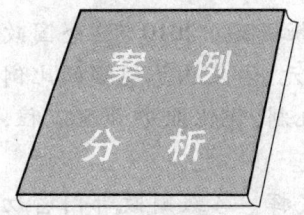

## 案例 2010年中国的政府采购

政府采购制度是公共财政管理的重要内容,也是政府调控经济的有效手段。2010年全国政府采购规模由2005年的2 928亿元增加到2010年的8 422亿元,年均增长23.5%。"十一五"时期累计节约财政资金4 000多亿元。

### 一、2010年政府采购的基本情况和特点

随着政府采购制度改革实现新的突破和跨越,政府采购职能体系丰富发展,国际化进程逐步加快,2010年我国的政府采购具有以下几个突出特点:

1. 政府采购的规模和范围不断扩大。2010年,我国政府采购规模达到8 422亿元,比2009年增加1 008.8亿元,同比增长13.6%多,占2010年财政支出的9.4%,占2010年GDP的2.1%多。同时,政府采购实施范围从传统的货物类采购向工程类、服务类采购扩展,政府采购资金构成从财政性资金逐步向单位自筹资金、银行贷款、BOT项目市场融资等方面扩展。与财政支出结构调整相适应,采购活动也逐步涵盖一些公益性强、关系民生的支出项目,农机具购置、中小学免费教材、医疗器械及药品、安居工程、文化下乡等日益增多的民生采购项目,成为采购规模不断增长的亮点。

2. 政府采购法制建设和规范化水平明显提升。以《中华人民共和国政府采购法》为统领、以部门法规为依托的政府采购法律制度框架基本形成,与《招标投标法实施条例》的衔接工作取得了实质性进展。大多数地方都制定了政府采购的专项管理办法和具体操作规程,增强了法律法规的可操作性。以公开招标为主要采购方式的格局进一步巩固。公开招标采购金额由2005年的1 917亿元增加到2010年的6 482亿元,占采购总规模的比例由65.5%提高到77%。信息公开力度不断加大,基本实现了中国政府采购网主网站与地方分网站的互联互通,推动了招投标信息在中国政府采购网的集中发布,电子化政府采购系统建设步伐加快。

3. 政府采购政策功能不断拓展,宏观调控能力逐步增强。国家"十一五"规划明确将政府采购列为宏观调控的重要手段,政策功能实施取得重大突破。促进节能减排的采购政策更加完善,有力地支持了国内相关产业和行业发展。截至2010年年底,我国已列入政府采购清单的节能产品达28类3.1万种,环境标志产品达

24类1.5万种。政府采购在促进节能减排的同时,对自主创新和中小型企业的扶持支持力度也明显增强。

4. 集中采购管理逐步强化,采购工作质量和效率不断提高。2010年,全国政府集中采购规模由2005年的2 359亿元增加到7 284亿元,占采购总规模的比例由80.6%提高到86.5%。各地积极完善集中采购工作机制,优化业务管理流程,规范化管理迈出新的步伐,采购工作质量和效率不断提高。

5. 政府采购监管工作得到加强,源头治腐作用有效发挥。各级财政部门密切加强与监察、审计等部门的协作配合,不断创新监管方式,在促进廉政建设方面取得了新成效。全国政府采购管理机构与操作机构分离工作基本完成,"管采分离、机构分设、政事分开、相互制约"的工作机制进一步完善。政府采购执行情况专项在规范采购操作行为等方面取得了积极进展。供应商诚信体系建设积极推进,政府采购电子化系统已成为"制度+科技"的防腐倡廉重要手段。

## 二、当前政府采购中存在的主要问题

我国政府采购制度在取得丰硕成果的同时,与国际上比较成熟的政府采购制度相比,还有很大差距。目前主要存在以下一些问题:

1. 对政府采购意义认识不足。随着经济社会的发展,政府采购行为对国民经济产生重大的影响,政府采购甚至可以实现对产品和产业结构的调整。然而,由于对政府采购意义认识不足,政府采购无论从规模上还是从政策调控的力度上,都尚未达到制度设计的预期目标。政府采购的政策功能体系还不完备,执行机制尚不健全,发挥政府宏观调控作用还有很大的提升空间。

2. 政府采购工作的透明度不够高。政府采购透明化是公共财政和市场经济的客观要求,尽管政府采购工作一直遵守公开透明的原则,但制度建设滞后与缺失并存,许多制度不够细化,操作性不强,在实际操作中由于各种原因导致政府工作无法做到高度透明。

3. 政府采购呈现规模小、实施范围过窄等问题。目前主要限于货物类和少量服务类采购,不少购买性资金仍游离于政府采购监管之外,采购规模的比重还很低;采购人规避政府采购的现象时有发生,采购需求管理较为薄弱,部分项目采购结果价格高、效率低等问题仍然突出,政府采购机制设置不统一不健全。

## 三、我国政府采购改革和完善的方向

当前和今后一段时期,深化政府采购制度改革和完善的指导思想是:深入贯彻落实科学发展观,围绕财政"十二五"改革发展目标,积极构建符合国际惯例、具有中国特色的政府采购制度,全面加强政府采购科学化精细化管理,大力推进节约型社会和服务型政府建设,充分发挥政府采购在经济社会发展中的职能作用,努力实现政府采购事业全面协调发展。

1. 积极构建配套衔接的政府采购法律法规体系。继续完善以政府采购法为统领、以部门规章为依托的政府采购法律制度体系,并针对政府采购的管理领域和管理链条,完善相关配套制度,细化操作执行规定,做到体系完备、结构合理、配套齐全,使各项采购活动有法可依、有章可循。

2. 积极构建调控有力的政府采购政策体系。围绕推动科学发展与和谐社会建设,科学设计政府采购政策的调控目标、实施办法和配套措施,建立健全政策执行机制,努力将政策功能要求落实到所有货物、工程和服务项目,加强政府采购政策与其他财税政策的协同配合,推动政策功能逐步涵盖经济、社会、政治、文化等领域,不断增强政府采购促进经济社会发展的宏观调控职能。

3. 积极构建分工制衡的政府采购监管体系。进一步巩固"管采分离"体制,建立健全以财政部门全流程监管为主导、以审计部门审计监督和监察部门党风政风纪律监督为支撑的监管机制,构建程序严密、方法科学、过程透明、监管有效的运行机制,完善有利于反腐倡廉和实现政府采购职能的全过程、全方位监管体系。

4. 积极构建规范完善的政府采购基础工作体系。全面落实科学化精细化管理要求,加强政府采购信息化建设,推动政府采购与部门预算、国库集中支付、资产管理的衔接,加强采购流程和采购文件标准化建设,建立从业人员职业资格管理制度,健全供应商诚信体系,以制度规范评审专家行为。加强代理机构资质管理和内控机制建设,完善信息统计制度,保障和促进政府采购制度改革与发展。

## 思考题

1. 如何理解公共支出的概念和特点?
2. 公共支出有哪些分类的标准和方法?
3. 影响公共支出规模的因素有哪些?
4. 长期看,公共支出的一般趋势是什么?为什么存在这种趋势?
5. 什么是公共支出的最优规模?如何确定?
6. 我国公共支出规模变化的趋势及原因是什么?
7. 各国公共支出结构变化的一般规律是什么?
8. 如何理解我国财政支出结构存在的问题及优化思路?
9. 如何理解公共支出的公平与效率原则?
10. 提高公共支出效益有哪些基本方法?
11. 什么是政府采购?它有哪些积极作用?

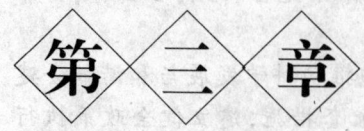

# 财政购买性支出和转移性支出

★ 本章学习要点与要求 ★

通过对本章内容的学习,应理解财政投资与私人投资的区别,二者各自的必要性和范围;掌握政府进行基础产业和农业投资的必要性,了解行政管理支出和国防支出的管理方式;理解转移性支出的含义、特点及其作用;掌握社会保障制度的内容及其作用,了解我国现行社会保障制度存在的主要问题及其改革;理解财政补贴的含义和存在的原因,掌握财政补贴的特征和内容。

## 第一节 财政投资性支出

按公共支出的经济性质,即按照公共支出是否能直接得到等价的补偿进行分类,可以把公共支出划分为购买性支出和转移性支出。购买性支出又可以划分为财政投资性支出和社会消费性支出两大部分。转移性支出主要由社会保障支出和财政补贴构成,我们将在本章分别介绍这几方面的内容。

### 一、财政投资的性质

财政投资,也称为政府投资或公共投资,是以政府为主体,将其从社会产品或国民收入中筹集起来的财政资金用于国民经济诸部门的一种集中性、政策性的投资,它是财政支出中的重要部分。

在社会主义市场经济体制下,财政投资有其客观必然性:首先,在社会主义市场经济中,尽管市场机制在社会资源的配置中起基础性的作用,但由于市场机制本身所固有的缺陷,政府必须运用财政投资这一宏观调控手段在公共领域内进行投资,以弥补市场缺陷,向公众提供公共产品,调整和优化经济结构,促进经济稳定发展;其次,社会主义市场经济是以公有制为主体的市场经济,政府作为全民生产资料所有者的代表,直接参与社会生产活动,这就要求政府以财政投资的形式,通过国有经济的发展、壮大,直接促进和加快社会生产力的发展,满足人民群众日益增长的物质文化需要。

考察财政投资的性质不只是从它存在的客观必然性来看,还必须从它与其他形式投资的联系与区别来看。财政投资是以政府为主体的投资,而其他形式的投资则以个人、企业、银行等为主体。

(一)财政投资与私人投资的区别

财政投资与私人投资是有区别的,具体体现为:

1. 投资的资金来源和筹集方式不同。财政投资的资金来源主要是通过政府参与 GDP 的初次分配和再分配,以政治权力行使者身份筹集起来的税收和以生产资料所有者身份取得的资产收益;从其价值构成来看,财政投资的资金主要来自社会产品价值中的 $V$ 和 $M$ 部分。而微观经济主体投资的资金来源主要是自身创造的一部分利润,以及通过银行贷款、发行企业债券和股票等方式筹集的一部分社会资金,从其价值构成来看,可以来自社会产品中的 $C$、$V$、$M$ 等各个部分。

2. 资金的使用规模不同。财政投资是大规模的集中性投资。而微观经济主体的投资无论其资金来源和筹资手段如何多样化,都要受自身收入水平和偿债能力等条件的限制,这就决定了它们的投资是分散的,在投资规模上一般无法与财政投资相比拟,特别是在市场经济发育阶段。

3. 投资的领域不同。在市场经济条件下,微观经济投资主体是独立核算的商品生产经营者,追求利润最大化是他们的目标,其投资必定要根据收益原则和价值规律调节,把资金投在收效快、期限短、盈利大的产业和产品上。而公共财政投资虽然也要考虑投资回收和投资收益,但更重要的是要考虑一定时期国家和社会经济发展的战略目标,从全局出发考虑投资产业和方向。因此,财政投资往往将资金投向企业和个人不愿意投资的风险大、盈利小而经济发展又非常需要的产业和国民经济发展中比较薄弱的重点工业、新兴产业上。

4. 投资管理的方式不同。财政投资是以政府为主体的投资,政府不可能像微观经济投资主体那样,亲自参与投资的全过程,财政投资实质上是一种提供资金来源的投资,是一种决策性的、把握大方向的投资。而微观经济投资主体则参与投资的全过程,直接承担投资的决策风险和施工、经营风险。

(二)政府公共投资的范围

在任何社会中,社会投资都可以分为政府投资和非政府投资两大部分。这两大部分投资在社会总投资中所占比重的大小,取决于各国社会经济制度、经济发展阶段和经济体制的不同。一般来说,实行市场经济的国家,市场是资源配置的主要方式,从而非政府部门投资在社会投资总额中所占的比重较大;实行高度集中的计划经济体制的国家,计划是资源配置的主要方式,政府投资所占的比重较大。从经济发展阶段来看,在发达国家政府投资所占的比重较小;在发展中国家,政府投资所占的比重较大。在我国过去高度集中的计划经济体制下,政府是主要的投资主体,处于垄断地位,非政府投资只起补充作用。随着我国经济体制的改革,计划经济体制正逐步向市场经济体制转变,政府投资在社会总投资中的比重在不断下降。这说明经济体制改革导致政府投资比重有所下降是正常的、合理的,但下降得过急、过快显然是不正常的。今后随着分配格局的重新调整,适度提高政府投资在社会总投资中的比重是完全必要的,但是,政府投资所占比重不能像过去那样大。投资主体多元化是市场经济的客观要求,在这种情况下,就需要根据不同投资主体和投资项目的特点,合理划分投资范围,以使不同的投资主体充分发挥其应有的作用。

根据国民经济各行业的性质和特点,可以将投资项目划分为竞争性、基础性和公益性三大类。竞争性项目和行业是指完全受市场调节的营利性项目和行业,它提供的产品属于"私人产品",具有排他性和竞争性,其价格完全通过市场竞争形成,如轻工、纺织、机械、电器等加工业。基础性的项目和行业是指基础设施和基础工业。基础设施主要包括交通运输、机场、港口、桥梁、通信、水利和城市排水、供气、供电等设施。基础工业主要指能源、基本原材料等工业。基础产业不同于其他产业之处在于,它为整个社会生产提供生产的外部条件,具有公用性、非独占性和不可分割性,这使它具有"公共产品"的一般特征,对整个国民经济的发展具有很强的制约作用。公益性的项目和行业主要是指文化、教育、科学、卫生、社会福利等部门和行业,行政管理和国防也可以包括在其中,它们提供的产品和服务基本上属于"公共产品"。

根据上述竞争性、基础性和公益性3类投资项目的不同性质和特点,其投资主体和范围应作如下划分:竞争性项目应以企业为投资主体,通过市场筹集建设资金,政府对支柱产业、重点项目和高技术开发项目,可以有选择地加以支持,参与投资;基础性项目主要应由政府集中必要的资金进行建设,并引导社会资金、企业资金和外资参与投资;公益性项目主要由各级政府运用财政资金安排建设。

**二、政府财政对基础产业的投资**

基础产业是支撑一国经济运行的基础部门,它决定着工业、农业、商业等生产活动的发展水平。一国的基础产业越发达,该国的国民经济运行就越顺畅,人民生活也就越便利,生活质量相对来说就越高。基础产业的内涵,有广义和狭义之分。狭义的基础产业,是指社会经济活动的基础设施和基础工业。基础设施主要包括交通运输、机场、港口、桥梁、通信、水利和城市供排水、供气、供电设施;基础工业主要指能源(包括电力)工业和基本原材料工业。通常将基础设施和基础工业统称为基础产业。广义的基础产业除了上述基础设施和基础工业之外,还包括一些提供无形产品或服务的部门,如科学、文化、教育、卫生等部门,这些部门提供服务所需的固定资产,通常归于广义基础设施之列。

(一)基础产业的特征

在社会经济活动中,基础产业与其他产业相比,具有以下个性特征:

1. 从整个生产过程来看,基础设施为整个社会生产提供"共同生产条件"。作为共同生产条件的固定资产,它不能被某一生产者独家使用,它不是独占性地处在某个特殊的生产过程中,不能被销售者当做商品一次性地整体出售给使用者。换句话说,基础设施具有公用性、非独占性和不可分性,这些特性决定了它具有"公共物品"的一般特性。

2. 基础工业是处在"上游"的生产部门。"上游"是指基础工业所提供的产品是其他生产部门(也包括本部门)生产和再生产时所必需的投入品,如能源和原材料。一般来说,其他产业对基础产业的需求程度较高。从价值构成上分析,基础工业所提供的产品的价格,构成其他部门产品成本的组成部分。它们的价格变动具有很强的连锁效应,会引起整个产业成本的波动。

3. 基础产业大都属于资本密集型行业,需要大量的资本投入,而且它们的建设周期比较长,投资形成生产能力和回收投资的时间往往需要许多年。这些特点决定了基础产业很难由个别企业的独立投资来完成,尤其在经济发展初期阶段,没有政府强有力的支持,很难有效地推动基础设施和基础工业的发展。

在经济发展过程中各国政府均对基础设施和基础工业实行干预政策,但干预的程度在经济发展的不同时期有较大差别。一般来看,经济发达的工业化国家干预的程度较经济欠发达的国家要相对弱一些。经济欠发达国家在经济发展过程中,常常受到基础部门供给短缺的制约,基础设施和基础工业发展的压力较大,由于民间动员储蓄能力有限,因而政府往往通过财政集中一部分资源,以加快基础产业的发展。经济发达国家经历了漫长的工业化发展过程,基础设施和基础工业发展已有了相当的基础,不存在像发展中国家那样的结构性矛盾,政府投资的作用主要在于弥补"市场缺陷",而发展中国家的政府投资,除具有弥补一般"市场缺陷"的作用外,还部分地充当着社会资本原始积累的角色。

(二)基础产业发展与财政投融资

1. 基础产业发展的市场限制。在我国,基础部门属于短缺部门,它的投资需求大于本部门的储蓄,而加工部门属于"过剩部门"(表现为设备闲置、开工不足、存货积压),按理说它的投资需求应当减少。但由于我国市场经济正处于市场主体的形成过程中,市场机制的调节功能尚不健全,尤其是长期性资本市场的发育尚不完善,平均利润率规律的作用受到限制,这样,部门间的资本转移、资本"过剩"与"不足"的调剂就缺乏一种自动的利益均衡机制。因此,在向市场经济体制转换的过程中,保持政府对基础产业部门的适度投资水平,对于调整产业结构、提高社会经济效益具有重要作用。

2.政府对基础产业的投资方式。政府投资并不意味着完全的无偿拨款,国际经验表明,将财政融资的良好信誉与金融投资的高效运作有机地结合起来,是发挥政府在基础产业部门投资中作用的最佳途径。在我国市场经济发展的现阶段,构建财政投融资体制具有非常重要的现实意义,具体来说有以下三点:

(1)财政投融资可以弥补财政预算安排不足,缓解预算压力。财政投融资可在不增加社会税收负担的情况下筹集大量资金支持经济建设,弥补财政预算安排的不足。

(2)发展财政投融资,建立统一的财政投融资体系,能够强化资金管理,提高财政资金的使用效益。

(3)财政投融资是一种政策性投融资,其资金的运用和投向必须充分体现政府的宏观经济政策。财政投融资的资金应主要投向那些投资额大、风险大、收益率低,但又是国民经济发展必不可缺的产业。

### 三、政府财政对农业的投资

农业是国民经济的基础,其发展状况制约乃至决定着其他产业和全社会的经济发展状况。

#### (一)农业发展对于国民经济发展的重要意义

农业发展对于国民经济发展的重要意义主要表现在以下几个方面:

1.农业生产为人类提供了基本的生存条件,为其他生产活动提供了基础。无论人类社会发展到什么阶段,都离不开食物消费,而不论何种食物,最终都离不开农业生产。

2.农业劳动生产率的提高是工业化的起点和基础。农业生产为工业,特别是为轻工业的生产提供了最重要、最基本的原料。农业劳动生产率的提高,一方面为工业发展提供资金积累,另一方面为工业生产提供了巨大的市场。

3.农业稳定是国民经济持续稳定发展的重要因素。只有当农业源源不断地提供能满足居民消费需要的生活资料和工业部门需要的原材料时,社会才会稳定,国民经济也才能健康有序地发展。

#### (二)农业生产的特殊性

农业生产的特殊性表现在以下几点:

1.农业是一个自然再生产和经济再生产交织的过程。因为农业的生产对象是有生命的物质,而土地、森林、水利、气象是农业生产的要素。人类利用动植物生长机制和资源要素的配置,为社会提供产品。但是,由于动植物生长发育规律和自然环境的制约,使农业生产具有周期性、季节性等特点。

2. 农业供给与需求的特殊性。在市场经济条件下,农产品的需求弹性小,可替代性差,而其供给弹性相对较大,转换性差。以相对稳定的需求和不规则波动的供给,会使农业部门的生产条件经常处于不稳定状态,而这又很难依靠农业自身的力量通过市场加以克服,因此会影响国民经济的正常运行。

3. 农业生产发展的历史条件欠佳。长期以来,我国农产品的相对价格水平偏低,而农业投入品的相对价格水平偏高,即工农业产品价格之间存在着不利于农业部门发展的"剪刀差"。这就使农业部门的营利水平长期处于偏低状态,农业部门自我积累能力不足,形成的利润也不大可能转入农业投资领域,加上我国农业生产经营单位分散单一,这一问题就显得更为严重。

由于农业生产的重要性和特殊性,决定了政府必须介入农业,对农业发展从资金和政策等方面予以大力扶持。

(三) 政府财政对农业投资的重点

纵观世界各国的经验,财政对农业的投资具有以下特征:一是以立法形式规定财政对农业的投资规模和环节,使农业投资具有相对稳定性;二是对财政投资的范围有明确的界定;三是财政投资虽然是必要的,但一般占农业投资总量的比例较低。

改革开放以来,我国对农业的投资从绝对量上看增加了不少,从 1978 年的 150.66 亿元,增加到 2011 年的 9 890.10 亿元,但是相对规模却有所下降,农业支出占财政支出的比重从 1978 年的 13.43% 下降到 2011 年的 9.08%(参见表 3-1)。

表 3-1 国家财政用于农业的支出

| 年份 | 财政用于农业的支出(亿元) | 占财政支出的比重(%) |
| --- | --- | --- |
| 1978 | 150.66 | 13.43 |
| 1980 | 149.95 | 12.20 |
| 1985 | 153.62 | 7.66 |
| 1990 | 307.84 | 9.98 |
| 1991 | 347.57 | 10.26 |
| 1992 | 376.02 | 10.05 |
| 1993 | 440.45 | 9.49 |
| 1994 | 532.98 | 9.20 |
| 1995 | 574.93 | 8.43 |
| 1996 | 700.43 | 8.82 |
| 1997 | 766.39 | 8.30 |
| 1998 | 1 154.76 | 10.69 |

续表

| 年份 | 财政用于农业的支出(亿元) | 占财政支出的比重(%) |
|---|---|---|
| 1999 | 1 085.76 | 8.23 |
| 2000 | 1 231.54 | 7.75 |
| 2001 | 1 456.73 | 7.71 |
| 2002 | 1 580.76 | 7.17 |
| 2003 | 1 754.45 | 7.12 |
| 2004 | 2 337.63 | 9.67 |
| 2005 | 2 450.31 | 7.22 |
| 2006 | 3 172.97 | 7.85 |
| 2007 | 3 404.00 | 6.84 |
| 2008 | 4 544.01 | 7.26 |
| 2009 | 6 720.41 | 8.81 |
| 2010 | 8 129.58 | 9.05 |
| 2011 | 9 890.10 | 9.08 |

资料来源:根据 2008 年至 2012 年《中国统计年鉴》整理。

注:2007 年以后,《国家统计年鉴》不再单列"国家财政用于农业的支出"。2007~2011 年数据为"国家财政支出主要项目"中的"农林水事务支出"。

近年来,我国财政对农业的投资增长十分迅速。2008~2011 年,国家财政的农林水事务支出分别增长 33.49%、47.90%、20.97% 和 21.66%。2011 年,在专项扶贫、农村低保等保障民生政策、支持农业生产政策等七个方面,中央财政用于农村贫困地区使贫困农民直接受益的综合扶贫投入约为 2 272 亿元。

目前我国政府财政进行农业投资的必要性,并不仅仅在于农业部门自身难以产生足够的积累,而且还在于农业生产率较低的现状使农业部门难以承受贷款的负担,更重要的是许多对农业、农村和农民的投资项目,属于典型的公共产品和服务,只适合由政府进行投资。今后我国政府财政对"三农"投资的重点领域是:①着力加大政策扶持和资金投入力度,加快建设社会主义新农村,突出在"多予"和"放活"上做文章,引导和调动社会各方面增加"三农"投入的积极性;②逐步扩大公共财政覆盖农村范围,建立健全财政支农资金稳定增长机制,继续保持财政支出中新增教育、文化、卫生支出主要用于农村等政策的连续性、稳定性,并加大财政投入力度;③在全国范围内全面取消农业税,全面推进农村综合改革,支持扩大新型农村合作医疗试点,积极支持农业综合生产能力建设,增加农业和农村基础设施建设、生态建设、农业科技进步、农业综合开发、扶贫开发等方面的投入,促进现代农业建设,同时,进一步整合支农资金,提高支农资金使用效益;④着力建立农村义务教育经费保障机制,按照"明确各级责任、中央地方共担、加大财政投入、提高保障水平、分步组织实施"的原则,逐步将农村义务教育全面纳入公共财政保障范围,建立中央和地方分项目、按比例分担的农村义务教育经费保障机制。

政府进行农业投资的方式主要包括预算投资、税收政策支持、财政贴息和对农业生产资料的补贴等形式。

## 第二节　社会消费性支出

### 一、社会消费性支出的含义及性质

社会消费性支出就是政府为履行政治经济与社会管理职能、社会服务职能而发生的日常开支。社会消费性支出与投资性支出虽然同属于购买性支出,但二者之间存在着明显的差异,最大区别在于前者的使用并不形成任何资产。然而,两者又有共同之处,即在必要的限度内,它们都是为社会再生产的正常运行所必需的,而且就其本质来说,社会消费性支出满足的是纯社会公共需要。

在政府财政支出项目中,属于社会消费性支出的有文教、科学、卫生事业费,行政管理费,国防费等。

社会消费性支出在使用中不能形成任何资产,它属于非生产性支出,但它所提供的服务可以满足社会公众的共同消费需要,它是社会再生产不可缺少的部分,对社会安定和生产发展起着重要作用。

社会消费性支出是国家机器正常运转的物质基础。从性质上看,国家机构是一个社会管理部门,并不直接从事经济活动,其职能是维护社会秩序的稳定,而其职能的实现需要一定的物质资料作保证,消费性支出为国家行使其职能提供了必要的资金支持。同时,社会消费性支出也是提高人民生活质量和社会精神文明程度的物质前提。衡量一国人民生活质量的高低,不仅要看个人消费水平的高低,还要看人民生活的公共环境质量和群众文化素质的高低,如交通、通信、市容环境、社会福利、受教育程度等都是衡量指标。而这些公共产品的提供,是不能够完全通过市场来解决的,须由政府通过社会消费性的支出来提供。财政用于这些方面的支出,其规模大小、使用效益高低,直接影响着人民生活质量的高低。

### 二、行政管理支出和国防支出

#### (一)行政管理支出

行政管理支出是指财政用于国家各级权力机关、行政管理机关以及外事机构行使其职能所需的经费开支,它是国家机器保持正常运转所必需的开支。我国的行政管理支出,包括行政支出、公安支出、国家安全支出、司法检察支出和外交支出等。

行政单位属于非生产部门,不直接创造物质财富,没有独立的收入来源,其所需经费要靠政府财政拨付,因而从行政管理支出的经济性质来说,是非生产性支出,但按其对维持一国政府正常运转的作用而言,又是必需的开支。

1. 行政管理支出的管理原则。行政单位的性质,决定了行政单位理财的特殊性。首先,财政拨款是行政单位除某些零星杂项收入外的唯一经费来源,政府对行政单位的经常开支必须予以保证;其次,在保证完成国家政治经济任务的前提下,厉行节约。

2. 提高行政管理的支出效率。政府将一笔财政资金用于政府的行政管理方面,以提供一定质量的行政管理服务,实际上就是一种资源配置。既然是资源配置,就必须讲求效率。所谓行政管理支出效率,就是在保证政府充分履行其行政管理职能的条件下如何使政府行政管理支出最少。

对于政府行政管理职能的履行程度以及支出是否最少都不存在精确的衡量办法,因为这既不能像衡量市场的营利性投资那样考核利润和成本并进行对比,也不可能像公共投资项目那样模拟计算社会收益。但也不是完全不可衡量,其中一个重要的方面就是通过民意调查或公民投票对政府的行政管理进行评价,并根据相关的财政财务制度对行政管理支出进行核算和检查监督。

从现实条件来看,提高政府行政管理支出效率的途径主要有:①精简机构,合理定员定编;②严格财务管理制度,认真控制行政费用开支;③划清行政管理费列支范围;④建立健全经费定额包干管理制度。

### (二)国防支出

所谓国防支出,是指财政用于国防建设、国防科研事业和军队正规化建设方面的支出。它也是国家机器的运行所必需的,也属于社会消费的非生产性支出。

国防支出同行政管理支出一样,同国家机器有着密切的联系。国防支出与其他支出最大的不同点在于:它不仅受国力、财力的制约,而且以国际政治形势的变化为转移。从某种意义上说,国防支出具有"刚性",即它的最低限度是必须保证国家有足够的军事力量抵御外来侵略,保证国家领土和主权的完整。国防支出的内容包括国防费、国防科研事业费、民兵建设费和专项工程支出等。

国防支出对于绝大多数国家来说都是重要的,但由于国防支出尤其是现代化高科技的军事装备是一项费用巨大的非生产性支出,过大的国防支出将会给经济造成巨大的压力和负担,将会减缓经济发展的能力和速度,直接后果将是无力支撑国防所需的人力、物力和财力,国防建设也难以真正搞好,因此,确定适当的国防建设和国防支出的规模,对于任何国家来说都是非常重要的。

社会公众一直希望能找到若干明确的指标来衡量国防活动应该具有的合理规

模。近年来,理论界发展起一门叫做"国防经济学"的学科,对相关问题进行了有意义的研究。国防的目的是保卫国家不受侵犯,侵犯的程度或可能的侵犯之敌位于何方、可能动员的侵犯力量有多大、有效遏止这种侵犯所需的军事力量应有多大,这些都可以较为准确地估计出来,而且可以量化为若干指标,这就为确定国防费用奠定了基础。一国可以首先确定所需的军事打击力量的规模,然后为此制定军事措施计划,再为执行各个计划项目拟定各种可以相互替代的实施方案,对各个方案的成本效益进行分析比较,选定成本最小而效益最大的方案,最后,根据选定方案的所需资金,编制国防支出预算。这种制度,一般称为"计划—方案—预算"。

### 三、文教、科学、卫生事业费支出

文教、科学、卫生事业费支出(以下简称文教科卫支出),是指政府财政用于文化、教育、科学、卫生、体育等事业单位的经费支出。

文教科卫等事业单位是非物质生产部门,它们不直接生产物质产品,从这个意义上说,文教科卫支出属于非生产性支出,但并不意味着它不重要。实际上,文教科卫等事业单位是服务于社会的共同利益和长远利益,事业单位与企业一样也要向社会公众提供一定的产品(主要是服务产品),来满足社会公共需要,所以,文教科卫支出属于一种社会消费性支出。

(一)文教科卫支出的内容

1.按支出的具体部门划分,主要有以下几个方面:文化、教育、科学、卫生、体育、通信事业费和广播电视事业费等。

2.按支出的用途划分,可分为人员经费支出和公用经费支出。

(1)人员经费支出主要用于文教科卫等单位的工资、补助工资、职工福利费、离退休人员费用、奖学金等开支项目。其中,工资是人员经费开支中最主要的项目。

(2)公用经费支出是用于解决文教科卫等单位为完成事业计划所需要的各项费用开支。这些公用经费开支主要包括以下项目:公务费、设备购置费、修缮费和业务费等项目。

(二)文教科卫支出的管理

财政部门管理文教科卫支出有两大任务:一是保证这些部门的经费供应;二是在供应经费的同时,努力提高文教科卫支出的使用效果。为此,财政部门应从加强定员定额管理和强化财务管理两方面着手。

1.定员定额管理。定员定额管理是指根据事业单位的工作任务和开展业务工作的需要,规定人员配备标准和各项经济指标的额度。

所谓定员,就是确定人员编制指标,就是根据"精兵简政"的原则和要求以及各个事业单位的不同性质,依据国家规定的定员比例以及机构的等级,规定完成一定工作任务所需要的职工人数。定员管理对文教科卫支出的管理具有重要意义，它不仅使财政向这些单位供应人员经费有据可依，而且也有利于控制文教科卫支出的规模。

所谓定额，就是确定开支的限额，对不同的事业单位制定相应的开支标准。文教科卫单位的定额有收入定额和支出定额两大类。收入定额是文教科卫活动中向服务对象收取一定费用的额度，包括：补偿性收入定额、生产性收入定额和代办性收入定额。支出定额主要包括：按支出用途划分，有人员经费定额和公用经费定额；按定额的范围划分，有单项定额、综合定额和扩大综合定额。

定员定额是财政安排和控制文教科卫支出的重要依据。

2.财务管理。为了适应建立市场经济体制的需要，强化对文教科卫支出的管理，财政部于1996年颁发了《事业单位财务规划》，取消了旧的预算管理形式，要求单位预算要全面反映单位的收支情况，不能像以往那样只反映预算收支。全面采取核定收支、定额或定项补助的预算管理办法，具体方法如下：

（1）核定收支。事业单位要将全部收入和支出统一编列预算，报经主管部门和财政部门核定。主管部门和财政部门根据事业单位的特点、发展计划、财务收支状况以及国家财政政策和财力可能来核定事业单位的年度预算收支规模。

（2）定额或定项补助。这是对没有财政补助不能维持正常运转的事业单位实行的办法。定额补助就是根据事业单位收支情况，并按相应标准确定一个总的补助数额，如对高等院校实行生均定额补助等。定项补助则是根据事业单位收支情况，确定对事业单位某些支出项目实行补助，如对某些事业单位的工资支出项目进行补助，或对大型修缮项目和设备购置进行补助等。

（3）超支不补，结余留用。事业单位预算经主管部门和财政部门核定后，单位预算由单位自求平衡，增收节支的结余留归单位继续使用。通常情况下，单位超支主管部门和财政部门不予追加，特殊情况例外。

（4）收入上缴。对少数非补助事业单位可实行收入上缴的办法。这主要适用于非补助事业收入大于支出较多的事业单位。上缴数可以是定额的，也可以是按比例的。上缴办法可以按月或按季，也可以在年终一次上缴。

# 第三节 社会保障支出

社会保障支出是财政转移性支出的重要内容之一，该项支出对保障社会成员的基本生活需要、为企业提供公平竞争的客观环境、稳定社会秩序均有十分重要的意义。我国正处在社会主义市场经济建立的过程中，社会保障支出的意义更为重要。

**一、社会保障及其作用**

(一) 社会保障的含义

社会保障是国家通过立法,采用强制手段对国民收入进行再分配,形成社会消费基金,向丧失劳动能力、失去就业机会以及遇到其他事故而面临经济困难的公民给予资金或物质上的帮助。

社会保障是随着生产的社会化而产生和发展的。在自给自足的自然经济中,人们以家庭为生产单位和消费单位,劳动时间没有严格的规定,劳动组织不严密,劳动成果也基本上属劳动者自己所有。那时,人们尚未组成相互联系密切的社会,因而几乎没有实行社会保障的需要。随着生产力的发展,劳动者之间形成了紧密的社会分工,每个劳动者成为社会化大生产环节中的一环。而劳动者不是机器,在进行工作时,他们需要劳动保护,需要有一个良好的环境。劳动者可能生病、受伤、致残乃至死亡,发生这种情况时,他们需要医疗、护理、照顾或者善后。这样,为了维持社会再生产的正常运行,便有了实行社会保障的必要。

社会保障制度不同于社会保障措施或政策,赈济饥民、补助急难,均属社会保障措施,但若不系统、不规则地实施,便不成为制度。所谓社会保障制度,就是由法律规定的、按照某种确定的规则而连续实施的社会保障措施或政策体系。

(二) 社会保障的作用

随着社会主义市场经济体制的逐步完善,建立与市场经济体制相适应的社会保障制度具有重要意义。

1. 社会保障是确保市场效率必不可少的手段之一。建立新的社会保障制度,是确保市场充分竞争和市场效率得以实现的重要条件之一。

首先,它是我国建立企业破产制度、职工合同制度的基本条件。市场机制充分发挥作用的基本前提是充分竞争,它要求企业充分参与市场竞争和生产要素的合理流动,这又以企业破产和职工合同等制度的确定为前提。没有企业破产、职工失业,市场机制的优胜劣汰功能就难以起作用,社会资源配置的最优化就难以实现。建立新的与市场经济体制相适应的社会保障制度,妥善地解决企业职工在失业、生病、伤残、退休时的基本生活保障问题,就为企业真正参与市场竞争、建立合理的人才流动机制、实行优胜劣汰制度提供了基本保证。这种风险社会化的做法,成为社会主义市场经济体制下实现资源和要素优化配置必不可少的条件之一,因而具有重要意义。

其次,它是充分发挥储蓄的作用、增大建设资金投入的重要手段之一。生病、年老乃至失业,都是市场经济体制下劳动者或多或少但又是必然会遇到的问题,这就在客观上要求劳动者个人在自身的收入中提取一部分,用于应付这类问题,这使个人收入不能全部用于消费,而应当有一定的份额用于储蓄,即用于未来的消费。每个人的储蓄数额终归是有限的,但从整个社会来看,其汇总起来的数额却是巨大的。建立新的社会统筹的社会保障制度,就能将原来分散在个人和企业手中的社会保障费用,以税或费的方式集中起来,形成集中性的社会保障基金。由于这种基金在正常时期总是有相当数额的结余,这就可以成为经济建设的重要资金来源之一,既满足经济建设的资金需要,又使该基金保值增值,更好地完成社会保障职责,为市场经济体制下实现社会保障资源的有效配置和充分利用,提供了基本的手段和途径。

2. 社会保障是实现社会公平的重要手段之一。首先,社会保障是提供社会保险的基本手段,从而起到对社会福利进行再分配、使之趋于公平的作用。在市场经济体制下,优胜劣汰的竞争方式充满了风险,对于个人来说更是如此。在市场追求效率的竞争中,必然排斥老、弱、病、残、孕、伤等不能正常工作的人,使他们难以获得应有的收入,无法维持基本的生活水准。这种状况是个人不具备正常的市场竞争能力的结果,个人也无法依赖市场来解决这些问题。建立社会保障制度,社会成员只要按其收入水平交纳相应的税费,就能获得应有的社会保障补助,这实际上起到了在社会成员之间均衡和公平社会福利、化解市场经济产生的风险的作用,也对形成市场经济所必需的社会公平起了重要的作用。

其次,社会保障是进行收入和财富的社会再分配的手段之一。在市场经济体制下,收入的分配是按要素的拥有量及其市场价格进行的。在市场机制的自发作用下,它必然形成社会成员之间个人收入水平的差异,而收入水平的差异又将进一步加剧个人财富拥有量的差异。这种收入和财富分布差异状况的积累,尤其是经过世代间以遗产或赠与等方式形成的积累,最终将导致社会分配的严重不公。但由于这种现象是市场正常运行的结果,是市场机制导致的资源最佳配置的结果,因而也无法由市场通过自身的力量来克服和纠正,这就需要政府以非市场化手段来实现社会公平的目标。社会保障制度,一方面以强制性的税或费的形式,从社会成员尤其是富裕阶层集中收入;另一方面又以社会保险和社会福利等支出方式,向社会成员尤其是贫困阶层转移,从而形成一部分社会收入和财富由富裕者向贫困者的流动。可见,社会保障通过有效的社会收入分配活动,为市场经济体制的正常运行提供了必不可少的条件。

## 二、社会保障的内容

社会保障活动是在特定的历史条件下,由各国自行开展的,因而其内容无论在理论上还是在实践上,都经历了一个不断发展变化的过程。国际上一般认为,一个国家的社会保障制度至少应包括 8 项内容:医疗补助、疾病补助、失业补助、老年补助、工伤补助、家庭补助、残疾补助和遗属补助等。上述内容可概括为两大类型:一是社会保险,二是社会福利。

（一）社会保险

所谓社会保险,是指以立法形式由国家、集体和个人共同筹集基金,以确保社会成员在遇到生、老、病、死、伤、残、失业等风险时获得基本生活需要和健康保障的一种社会保障制度,它是整个社会保障制度的核心部分。

社会保险与商业保险既有共同点,又有根本的区别。政府统筹的社会保险与作为企业的保险公司经营的商业保险,两者的共性在于都是一种保险活动,都表现为受保人需交纳一定的保险费。而二者的根本区别在于:第一,社会保险的社会性决定了其保险基金除来自受保人或其就业单位交纳的保费以外,还以政府经常预算为根本的财力后盾,一旦该基金收不抵支时,政府就以财力进行干预和支持。相反,商业保险企业完全靠收取保费筹集资金,盈亏自负。第二,社会性决定了社会保险的受保人领取保险金的权利,与交纳保险费的义务在数量上有一定的对应关系,但并不要求必然相等。而商业保险的营利性则要求受保人权利与义务的对等性。第三,社会保险是强制性的,它由国家根据立法采取强制的法律手段来实施,而商业保险则一般是自愿的。

社会保险具体分为以下几种:

1. 社会养老保险。它指由政府以立法形式确定的,劳动者在年老失去劳动能力或退出就业领域时享有的退休养老权利,除企业和劳动者在就业时缴纳的税或费外,还可依靠政府和社会提供的帮助以维持基本生活水平的一项社会保险制度。

2. 社会失业保险。它指由政府以立法形式确定的,劳动者在失业时所应享有的权利,是维持基本生活需要的一种社会保险制度。

3. 社会医疗保险。它指由政府以立法形式确定的,对被保险人因疾病造成的经济损失及医疗费用予以补偿的一种社会保险制度。

4. 工伤保险。它是指政府以立法形式确定的,在劳动者因工作而负伤、致残、死亡时,给劳动者本人及其供养的直系亲属提供物质帮助的一种社会保险制度。

5. 女工生育保险。它指政府以立法形式规定的,女工在生育期间中断劳动或工作时给予帮助的一种社会保险制度。

（二）社会福利

社会福利是政府在法律和政策范围内,对社会成员提供的除了社会保险以外的社会保障,如救济、抚恤等。它具体包括以下内容:

1. 小范围的社会福利。它指由政府出资兴办的,以低费或免费形式向一部分需要特殊照顾的社会成员提供货币或实物帮助和服务的一种社会保障制度。

2. 社会救济。它指政府对收入在贫困线以下的公民,因自然灾害遭受损失或发生其他不幸事故,而生活暂时处于困难中的公民提供的货币或实物帮助。

3. 社会抚恤。它指政府或社会对现役、退伍、复员、残废军人及军烈属给予抚恤和优待的一种社会保障制度。

### 三、我国社会保障制度的建设

新中国成立以来,我国逐步建立起社会保障体系,但是,由于我国的社会主义市场经济体制尚不健全,计划经济体制的影响仍然存在,以及受我国人口多、经济发展水平低等因素的制约和影响,我国目前的社会保障制度仍存在许多问题,需要不断加以完善。

（一）我国现行社会保障制度的缺陷

1. 社会保险覆盖面过于狭窄,社会性差。现行社会保险制度的覆盖面,在多数地区仅限于城镇国有和集体企业,多数非公有经济未纳入社会保险体系,广大农村则基本处于家庭自保状态,这显然有违于"社会保障"本身的性质,亦不符合市场经济公平竞争的要求。

2. 社会保险的保障项目不全,保障程度低。我国的养老保险、失业保险刚刚起步,医疗保险、生育保险范围较小,而且保险金的给付水平偏低。

3. 政府与企业包揽过多,负担过重,大锅饭现象仍然存在。目前,无论是养老保险、失业保险还是医疗保险,其负担仍高度集中于企业和政府身上,被保险人承担保险费用微乎其微。目前,大多数地区企业养老保险与失业保险统筹的比例,只达到职工工资总额的20%左右,而个人交纳的部分却只占其标准工资的1%～3%。个人保费负担过轻,一方面造成社会保障费的管理入不敷出,另一方面也削弱了被保险人的自我保险意识,使其产生"消费靠自己,养老靠国家"的过分依赖心理,同时也大大加重了企业与政府的负担。

4. 社会保险管理体制不健全。目前,社会保险统筹由各地分散进行,少数省实现了省级统筹,大多数地区由市县统筹,分别由各市县劳动人事部门管理。社会保险金的筹资标准不统一,低的地区,统筹金占工资总额的比例还不到10%,高的地区达30%左右。保险金的给付条件和标准也有差别,保险基金在使用中存在被挪用、挤占甚至浪费的现象。另外,对社会保险基金的管理也无专门统一的管理机构。

5. 社会保险基金筹资模式落后。我国的社会保险基金采用的是筹资水平较低、仅用于满足当期需要的"现收现付"制。在这种制度下,资金运筹缺乏明确的计划,与我国目前存在的人口老龄化现象极不适应。

总的来看,我国的社会保障制度虽然实施多年,保障范围也较广泛,但是,存在的问题也较多,建立一个完善的社会化的社会保障体系是当前改革中一项十分迫切的任务。

（二）我国社会保障制度的改革

从我国社会保障制度的现状出发,借鉴西方国家的经验,结合我国正在建立的

市场经济体制,我国的社会保障制度改革应从以下几个方面着手:

1. 必须解决保障资金的来源问题。社会保障资金从何而来,这是建立社会保障制度的关键。从发展趋势和国外的经验来看,社会保障基金的来源都以按某种比例取之于劳动者或劳动单位的收入为主,辅之以政府补助,并应以税收或公共收费的形式固定下来加以规范,如采用社会保险税的形式,引入税收机制,强制形成保障基金。其优点是覆盖面广,可使城乡居民都能进入社会保障体系共济之列。

2. 保障基金应纳入政府预算管理。应把现行的复式预算改为由政府公共预算、社会保障预算和国有资产经营预算组成的三式预算,将社会保障的收支全部纳入社会保障预算统一核算、统一管理。财政部门要积极参与各项社会保障法规的研究制定工作,以保证社会保障预算收支的合理性。

3. 建立统一的社会保障管理机构。加强社会保险的管理和立法,亦是近期社会保险改革的重要内容。应建立一个专门的,由代表企业、政府及被保险人各方利益的有关部门所组成的社会保险机构。它的主要任务是统一管理社会保险事业,提高社会保障事业的管理水平,形成社会保障基金筹集、运营的良性循环机制。

4. 必须扩大社会保障的覆盖面。要改变过去社会保障覆盖面小的状况,逐步将以工资收入为主要生活来源的城镇劳动者都纳入不同形式的社会保障范围内,使全体公民共同享有社会保障方面的同等权利。作为一种过渡办法,可开辟多种渠道,鼓励和引导单位、行业及部门建立自己的保障制度,按照法律所规定的要求运筹保障资金,政府财政则给予一定的资金援助。

社会保障制度的改革同其他体制改革一样,要纳入经济体制改革之中,统筹安排、配套实施,要根据政府、企业和个人各方面的承受能力量力而行、循序渐进。当前最迫切的是改革养老保险、医疗保险和失业保险,解决人口老龄化带来的特殊问题,配合实施企业破产制度。在步骤上可以由地区统筹逐步过渡为全国统筹,先城市后农村,逐步推行;在方式上可以建立多层次的保障体系,有国家的基本保险制度,还有企业保障和个人储蓄账户形成的补充保险制度。

随着我国社会主义市场经济的逐步建立和完善,我国财政的社会保障支出规模增长迅速。2005年,全国财政用于就业社会保障的支出是3 649.27亿元,增长迅速。今后,为切实解决困难群众基本生活问题,维护人民群众的切身利益,财政还将相应增加对社会保障的支出。

## 第四节 财政补贴

作为财政范畴,财政补贴是一种特殊的分配形式,同时又是政府进行经济调节的杠杆。目前,世界上80%以上的国家都利用财政补贴来实现一定的政治、经济目标,财政补贴成为一种世界性的经济现象。

**一、财政补贴概述**

财政补贴是政府财政部门根据国家政策的需要,在一定时期内,向某些特定的企业或个人提供的无偿补助。

财政补贴作为转移性支出的一项内容与社会保障支出有相似之处,即它们实质上都是财政对补助接受者的转移支出。但是,财政补贴又有特殊性,这就是财政补贴的起因都直接或间接与价格有关,即政府在既定的价格结构条件下,通过无偿支付,使某些符合特定条件的价格受损者得到一定的补偿,从而使现行价格得以保持,发挥着补充或配合价格的调节作用。

**(一)财政补贴的特征**

财政补贴较之其他财政分配形式和经济杠杆有如下特征:

1. 政策性。由于财政补贴的依据是政府在一定时期的政策目标,财政补贴由财政部门统一管理,并随着国家政治经济形势的变化而修正、调整和更新,因而,财政补贴具有很强的政策性。

2. 可控性。财政补贴补给谁、补贴多少、在哪个环节补、何时取消补贴等具体内容,都是由财政部门根据政府政策的需要来决定的。因此,财政补贴是政府可以直接控制的经济杠杆,具有可控性。

3. 灵活性。财政补贴杠杆作用的对象和范围、作用的效果及要达到的目标,都由财政部门根据形势的变化和政府政策的需要,适时地修正、调整和更新。因此它在调节经济、协调各方面经济关系时,比价格、税收等经济杠杆的作用来得直接、迅速。

**(二)政府进行财政补贴的原因**

在市场经济条件下,政府采用财政补贴手段的主要原因是:

1. 市场失效的存在。在自然垄断存在的领域,如城市的公共交通、煤气、水电等,市场价格无法有效地配置社会资源,因而政府必须对这类企业的价格实行管制。同时,由于这些领域对生产和生活具有重要意义,政府往往对其实行低价政策,以向整个社会尤其是中低阶层提供社会福利。由政府的这种低价政策而产生的企业亏损,应由财政提供补贴,否则这类企业将无法生存。

2. 社会政策的需要。市场价格机制是资源配置的有效机制,但市场价格机制并不能解决所有问题,有些领域并不能完全引入市场经济机制,农产品价格便是一个典型的例子,在我国尤其如此。我国农业成本高,但农产品价格在人们收入水平普遍偏低的条件下很难提高,因此,为了维持农产品的非市场价格的存在,维护农民和城镇居民的利益,就需要政府给予大量的财政补贴。

3. 改革的需要。在经济体制转轨时期,财政补贴也发挥着重要作用。企业亏损补贴在企业破产和职工失业制度尚不具备全面推行的条件下,维持了大批企业的存在和职工就业,避免了大规模破产和失业导致的社会动荡;价格补贴则在价格体系从计划价格向市场价格转化的过程中,缓解了价格变动所可能导致的连锁反应,避免了物价大幅度上涨给居民生活带来的压力,从而有利于社会稳定。所有这些,都缓解了新旧体制转换过程中所产生的冲击,对改革的顺利进行起了巨大的支持作用。

(三)财政补贴的内容

财政补贴是世界各国政府财政活动的一项重要内容,财政补贴的项目、种类繁多,根据不同的需要可以进行各种不同的分类。从财政补贴同社会经济运行过程的关系来看,可分为生产环节补贴、流通环节补贴和消费环节补贴;从政府是否明确地安排支出来分类,补贴可分为"明补"与"暗补";从补贴资金接受的主体来区分,可分为企业补贴和居民补贴;从补贴对经济活动的影响来看,补贴可分为对生产的补贴和对消费的补贴;从补贴是否与具体的购买活动相联系来分类,又分为实物补贴与现金补贴。

根据政府预算对财政补贴的分类,目前我国的财政补贴有以下方面:

1. 价格补贴。它指政府为了安定城乡人民生活,由财政向企业或居民支付的、与人民生活必需品和农业生产资料的市场价格政策有关的补贴。价格补贴按产品的类别划分,具体包括粮油价格补贴、平抑物价补贴和其他价格补贴等几个项目。

2. 企业亏损补贴。它指政府为了使国有企业能够按照政府的政策或计划生产、经营一些社会需要的、由于客观原因导致亏损的产品,而向这些企业拨付的财政补贴。导致企业政策性亏损的原因,主要是产品计划价格水平偏低,不足以抵补产品的生产成本。此外,企业的技术设备落后、供销条件不利等也是造成企业亏损的重要因素。企业亏损补贴按企业的经营性质划分,可分为国内企业亏损补贴和外贸企业亏损补贴。

3. 财政贴息。它是指政府财政对使用某些规定用途的银行贷款的企业,就其支付的贷款利息而提供的补贴。它实质上是财政代替企业向银行支付利息。

## 二、财政补贴的效率分析

分析财政补贴的效率主要从以下三个方面着手。

(一)财政补贴形式的选择

如前所述,财政补贴的形式主要有货币补贴与非货币补贴(或称明补与暗补)两种。货币补贴的结果是使补贴接受者的可支配收入增加,而非货币补贴的结果则是使补贴接受者的实物支配权(量)或享受某种服务增加。尽管这些补贴都可以使接受者的福利和效用水平提高,但提高的程度却不相同(即使在补贴的价值额相同的条件下也是如此)。实行货币补贴,接受者可以用增加的货币购买自己希望和可能购买的任何商品与劳务,因此,他的消费主权是完整的,消费能力也提高了;在非货币补贴的情况下,接受者只能享受到所补贴的实物或劳务带来的收益,而没有其他的选择,如果接受者不需要补贴所提供的商品或劳务,那么这样的补贴对他来说就是没有意义的,因此,他的消费者主权可能就是不完整的。相比较而言,货币补贴给接受者带来的福利和效用水平要高。

(二)财政补贴规模的选择

就一般意义而言,似乎财政补贴的规模越大,对接受者就越有利,因为这表明接受者的福利和效用水平越高。但事实并非如此,接受者的福利水平并不是和补贴规模同步增长的。原因在于,随着补贴规模的扩大,接受者的消费能力就会提高,这样就会导致对商品需求的增加,从而改变原有的商品供求关系,推动供需矛盾扩大,使商品出现供不应求的局面,结果就是商品的价格上涨,消费者的利益受损。货币补贴是如此,实物补贴更是如此,因为实物补贴的消费具有专门性和针对性,补贴使补贴商品的消费需求增加,最后导致该商品的价格上涨,从而使补贴的效用被削弱,非补贴的接受者也会因此而受损。所以,如何科学选择补贴的规模和补贴的种类,使之既符合接受者的需要又不至于对市场产生负面影响就是很重要的问题。

(三)财政补贴对接受者工作意愿的影响

财政补贴的本来意义是扶持和帮助弱者,使其生存发展能力有所提高。但对于个人接受者而言,由于接受了财政补贴,生存和生活能力增强,不用积极地工作就可以解决生活问题,这就可能使他不愿意努力地去工作,或者干脆不工作而坐等补贴,使财政补贴客观上起到了鼓励懒惰和不思进取的效果,其结果就会使社会总产出水平下降,使财政补贴的效果与其初衷相去甚远。

### 三、财政补贴制度的整顿和改革

总体来说,随着我国社会主义市场经济体制改革的逐步深化,尤其是市场价格体系的逐步完善,我国的财政补贴制度也应进一步深化改革和整顿,以适应市场经济发展的需要。

改革和整顿财政补贴的基本思路是:减少补贴项目、压缩补贴规模、规范补贴方式、提高补贴效益。具体包括:取消商业和粮食企业的亏损补贴,逐步将粮食补贴直接补贴到粮食的生产环节和直接补贴给农民;取消为了稳定粮棉等重要农副产品的生产和销售而制定的"三挂钩"补贴政策,即粮棉生产与化肥、柴油和贷款挂钩的补贴政策,将取消补贴所节省下来的资金转换成生产贷款基金、价格基金的形式,继续支持粮棉的生产;取消粮棉储备费用补贴、平抑肉食和蔬菜价差补贴,将其转化成农产品储备基金;取消大部分工业企业的亏损补贴和取消外贸企业亏损补贴;结合工资改革把对个人的补贴纳入工资,规范个人收入分配;改革公用事业补贴,通过引入竞争机制,采用招标的形式提供财政对公用事业的补贴,控制补贴规模,转换经营机制,提高公共服务的质量和效率。此外,由于我国已经加入了世界贸易组织(WTO),所以还应对各类财税优惠措施和财政补贴政策进行全面清理,取消不符合中国政府对外承诺和WTO规则要求的财政补贴方式。

按照这一改革思路,我国财政补贴的规模、方式和效益都发生了极大的变化。2004年,全国财政支出中用于财政补贴的支出是795.80亿元,比2000年的1 042.28亿元有了大幅度的降低。2002年,在安徽省和吉林省进行粮食补贴方式改革试点,在河南、湖南、湖北等省的部分地区,也开始了粮食补贴方式改革工作,从国家补贴给粮食部门的钱中拿出一部分资金,按照农民的土地数量等指标,直接补贴给农民。此次粮食补贴方式改革,最大的变化就是将以往按保护价收购农民余粮、间接补贴农民的做法,变为直接补贴农民,这是我国财政补贴方式的一次重大变革。

## 本章小结

1. 财政投资是以政府为主体,将其从社会产品或国民收入中筹集起来的财政资金用于国民经济诸部门的一种集中性、政策性投资,它是财政支出中的主要部分。

2. 政府财政投资与私人投资的区别:一是投资的资金来源和筹集方式不同;二是资金的使用规模不同;三是投资的领域不同;四是投资管理方式不同。根据国民经济各行业的性质和特点,可以将投资项目划分为竞争性、基础性和公益性三大类。政府主要对竞争性项目中的支柱产业、重点项目和高技术开发项目,有选择地加以支持,参与投资。基础性项目主要应由政府集中必要的资金进行建设,并引导社会资金、企业资金和外资参与投资。公益性项目主要由各级政府运用财政资金安排建设。

3. 从整个生产过程来看,基础设施为整个社会生产提供"共同生产条件";基础工业是处在"上游"的生产部门;基础产业大都属于资本密集型行业,需要大量的资本投入,而且它们的建设周期比较长,投资形成生产能力和回收投资的时间往往需要许多年。这些特点决定了在经济发展过程中各国政府均对基础设施和基础工业实行干预政策,但干预的程度在经济发展的不同时期有较大差别。

4. 财政投融资是一种政策性投融资,其资金的运用和投向必须充分体现政府的宏观经济政策。财政投融资的资金应主要投向那些投资额大、风险大、收益率低,但又是国民经济发展必不可缺的产业。

5. 由于农业生产的重要性和特殊性,决定了政府必须介入农业,对农业发展从资金和政策等方面予以大力扶持。财政对农业的投资具有以下特征：一是以立法形式规定财政对农业的投资规模和环节，使农业投资具有相对稳定性；二是对财政投资的范围有明确的界定；三是财政投资虽然是必要的，但一般占农业投资总量的比例较低。政府进行农业投资的方式主要包括：预算投资、税收政策支持、财政贴息和对农业生产资料的补贴等形式。

6. 社会消费性支出就是政府为履行政治经济与社会管理职能、社会服务职能而发生的日常开支。社会消费性支出满足的是纯社会公共需要，在政府财政支出项目中，属于社会消费性支出的有文教、科学、卫生事业费，行政管理费，国防费等。

7. 社会保障是国家通过立法，采用强制手段对国民收入进行再分配，形成社会消费基金，向丧失劳动能力、失去就业机会以及遇到其他事故而面临经济困难的公民给予资金或物质上的帮助。我国社会保障主要有社会保险和社会福利两种形式。

8. 我国现行社会保障制度的缺陷主要有：社会保险覆盖面过于狭窄，社会性差；社会保险的保障项目不全，保障程度低；政府与企业包揽过多，负担过重，大锅饭现象仍然存在；社会保险管理体制不健全；社会保险基金筹资模式落后。中国的社会保障制度改革必须解决保障资金的来源问题；保障基金应纳入政府预算管理；建立统一的社会保障管理机构；必须扩大社会保障的覆盖面。

9. 财政补贴是政府财政部门根据国家政策的需要，在一定时期内，向某些特定的企业或个人提供的无偿补助。财政补贴较之其他财政分配形式和经济杠杆具有政策性、可控性和灵活性的特征。目前我国的财政补贴主要有：价格补贴、企业亏损补贴和财政贴息。改革和整顿财政补贴的基本思路是：减少补贴项目、压缩补贴规模、规范补贴方式、提高补贴效益。

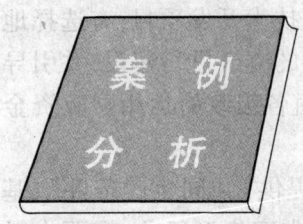

## 案例　河北省推进粮食财政补贴方式改革试点工作

按照国家粮改政策的精神，2003年河北省政府出台了以市场化取向为目标的深化粮食流通体制改革的政策措施，决定在中南部的石家庄等地各选一个小麦主产区的县（市）为粮食直补试点县。经过反复比较分析，挑选出代表性强、政府积极性高、财政部门基础工作好的正定、容城、隆尧、肃宁、邱县和冀州市等6个小麦主产县（市）为财政直补农民改革试点县。省政府决定2003年全省按保护价收购小麦数量为 22.5 亿公斤,每 500 克财政补助 0.03 元。其中试点的 6 个县(市)按保护价的收购量为 1.85 亿公斤,直补资金 1 100 万元,涉及农民 46.5 万户。由各试点县(市)的乡镇财政所直接向售粮的农户兑现粮食财政补贴。

粮食财政补贴资金直接补给农民(以下简称直补)的试点工作是当前社会特别是农民关注的热点问题。简单说,粮食直补就是国家财政将过去通过流通环节间接补给农民的粮食资金改为直接补给生产粮食的农民。从 1998 年以来按照"三项政策,一项改革"的要求,我国国有粮食购销企业按保护价敞开收购农民余粮,财政对国有粮食企业给予利息和费用补贴。这项改革在粮食市场供过于求的形势下,对解决农民卖粮难、保护农民种粮利益发挥了积极作用。但随着改革的不断深化,这种由国有粮食购销企业按保护价敞开收购农民余粮,间接补贴给农民的管理体制暴露出诸多弊端。为适应经济体制改革和我国加入 WTO 的要求,加快粮食市场化,切实保障农民利益,2002 年,我国决定在安徽省和吉林省进行粮食补贴方式改革试点,拉开了粮食补贴方式改革的序幕,全国其他一些地区也开始了试点和准备工作。

河北省粮食直补的具体做法是:

1. 把按保护价收购的小麦数量分解到户。各试点县(市)的乡镇政府要负责按规定将补贴小麦数量分解落实到每个应享受补贴的农户,然后发给农户"保护价小麦收购卡"。不得按村、户和人头平均分配,也不得以任何理由、任何名义集中分配给种粮大户和售粮大户。

2. 农户按保护价小麦收购卡核定的数量向粮食购销企业交售小麦,粮食企业给开具"粮食交售证明"。

3. 乡镇财政所凭农户持有的"保护价小麦收购卡"和"粮食交售证明"兑付补贴。总的原则是:严格审核,批量定点,选点交售,当地补贴。为方便农民售粮,河北省政府规定,这 6 个试点县(市)的农民除可以向本县(市)国有粮食购销企业交售保护量小麦外,还可以向周边县(市)的国有粮食购销企业和其他具有粮食收购资格的企业交售保护量以内的小麦,凭其所出具的有效收购证明到本县兑付补贴。为保护补贴资金的安全,试点县不得将补贴款发放给村里,再由村里负责落实给农户;也不得由其他部门或村委会代领转付,增加中间环节;必须由乡镇财政所直接进村兑付或到粮站设点兑付,以免出现截留、挪用或抵扣的问题。

4. 乡镇财政所要按照公开透明的原则,对分解落实到户的享受补贴的小麦数量、差价补贴标准、应补贴数额和补贴兑付结果,逐村张榜公布,接受群众监督。

围绕粮食直补改革工作,财政部门下一步应重点抓好以下工作:①要从贯彻落实"三个代表"重要思想的高度,认真学习有关政策精神,把粮食直补这项体现党和国家对农民关怀的重大举措不折不扣地落实好;②认真落实保护价小麦收购补贴款和贷款贴息,确保补贴资金和利息及时、足额到位,避免因补贴资金到位不及时而发生"二次结算";③积极做好粮食生产财政直补农民改革试点工作的组织协调和监督检查,对应补小麦数量的分解落实、测算依据、补贴计算和兑付结果等都要进行全程动态监督,及时发现和纠正存在的问题,确保直补试点工作健康顺利地实施;④搞好业务人员的培训,市、县财政部门要对乡镇财政所和村干部集中进行培训,学习粮改的政策和财政业务,真正弄懂弄通,会计算、会兑付,确保不出偏差;⑤要深入调查研究,不断总结经验,搞好信息反馈。

粮食财政补贴资金直接补给农民,有利于保护农民利益,提高农民种粮的比较收益,减少中间环节,使农民真正得到实惠;有利于保护农民的种粮积极性,保障粮食安全;有利于促进农业产业结构调整,发展优质高效农业;有利于深化粮食购销企业体制改革,减员增效。总之,实行粮食直补有利于推进粮食购销的市场化进程,为下一步的粮食市场化改革打下基础。

## 思考题

1. 请说明政府财政投资与私人投资的区别。
2. 财政投融资的主要内容是什么?
3. 国际上政府对农业的支持有什么特点?
4. 请分析政府进行基础产业投资的必要性。
5. 什么是社会保障制度、社会保险和社会福利?
6. 请分析我国社会保障制度存在的问题及其改革思路。
7. 请讲述财政补贴的特征和作用。

# 公共收入

★ 本章学习要点与要求 ★

通过对本章内容的学习,应理解公共收入的含义以及与其他相关概念的联系和区别,掌握公共收入的主要形式,以及各种收入形式的特点;理解为什么税收会成为市场经济国家最主要的公共收入形式;掌握公共收入规模的含义和衡量指标,理解影响公共收入规模的各种因素,了解世界各国公共收入规模变化的一般特征和趋势;掌握我国公共收入规模的现状和发展趋势;掌握公共收入的不同分类,了解各国公共收入结构的一般规律和趋势,分析我国目前公共收入结构的主要特点。

## 第一节 公共收入的含义和形式

### 一、公共收入的含义

对于国家或政府筹集的收入,我国通常用预算收入、财政收入或国家收入这样的概念来表述,在公共财政作为我国财政体制改革的目标模式确立下来之后,政府收入和公共收入也开始广泛地被使用。从经济学含义上说,如果一个实行市场经济的国家,其财政制度是实行规范的公共财政体制的话,那么预算收入、财政收入、国家收入、政府收入、公共收入基本上是相通的,可以交替使用,因为政府收入都是通过财政来组织和分配的,而财政收入又都是列入预算的,政府和国家虽然是两个不同的概念,但政府是国家机器或国家机构中最主要的组成部分,因此财政收入作为政府的收入,与国家的收入也是一致的。而在公共财政体制下,如果国家和政府是社会公众利益的代表者,那么政府取得收入依托的是公共权力和公共决策,政府收入来源于社会公众,如何使用它,应由社会公众来决定和监督,支出的目的是为了满足社会的公共需要,提供公共产品和公共服务,因此,从这个意义上说,政府收入就是公共收入。当然,如果一个国家和政府不能代表社会公众的利益,那么这个国家和政府的收入就很难称得上是公共收入。

在这里,我们使用公共收入这一概念,原因有二:一是为了统一规范各种不同口径。目前,在我国经济体制改革过程中,由于各种原因,预算收入、财政收入、国家收入和政府收入在统计口径上差别很大。预算收入是指列入各级财政预算,提交各级人民代表大会审议的那部分收入;财政收入则是指纳入各级财政组织、管理和分配的收入,一般包括预算收入和纳入财政管理的预算外收入;国家收入和政府收入含义相同,指的是国家或政府筹集的所有收入,包括预算内、预算外收入以及其他一切属于以政府或国家名义取得的收入。随着我国公共财政体制的确立和完善,这些口径之间的差别将逐步消失。二是用公共收入来表述国家或政府收入,表明我国政府代表的是社会最广大人民的利益,是以人民赋予的公共权力为基础的,也表明筹集收入是为了满足人民和社会的公共需要,在使用过程中要由公众决定和监督,预示着我国政治文明和财政民主化的历史进程。

公共收入,既是一个过程,又是一定量的资金。作为一个过程,它是公共财政分配的一个阶段或一个环节,即组织收入、筹集资金阶段;作为一定量的资金,它是政府通过一定的形式和渠道集中起来的一种货币资金,即用货币表现的一定量的社会产品价值。对公共收入的分析是公共财政理论的重要组成部分,对公共收入进行分析的目的就在于研究影响公共收入的各种因素,寻求公共收入的最佳规模和有效管理,为向整个社会提供最适合的公共产品和服务做好资金保障。

## 二、公共收入的形式

公共收入形式是指政府取得公共收入的具体方式,即来自社会公众包括企业和个人的资源,通过什么具体方式转移到政府手里,成为由政府统一支配的社会公共资源。在世界各国,取得公共收入的主要形式一般都是税收,除此之外,其他收入形式则视各国的政治制度、经济结构和财政制度的不同而有所区别。目前我国公共收入的形式主要有:各项税收、公债收入、国有资产收益、公共收费和其他收入。

### (一)各项税收

税收是政府凭借政治权力或公共权力强制地、无偿地、固定地取得公共收入的手段。由于政府财政的支出绝大多数是为满足社会公共需要、提供公共产品的支出,属于非营利性支出,不可能取得补偿,因此税收的强制性、无偿性和固定性使它最适合为政府筹集收入。由国家法律规定的各种税收是征收面最广、最稳定可靠、最具有公共性的政府收入形式。因此,在世界各国,税收都是政府取得公共收入的主要工具,见表 4-1。

表 4-1 若干国家中央政府总收入中税收收入的比重

| 国家 | 税收占总收入的比重(%) |
| --- | --- |
| 印度(2008) | 86.0% |
| 印度尼西亚(2010) | 72.1% |
| 马来西亚(2010) | 68.6% |
| 日本(2010) | 79.9% |
| 韩国(2009) | 67.0% |
| 菲律宾(2010) | 90.5% |
| 泰国(2008) | 81.7% |
| 美国(2011) | 60.4% |
| 英国(2010) | 73.5% |

资料来源:国际货币基金组织.《政府财政统计年鉴(2011 年)》。

从表 4-1 可以看到,这些国家中央政府的总收入中,税收收入所占比重一般都在 70% 以上,如果把社会保障税(社会保障缴款)也计算在内的话,不少国家该比重将在 90% 以上。我国的情况也不例外,例如,2010 年我国全国财政收入 83 101.51 亿元,其中各项税收 73 210.79 亿元,各项税收约占全国财政收入总额的 88.1%。可见,税收收入是我国财政最主要的收入形式。

(二)公债收入

公债收入是指政府通过信用从国内外取得的借款收入。公债是对政府举债及其以政府为债务人所形成的债权债务关系的一种笼统称法。由于债务收入是政府以国家信用方式筹集的,所以它不具有税收的无偿性,而是必须还本付息的。从这个意义上看,债务收入不应作为政府的正常财政收入。实际上,目前我国的一般预算收入中已不包括债务收入。另外,按照举债政府的不同,公债分为中央政府公债和地方政府公债。由于我国预算法规定地方政府不允许发行债务,只有中央政府可以发行公债,因而在我国中央债成为公债的绝对主体,债务收入只是中央政府的公共收入来源。

公债最初的出现只是为了弥补财政收支之间的赤字缺口、调剂国库资金的余缺,目前公债已成为市场经济国家进行宏观调控的主要手段,它具有连接财政政策和货币政策的功能,成为政府进行公开市场业务操作的主要工具。通过发行公债,政府除了弥补财政赤字外,还可以有效动员和重新配置社会资源,调节社会需求,维持经济健康稳定增长。当然,如果这一手段运用得不好,也可能导致通货膨胀、对民间投资形成挤出效应、加大政府财政的风险等不良后果。

近年来,我国发行的公债不断增加,债务余额呈上升趋势。2005 年为 32 614.21 亿元,2006 年为 35 015.28 亿元,2007 年为 52 074.65 亿元,2008 年为 53 271.54 亿元,2009 年为 60 237.68 亿元。截至 2010 年底,我国国债余额为 67 548.11 亿元。近几年,我国国债规模和余额的大幅增长,主要是在国际金融危机的冲击下,世界经济增速减缓,为有效扩大内需、刺激经济增长,我国实施积极财政政策,扩大财政支出,加大财政公共投资、改善民生的结果。

### (三)国有资产收益

国有资产收益是指政府以资产所有者的身份从国有资产的经营性或非经营性收入中取得的税后利润、股权转让、国有资产使用费等形式的收益。国有资产收益是政府或国家作为资产所有者身份所取得的,凭借的是资产的所有权,它与税收等其他收入形式相比,收入变化波动较大。我国国有资产收益主要包括以下几类:

1. 经营性国有资产收益。它是指国家或国家授权经营机构凭借在经营性企业中的国有资本金取得与出资额相对应的税后利润、国有股权转让等形式的收益。

随着国有企业改革的深化,企业股本结构的多元化,除了国有独资企业之外,国有资本还与其他所有者的资本相互结合,形成一些国有控股、国有参股企业,因此目前在一些股份制企业、联营企业和外商投资企业中也有部分国有股份。同样,原先的国有企业经过改革也会有非国有资本参与进来,这些国有控股、国有参股企业与国有独资企业一样,也有国有资产的经营收益即国有资本金收益,根据现行的国有资本金收益分配制度,国有资产的经营收益一部分留给企业,称为留存企业国有资本金收益,它增加了企业中的国有资本;另一部分以上缴利润的形式转化为政府的预算内或预算外财政收入,是公共收入的重要组成部分。到 2010 年年底,全国国有企业资产总额达 68.6 万亿元,实现营业收入 32 万亿元,实现净利润 1.7 万亿元。随着国有企业改革的深入、国有经济布局的战略调整,我国国有资本转让收入也逐步增加,如国有股减持的收入主要用于社会保障领域,2012 年全国社保基金来源于国有股减持收入将达到 2 100 多亿元。

2. 非经营性国有资产收益。它是指行政事业单位的非经营性国有资产在用于经营性活动或处置时取得的,归占用单位管理使用或上缴国家财政的收益。比如,非经营性国有资产对外出租、出借或者兴办不具有法人资格的附属营业单位,资产所属单位收取的资产占用费或营业收入等。这一部分只是国有资产收益中极少的部分。

3. 资源性国有资产收益,也称为国有资源收益。它是指国家凭借对资源性国有资产的所有权向资源性资产的使用经营单位所收取的有偿占有使用费等形式的收益,如使用费、补偿费、开采费、租金、产权转让收益等。我国目前的资源性国有资产收益的主要形式有土地出让金等国有土地使用权有偿使用收入、陆上石油矿区使用费、海域使用费、海上石油矿区使用费、外商投资企业场地使用费等。资源性国有资产收益是国有资产收益的重要组成部分,以土地资源收益为例,2010年的中国国土资源公报显示,全国国有建设用地出让合同价款2.71万亿元,审计署公布的《40个市地州56个县区市土地专项资金征收使用管理及土地征收出让情况审计调查结果》显示,在被抽查的市县中,674.81亿元土地出让收入管理不规范,未按规定纳入基金预算管理,占征收总额的20.1%。这说明国有资产收益管理应大力加强并实行规范化管理。

(四)公共收费

公共收费是公共收入的重要来源之一,对地方政府部门来说尤其如此。公共收费的领域主要是政府干预的准公共产品。更确切地说,公共收费主要是就准公共产品的私人性质部分而言的,是政府在提供准公共产品时,为体现受益原则、促进效率的提高而有目的地引入市场竞争机制,向准公共产品的受益人收取的费用。

公共收费主要有规费和使用费两种。规费是公共部门(主要是政府行政部门)为个人或企业提供某种特定服务或实施行政管理所收取的手续费和工本费。使用费是政府提供的特定公共设施或公共服务对使用者按照一定的标准收取的费用。

公共收费和税收相比,更能体现受益性原则,即谁受益、谁付费。在市场经济条件下,由于政府仍然提供准公共产品,因此公共收费仍有存在的必要,但应进行规范化管理,防止乱收费和收费的泛滥。

(五)其他收入

其他收入主要是指一些零星的杂项收入,其中包括罚没收入、专项收入、捐赠收入等。罚没收入,是指铁道、交通、公安、检察院、法院、技术监督、工商、海关、卫生等政府管理部门或执法部门按规定依法收取的罚款和罚没品收入等。专项收入,包括环保部门收取的排污费收入、城建部门收取的城市水资源费收入、税务部门按增值税等流转税税金为计征依据收取的教育费附加收入等。捐赠收入包括国际组织捐赠、外国捐赠和企业、个人的捐赠收入。

三、公共收入形式的选择

从一般意义上说,政府总是要通过一定的形式来取得公共收入,在可供政府选择的取得收入的形式中,主要有税收、发行公债、国有资产收益、公共收费和财政性发行货币等几种形式。在这几种形式中政府应通过哪种形式来取得收入呢?

(一)公共收费

公共收费是政府取得收入的一种形式,收费遵循的原则是受益原则和补偿原则。一般来讲,政府可以通过收费来取得一部分收入,但它一般只能向公共服务或公共产品的受益人以及使用公共资源的人收取,不享受公共服务的人是不需要缴纳费用的,它收取的范围受到一定程度的限制。从另一个角度看,政府毕竟不能像企业那样追求营利性和利润的最大化,而且在具有非竞争性、非排他性的公共产品和公共服务上直接向接受服务的人收取费用是十分困难的,这就决定了收费的数额不可能较大,它不可能成为政府公共收入的主要形式。

### (二)国有资产收益

国有资产收益作为政府公共收入的一种形式,它是以所有权为前提的,对于政府不拥有所有权的企业是难以通过这种方式来取得收入的,这也决定了这种收入形式的范围及其数额的有限性。而且,在市场经济中,政府介入资源配置的程度不宜太深,规模不宜太大,随着国有经济布局的战略性调整,国有经济会逐步从竞争性领域退出,因此国有资产收益不能成为政府公共收入的主体。

### (三)发行公债

发行公债是政府依据有借有还的信用原则,向国内外举借债务来筹集财政资金。借债终究是要偿还的,而且除了偿还本金之外,还要加付利息。政府要提供大量的公共产品或服务,其本身是没有什么收益或回报的,如果都采取借债的办法筹集公共资金,那么必定使政府债台高筑难以负担,最终还需通过向居民征收货币或实物来偿还债务。

### (四)财政性发行货币

财政性发行货币,即经济学里所谓的"通货膨胀税",是政府取得财政收入的一种特殊形式。政府拥有货币发行权,它可以根据需要发行相应数量的货币来满足其支出,但发行货币虽然使政府的可支配财力增加,但是凭空发行货币,市场上的货币增多了,相应的物资供应量并没有增加,其结果会引起货币贬值、物价上涨,造成严重的通货膨胀。而在物价飞涨的情况下,会引发一系列严重的社会问题。所以不到万不得已的情况,政府是不能靠增加货币发行来取得财政收入的。

### (五)税收

相比较而言,税收由于具有征收的强制性、无偿性和固定性的特点,因此通过税收来取得收入,有三点好处:一来不会凭空增加流通中的货币数量以扩大社会购买力,只不过是货币的支配者发生了变化,不会引起通货膨胀;二来政府不需要把税收直接偿还给纳税人,不会给政府带来偿债的压力和负担;三来税收是强制征收的,政府可以制定法律向其管辖范围内的任何人或任何行为征税,具有广泛的征收范围,它可以为政府提供充足、稳定的公共资金来源。

通过比较可以发现,在各种可供政府选择的公共收入形式中,税收是最佳的形式。因此,在现代社会中税收是政府最主要的公共收入形式,除少数国家外,税收一般占到政府财政收入的80%甚至90%以上。

## 第二节 公共收入的规模分析

### 一、公共收入规模及其衡量指标

"有实力的公共财政是市场经济国家实现可持续发展和稳定的一个必备条件。这对中国来说,同样是重要的,因为中国的经济正处于向以市场为基础的体制过渡的时期。"[①]有实力的公共财政的一个重要方面,在于有充足的财力,能形成相应的财力规模。

一般来看,一个国家的财政实力主要就表现为其公共收入规模的大小。公共收入规模是指公共收入的总水平。考察一个国家公共收入规模的常用指标有绝对量指标和相对量指标。绝对量指标主要是公共收入或财政收入总额。相对量指标主要有:公共(财政)收入占国民收入的比重、公共(财政)收入占 GDP 的比重、公共(财政)收入增长速度与经济增长速度之比等。一般情况下,主要运用公共(财政)收入占 GDP 的比重来考察和反映政府的公共收入规模或财政实力,该比重越高,表明一国的财政收入规模就越大。

目前,一般用财政收入占 GDP 的比重,而不用财政收入占国民收入的比重来反映财政收入的规模,其原因在于:

首先,从统计角度来说,我国核算体系已由 MPS 体系转向 SNA 体系,在 SNA 体系中,主要用财政收入占 GDP 的比重来反映财政收入的规模。

其次,GDP 反映整个国民经济的最终生产成果,传统的国民收入指标只反映五大物质生产部门的净产值,而财政收入来源于整个国民经济(包括整个物质生产部门和非物质生产部门),所以,财政收入占 GDP 的比重比财政收入占国民收入的比重更科学、更合理。

第三,从财政收入规模的国际比较来看,通常使用的都是财政收入占 GDP 的比重。

### 二、公共收入规模的影响因素

一个国家公共收入的规模受各种因素的影响和制约,其中主要的影响因素有以下五个方面。

---

① 世界银行国别研究报告.《中国经济——治理通胀 深化改革》.北京:中国财经出版社,1997

## （一）经济发展水平

它是影响一个国家公共收入规模的决定性因素。经济发展水平一般用人均GDP来反映，它表明了一国生产技术水平的高低和经济实力的强弱，是一个国家社会产品丰裕程度和经济效益高低的概括说明。一国的人均GDP较高，表明该国的经济发展水平相对较高。经济发展水平高，人均GDP大，则为增加财政收入规模奠定了基础。可以说，经济发展水平是制约财政收入规模的一个最综合、最基础的因素。这即是人们通常所说的经济决定财政。因为，财政收入最终要来自社会总产品，经济发展水平提高了，社会产品丰裕了，可供财政支配的部分也就会相应增加。根据世界各国的情况，无论是从横向比较还是从纵向比较，都说明了经济发展水平对公共收入规模的影响。从横向看，经济发展水平高的发达国家，其财政收入规模一般都高于经济发展水平较低的发展中国家；从纵向看，随着经济发展水平的提高，其公共收入规模一般会呈现上升的趋势。这种情况充分说明经济发展水平对财政收入规模的影响。当然，这是就普遍情况而言，并不排除一些例外，因为经济发展水平毕竟不是影响公共收入规模的唯一因素。

## （二）政府职能范围

政府取得公共收入是为了履行其职能，满足社会公共需要，显然政府的职能范围越大，政府需要筹集的公共收入规模也就越大，所以，政府的职能范围是决定一国公共收入规模的直接因素，这一点可以从西方国家公共收入规模的发展变化中得到反映。在资本主义发展的早期，政府的职能范围十分有限，政府的职责主要是国防以及维护国内法律秩序，因而有"夜警国家"之称。在这种"越小的政府是越好的政府"的观念下，自然是"花钱越少的政府是越好的政府"。当时，西方国家的公共收入一般都不到GDP的10%，但随着工业化和城市化的发展，社会要求政府提供社会福利和社会保障的呼声日益高涨。到19世纪的后期，西方国家政府担负的社会福利职能越来越大，相应地，各国政府的公共收支规模也不断地攀升。目前，西方国家的财政收入占GDP的比重一般都在30%以上，有的甚至高达50%，其中公共收入的40%~50%是用于社会福利和社会保障方面的开支。

## （三）分配制度和分配政策

社会产品生产出来以后要在政府、企业和居民个人之间进行一系列的分配和再分配。在我国，国家制定的国民收入分配制度和分配政策决定了政府、企业和个人在国民收入分配中所占的份额。在传统的计划经济体制下，国家对国有企业实行统收统支的财务管理体制，对城市职工实行严格的工资管理，对农产品实行"剪刀差"的价格政策，在这种分配制度和分配政策下，国民收入的分配格局中政府财政的收入规模较大。

在经济体制改革以后，由于国家改革了分配制度，调整了分配政策，国民收入分配开始向企业和个人倾斜，国民收入分配格局发生了重大变化。对于国有企业而言,通过"放权让利"对国有企业利润分配制度进行改革,从而使企业上缴财政的税利有所下降。在国有企业改革的同时,国家还大力发展非国有经济,并通过税收优惠政策鼓励其发展。另外,经济体制改革以后,国家为了调动职工的积极性,不断提高城镇职工的工资水平,并且在坚持按劳分配的同时,允许存在一定形式的按要素分配。在农村经济改革方面,国家多次大幅度提高农副产品收购价格,从而使农民个人的收入水平有了一定的提高。经过上述一系列改革政策的出台,原有的国民收入分配格局发生了重大改变。政府财政预算内收入占GDP的比重由改革前1978年的31.1%下降到1995年的10.8%,下降了近20个百分点。与此同时,个人收入占GDP的比重则由50%上升到将近70%,提高了近20个百分点;企业收入所占的比重也由18%上升为22%。1995年以后,我国逐步提高了财政收入占GDP的比重,到2010年,政府财政预算收入占GDP的比重回升至20.7%,我国劳动者报酬占GDP的比重下降为45.0%,企业营业盈余占GDP的比重则上升至26.9%。很明显,改革开放以来我国政府财政收入规模的下降与国民收入分配政策的变化是分不开的。

(四)价格变动

财政收入是政府取得的货币形态的社会产品,它是按照当年的现行价格水平计算出来的。这样,在其他条件一定的情况下,某个财政年度的价格水平上升,该年度的名义财政收入就会增加,但这种财政收入的增加完全是由于价格水平上升造成的,并不代表财政收入的真正增长。也就是说,这时名义财政收入虽然增加了,但实际财政收入并不一定增加。所谓的名义财政收入是指当年在财政账面上实现的财政收入;实际财政收入则是指财政收入所真正代表的商品物资(劳务)的数量,在价值上它可以用按不变价格计算的财政收入的量来表示。

价格水平对财政收入的影响有三种情况:一是价格水平的增长率超过名义财政收入的增长率,则实际财政收入水平下降;二是价格水平的增长率低于名义财政收入的增长率,则实际财政收入水平提高;三是价格水平的增长率与名义财政收入的增长率相同,则实际财政收入水平不变。如,1996年我国财政总收入比1995年增长了18.68%,而1996年的通货膨胀率为6%,所以1996年我国财政收入实际比上年大约增长12%。

从上面的分析来看,物价水平上涨对财政取得收入并不一定有利,但如果物价上涨是由于财政出现赤字,中央银行被迫发行货币弥补赤字而引起的,则这时的通货膨胀对财政来说是有利的。因为财政在引发通货膨胀的同时,自己多取得了一笔收入(即财政赤字部分),企业和居民个人的实际收入则因通货膨胀而有所下降,财政安排这种靠中央银行发行货币弥补赤字的做法实际上是对企业和个人征收了一笔税收,人们通常把它称作"通货膨胀税"。另外,如果一国税制以累进的所得税为主,当出现通货膨胀时,企业和个人的名义收入水平就会提高,其适用的最高边际税率就会相应提高,出现所谓"档次爬升"的局面。一旦出现了"档次爬升",政府的财政收入水平就会提高。

### (五)税收管理水平和税收政策

由于税收收入是公共收入的主要来源,因此影响税收收入的因素也就成为影响公共收入规模的重要因素。在税源既定的条件下,税收管理水平和税收政策决定了税收收入的规模。税收管理水平包括税务管理的质量、国家对税务管理组织力量的安排、纳税人的守法程度、税务官员的廉洁程度、对征纳双方违法行为处罚的轻重、公共服务部门的服务质量与税收效率等。税收政策则包括税种的选择、税种的数目与结构、税率的高低与税收优惠的实施情况等。

除上述因素外,一个国家的政治经济制度和经济管理体制,一定时期的经济结构如所有制结构、产业结构,宏观经济政策,以及经济的景气周期等都是影响一国财政收入规模大小的因素。

## 三、公共收入规模的国际比较

### (一)各国公共收入规模的横向比较

从国际上看,公共收入规模总体上是呈上升趋势的,这与前面所述公共支出规模的发展趋势是相吻合的。一般而言,发达国家的财政收入规模普遍高于发展中国家,参见表4-2和表4-3。

表4-2　部分发达国家财政收入占GDP的比重　　　单位:%

| 国　家 | 2010年财政收入占GDP的比重 |
|---|---|
| 美国 | 31.65 |
| 加拿大 | 37.94 |
| 澳大利亚 | 32.68 |
| 奥地利 | 48.15 |
| 比利时 | 48.76 |
| 丹麦 | 55.32 |
| 芬兰 | 52.46 |
| 法国 | 49.58 |
| 德国 | 43.68 |
| 爱尔兰 | 35.51 |
| 荷兰 | 46.2 |
| 挪威 | 55.95 |
| 瑞典 | 52.74 |
| 英国 | 40.14 |
| 瑞士 | 34.91 |

续表

| 国　家 | 2010 年财政收入占 GDP 的比重 |
|---|---|
| 意大利 | 45.82 |
| 西班牙 | 36.28 |
| 日本 | 46.27 |
| 葡萄牙 | 41.62 |

资料来源:国际货币基金组织.《政府财政统计年鉴(2011 年)》。

从表 4-2 可以看出,经济发展水平高的发达国家,2010 年公共收入的相对规模,如果用财政收入占 GDP 的比重来表示的话,表中所列的 19 个发达国家的财政收入占 GDP 的比重都在 30% 以上,最高的是挪威,达到 55.95%,最低的是美国,为 31.65%。其中该比重在 50% 以上的国家有四个,它们是挪威、丹麦、瑞典和芬兰,属于实行高福利政策的国家。

**表 4-3　部分发展中国家财政收入占 GDP 的比重(%)**

| 国　别 | 2010 年财政收入占 GDP 的比重 |
|---|---|
| 中国 | 27.58(2009 年) |
| 印度 | 14.3 |
| 南非 | 33.3 |
| 马来西亚 | 18.5(2000 年) |
| 泰国 | 22.4 |
| 巴西 | 36.7 |
| 埃及 | 25.1 |
| 玻利维亚 | 36.8 |
| 韩国 | 28.2 |
| 土耳其 | 36.35 |

资料来源:国际货币基金组织.《政府财政统计年鉴(2011 年)》。

从表 4-3 可以看到,经济发展水平相对低一些的发展中国家,2010 年公共收入的相对规模,如果用财政收入占 GDP 的比重来表示的话,表中所列的 10 个国家的财政收入占 GDP 的比重都在 37% 以下,最高的是玻利维亚,达 36.8%,最低的是印度,只有 14.3%。近几年,发展中国家的公共收入规模在增大,但是仍然普遍低于发达国家的水平。这也印证了前面所分析的结论:经济发展水平是影响公共收入规模的决定性因素。

### (二)各国公共收入规模的纵向比较

从各国纵向的发展来看,公共收入是随着经济发展水平的不断提高而呈现逐步上升的趋势。由于经济的不断发展,社会对公共产品和服务的共同需要越来越多,需要政府介入的领域也更加广泛,这些都需要有社会资源来支撑,自然要求政府能够支配更多的资源,这必然使得公共收入规模呈扩张之势。我们可以从一些国家所走过的历程进行分析,见表4-4。

表4-4 部分国家政府可支配财力占GDP的比重(%)

| 国家 | 1870年 | 1913年 | 1920年 | 1937年 | 1950年 | 1960年 | 1980年 | 1990年 |
|---|---|---|---|---|---|---|---|---|
| 芬兰 | 10 | 12 | 13 | 19 | 23 | 26.8 | 39.2 | 46.6 |
| 瑞典 | 9 | 10 | 11 | 18 | 24 | 31.7 | 61.1 | 60.8 |
| 丹麦 | 9 | 10 | 13 | 16 | 18 | 24.8 | 55.6 | 58.4 |
| 挪威 | 3 | 8 | 13 | 18 | 32 | 27.2 | 44.1 | 51.0 |
| 荷兰 | 9 | 9 | 13 | 18 | 26 | 31.8 | 57.1 | 56.1 |
| 法国 | 13 | 18 | 29 | 30 | 29 | 36.1 | 45.7 | 49.4 |
| 德国 | 10 | 14 | 24 | 41 | 29 | 31.4 | 46.8 | 44.7 |
| 英国 | 10 | 13 | 27 | 31 | 34 | 32.8 | 43.8 | 40.7 |
| 意大利 | 12 | 11 | 22 | 24 | 30 | 29.5 | 41.3 | 51.9 |
| 美国 | 4 | 2 | 7 | 9 | 23 | 27.5 | 34 | 36.9 |
| 日本 | 9 | 8 | 14 | 25 | 16 | 17.1 | 32.1 | 32 |

资料来源:解学智.《公共收入》.北京:中国财政经济出版社,2002年版,第83页。

各国随着经济的发展,不仅政府支配的公共资源的绝对规模扩大,而且用相对指标衡量,政府掌握和动用的社会资源比重也有了很大程度的提高,公共部门在社会经济中的集中程度和影响越来越大。从表4-4中还可以看到,政府掌握和动用的社会资源比重明显上升的时期有两个:一个是1937年经济大危机时期,各国政府纷纷加大了政府干预的力度,公共部门的扩张十分迅速;另一个是一些国家实行高福利政策、建设高福利社会时期。这说明除了经济发展阶段之外,政府活动和职能范围的扩大、社会福利和社会保障等公共产品需求和水平的提高等,都会影响到政府公共收入规模的扩张。

### 四、对当前我国公共收入规模的分析

#### (一)衡量我国公共收入规模的指标

前面已经讲到,政府的公共收入规模,国际上一般用政府财政收入占GDP的

比重这一指标来衡量。但是，目前我国还不能简单地用政府财政收入占 GDP 的比重来反映我国真实的公共收入规模，其主要原因在于我国目前的政府收入形式还很不规范，政府收入并未全部包含在财政收入之中。按照市场经济国家的规范做法，通过各种形式集中到政府及其部门手中的用于公共支出的资金都属于政府公共收入，都应纳入政府财政预算管理，列入政府财政收入的范畴，通过政府预算统一安排使用。但是，我国改革开放后以放权让利为主线的财税改革不断推进，到目前实际上形成了我国政府公共收入三分天下的格局，也就是说，我国目前的政府收入实际上由三大部分组成：一是政府财政集中掌握的预算内收入，即我们通常所说的财政收入；二是各级财政和行政事业单位掌握的预算外收入以及其他没有纳入预算的收入；三是各政府部门掌握的制度外收入。这样，就需要从两个口径来考察我国的财政收入规模：一是小口径的财政收入规模，即财政收入占 GDP 的比重。这里的"财政收入"包括税收收入和纳入预算的其他各项收入。二是大口径的财政收入规模，即政府收入占 GDP 的比重。这里的"政府收入"不仅包括财政收入和不纳入预算管理的预算外收入，还包括既不纳入预算内也不纳入预算外的制度外收入，同时还应包括不在"财政收入"中反映的各种形式的收入退库，以及其他各种形式没有纳入预算的收入。

衡量我国整个公共收入的规模，考察政府在整个社会产品分配中的集中程度，比较合适的指标就是大口径的财政收入规模，它全面反映了政府从微观经济主体的企业和个人手中取得收入、集中资源的状况。也只有考察大口径的公共收入规模，才能解释清楚为什么在我国财政收入占 GDP 的比重较低、政府财政能力较弱的情况下，庞大的政府部门还能得以运转。

大口径的公共收入规模真实地反映了政府对整个社会财富的集中程度，但是进一步分析目前的政府收入及其支出的安排使用，可以看到相当一部分预算外收入和制度外收入的取得并不能代表政府的利益取向和收入愿望。预算外收入、制度外收入从表面上看增大了政府财力，但是，由于预算外资金的管理方法不同于预算内资金，大量的资金实际上处于财政控制之外。各项收费分别由不同的政府部门自收自支、自行管理，财政不仅难以进行有效的调剂，也难以控制其使用方向和使用效益，实际上处于一种管理失控状态。而对于预算外之外的制度外收入，财政对其更是难以进行管理和控制。所以，预算外收入、制度外收入虽然支持了一些事业的发展，支撑了一些政府部门的运转，但这部分资金对财政来说是"体外循环"，并没有相应形成政府可支配财力。因此，大口径的财政收入规模只能说明整个国民经济的负担水平，并不能完全代表政府的财力状况或财政能力，只有小口径的财政收入规模才能真正代表政府的可支配财力，表明当前政府财政能力的强弱。这样，在分析我国财政收入规模时，就需将小口径财政收入规模与大口径财政收入规模综合起来进行考察。

## （二）改革开放以来我国公共收入规模的变化

改革开放以来，我国财政收入占 GDP 的比重持续下降，到 1995 年已降至 10.3%，1996 年以后有所上升，到 2011 年已回升到 22.0%，如表 4-5 所示。这一比重是否合适，可以通过以下几个方面进行综合分析判断。

表 4-5 我国财政收入占 GDP 的比重变化表

| 年 份 | 财政收入（亿元） | GDP（亿元） | 财政收入占 GDP 的比重（%） |
| --- | --- | --- | --- |
| 1978 | 1 132.3 | 3 645.2 | 31.1 |
| 1985 | 2 004.82 | 9 016.0 | 22.2 |
| 1990 | 2 937.10 | 18 667.8 | 15.7 |
| 1992 | 3 483.37 | 26 923.5 | 12.9 |
| 1994 | 5 218.10 | 48 197.9 | 10.8 |
| 1995 | 6 242.20 | 60 793.7 | 10.3 |
| 1996 | 7 407.99 | 71 176.6 | 10.4 |
| 1997 | 8 651.14 | 78 973.0 | 11.0 |
| 1998 | 9 875.95 | 84 402.3 | 11.7 |
| 1999 | 11 444.08 | 89 677.1 | 12.8 |
| 2000 | 13 395.23 | 99 214.6 | 13.5 |
| 2001 | 16 386.04 | 109 655.2 | 14.9 |
| 2002 | 18 903.64 | 120 332.7 | 15.7 |
| 2003 | 21 715.25 | 135 822.8 | 16.0 |
| 2004 | 26 396.47 | 159 878.3 | 16.5 |
| 2005 | 31 649.29 | 184 937.4 | 17.1 |
| 2006 | 38 760.20 | 216 314.4 | 17.9 |
| 2007 | 51 321.78 | 265 810.3 | 19.3 |
| 2008 | 61 330.35 | 314 045.4 | 19.5 |
| 2009 | 68 518.30 | 340 902.8 | 20.1 |
| 2010 | 83 101.51 | 401 202.0 | 20.7 |
| 2011 | 103 740.00 | 471 563.7 | 22.0 |

资料来源：根据《中国统计年鉴（2012 年）》整理。

将我国的公共收入规模与其他国家的情况进行比较，有助于更进一步准确判断我国的公共收入规模。从小口径的财政收入比较看,我国的财政收入占 GDP 的比重不仅远远低于发达国家,而且与发展中国家相比也是明显偏低的。

从生产力发展因素这一角度看,我国目前生产力发展水平不高,人均收入水平较低,并且尚处于经济起飞的初期阶段,需要保持一个较高的经济增长速度。在企业、个人成为市场经济投资主体,政府退出一部分投资领域的条件下,为了促进民间投资和经济的持续增长,我国政府的集中程度不能太高。一般认为,一个国家随着生产力发展水平的不断提高,人均 GDP 的增加,财政收入规模也会不断提高。自 1997 年以来,我国财政收入占 GDP 的比重由降转为升,财政收入规模不断提高,总体上是符合这一趋势的。但是近年来,我国财政收入的增速过快,远高于同期 GDP 的增速和城乡居民收入的增速,于是努力提高居民收入占国民收入分配中的比重的各种政策措施逐步成为我国分配政策的主要选择。

从保证政府职能部门运转及满足公共支出基本需要这一角度看,在我国目前的体制转轨时期,政府职能的界定尚不规范、清楚,存在着一些不应由政府承担但政府却包揽过多的职能,同时也存在着本应由政府承担却推给企业的职能,这需要通过改革的深化进行相应调整。目前开始的政府机构改革,为政府职能的转变和调整拉开了序幕,但政府职能的调整是一个系统工程,涉及多方面因素和环节,难以在短期内理顺,更不可能一步到位。从社会政治经济稳定方面考虑,在政府职能未彻底调整以前,政府应保证业已承担的职能全面履行。改革开放以来,一方面由于财政支出不断增长,另一方面由于多次实施积极的财政政策刺激经济增长,我国财政赤字有所增长。2008 年赤字为 1 262.31 亿元,2009 年为 7 781.63 亿元,2010 年达到 6 772.65 亿元,2011 年为 5 189.7 亿元。分税制改革以来,中央财政集中了较大财力,地方财政则相对紧张。农业税取消后,出让土地使用权收益成为地方政府获得财政收入的主要形式。财权与事权不匹配的现状制约了各项事业的发展,地方政府提供基本公共服务、执行国家宏观调控缺乏相应的财力作保障。综合以上几个方面,在加强中央宏观调控能力的同时,兼顾地方政府财力与事权的匹配,加强地方政府提供公共产品和服务的能力,规范政府收入体系,防范可能的财政风险特别是地方债务风险,是今后财税体制改革中应注意的问题。

从政府组织收入这个角度看,虽然世界各国的政府财政收入中也有一定数量的收费,但比重都较小,其主要来源仍是税收收入。但由于目前我国政府收入形式不够规范,仅仅用税收收入或财政收入占 GDP 的比重并不能全面反映整个公共收入规模的真实情况,这样就需要对我国的收入口径进行调整,以便进行国际比较。收入口径的调整,实际上就是用包括财政收入退库、社会保障基金、预算外收入、制度外收入等的大口径公共收入规模进行比较。考虑到上述指标中,有些指标有很大的估算成分,学术界一般将政府收入占 GDP 的比重估计为一个区间值,有的专家认为目前我国政府收入占 GDP 比重约为 30%。

用大口径财政收入规模与世界各国财政收入规模进行比较,可以发现我国的财政收入规模已接近发展中国家的平均水平,从我国经济发展的综合因素看,这一水平已经不低了。

从大、小口径财政收入规模的综合比较看,我国目前的情况是:从小口径财政收入指标看,公共收入规模偏低;从大口径财政收入指标看,公共收入规模不低。由此,可以进一步得出我国目前的公共收入不足所引起的财政困难,实质上更主要的是一种结构性困难,即由政府统一支配的公共财力较少,而在政府财政控制之外,由政府各部门自己支配的公共财力并不少。我国当前小口径财政收入规模偏低是多方面原因造成的,既有分配秩序混乱,乱收费减少了政府税收等因素,也有由于公共收入政策和布局未能适应所有制结构、产业结构、收入分配结构等方面的变化,未能及时根据经济发展的状况进行适应性的调整的因素,还有税收政策、税收征管的影响因素。解决目前公共收入规模偏低的问题,必须遵循集中财力的方针,调整政府公共收入结构,规范政府公共收入形式,统筹管理政府的各种公共收入,适当增加小口径的财政收入规模,增强政府可支配财力。

## 第三节 公共收入的结构分析

### 一、公共收入的分类

对公共收入进行结构分析,首先要根据不同的标准和方法对公共收入进行分类。目前对公共收入的分类一般有以下几种方法。

(一) 按公共收入的组织形式分类

前面我们已经介绍过,公共收入形式是指政府取得公共收入的具体方式,即来自社会公众包括企业和个人的资源,通过什么方式转移到政府手里,成为由政府统一支配的社会公共资源。按公共收入的组织形式进行分类,可以分为:各项税收、公债收入、国有资产收益、公共收费和其他收入五大类,各国在具体的划分中存在一些细微的差别。一般而言,各项税收是各国公共收入的主要形式。按国际上通行的做法,债务收入一般不能列入政府预算收入。

通过这种分类,一是可以充分发挥各收入形式的不同作用,适应对不同收入来源的征收;二是从不同收入形式占总收入的比例关系看收入结构的变化趋势,为优化收入结构提供参考;三是我国在预算收入科目的设计中,一直沿用这种分类方法,是我国预算编制、执行、核算和分析的重要依据。

## (二) 按预算收入的性质分类

按照公共收入的性质，可将收入划分为经常性收入和资本性收入或建设性收入。经常性收入主要是各种税收，资本性收入或建设性收入主要是国有资产收益和债务收入。

由于政府预算从整体上看都可以分为经常性和资本性两大类，因而从收入的角度进行这一分类，可以与政府预算的经常性支出和资本性支出进行对照分析。这样一方面可以更好地把握财政收支平衡状况，因为从原则上讲，政府经常性预算是应保持平衡的；另一方面，可以把握财政政策的运作态势，因为经常性收支和资本性收支对经济运行的影响是不同的。

## (三) 按预算的级次分类

按照预算的级次，政府公共收入可以划分为中央收入和地方收入。中央收入是指按照预算管理体制的规定纳入中央预算，包括中央本级收入和地方按照规定向中央上缴的收入。地方收入是按照预算管理体制的规定纳入地方预算，包括地方本级收入和中央按规定返还或补助地方的收入。

通过这种分类，有利于分析研究公共收入在中央和地方之间的纵向配置结构及其发展变化趋势，正确处理中央和地方之间的责权关系和预算关系。

## (四) 其他分类方法

除了上述三种分类外，长期以来，我国还采用其他一些分类方法，主要有：

1. 按价值构成分类。社会产品生产出来以后要在政府、企业和居民个人之间进行分配，政府财政以货币形态分得的社会产品价值即为公共财政收入。社会产品的价值可以分为 $C$、$V$、$M$ 三个部分，其中财政收入主要来自于 $M$ 部分，或者说形成财政收入的主要是社会剩余产品的价值。分析我国的财政收入主要来自于社会产品价值中的 $M$ 部分的原因，首先来看 $C$ 部分，社会产品价值中的 $C$ 部分由两块组成：一是折旧，即固定资产磨损并转移到产品价值中去的那部分价值；二是产品生产所消耗的原材料等劳动对象的价值，显然这两部分价值都不宜上缴给财政，否则社会的简单再生产就不能维持。其次来看 $V$ 部分，社会产品价值中的 $V$ 部分是劳动力再生产的价值，在实践中它表现为物质生产领域中职工的工资，由于我国职工的工资水平还普遍较低，所以我国财政收入目前不可能大量来源于 $V$ 这一部分，不过，近年来随着职工工资水平的提高，来自 $V$ 这部分的财政收入及其比重已呈上升的趋势。通过上述分析可见，我国的财政收入主要来自于社会产品价值中的 $M$ 部分。

2. 按收入来源的经济部门分类。财政收入按经济部门可分为来自农业、工业、建筑业、交通运输业、商业等部门的财政收入。

农业是国民经济的基础，也是财政收入的基础。农业对财政的直接贡献主要是农业税上缴，目前农(牧)业税收入只占我国全部税收收入的 5% 左右，表面看起来农业对财政的贡献并不大,但我国农业部门还有一部分通过工农业产品"剪刀差"间接提供的财政收入。也就是说,由于许多农业产品是工业品的原材料,而农产品的价格往往较低,有的甚至低于其成本,这样农业部门创造的价值有一部分就是通过为工业提供原材料而转到工业部门来实现的。据估计,农业部门通过这种间接形式上缴财政的收入要比直接上缴的收入多得多。

工业是国民经济的主导,也是我国财政收入的主要来源。由于过去我国工商税收主要在生产环节征收,所以工业部门提供的财政收入在整个财政收入中所占比重较高,1985年以前一直占60%以上。随着税制的改革,主要是实行增值税之后,这一比重有所下降,但仍占40%左右,仍是财政收入的主要来源。此外,建筑业、交通运输业、商业等部门也是我国财政收入的重要来源。

3. 按收入的所有制构成分类。我国社会主义市场经济的一个重要特征是坚持和完善以公有制为主体、多种所有制经济共同发展的基本经济制度。国有经济和国有企业在国民经济中具有十分重要的地位,与此相对应,国有经济一直也是我国财政收入的主要来源。尽管近年来国有经济在国民经济中的比重有所下降,但国有经济在我国的经济社会发展中仍发挥着不可替代的重要作用,2002~2011年,全国国有企业营业收入年均增长17.6%,实现利润年均增长22%,上缴税金年均增长17.9%,为国民经济平稳较快发展做出了重要贡献。以公有制为主体、多种所有制共同发展,是我国社会主义初级阶段的基本经济制度。改革开放30多年来,是我国历史上非公经济发展的最好时期。非公有制经济在时代大潮中异军突起,已经成为我国全面建设小康社会、实现中华民族伟大复兴的一支重要力量。到2011年,我国的个体工商户已从1978年的10万户发展到3 756万户,私营企业已从1989年的9万户发展到967.6万户,外商投资企业从无到有,发展到44.6万户。非公经济在全国国内生产总值中约占60%,在非公经济领域的从业人员近2亿人,来自于非公经济成分的财政收入及其比重也呈逐步上升趋势。

目前我国对公共收入的结构进行分析,主要是根据收入形式分类和预算级次来进行分析。对公共收入结构进行分析有助于掌握公共收入构成的变化规律和趋势,从而更好地组织公共收入。

**二、各国公共收入结构的比较**

世界各国的公共收入结构并不相同,都是由各自的国情所决定的。

(一)各国公共收入的形式比较

总的说来,从公共收入的形式看,税收收入都是各国公共收入的主体,而公共收费、国有资产收益、罚没收入等只是公共收入的补充。下面我们介绍一些国家的公共收入结构情况。首先我们来分析一些国家中央政府的收入来源结构,见表4-6。

表 4-6　一些国家中央政府的财政收入来源结构

| 国家 | 中央财政总收入 | 税收收入 | 社会保障税和缴款 | 捐赠收入 | 其他收入 |
|---|---|---|---|---|---|
| 美国（亿美元） | 22 675 | 12 066 | 9 442 | | 1 166 |
| 德国（亿欧元） | 7 120 | 2 943 | 3 897 | 55 | 225 |
| 英国（亿英镑） | 5 596 | 4 122 | 1 183 | 54 | 237 |
| 意大利（亿欧元） | 5 902 | 3 547 | 2 133 | 8 | 214 |
| 西班牙（亿欧元） | 2 730 | 1 166 | 1 422 | 51 | 91 |
| 印度（亿卢比） | 79 967 | 68 772 | 83 | 180 | 10 933 |
| 泰国（亿泰铢） | 18 288 | 14 934 | 849 | 21 | 2 484 |
| 南非（亿兰特） | 7 043 | 6 331 | 156 | 28 | 529 |
| 韩国（10 亿韩元） | 246 563 | 167 306 | 39 033 | | 40 223 |

注：其中美国是 2009 年数据，其他国家都是 2008 年的数据。
资料来源：根据国家统计局《国际统计年鉴 2010》中的相关数据整理。

从这些国家中央政府的公共收入来源看，各种税收收入是公共收入的主要来源，非税收入是公共收入的重要补充，税收收入（包括社会保障税和缴款在内）一般占公共收入的比重都在 80% 以上，不少国家都在 90% 以上。

发达国家的税制结构一般是以直接税为主体，公共收入主要集中在所得税和社会保障税或社会保障缴款上，所得税在财政收入中所占比例一般都超过了 30%（见表 4-7），而且在所得税中一般以个人所得税为主。当然，也有一些增值税比较发达的国家（如法国），其商品税的比重也很高，实际上是所得税和商品税并重的税制结构。

表 4-7　一些发达国家所得税占财政收入的比重　　（单位:%）

| 国家和地区 | 2004 年 | 2005 年 | 2006 年 | 2007 年 | 2008 年 |
|---|---|---|---|---|---|
| 世界平均 | 19.47 | 20.27 | 19.87 | 19.91 | 20.75 |
| 新加坡 | 27.56 | 30.17 | 31.19 | 28.46 | 34.43 |
| 加拿大 | 50.99 | 53.48 | 52.60 | 53.40 | 53.21 |
| 美　国 | 51.73 | 55.12 | 56.84 | 57.47 | 52.79 |
| 法　国 | 24.08 | 24.00 | 25.00 | 24.76 | 25.03 |
| 意大利 | 32.13 | 32.67 | 33.81 | 34.88 | 35.24 |
| 西班牙 | 26.47 | 29.20 | 30.56 | 33.37 | 28.16 |
| 英　国 | 35.33 | 36.82 | 38.28 | 37.89 | 37.07 |
| 澳大利亚 | 63.50 | 65.15 | 65.30 | 65.77 | 66.67 |

资料来源：根据国家统计局：《国际统计年鉴 2010》中的相关数据整理。

发达国家公共收入结构中另外一个明显特点就是社会保障税或社会保障缴款在财政收入中的比重普遍较高,而且随着经济发展、社会进步以及人口老龄化的趋势,社会保障税或社会保障缴款在财政收入中的比重有进一步攀升的趋势(参见表4-8)。

表4-8  一些发达国家社会保障税(缴款)占财政收入的比重 (单位:%)

| 国家和地区 | 2000 | 2004 | 2005 | 2006 | 2007 | 2008 |
| --- | --- | --- | --- | --- | --- | --- |
| 加拿大 | 19.61 | 21.65 | 21.58 | 21.12 | 20.42 | 20.62 |
| 美 国 | 39.43 | 36.57 | 35.24 | 34.96 | 38.68 | |
| 法 国 | 41.36 | 42.39 | 41.87 | 42.25 | 42.57 | 42.87 |
| 德 国 | 57.25 | 59.24 | 58.22 | 56.91 | 54.94 | 54.74 |
| 意大利 | 33.16 | 35.10 | 35.97 | 33.99 | 35.05 | 36.14 |
| 荷 兰 | 39.03 | 36.86 | 34.15 | 34.96 | 34.14 | 35.53 |
| 西班牙 | 41.27 | 48.59 | 48.06 | 46.83 | 45.73 | 52.09 |
| 英 国 | 19.65 | 21.70 | 21.74 | 21.35 | 21.26 | 21.13 |

资料来源:根据国家统计局《国际统计年鉴2010》中的相关数据整理。

与发达国家不同,发展中国家的税制结构一般是以间接税为主体,公共收入的最主要来源是商品和服务税,特别是商品和服务税中的增值税,通常商品和服务税类的收入占公共收入来源一般在30%以上(参见表4-9)。所得税类也是这些国家公共收入的重要来源,但与发达国家不太一样的是,发展中国家的个人所得税不够发达,个人所得税在公共收入中的比重一般要低于公司所得税的比重。

表4-9  若干发展中国家商品和服务税占财政收入的比重 (单位:%)

| 国家和地区 | 2004 | 2005 | 2006 | 2007 | 2008 |
| --- | --- | --- | --- | --- | --- |
| 世界平均 | 32.56 | 33.11 | 32.54 | 32.54 | 31.90 |
| 巴基斯坦 | 32.92 | 34.07 | 32.83 | 29.70 | 33.31 |
| 菲律宾 | 24.66 | 23.46 | 29.19 | 28.32 | 26.15 |
| 斯里兰卡 | 59.84 | 55.28 | 51.13 | 48.09 | 44.64 |
| 泰 国 | 40.06 | 40.11 | 39.93 | 39.76 | 36.86 |
| 南 非 | 34.06 | 32.98 | 32.39 | 31.58 | 29.78 |

资料来源:根据国家统计局《国际统计年鉴2010》中的相关数据整理。

另外,发展中国家与发达国家相比,在公共收入结构上的一个重要的区别就是社会保障税或社会保障缴款的比重明显偏低,这说明这些国家的社会保障水平还有待进一步提高。

从表4-6还可以看出,各国的非税收收入比重都不是很高,一般都在10%左右。发展中国家的非税收收入所占的比重一般要比发达国家的比重高,主要原因是发展中国家的国有资产收益、各种行政公共收费等多一些。发展中国家的经济发展水平比较低,经济的货币化程度、税收征管能力和个人的收入水平也不高,客观上限制了个人所得税和社会保障税(缴款)的收入规模,有些国家甚至还没有开征社会保障税,这些都使得发展中国家只能更多地依靠对国内的商品和服务课税来取得收入。发展中国家的关税水平一般也较发达国家要高。由于国有资产规模相对偏大、行政收费管理简便,发展中国家更多地依靠非税收收入中的国有资产收益和公共收费,因此非税收收入的比重要高一些。当然,各国的公共收入结构都是长期演变的结果,美国、英国等以所得税、社会保障税(缴款)为公共收入主体的国家,在20世纪20年代以前,销售税、产品税、关税都是当时这些国家政府公共收入的主要形式,到了30年代以后,一方面由于所得税的税基扩大,另一方面由于政府更为注重解决社会分配问题,加强了对收入分配的调节,所得税和社会保障税(缴款)日渐成为公共收入的主要形式。

(二)各国公共收入在中央和地方政府之间划分的比较

影响各国公共收入在中央和地方政府之间划分的因素是不完全相同的。市场经济国家在公共收入的划分上,首先是取决于由各国的政治体制和本国国情决定的集权与分权的关系,以及政府所提供的公共产品和公共需要的层次性。目前市场经济国家在划分中央和地方公共收入时,一般遵循以下三个原则:

1. 效率原则,即政府间公共收入的划分以取得收入效率的高低作为标准。由中央政府征收效率更高的公共收入,属于中央政府;反之,由地方政府征收效率更高的公共收入,则归属于地方政府。例如,所得税的征税对象为所得,所得的地点会随纳税人的流动而难以固定,并且纳税人的居住地点和收入地点可能不在同一处,因此把所得税划归中央政府,在估算调查和征收管理方面效率更高;而对不动产等征收的财产税,是以难以移动的土地、房屋等为征税对象,显然由地方政府和税务人员征收效率更高。因此,一般把所得税划为中央政府的公共收入,而财产税一般属于地方公共收入。这里所讲的效率除了征收效率之外,实际上还包含经济效率,即一种公共收入是归中央政府还是地方政府,还应以促进经济发展、有利于全社会效率的提高为原则。例如,对商品流通征收的税收,如果属于中央政府,将使商品在全国的流通畅通无阻,有利于全国市场的形成;若归地方政府,有可能导致各地税负不均,流通商品征税环节过多,增加成本,影响流通。

2. 适应原则,即政府间公共收入的划分应考虑税基的宽窄。一般税基宽的税种,比较适合充当中央政府的公共收入来源;反之,则适合作为地方公共收入。

3. 公平原则,即政府间收入的划分,还应考虑公共收入负担在所有国民之间的公平分配。例如,所得税是针对所有具备纳税条件的纳税人的,其目的是实现收入公平分配,如果作为地方税则难以达到全国收入水平公平的目标。

出于以上原则的考虑,目前各国在公共收入的划分上一般都偏重于中央政府,集中的程度较高一些,即在公共收入中,中央政府公共收入占的比重明显要高于地方政府,参见表4-10。

表4-10 一些国家中央政府公共收入占全部公共收入的比重(%)

| 国家 | 2006年 | 2007年 | 2009年 | 2010年 |
|---|---|---|---|---|
| 美国 | 56.69 | 56.66 | 52.61 | 53.56 |
| 英国 | 91.62 | 91.08 | 90.24 | 90.62 |
| 法国 | 85.25 | 84.94 | 83.62 | 86.74 |
| 德国 | 66.09 | 65.33 | 65.83 | 66.10 |
| 澳大利亚 | 74.29 | 73.88 | 73.63 | 72.28 |
| 西班牙 | 67.87 | 69.05 | 65.39 | 71.96 |
| 泰国 | 92.70 | 92.77 | 91.55 | 92.42 |

资料来源:根据国际货币基金组织《政府财政统计年鉴》(2008年和2011年)整理。

从表4-10中我们可以归纳出以下几个特点:

第一,各国的中央公共收入比重都比较高。无论是发达国家还是发展中国家,也不论政治制度是单一制还是联邦制的国家,中央财政收入占全部财政收入的比例都在50%以上,大多数国家都在70%~90%之间,有的国家,如泰国甚至超过了90%,这主要跟世界各国对税权划分的原则有关。目前在税权的划分上,真正实行分散型的国家为数极少,绝大多数国家都是实行集中型或集中与分散相结合的税权划分模式,一般都把税额大的重要税种划归中央政府所有,地方政府的税收收入以零星、小额税种为主。这种税权的划分导致财政收入向中央集中,而各级政府提供公共产品、履行职能则需要财政支出相对分散,这必然会产生矛盾,使得地方政府的支出需求与收入来源之间出现不均衡,因此各国通过中央对地方的财政转移支付机制来加以协调和均衡,并在转移支付过程中贯彻中央的调控意图。

第二,实行单一制国家的中央公共收入比重一般要高于实行联邦制的国家。联邦制国家如美国、澳大利亚、德国等,其比率一般在80%以下,而单一制国家如英国、法国、泰国等,比率一般在80%以上,有的甚至超过90%。

第三,各个国家在公共收入的划分上都保持比较好的稳定性。无论是发达国家还是发展中国家,也不论是单一制国家还是联邦制国家,公共收入在不同层级政府之间的划分都具有较好的稳定性。这说明,市场经济国家在中央与地方公共收入的划分上已经有相当成熟的体制保障。

### 三、我国公共收入的结构分析

下面主要根据公共收入的形式和预算级次对我国公共收入的结构进行分析。

#### (一) 我国公共收入的项目构成

目前我国公共收入项目构成的结构变化,充分反映了改革开放以来我国财政收入制度的变化。改革开放前,政府收入的最重要来源是以国有企业利润上缴为主的企业收入项目,改革开放后,随着经济体制改革的深入,对国有企业进行了两步"利改税"改革,税收才逐步取代上缴利润。经过1994年税制改革,停止征收1983年开征的能源交通基金和1989开征的预算调节基金,取消了产品税,对增值税、消费税和营业税进行了改革,逐步奠定了税收在我国公共收入体系中的主导地位,参见表4-11。

表4-11 我国财政收入中税收收入与非税收收入的比重(%)

| 年份 | 2007年 | 2008年 | 2009年 | 2010年 | 2011年 |
|---|---|---|---|---|---|
| 税收收入比重 | 88.89 | 88.41 | 86.87 | 88.10 | 86.49 |
| 非税收入比重 | 11.11 | 11.59 | 13.13 | 11.90 | 13.51 |

资料来源:根据《中国统计年鉴(2012年)》整理。

#### (二) 我国公共收入的中央、地方构成

我国公共收入的中央和地方构成比重,反映了我国在中央和地方之间的财力纵向配置结构及其发展变化趋势,以及集权和分权关系的变化,参见表4-12。

表4-12 中央和地方公共收入比重(%)

| 年份 | 中央 | 地方 |
|---|---|---|
| 1980 | 24.5 | 75.5 |
| 1985 | 38.4 | 61.6 |
| 1994 | 55.7 | 44.3 |
| 1998 | 49.5 | 50.5 |
| 2002 | 55.0 | 45.0 |
| 2006 | 52.8 | 47.2 |
| 2008 | 53.3 | 46.7 |
| 2010 | 51.1 | 48.9 |
| 2011 | 49.5 | 50.5 |

资料来源:根据《中国统计年鉴(2012年)》整理。

在计划经济体制下,由于中央和地方在事权划分和监督方面的复杂性,二者之间的关系长期处于集权与分权之间的两难选择,形成"一放就乱,一统就死"的恶性循环。改革开放之后,我国在处理中央和地方的关系上也是以放权让利为突破口,适当对地方放权,充分调动地方政府的积极性。从1980年开始,我国对财政管理体制进行了多次变革,从"分灶吃饭"体制到多种形式的财政包干体制,基本上形成了分权分级的财政体制,地方政府的财权和可支配财力大大增强。但是,长期的放权让利导致中央财政收支矛盾突出,赤字连年有增无减,而且失去了应有的宏观调控能力。因此在1994年我国进行了分税制财政体制改革:在收入方面,强调中央的集中度,提高中央财政收入的比重;在支出方面,强调地方分权,把支出责任交给地方来完成,地方财力不足的问题由中央财政通过对地方的转移支付制度来解决。例如,1994年,在公共收入方面,中央财政收入占公共收入的比重为55.7%,地方财政只占44.3%,显然加强了中央在收入方面的集权;但从支出方面看,中央财政支出只占30.3%,地方财政支出占70.7%,支出方面主要是以地方分权为主,地方收入少、支出多,收支之间的差额主要通过中央对地方的转移支付来解决,通过转移支付过程,中央实现对经济的宏观调控,这也是与绝大多数市场经济国家在公共收入中保持中央财政收入相对较高的集中度的做法相一致。因此,今后我国中央和地方财政在公共收入中的比例应保持相对稳定的状态。

### (三) 我国公共收入的预算内、预算外构成

广义的公共收入还包括预算外资金。所谓预算外资金是指按国家财政制度规定不纳入国家预算的、允许地方财政部门和预算拨款的行政事业单位自收自支的资金,预算外资金从性质上说也是政府性资金,是公共收入的重要组成部分。在1993年以前,我国的预算外资金包含了大量企业性资金,主要是当时政企不分,一些原本应由企业支配的资金被各经济主管部门以各种不同的方式进行控制或直接上缴,形成政府性收入,但却未纳入规范的预算内管理。1993年企业性收入不再作为预算外资金,预算外资金规模因此一度缩小,但自此之后,各种由各级政府和政府各部门出台收取的各种收费、基金、罚款、集资、摊派等现象逐渐增多,收取的预算外资金规模迅速膨胀。1997年政府将13项基金和附加纳入预算内管理,减缓了预算外资金膨胀的势头,并开始规范政府性收费和基金的管理,推行税费制度改革等,逐步把预算外资金纳入到规范的预算内财政资金管理框架中,建立规范的政府公共收入体系。从我国公共收入中预算内和预算外资金的结构变化,可以看出这一变迁的过程,参见表4-13。

表4-13 我国预算外收入的情况

| 年份 | 预算外收入(亿元) | 增长速度(%) | 占财政收入的比重(%) |
|---|---|---|---|
| 1978 | 347.11 | — | 30.66 |
| 1985 | 1 530.03 | 174.49 | 76.32 |
| 1990 | 2 708.64 | 77.03 | 92.22 |
| 1995 | 2 406.50 | 29.21 | 38.55 |
| 2000 | 3 826.43 | 13.04 | 28.57 |
| 2001 | 4 300.00 | 12.38 | 26.24 |
| 2002 | 4 479.00 | 4.16 | 23.69 |
| 2003 | 4 566.80 | 1.96 | 21.03 |
| 2006 | 6 407.88 | 15.58 | 16.53 |
| 2009 | 6 414.65 | -3.06 | 9.36 |

资料来源:根据《中国统计年鉴(2012年)》整理。

从表4-13可见,虽然我国通过把部分预算外资金纳入预算内管理、整顿乱收费和进行税费制度改革,对预算外资金的迅速膨胀起到了一定的遏制作用,但是预算外资金的规模仍然十分庞大,2009年预算外总收入仍有6 414.65亿元,相当于财政收入的9.36%,如果再考虑到游离于预算外资金管理体系的所谓制度外资金,那么各经济主管部门收取和掌握的政府性资金规模将进一步扩大。这样看来,我国目前公共收入体系极不规范,还有待通过进一步的财税体制改革,建立和规范与社会主义市场经济条件下公共财政模式相适应的公共收入体系。

## 本章小结

1. 公共收入既是一个过程,又是一定量的资金。作为一个过程,它是公共财政分配的一个阶段或一个环节,即组织收入、筹集资金阶段。作为一定量的资金,它是政府通过一定的形式和渠道集中起来的一种货币资金,即用货币表现的一定量的社会产品价值。公共收入依托的是公共权力。

2. 公共收入形式是指政府取得公共收入的具体方式,即来自社会公众包括企业和个人的资源,通过何种方式转移到政府手里,成为由政府统一支配的社会公共资源。公共收入形式主要有:各项税收、公债收入、国有资产收益、公共收费和其他收入。

3. 在各种可供政府选择的公共收入形式中,税收是政府最主要的公共收入形式,除少数国家外,税收一般占到政府财政收入的80%甚至90%以上。

4. 公共收入规模是指公共收入的总水平,考察一个国家公共收入规模的常用指标有绝对量指标和相对量指标。绝对量指标主要是公共收入或财政收入总额;相对量指标主要有:公共(财政)收入占国民收入的比重、公共(财政)收入占GDP的比重、公共(财政)收入增长速度与经济增长速度之比等。一般情况下,主要运用公共(财政)收入占GDP的比重来考察和反映政府的公共收入规模。

5. 一个国家公共收入的规模受各种因素的影响和制约,其中主要的影响因素有经济发展水平、政府职能范围、分配制度和分配政策、价格变动、税收管理水平和税收政策等。

6. 从国际上看,公共收入规模总体上是呈上升趋势的。一般而言,发达国家的财政收入规模普遍高于发展中国家的财政收入规模。一个国家随着经济的发展,公共收入规模也呈现扩张的趋势。

7. 从大、小口径公共收入规模的综合比较看,我国目前的情况是:从小口径财政收入指标看,公共收入规模偏低;从大口径财政收入指标看,公共收入规模不低。因此,我国目前的公共收入不足所引起的财政困难,实质上更主要的是一种结构性困难,即由政府统一支配的公共财力较少,而在政府财政控制之外,由政府各部门自己支配的公共财力并不少。我国应调整政府公共收入结构,规范政府公共收入形式,统筹管理政府的各种公共收入,适当增加小口径的财政收入规模,增强政府可支配财力。

8. 公共收入的分类一般有以下几种方法:按公共收入的组织形式分类、按预算收入的性质分类、按预算的级次分类。此外,长期以来我国还采用其他一些分类方法,主要有:按价值构成分类、按收入来源的经济部门分类、按收入的所有制构成分类。

9. 从各国公共收入来源看,税收收入是公共收入的主要来源,非税收入是公共收入的重要补充,税收收入一般占公共收入的比重都在80%以上,不少国家能达到90%以上。发达国家的税制结构一般是以直接税为主体,公共收入主要集中在所得税特别是个人所得税和社会保障税上,发展中国家的税制结构一般是以间接税为主体,公共收入的最主要来源是商品税。发展中国家的非税收入所占的比重一般要比发达国家的比重高。

10. 各国的中央公共收入比重都比较高,无论是发达国家还是发展中国家,也不论政治制度是实行单一制还是联邦制的国家。实行单一制的国家中央公共收入比重一般要高于实行联邦制的国家,发达国家的中央公共收入比重要低于发展中国家。

11. 我国公共收入结构的特点是:税收特别是增值税是我国公共收入的主导项目;通过分税制改革,明显提高了中央收入在公共收入中的比重;预算外收入比重偏大,需要进一步对公共收入体系进行规范。

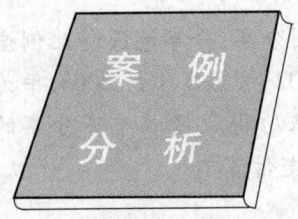

## 案例 通过四大改革举措 完善公共收入体系

1994年以来,按照建立公共财政的要求,我国先后推出了财税体制改革、所得税收入分享改革、税费改革和"收支两条线"管理改革,进一步规范了分配关系、完善了公共收入体系。

### 一、财税体制改革

财税体制改革首先是把地方财政包干制改为在合理划分中央与地方事权基础上的分税制。其次是按照统一税法、公平税负、简化税制和合理分权的原则,改革和完善税收制度,将过去的30多种税简化为18种,形成了以流转税、所得税为主体,多税种、多环节、多层次调节的复合税制体系。

1994年分税制改革进一步理顺中央与地方的财政分配关系,增强中央的宏观调控能力,其基本内容是:按照中央与地方政府的事权,合理确定各级财政的支出范围;根据事权与财权相结合的原则,按照税种统一划分中央税、地方税和中央地方共享税,并建立中央和地方两套税收征管机构;科学核定地方收支数额,逐步实行比较规范的中央财政对地方的税收返还和转移支付制度;建立和健全分级预算制度,硬化各级预算约束。

财税体制改革以来,国家财政收入呈现大幅度稳定增长的态势。1994~2001年,财政收入增加了2.14倍,年均增加1 593亿元,增长17.7%,是历史上财政收入增长最快的时期,也是增长最稳定的时期。全国财政收入占国内生产总值的比重由1994年的11.2%提高到2001年的17.1%,由不断下降的趋势转变为稳步上升的趋势。地方财政收入也实现了持续、快速、稳定增长,从1994年到2001年,地方财力年均递增19%,增幅高于中央财政收入16.7%的增长幅度。

### 二、所得税收入分享改革

随着社会主义市场经济体制的逐步建立和经济社会的不断发展,按隶属关系划分所得税收入在一定程度上导致一些地方政府为追逐税收利益而搞地方保护主义和重复建设,阻碍企业的兼并改制,特别是阻碍深化企业重组改革,制约了经济结构调整,不利于提高国有经济的整体素质和国有企业的竞争力,也不利于平衡地区间财力差距。为解决这个问题,中央决定从2002年1月1日起,打破按隶属关系和税目划分所得税收入的办法,实施所得税收入分享改革。这次改革的主要内容是:除少数特殊行业或企业外,绝大部分企业所得税和全部个人所得税(包括对个人储蓄存款利息征收的所得税)实行中央与地方按比例分享;分享范围和比例全国统一,在核定基数的基础上,中央和地方分享比例2002年为5∶5,2003年为6∶4,往后根据实际收入情况再另行确定;改革后中央从所得税增长中多分享的收入,全部用于增加对地方、主要是对中西部地区的转移支付。

### 三、税费制度改革

由于收费的大量存在,不仅增加社会负担,造成国家税收流失,而且有的地方和部门巧立名目乱收费,更滋生了腐败。为此,中央决定进行税费改革。近几年,对各种收费、基金区分不同类别和不同情况,采取"一清、二转、三改、四留"的改革措施。"一清"就是根据转变政府职能和建立公共财政的要求,在对现行收费进行全面清理整顿的基础上,坚决取消不合法、不合理的收费项目;"二转"就是按照政企分开的要求,将一些不再体现政府职能的收费,转为经营性收费,如道路收费、桥梁的车辆通行费等,对其所得收入依法征税;"三改"就是将一部分具有税收特征的收费,按照优化税制结构的要求,改为相应的税收,纳入政府税收体系;"四留"就是保留少量的符合国际惯例和国际条约的收费,以及政府对社会实施特定管理或提供特殊服务收取的规费,对重新核定的收费进一步明确标准并实行规范化的财政管理。自1997年以来,财政部已会同有关部门取消收费1 965项,共减轻社会负担1 332亿元。2000年,安徽全省进行农村税费改革试点,同时在全国部分省区选择56个县进行试点;2001年,除继续在安徽全省进行农村税费改革试点外,江苏省根据本省改革工作安排及财力情况,自主决定在全省范围实施了改革试点,其他除少数省份外,均确定了部分县(市)进行试点,全国试点县(市)达102个;2002年,黑龙江、吉林等16个省(自治区、直辖市)成为扩大农村税费改革试点省。农村税费改革初步规范了农村税费制度,基本解决了乡村干部因催粮催款与农民群众直接发生矛盾的问题,农村党群干群关系明显改善,促进了农村社会稳定。试点地区的农民负担明显减轻,有效地遏制了农村"三乱",试点地区减负率一般都在25%以上。同时,税费改革带动和促进了农村各项改革,促进了乡村机构改革和基层政府职能转变,对农村教育体制改革、县乡财政体制改革起到了积极的推动作用。

### 四、"收支两条线"管理改革

"收支两条线"管理改革对那些合法合理的政府收费收入实行收缴分离,纳入财政预算或实行财政专户管理。"收支两条线"管理改革的内容包括:取消各执收单位自行开设和管理的各类预算外资金收入过渡账户,改由财政部门在委托的代理银行为执收单位开设预算外资金财政汇缴专户,该账户只能用于预算外资金的收入收缴,不得用于执收单位的支出;规范预算外资金收入收缴程序,使用统一、规范的执收票据,实行直接缴库和集中汇缴两种方式;建立健全预算外资金收入收缴监管机制和财政部门内部监督机制,保证预算外资金及时、足额缴入财政专户。

"收支两条线"管理改革意义重大:一是有利于全面、真实地反映政府的收入状况,实现预算内、外资金统筹安排,增强政府的宏观调控能力;二是有利于规范政府的执收行为,从机制上制止乱收费,最终取消"预算外收入"。2002年,国务院决定在公安部、质检总局等34个中央部门进行"收支两条线"管理改革试点,其预算外收入有的全部纳入预算管理,有的全额缴入财政专户,实行综合预算。

财税体制改革重在建立公共收入稳定增长的机制,增强中央政府的宏观调控能力;所得税收入分享改革重在协调区域经济发展,均衡地区间财力分配;税费制度改革重在清理整顿乱收费现象,规范税费关系,确立税收在公共收入体系中的主导地位;"收支两条线"管理改革则主要是规范预算外收入收缴和减少部门、单位资金占压。这四项改革各有侧重、相辅相成,目标是致力于构建适应社会主义市场经济发展要求的以税收为主、少量规范化收费为辅的公共财政收入体系。

## 思考题

1. 如何理解公共收入的含义?
2. 公共收入的主要形式有哪些?它们有哪些特点?
3. 为什么税收会成为市场经济国家最主要的公共收入形式?
4. 公共收入规模的衡量指标有哪些?
5. 影响公共收入规模的各种因素是什么?
6. 世界各国公共收入规模变化的一般特征和趋势是什么?
7. 如何理解我国公共收入规模的现状和发展趋势?
8. 我国目前公共收入结构的主要特点有哪些?

# 税收原理

★ 本章学习要点与要求 ★

通过对本章内容的学习,应准确理解税收概念;掌握税收区别于其他收入形式的基本特征;了解和掌握税收分类的各种方法;掌握税收原则的演变及市场经济条件下的税收原则;了解税收负担的不同含义,掌握宏观税负水平与微观税负水平的界定标准;理解税负转嫁与归宿的含义,掌握税负转嫁的形式和条件;理解税收效应的含义及其内容;了解最适课税理论的含义和主要内容,以及我国税制优化的目标。

## 第一节 税收的概念与特征

### 一、税收的概念

税收是国家(政府)为了满足社会公共需要,根据其社会职能,凭借政治权力,按照法律规定的标准,强制地、无偿地参与社会剩余产品分配而取得财政收入的一种规范形式。税收实际上是将一部分社会资源从私人部门转移到公共部门的过程。对税收的概念,可以从以下三个方面理解。

(一)税收分配的目的是为了满足社会公共需要

税收是国家(政府)取得公共收入的主要形式。从税收产生之日起,其首要目的就是取得公共收入来满足国家的公共支出需要。国家产生以后,其主要职能就是为社会生产和生活提供必要的公共产品和服务,包括提供和平安定的社会环境、良好的社会秩序,举办公共事业,兴建公共设施等。履行这些职能需要花费一定数量的社会资源或资金,这些社会资源或资金只能由全体社会成员来提供,国家通过课征税收的形式将社会成员的一部分资源或收入转移到国家手中,以满足其履行各项职能所需要的资金。

随着社会经济的发展,国家也可以通过增发货币、举借公债、收费等多种形式取得一定的收入,但这些形式都无法取代税收成为国家取得公共收入的主要形式。当然,随着政府职能的扩大,又赋予了税收促进资源有效配置、调节收入分配、稳定经济等目的,但为满足公共支出需要而取得公共收入,仍然是税收的基本目的。

(二)税收分配的主体是国家(政府),其根据是国家的社会职能,凭借的是国家的政治权力

国家(政府)之所以要征税,是因为它执行社会职能时发生了相应的成本费用,要进行必要的补偿;社会成员之所以要纳税是因为他们享受了政府为其日常生活和生产经营活动提供的公共产品或公共服务。社会产品的分配可以分为两大类:一类是凭借所有权的分配;一类是凭借政治权力的分配。政府取得公共收入实际上是一部分社会产品的所有权或支配权发生转移,由私人部门转移到了公共部门(政府)手中,因此税收是对社会成员既得利益的一种再分配,在国家不直接从事生产经营活动、不直接占有社会产品的条件下,国家对不直接占有的社会产品以征税的方式转变为国家所有,这实际上是对所有权的一种侵犯,如果没有国家的政治权力为依托,征税是难以实现的。因此,税收分配所凭借的只能是国家的政治权力。

(三)税收分配的客体是社会剩余产品

剩余产品是相对于必要产品而言的,是全社会在一定时期内的总产品扣除补偿经济活动中的物化劳动耗费和活劳动耗费后的剩余部分。税收分配的物质来源在数量上只能是社会剩余产品。这是因为,社会产品中用于补偿生产过程中物质耗费部分的 $C$ 在产品分配中必须予以扣除,否则,简单再生产就无法维持。同样,社会产品中补偿生产过程中活劳动耗费部分的 $V$ 也要予以扣除,用于劳动者及其家属的消费,否则,简单再生产也无法维持。这就决定了 $C+V$ 部分的分配只能在物质生产领域内部进行,税收不能参与分配。税收分配的物质来源只能是社会剩余产品,这是生产活动自身的客观要求。违反这个客观要求必然阻碍和破坏社会自身的生存和发展。因此,税收分配并不是对社会产品的全部进行分配,其分配的客体是社会剩余产品。

二、税收的特征

税收的特征是指税收作为一种财政收入形式,与其他财政收入形式相比所具有的特殊性。通常将税收的特征概括为强制性、无偿性和固定性,也称为税收的

"三性"。

### （一）强制性

税收的强制性是指国家根据其社会职能，凭借其政治权力，以法律形式确定征税人和纳税人的权利和义务关系。税收的强制性包括三层含义：

1. 税收分配关系是一种国家和社会成员必须遵守的权利义务关系。执行社会职能，提供社会成员共同需要的公共产品和服务是国家和政府应履行的职能。国家履行了社会职能，提供了社会成员共同需要的公共产品和服务，就会发生社会费用和成本，就需要取得一定的社会资源来弥补，因此政府就有权利要求社会成员缴纳一部分社会产品和资源以补偿所发生的社会费用和成本，以便维持社会的生存发展和社会再生产的正常运行。而享受或消费国家提供的公共产品或服务，是每个社会成员的平等权利，与这种权利相对应，每个社会成员就有义务向国家缴纳一部分社会产品和资源，分担一部分社会共同费用和成本。税收分配形式之所以只能是权利与义务的分配关系，归根到底是由社会公共需要的性质决定的。社会公共需要具有享用效用的不可分割性、消费的非排他性和受益的不可阻止性，决定了社会成员承担的社会费用不可能通过等价交换的市场交易，用市场机制的方法来解决，只能由国家规定社会成员通过义务缴纳的办法来解决，所以征税是国家的权利，纳税是每一个社会成员应尽的义务。只有把税收的强制性正确理解为由客观规律所产生的强制性权利义务关系，才能使国家依法治税、社会成员依法纳税。

2. 税收分配关系是国家凭借政治权利进行的强制分配，而不是依据生产资料的所有权。税收是国家不受生产资料所有权归属的限制，超越一切生产资料所有权而取得的社会剩余产品。国家征税权是凌驾于生产资料所有权之上的占有和支配剩余产品的权力，是对不同所有者都可以行使的公共权力，任何生产资料所有权都必须服从国家的征税权。

3. 税收分配关系是一种由国家法律加以规范、制约、保护和巩固的分配关系，具有法律的约束力和强制作用。就征税者而言，法律规范是国家以征税权力为后盾，当出现税务违法行为时，国家可以依法进行制裁；就纳税人而言，一方面要依法纳税，另一方面纳税人从事正当的生产经营活动，以及对社会秩序、公共安全、共同的生产条件和生活设施的享用等合法权益应得到法律保护。

### （二）无偿性

税收的无偿性，是指在纳税人缴纳税款时，国家或政府不需要直接对具体纳税人付出任何代价而占有和支配一部分社会剩余产品。税收的无偿性是由社会费用补偿的性质决定的。由于公共产品和公共服务是大家共享的，社会成员从公共产品和公共服务中得到的利益是无法直接计量的，这就决定了国家对社会成员提供的公共产品和公共服务是无偿的。相应地，国家筹集满足社会公共需要的社会费用也只能采取无偿形式。税收的无偿性应从以下两方面来理解：

1. 税收的无偿性是就国家与具体纳税人对社会产品的占有关系而言的,而不是对国家与全体纳税人的利益归属关系而言的。就国家与全体纳税人的利益归属关系而言,税收是有偿的,即税收整体的有偿性。国家征税使纳税人失去部分剩余产品所有权,国家为全体纳税人提供社会秩序、公共安全、共同的生产条件和生活设施等公共产品和公共服务,纳税人又享受了这种服务。从这个意义上说,税收对全体纳税人而言是有偿的。但税收整体有偿性是税收的深层次的本质问题,不是税收的形式特征。

2. 国家税收是为用而征,不能直接偿还。国家征税是为了实现其职能,满足社会公共需要,每年取得的税款按照国家预算的安排用于政府的各项支出。从这个意义上说,如果国家征收的税款在征收时或征收后直接以相等的代价或相应的等价物返还给纳税人,国家税收也就失去了其存在的意义。

(三) 固定性

税收的固定性是指国家在征税之前,通过法律形式具体规定了征税对象、纳税人、征收比例和征收办法等,不经过立法机关同意不得随意修改。税收的固定性既是税收区别于其他财政收入如公债、罚没收入等的重要标志,也是政府取得稳定的公共收入的可靠保证。一般认为,税收的固定性表现在三个方面:

1. 税收的固定性意味着作为课税对象的各种收入、财产或有关行为是经常、普遍存在的,而且一经法律确定为征税对象、征税范围,其物质内容就得经常、连续承受税收负担,国家的征税活动也将经常、连续有效。课税对象经常、普遍的存在又意味着课税对象的合法性,征税是非惩罚性的。

2. 税收的固定性意味着征税对象和征税额度之间的量的关系是有限度的。这一点从法律上既保证了国家财政收入的稳定可靠,又避免了国家任意征收以至超过客体的承受程度。

3. 税收的固定性意味着税制的各种要素总是通过法律形式事先规定清楚的,但并不意味着税收制度固定不变,它并不排除税收制度随着政治、经济形势的发展而随之进行相应的调整和改革,但这种调整和改革要通过法律形式予以确定,并在一定时期内稳定下来。

税收的上述三个特征是相互联系的。税收的无偿性决定着税收的强制性,因为如果是有偿的,就不需要强制征收。而税收的强制性和无偿性又要求税收征收的固定性,如果可以随意征收,就会侵犯现存的财产关系,使正常的经济活动无法维持下去,从而危及国家的稳定和发展。可见,税收的强制性、无偿性和固定性是统一的、缺一不可的。一种财政收入形式是否为税收,决定于它是否同时具备上述三个基本特征,而不是取决于它的名称。

# 第二节 税收分类

现代市场经济条件下,各国的税制一般都由多个税种组成,各税种既相互区别又密切相关,依照一定的标准将各税种分别归类,从而将一类税种同其他类税种相区别。税收分类,首先有助于分析和研究税制的结构和各类税种的特点、性质、作用和它们之间的关系,是研究和建设税制的重要前提;其次有助于分析税源的分布和税收负担的状况,以及税收对经济运行的影响,为贯彻税收公平的原则提供依据;最后可以用来比较研究各国税制的发展演变过程,为完善税制提供借鉴。

税收的分类标准和方法有许多种,在不同的国家会存在一些差异。

## 一、税收中常用的各种分类

### (一)按税收缴纳形式分类

按税收缴纳形式的不同,可以将税收分为力役税、实物税和货币税。力役税是指纳税人以直接提供无偿劳动的形式缴纳的税种;实物税是指纳税人以实物形式(包括粮、棉、布匹、牲畜等)缴纳的税种;货币税是指纳税人以货币形式缴纳的税种。按税收缴纳形式分类,主要是为了研究考察商品货币关系的发展程度、经济形态变化与税制建设的关系以及税收征管的特殊要求。在奴隶社会和封建社会,税收主要采取力役税和实物税的形式,在现代社会,世界各国税收基本上采用货币税形式,这是与生产力发展水平和商品货币关系的发达程度相适应的。

### (二)按课税标准分类

按课税标准不同,可以将税收分为从量税和从价税。从量税是以征税对象的数量、重量、容量或体积等实物计量单位为标准,规定固定税额征收的税种;从价税是以课税对象的价格为标准规定税率征收的税种。从量税的税额随课税对象数量的变化而变化,计算简便,但税负水平是固定的,是不尽合理的,因而只有少数税种采用这种计税方法,如我国的资源税、车船使用税等。相比较而言,从价税更适应商品经济的要求,同时也有利于贯彻国家的税收政策,因而适用范围较广,大部分税种都采用这一计税方法。

### (三)按税种的隶属关系分类

按税种的隶属关系,可将税收分为中央税、地方税、中央和地方共享税。将税收划分为中央税和地方税是由国家在政治和经济上实行分级管理体制决定的。中央税是指属于财政固定收入,由中央政府征收管理的税种;地方税是指属于地方固定收入,由地方政府征收管理的税种。在中央税与地方税的划分上,有的国家地方政府拥有税收立法权,可以自行设置税种,这类税种就属于地方税;中央政府开征的税种就属于中央税。有些国家的税收立法权集中在中央,所有税种都是由中央政府统一设置的,但根据财政管理体制上的需要,划出一部分税种给地方,从而形成另一种类型的地方税。另外,有的国家还设立中央和地方共享税,这类税收收入由中央和地方按一定比例分成。

### (四) 按税收与价格的关系分类

按税收与价格的关系分类,可将税收分为价内税和价外税。价内税与价外税的划分主要是针对商品课税而言的。凡税金包含在商品的价格之中,税金构成价格组成部分的,称为价内税;凡商品价格中不包含税金,税金作为价格之外附加的,称为价外税。与之相适应,价内税的计税依据为含税价格,价外税的计税依据为不含税价格。一般认为,价外税比价内税更易于转嫁,价内税主要对企业或生产者课征,价外税主要对消费者课征。

### (五) 按税负能否转嫁分类

按税负能否转嫁,可以将税收划分为直接税和间接税。凡纳税人能够将税负转嫁给他人负担的税种为间接税;凡纳税人不能直接将税负转嫁给他人负担的税种为直接税。一般认为,所得税和财产税属于直接税,商品课税属于间接税。

### (六) 按征税对象分类

按征税对象分类,可将税收分为所得课税、商品课税、财产课税、资源课税和行为课税,这是一种最重要、最常用的一种税收分类方法。所得课税是指以纳税人的净所得为课税对象的税收,一般包括个人所得税、企业所得税等;商品课税包括所有以商品为课税对象的税种,如增值税、消费税、营业税、关税等;财产课税是以各种动产和不动产为课税对象的税种,如一般财产税、遗产税、赠与税等;行为课税是以某种特定的行为为课税对象的税种,如固定资产投资方向调节税、印花税、耕地占用税等。

## 二、一些国家和国际组织的税收分类

现代各国的税制一般都由多个税种组成,各个国家的税制千差万别,税种设计方式各不相同,因此分类的方法和习惯也有些不同。

### (一) OECD 国家适用的税收分类

OECD 即经济合作与发展组织,其成员国采取统一的税收分类方法,共分为七类:

1. 对商品和劳务课税。它包括对商品生产、销售、转让、租赁、交货和劳务提供课税,以及对商品的所有、使用、许可使用和行为课税。
2. 对所得、利润和资本利得课税。它包括家庭和组织缴纳的所得税、利润税、资本利得税,以及公司企业缴纳的所得税、利润税、资本利得税。

3. 社会保险税。它包括由雇员支付、由雇主支付和由自营者或非雇佣者支付的社会保险税。

4. 按工资表或劳动力对雇主课税。

5. 对净财富和不动产课税。它包括净财富经常税、不动产经常税、净财富和不动产一次性税。

6. 对赠与、继承、资本、金融交易课税和印花税。

7. 其他税。

(二)国际货币基金组织的税收分类

国际货币基金组织(IMF)把税收分为公司利润和资本所得税、社会保障缴款、工资税、财产税、货物和服务税、国际贸易税、其他税等七类。

(三)我国特有的分类方法

除了上述分类之外,我国还有一些特有的分类法:

1. 以征税对象的性质分为流转税类、所得税类、资源税类、行为税类和财产税类,这与前面按征税对象将税收分为所得课税、商品课税、财产课税、资源课税和行为课税是一致的,主要差别在于把商品税改为了流转税。所谓流转税,是以商品生产流转额,以及非商品生产流转额为对象而征收的税种。商品流转额是指在商品生产交换的过程中,因销售商品而发生的销售收入额,或购进商品而发生的购货支付金额。非商品流转额是指因从事劳务和其他业务经营而取得的商业性业务收入金额。流转税在我国主要包括增值税、消费税、营业税、关税等,可见,流转税与商品税指的是同一类税种。

2. 以不同的征收管理机构为标准划分为工商税收、关税、农牧业税。我国习惯上将一直由国家税务系统征收管理的税收称为工商税收,而关税由海关总署以及各地海关机构负责征收,农牧业税由财政部及各地财政机关负责征收,这样按照不同的征收管理机构进行划分,就有了工商税收、关税、农牧业税的分类。

# 第三节 税收原则

税收是政府为满足公共需要而对社会资源进行的强制性分配,征税的过程和结果会影响居民、企业等各种市场经济主体的行为和选择,涉及各种利益关系的调整,对社会经济的运行也会产生各种影响和效应。税收原则就是关于如何处理好这些问题和关系的指导思想。

## 一、税收原则的含义和发展

### (一)税收原则的含义

税收原则就是有关课税对象选择、税制结构布局、税率设计和税收征管等税制设计和实施时应遵循的指导思想,也是评价税收制度优劣以及考核税务行政管理状况的基本标准。税收原则是建立税收制度的理论基础,它涉及在一定的历史条件下,建立、调整、改革或废除税收制度时必须考虑的基本问题及其相互之间的关系。税收的发展始终伴随着一定的规则和制度要求,这些规则和要求是经济和社会发展对税收运用的规定,反映了社会生产力发展的客观要求。从税收的发展历程来看,各个时期的经济学者一直在探讨税收的原则,而研究和探讨税收原则的实质是关注征税过程中的公平与效率问题。正确处理好征税过程中的公平与效率关系,是各时期税收原则的最基本命题。

### (二)税收原则的发展

每一个历史时期的人们都会有对税收公平与效率关系的不同思考,从发展的过程看,具有代表性的税收原则主要包括:

1. 亚当·斯密的税收原则。财税学界认为,历史上第一次明确而系统地阐述税收原则的是古典经济学的奠基人亚当·斯密。亚当·斯密在他的《国民财富的性质和原因的研究》一书中提出了税收四原则,对后世产生了极大的影响。这些原则是:

(1)平等原则。它指国民应根据自身的能力来承担政府的经费开支,即按其在国家保护下取得收入的比例来缴纳税收,以维持政府运转。

(2)确实原则。它是指纳税人应当缴纳的税必须是确定的,不得随意变更。政府应将纳税的内容、时间、地点、手续等清楚明确地告诉一切纳税人和其他人,以防止税收机构和官员滥用征税权,破坏经济自由发展的秩序。

(3)便利原则。它是指各种税的征收日期、方法及其相应的管理程序、手续必须尽量从简,尽量给纳税人以最大的便利。

(4)最少征收费用原则。它是指征税和纳税的各种耗费应最少,应尽量使国库收入与国民缴纳的税收之间的差额为最小,即税收征收费用最节省。

亚当·斯密的税收原则,提出了按比例纳税思想、税制效率思想,认识到了税收与收入再分配的关系、税收与经济活动的关系,阐明了使税收负担和征收管理合理化的问题,对税收原则理论有着重要的影响,反映了当时主张经济自由发展、国家不干预或少干预的主流经济思想。

2. 瓦格纳的税收原则。继亚当·斯密之后,英、法、德等国家的经济学家如西斯蒙第、穆勒、萨伊等又提出了许多税收原则,试图从不同角度对斯密的税收原则进行补充。其中19世纪下半叶,德国社会政策学派的代表人物阿道夫·瓦格纳对

亚当·斯密税收原则的发展最为完备,他提出的税收原则的主要内容包括:

(1)财政政策原则,即课税能充足而灵活地保证国家经费开支的需要。其具体包括:第一,充足原则,即税收收入应能满足国家财政的需要,以避免产生赤字;第二,弹性原则,即一旦国家财政需要量增加时,税收应能自动增加。

(2)国民经济原则,即国家征税不能阻碍国民经济的发展,以免危及税源。在可能的范围内,应尽量有助于资本形成,促进国民经济的发展。它具体包括:第一,税源选择原则,即应选择有助于保护国民经济的税源,以发展国民经济;第二,慎选税种原则,即税种的选择应避免使市场经济机制的效率受损,尽量避免税负转嫁。

(3)社会公平原则,即税收负担应普遍和平等地分配给各个阶级、阶层和纳税人。它具体包括:第一,普遍原则,即税负应当遍及到每一个国民,人人有纳税义务,不能因身份、地位等不同而有所区别;第二,平等原则,即纳税人应根据纳税能力的大小纳税,通过累进税及免税等措施,达到社会公平目标。

(4)税务行政原则,即税法的制定与实施都应当便于纳税人履行纳税义务。它具体包括:第一,确定原则,即纳税的时间、地点、方式、数量等应事先规定清楚;第二,便利原则,即纳税手续应简便,尽量方便纳税人;第三,节省原则,即要尽量节省征税和纳税费用。

(三)税收原则的现代观点

当代西方经济学的不同流派在其所推崇的经济思想和经济理论上存在差异,这种差异也反映在他们对税收原则的看法上。

1.凯恩斯学派的税收观。1929年的经济大危机之后,市场能够自动调节达到完全均衡、市场机制完美无缺的神话破灭,主张政府进行干预的凯恩斯主义经济理论应运而生。凯恩斯认为,经济危机和失业的根源是有效需求不足,这个问题完全靠市场主体的自由竞争是不能解决的,因而主张政府必须对市场进行干预,财政税收政策和措施是干预的主要手段。虽然凯恩斯学派没有表述十分明确的税收原则,但他们十分强调税收对经济的调节作用,提出国家必须用改变税收体系、限定税率以及其他方法来指导消费倾向,认为税率的变动是调节经济短期波动的很有效的武器,是有效维持充分就业的重要手段等。凯恩斯学派主张实行弹性税率的税收制度,繁荣时期多征税,限制消费和投资;萧条时期少征税,刺激消费,鼓励投资。这样把税收视为市场经济有力而迅速的"内在稳定器",认为税收能够自动稳定经济活动,减轻经济周期波动。总之,凯恩斯学派在税收的看法上是比较强调税收的干预和调节作用的。

2.供给学派的税收观。20世纪70年代以后,西方国家普遍出现"滞胀"的局面,以供给学派为代表的一批新的经济学流派出现并向凯恩斯学派发起了挑战。供给学派主张通过减税来减少国家对经济的干预,提高私人投资效率,刺激经济增长。主张改善供给管理政策,特别是在税收政策上强调减税和强调税收中性原则,是供给学派税收思想的鲜明特点。

供给学派的减税思想,主要是通过著名的"拉弗曲线"来表达的。所谓"拉弗曲线"是供给学派的代表人物之一——阿瑟·拉弗提出的减税政策的理论图解,见图5-1。

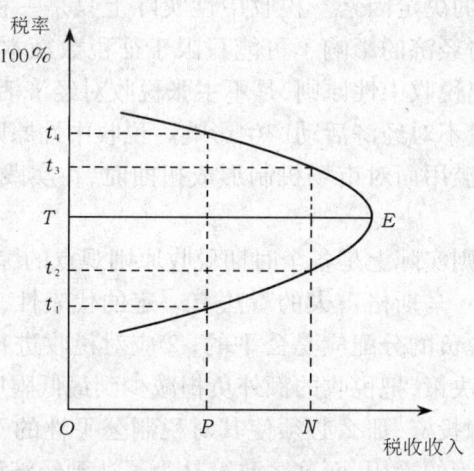

**图5-1 拉弗曲线图解**

拉弗曲线所要表达的基本观点是:税收负担是有一定限度的,在一定限度之内,税率提高,税收收入也相应增长,但是如果税率的提高超过一定的限度,那么再提高税率就会影响人们工作、储蓄和投资的积极性,从而导致税基减少,这时税率的提高反而会减少税收收入。在图中,$TE$以上区域就是税率禁区,当税率由$t_1$提高到$t_2$时,由于此时税率还没有到达高税率禁区,所以税收收入随税率的提高从$OP$增加到$ON$;当税率在$TE$上面的禁区里,即从$t_3$提高到$t_4$时,这时税率的提高不仅不能增加税收收入,而且还会导致税收收入从$ON$下降到$OP$。拉弗曲线表明了供给学派对税率、税收收入和经济增长之间关系的看法:

第一,高税率不一定会取得高税收收入,高税收收入也不一定需要高税率。因为税率太高,会削弱市场经济主体的活力和动力,导致经济的停滞和下滑,使得税基减少。

第二,取得同样多的收入可以采用高低不同的两种税率,如图中同是$OP$这么多税收收入,既可以通过高税率的$t_4$获得,也可以通过低税率的$t_1$来征收。

第三,税率、税收收入和经济增长之间的最佳点是$E$点,实行$T$税率,但现实中要找到这么一个最佳点是困难的,但曲线从理论上证明这一最佳点是存在并有可能找到的,它是税制设计的目标模式,也就是最佳税率。供给学派认为,目前西方国家的税率水平都处于税率禁区内,所以应实行减税,降低税率反而会扩大税基,增加税收收入。

3. 税收中性原则。所谓税收中性原则,包含两层含义:首先,政府征税使社会付出的代价以税款额为限,尽可能不给纳税人或社会带来其他的额外损失或负担;其次,政府征税应避免对市场经济正常运行的干扰,特别是不能使税收超越市场机制而成为资源配置的决定因素。税收中性实际上只是一种理论上的说法,在现实经济生活中,税收对经济的影响不可能只限于征税数额本身而保持中性。也就是说,经济学家们提出税收中性原则,是不主张税收对经济活动和资源配置进行过分干预,要求税收尽量不对经济活动产生影响。税收中性原则有一定的积极意义,特别是在政府干预被滥用而对市场机制形成扭曲时,在实践中应重视并尽可能遵循这一原则。

当今的税收原则实际上是各个时期税收原则观点的综合,美国哈佛大学教授、著名财税学家理查·马斯格雷夫的看法有一定的代表性,他主张合适的税收应该符合以下要求:①税负的分配应是公平的;②应对税收进行选择,以便尽量不影响有效市场上的经济决策,把税收的额外负担减少到最低限度;③如果税收政策被用于其他目标,如刺激投资,那么必须使其对税制公平性的干扰达到最小;④税收结构应有利于财政政策的运用,而这一政策是为了达到经济稳定和增长的目的;⑤对税收制度应采取有效而不是专断的管理,税制应被纳税人所理解;⑥税收的管理及征纳费用应尽可能地减少。

## 二、市场经济条件下的税收原则:公平与效率

综观各个时期各个流派的税收原则,虽然它们在内容上有许多差别,但最基本的实质内容却始终是公平与效率,因此,我们认为在市场经济条件下,税收的原则主要就是两个:公平原则和效率原则。

### (一)公平原则

税收公平原则是指国家征税要使纳税人承受的负担与其经济状况相适应,并使纳税人之间的负担水平保持平衡。它可以从两个方面来理解:一是经济能力或纳税能力相同的人应缴纳数额相同的税收,即以同等的方式对待相同的纳税人,这称做税收的横向公平;二是经济能力或纳税能力不同的人应当缴纳数额不同的税收,即以不同的方式对待不同的纳税人,这称做税收的纵向公平。那么,如何来衡量税收是否公平呢?衡量税收公平的标准主要有以下三条:

1. 机会均等原则,即要求按企业或个人获利机会的多少来分担税收。获利机会多的企业和个人多纳税,获利机会相同的企业或个人缴纳相同的税。企业或个人获利机会的多少是由他拥有的经济资源决定的,包括人力资源、财力资源和自然资源等。上述资源占有方面的差异,使得一部分企业或个人在市场竞争中处于有利地位,而另一部分企业或个人则处于不利地位。处于有利地位者可以凭借其各

种、甚至某一种外在的经济优势,扩大市场占有份额甚至垄断市场,妨碍市场竞争,降低资源配置效率。因此,国家应当通过适当的税收政策调节、改变以至消除由于资源占有状况的不同而形成的不平等竞争环境,使竞争者大致站在同一起跑线上展开公平竞争。

2. 受益原则,即要求按纳税人在政府公共支出中受益程度的大小来分担税收。现实生活中,政府之所以向纳税人征税,是因为政府向纳税人提供了公共产品或公共服务;纳税人之所以向政府纳税,是因为他们从政府提供的公共产品或公共服务中获得了利益。因此,谁受益谁纳税,受益多的人多纳税,受益少的人少纳税,受益相同的人负担相同的税收是非常公平的。

3. 负担能力原则,即要求按照人们的负担能力来分担税收。根据这一原则,负担能力强的人多纳税,负担能力弱的人少纳税,没有能力的人不纳税。普遍征收是税收的一个基本前提,但政府征税的一个目的,就是通过政府支出改善人们的生活条件和生活环境,提高人们的生活水平,所以对那些负担能力弱或没有负担能力的人,为了保证其基本生活需要,政府不应向其征税。而且,在一定条件下政府要通过财政转移支付,向他们提供必要的生活补助。对于人们的负担能力可以按照其收入水平、消费支出水平或拥有的财产来衡量。从既能够准确衡量人们的负担能力又便于在实践中操作和管理的角度,通常用收入水平来衡量人们的负担能力,按照人们收入的多少进行课税。

(二)效率原则

税收效率原则指的是以尽量小的税收成本取得尽量大的税收收益。税收效率通过税收成本和税收收益的比率来衡量,但这种对比关系不是单一的,而是多层次的。这种关系,首先是税务机关本身进行税务行政或税收管理而产生的成本和收益的比较;其次,是从税收与经济的相互关系,特别是从税收对经济的影响方面进行成本和收益的比较。

1. 税收的行政效率。税收的行政效率是通过一定时期直接征纳成本与入库的税收收入的对比来进行衡量。这里入库的税收收入是税收的直接收益。而税收的征纳成本,一是税务机关为获得一定数量税收收入的耗费,包括税务机关工作人员的工资、津贴等人员经费和税务机关在征税过程中所支付的房屋租赁费用、交通费、办公费、差旅费等公用经费,以及用于建造税务机关办公大楼等各种费用开支;二是纳税人在纳税过程中所发生的费用,包括纳税人雇用会计师、税收顾问、职业税务代理人等所花费的费用,公司、企业为个人代交税款所花费的费用,以及纳税人在申报纳税方面的时间和其他各种费用等。一般地说,税收的征纳成本与入库的税收收入之间的比率越小,税收行政效率就越高,反之则相反。

2. 税收的经济效率。税收的经济效率是从整个经济系统的范围看税收效率原则的,主要从征税过程对纳税人以及整个国民经济的正负效应方面来判断税收是否有效率。这就有一个税收的经济成本与经济收益的比较问题。一般来看,对税收经济效率主要从两个方面来考察:一是税收的额外负担最小化;二是税收的额外收益最大化。

现代经济学运用帕累托效率来衡量经济效率。帕累托效率是指这样一种状态,即资源配置的任何重新调整都已不可能使一些人的境况变好而又不使另一些人的境况变坏,那么这种资源配置已经使社会效用达到最大,这种资源配置状态就是资源的最优配置状态,称为帕累托最优。如果达不到这种状态,就说明资源配置的效率不是最佳,还可以进行重新调整。由于现实经济生活中,大多数的经济活动都可能是通过使一部分人的境况变坏,从而使另一部分人的境况变好,但总的社会效益是变得更好。所以,效率的实际含义可以解释为:经济活动上的任何措施都应当使"得者的所得大于失者的所失",或从全社会看,宏观上的所得要大于宏观上的所失。如果做到这一点,经济活动就可以说是有效率的。

一般认为,税收的征收同样存在"得者的所得大于失者的所失"的利弊比较问题。税收在将社会资源从纳税人手中转移到政府部门的过程中,势必会对经济产生影响。若这种影响限于征税数额本身,此乃为税收的正常负担;若除了这种正常负担之外,经济活动因此受到干扰和阻碍,社会利益因此受到削弱,便会产生税收的额外负担。

税收的额外负担分为两类:

第一,资源配置方面的额外负担。国家征税一方面减少私人部门支出,另一方面又增加政府部门支出。若因征税而导致的私人经济利益损失大于因征税而增加的社会经济效益,即发生税收在资源配置方面的额外负担。

第二,经济运行方面的额外负担。税收作为一种强制和无偿的国家占有,总会对纳税人的经济行为产生影响。若因征税对市场经济的运行发生了不良影响,干扰了私人消费和生产的正常或最佳决策,同时相对价格和个人行为方式随之变更,即发生税收在经济机制运行方面的额外负担。

无论发生哪一方面的额外负担,都说明经济处于无效率或低效率状态。由于征税会产生税收的额外负担,税收的额外负担越大,意味着给社会经济运行带来的消极影响就越大。因此,税收的效率原则就要求征税尽量使税收的额外负担最小化。

税收征收过程不只是经济成本的增加,也会对经济运行产生积极的影响。政府征税可以将政府的意图体现在税收制度和税收政策中,达到调节经济、稳定经济的作用,社会经济活动因此而得到促进,社会利益因此而得到增加,征税过程特别是税收政策的运用能够提高资源配置效率和宏观经济效益,这样就产生了税收的额外收益。如,国家通过征税引导产业结构、矫正负的外部经济行为等,都会促进资源的有效配置,提高宏观经济效益。在实施经济可持续发展战略的条件下,通过征收环境税以及其他政策措施,运用税收限制环境污染的产生,鼓励环保产业的发展,使整个税制体现环保要求,抑制或减少环境污染和生态破坏,并最终实现可持续发展,这就是典型的税收产生的额外收益。因此,不仅要着眼于税收额外负担最小化,还要着眼于税收额外收益最大化,税收的效率原则就是要尽量增加税收的额外收益,减少税收的额外负担。

### 三、税收原则的调整与发展趋势

20世纪80年代以来,各国出现了世界性的税制改革浪潮。当时各国税制普遍存在一些的问题:税收对经济运行的过度和过细干预,严重扭曲了正常的经济活动;过分强调税负公平特别是税负的纵向公平,造成了经济效率的低下,人们投资和工作积极性的下降;过分重视税收的经济效率而相对忽视税收行政效率,造成税制日趋复杂繁琐以及税收行政效率低下。

针对这些问题,各国对税制进行了大幅度的调整和改革,在税制改革过程中,税收原则也出现了调整和发展的新趋势,主要体现在:

首先,在税收的经济效率原则上,主张由对经济的全面干预转向主张进行适度干预,避免税收对市场机制本身的干扰和破坏。

其次,在税收公平与效率原则的两难权衡上,由偏向公平转向更为注重效率,以刺激经济增长,摆脱经济困境。

第三,在税收公平原则的贯彻上,由偏重纵向公平转向追求横向公平。

最后,在税收效率原则的贯彻上,由注重经济效率转向经济效率与行政效率并重。

税收原则的这些调整和发展的趋势,反映了各国对公平与效率关系的新思考,到目前仍影响着各国税制改革和税收政策的调整。

## 第四节 税收效应

### 一、税收效应的含义

在市场经济条件下,纳税人是以追求自身利益最大化为目标的理性经济人。纳税人作为经济活动中的投资者、生产者和经营者,税收对他们而言是政府强制、无偿地征收,因而如同原材料和工资等成本一样,是从事投资和生产经营活动时所必须付出的经济代价。因此,政府对投资和生产经营活动是全部征税、还是部分征税,在政府的征税领域,政府是采取统一税率征税,还是采取差别税率征税,对纳税人的利益会产生截然不同的影响。作为纳税人的企业和个人，是市场经济中自主经营、自负盈亏的微观经济主体，有追求自身利益最大化的内在动力，同时也面临着为了生存和发展而进行激烈竞争的外在压力。在动力与压力的相互作用下，政府课税必然会使纳税人作出相应的反应，并进行经济决策和行为选择。所谓的税收效应，就是指纳税人因政府征税而在其经济选择或经济行为方面作出的反应。

作为独立经济利益主体的纳税人，面对纳税导致或可能导致的收入减少，一般会有两种不同类型的税收效应：一种是税收的收入效应，即因为税收减少了纳税人可支配的收入，进而影响纳税人的有关决策和行为。例如，由于纳税减少了纳税人的收入，会激励纳税人比原先更加努力地工作，以赚取更多的收入，弥补由于征税而造成的损失。另一种效应是替代效应，通常是指纳税人针对不同经济行为税收待遇的不同，而有意识采取的行为选择。也就是说，纳税人为了减少纳税或不纳税，会尽量选择不需纳税或少纳税的行为方式和经济决策。例如，如果银行存款获得利息需要纳税，但购买国债所得利息不需纳税，在利率等其他条件相当的情况下，人们就会选择购买国债而不是银行存款。也就是说，在利益的驱动下，人们会尽量地回避征税，会选择课征低税的经济行为来替代课征高税的经济行为，以不征税的经济行为来替代征税的经济行为。

在市场经济条件下，纳税人的经济选择或经济行为是多方面的，主要包括劳动投入、生产、消费、储蓄和投资等。而且需要注意的是，在社会化大生产和市场经济体制下，纳税人的行为并不是孤立的，生产者之间、生产和消费之间、生产和投资之间都存在十分密切的联系。一个纳税人经济选择或经济行为的改变必然会影响到其他纳税人的行为，从而产生更为广泛的效应，因此对单个纳税人的税收效应的分析只是基本的方面。

## 二、税收的收入效应和替代效应

前面我们说过，纳税人的经济行为是多方面的，因此，税收效应也是多方面的，包括税收对纳税人在劳动投入、生产、消费、储蓄和投资等多方面的影响。在此，我们主要分析税收对消费者行为的影响。

经济学里所说的消费者行为，是指消费者在收入既定的约束条件下，作出各种决策或选择使自己的效用最大、满足程度最高。税收对消费者行为的影响，也表现为替代效应和收入效应两种。

（一）税收对消费者抉择的替代效应

税收对消费者抉择的替代效应，表现为政府对商品征税之后，会使得商品价格相对上涨，造成消费者减少对征税或重税商品的购买量，而增加对无税或轻税商品的购买量，即以无税或轻税商品替代征税或重税商品。这种替代效应可以通过图5-2来进行分析。

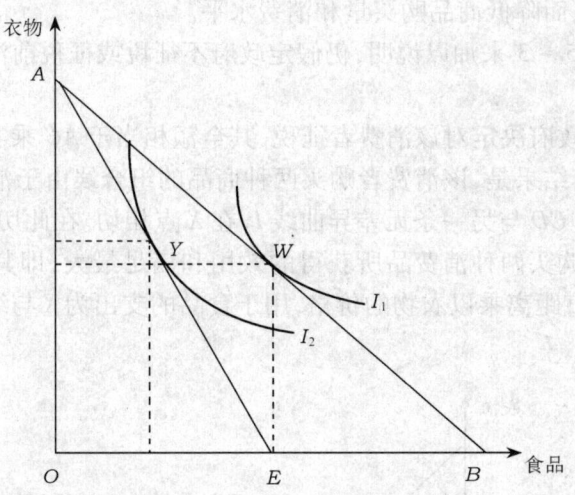

图 5-2　税收对消费者抉择的替代效应

如图 5-2 所示,假定某消费者的收入是既定的,其收入全部用来购买衣物和食品,衣物和食品的价格也是既定的,则消费者购买两种商品的数量组合连成一条直线,即图中的 AB 线。消费者从衣物和食品的消费上都能得到效益和满足,即衣物和食品对他都有效用。一定数量的食品与一定数量的衣物在效用上无差异,则两者在数量上的组合可以形成一系列的曲线即无差异曲线。由于边际效用随消费数量的增加而递减,无差异曲线呈下凹状。AB 线与无数的无差异曲线相遇,但只与其中一条相切,即图 5-2 中的 $I_1$,AB 与 $I_1$ 在 W 点相切,在这一点上,纳税人以自己的收入购买消费品所获得的满足程度最大。即其用于衣物的支出为 W 与横轴的垂直距离乘以衣物的价格,用于食品的支出为 W 与纵轴的水平距离乘以食品的价格。

现假定政府决定对食品征税,对衣物不征税。那么,该消费者购买两种商品的组合线便因此而由 AB 移至 AE,与其相切的无差异曲线也不再是 $I_1$,而是左侧的另一条 $I_2$。AE 与 $I_2$ 在 Y 点相切,在此切点上,该消费者以自己的收入购买消费品获得的效用最大,即其用于衣物的支出为 Y 与横轴的垂直距离乘以衣物的价格,用于食品的支出为 Y 与纵轴的水平距离乘以食品的价格。

可以看出,由于政府对食品征税而对衣物不征税,改变了消费者购买消费品的抉择,其最佳抉择点由原先的 W 点移至 Y 点意味着消费者在政府对食品征税之后,减少了对食品的购买量,而相应增加了对衣物的购买量,即以衣物方面的消费替代了一部分食品的消费。

（二）税收对消费者抉择的收入效应

税收对消费者抉择的收入效应,表现为由于征税使作为纳税人的消费者的收入水平下降,从而降低商品购买量和消费水平。

下面以图 5-3 来加以说明,仍假定政府不征税或征税前消费者的最佳抉择点为 W 点。

现在假定政府决定对该消费者征税,其金额相当于 AC 乘衣物的价格或 BD 乘食品的价格。其结果是,该消费者购买两种商品的组合线由于消费者收入的降低而由 AB 移至 CD。CD 与另一条无差异曲线 $I_2$ 在 X 点相切。在此切点上,该消费者以自己的税后收入购买两种消费品所获得的效用和满足最大,即其用于衣物的支出为 X 与横轴的垂直距离乘以衣物的价格,用于食品的支出为 X 与纵轴的水平距离乘以食品的价格。

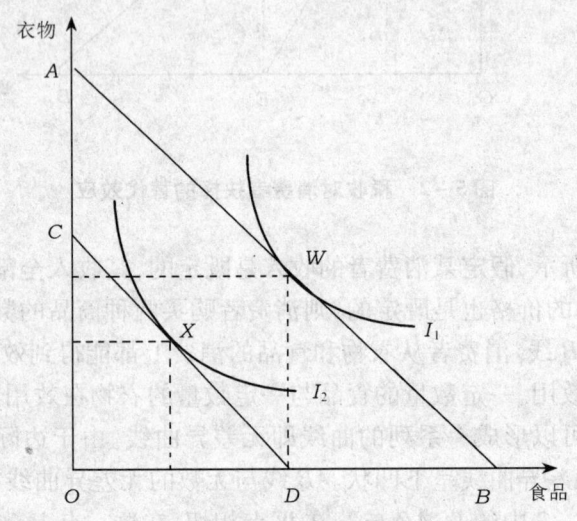

图 5-3  税收对消费者抉择的收入效应

不难看出,由于政府征税而使消费者在消费品购买上的最佳抉择点由 W 点移至 X 点,这就意味着,消费者在政府征税后,因可支配收入水平的减少,而不得不相应地减少消费品的购买量。

税收对纳税人在劳动投入、生产、储蓄和投资等其他方面的影响,也主要是税收的替代效应和税收的收入效应在不同领域的表现,也可以通过类似上面的图形来加以说明。

### 三、税收对市场价格和其他经济行为的影响

(一)税收对市场价格的影响

税收对市场价格的影响,表现在政府课税之后会使课税商品出现两种价格,即消费者购买商品支付的价格和生产者出售商品实际得到的价格,二者之间的差额

就是政府课税的数额。从计税依据上看,对商品的课税,如我国的消费税采用从量计征和从价计征两种形式,并实行价内税办法。在从量计征形式下,消费税按事先确定的单位税额征税,如黄酒,单位税额为每吨240元,如果消费者支付的每吨黄酒价格为1 000元,则生产者实际得到的每吨黄酒价格为760元(1 000元-240元);在从价计征形式下,消费税按单位商品价格的一定比例计征,如甲级卷烟税率为45%,如果消费者购买一盒甲级卷烟支付的价格为10元,则生产者实际得到的一盒甲级卷烟的价格则为5.5元[10元×(1-45%)]。显然,由于政府课税而使课税商品出现了两种价格。由于税收的存在,使得消费者购买商品所支付的价格和生产者出售商品实际得到的价格之间插入了一个税收"楔子",因此,对课税商品的需求量和供给量也要由消费者和生产者分别根据各自面临的价格来决定。

(二)税收对生产的影响

税收对企业生产决策的影响主要表现在两个方面:一是对企业投入品即生产要素的课税会改变企业的要素投入选择;二是对企业产出品的课税会降低企业的生产数量,并改变企业产品的结构。

1. 税收对企业投入要素的替代效应。企业生产经营需要投入的基本生产要素包括劳动和资本。企业为劳动这一生产要素所支付的税收一般称为工资税或社会保障税。企业为资本这一生产要素所支付的税收一般称为企业所得税或公司利润税。在企业产出量和产品销售价格一定的条件下,税收对企业投入要素的替代效应主要有以下几种情况:

(1)如果降低企业社会保障税负担,其他税种的税负不变,则会促使企业从自身利益最大化出发,采用一种资本密集程度更低的技术,即减少机器设备投资、增加职工人数,以相对减轻社会保障税的税收负担;反之,如果政府降低企业所得税,其他税种的税负不变,企业则倾向于增加机器设备投资而减少雇工。

(2)如果政府按每个劳动者开征一种固定税(如假设政府要求企业为其职工每人每月交纳100元的社会保障税),就会相对地提高非熟练劳动的成本,或者说熟练劳动的成本就变得相对便宜,征税后便会鼓励企业以熟练劳动替代非熟练劳动,以期减少用工人数,少纳税。

(3)如果政府对资本品直接课税,就会影响企业对资本耐久性的选择。如果税收制度和税收负担设计合理,就会刺激企业倾向于耐久性长的资本品投资,引导企业向长期行为发展;反之,如果耐久性长的资本品税负重,耐久性短的资本品税负轻,则会鼓励企业以耐久性短的资本品投资来替代耐久性长的资本品投资,助长企业的短期投资行为。

2. 税收对企业生产规模或产量的影响。政府对企业的产出品征税,如果不考虑税负转嫁因素,那么税款不论是由企业生产者缴纳还是由消费者缴纳,也不论是采用从量计税,还是从价计税,税收都将会在课税商品价格中打进一个楔子,其结果是同一课税商品出现两种不同价格：即消费者支付的含税商品价格与企业生产者实际得到的不含税商品价格。

在生产要素和市场供求关系等条件一定的情况下，从自身利益考虑，企业生产者实际得到的不含税价格的高低，直接决定着企业的投资收益水平，因此通常企业对某种商品是否生产以及生产多少的决策，是以生产该商品实际得到的不含税价格为依据的，而不以消费者支付的含税价格为依据。因此，政府课税减少了企业的自身利益，可能会迫使企业减少课税商品的产量，甚至选择不生产的决策。具体情况有以下几种：

（1）如果政府征税后企业仍能获取超额利润，只不过是因政府征税而使盈利利率下降了，这样，企业就要调整自己的产量，使产量定在其边际成本加上税额等于产品价格这一点上，以便实现企业利润最大化的目标。

（2）如果政府课税后企业不能获取超额利润，企业生产无利可图甚至出现亏损，那么，企业可能会选择不生产的决策。

（3）如果某一行业中的所有企业都要承担政府的商品课税，并且假定所有企业的成本水平都一样，由于每一个企业都因政府课税而在现行的市场价格水平上削减了产量，那么，由该行业提供的某种产品的总产量将会下降，根据供求关系和价格机制变化规律，该商品的市场价格将因产量下降而上升，从而刺激企业扩大生产。这样，价格上涨会在一定程度上抵消税收减少行业生产量的效应，最终使企业所发生的减产幅度会小于价格不上涨时企业的减产幅度。

（4）如果政府对商品课税是一视同仁的，即对所有商品同等课税。但由于各个企业的生产经营管理水平和成本费用水平不同，这样，一视同仁的税收就会使得行业中的部分企业有利可图，部分企业无利可图甚至亏损，迫使无利可图或亏损的企业退出某一个生产行业，从而使整个行业的产出量下降。

3. 税收对企业生产的产品结构的影响。税收对企业生产规模的影响，往往会反映到对企业产品结构的影响上。在市场经济条件下，生产要素在行业之间、地区之间、企业之间和产品之间是自由流动的，如果政府的税收负担分布不合理，将会造成生产者减少课税商品或重税商品的生产量，增加无税或轻税商品的生产量，即以无税商品或轻税商品来替代课税商品或重税商品，税收对企业生产经营决策就产生了替代效应。

（三）税收对投资、储蓄和劳动力供给的影响

1. 税收对企业投资的影响。税收对企业投资决策的影响，除了其对储蓄水平的间接影响以外，这一效应主要是通过对投资收益率和折旧因素的影响体现出来的。

对企业来说，税率与投资收益率是反方向变化的。在其他因素一定时，税率提高，投资收益率下降，因此，税率的变动会直接引起投资收益与投资成本的比例发

生变动,并对纳税人的投资行为产生方向相反的两种效应:如果其影响是降低了投资对纳税人的吸引力,就会造成纳税人以消费来替代投资,即税收对投资产生了替代效应;如果其影响是减少了纳税人的可支配收入,促使纳税人为了维持其以往的收益水平而增加投资,就产生了收入效应。同时,通过税收制度规定的税收折旧率与实际折旧率通常是不一致的。若两者相等,则税收对私人投资的影响表现为中性;若前者高于后者,则税收对私人投资的影响表现为一种激励;若前者低于后者,则税收对私人投资的影响表现为一种抑制作用。

一方面,课征税收一般会导致投资的收益率下降,产生税收对投资的替代效应,从而抑制投资;另一方面,税法中存在一些鼓励投资的规定,如加速折旧、投资抵免(即允许以应纳税额中直接扣除一部分投资成本)等,会对投资起到激励作用。因此,政府应视不同的经济环境,合理利用税收对投资的影响,调控投资需求,从而实现社会总供求的平衡。

2. 税收对储蓄的影响。储蓄按其主体可分为政府储蓄与私人储蓄。其中,私人储蓄又可分为公司(企业)储蓄与家庭储蓄两部分。一般说来,国内储蓄的主要来源是私人部门的储蓄,发展中国家的私人部门储蓄占储蓄的比例一般在80%以上,因此,分析税收对储蓄的影响,一般就是指税收对私人储蓄的影响。私人储蓄在经济生活中占有重要地位,它是影响私人投资和经济增长的一个重要因素,而税收是影响储蓄的重要因素之一。

税收对私人储蓄的效应是通过税收对个人可支配收入和税后利息率的影响来实现的,并分别表现为收入效应和替代效应两个方面。

(1)税收对私人储蓄的收入效应,是指政府课税使私人可支配的收入减少,纳税人为了维持既定的储蓄水平而被迫减少现期消费。例如,在纳税人收入一定的前提下,政府开征所得税会相应减少纳税人的可支配收入,进而会迫使纳税人对消费和储蓄作出重新选择。如果纳税人要维持现有的储蓄水平,就必须以压低现期消费为代价,在这种情况下,税收对私人储蓄就产生了收入效应。政府对财产课税也有类似的效应。

(2)税收的替代效应是指政府课税会减少纳税人的实际利息或利润收入,从而降低储蓄对纳税人的吸引力,促使纳税人以消费来代替储蓄。例如,政府对储蓄的利息收入征收所得税,这使纳税人为将来消费(储蓄)而节约的经济利益比现期消费要小,因为储蓄和投资除时间因素外要付出利息或利润所得税,因而使节约的经济利益降低,这就促使纳税人减少储蓄数额,并相应地增加消费数额,或者说纳税人将会作出以现期消费替代将来消费的抉择。再如,遗产税和赠与税也有这种替代效应,对个人所得到的馈赠和遗产征税,其目的是为了防止少数人财产和收入畸高而形成两极分化,减轻财富的集中程度,但是对遗产征税后会影响个人的储蓄能力。财产税也会影响私人的储蓄行为,其影响力度与这些税种的税收负担成正相关关系。遗产税、赠与税、财产税等税种的税负越重，私人储蓄的动力就越小，现期消费的动力就越大；反之，这些税种的税负越轻，就越有利于增加储蓄、减少现期消费。

3.税收对劳动力供给的影响。税收减少了劳动者的既得收入，政府征税会使人们对工作产生不同的反应，妨碍或鼓励人们去努力工作。在劳动者个人有劳动投入量的选择权、劳动者所得都以货币表示并且全部所得都要课税、劳动力的供给有充分的弹性、政府财政支出模式对劳动投入没有影响等条件下，税收（所得税）对纳税人的劳动投入有收入效应和替代效应。

税收对纳税人在劳动投入方面的收入效应，表现为政府课税会直接减少纳税人的可支配收入，纳税人为了维持与以往同等的收入水平和货物、劳务消费水平，必须增加工作时间、减少闲暇时间，或提高劳动效率。也就是说，政府对劳动收入课税在一定程度上有促使劳动者增加劳动投入量和更加勤奋工作的效应。

税收对纳税人在劳动投入方面的替代效应，表现为政府对劳动收入课税，会使劳动者在劳动与闲暇两者之间的选择发生变化，从而引起纳税人以闲暇替代劳动或者以无税的家庭劳动替代有税的社会劳动。也就是说，政府课税会造成劳动投入量的下降，税负越重，劳动投入量越少。

## 第五节 税收负担与税负转嫁

### 一、税收负担的含义和分类

税收负担是指因政府课税相应地减少了纳税人可支配收入的数量或份额，从而使其承受的经济负担或对其造成的经济利益损失，它一般用政府征收的税款占纳税人税源数量的比重来反映。税收负担问题是税收制度的核心问题，也是税收与经济的关系问题。合理界定一定时期的税收负担，对于保证政府履行其职能所需要的财力和促进经济发展有着重要的意义。

（一）税收负担的实质是政府与纳税人之间的分配关系

税收负担首先表现为因政府征税使纳税人承担了一定量的税额，相应减少了纳税人的一部分收入或利润，并给纳税人造成经济利益损失，其实质表现的是一种政府与纳税人之间的分配关系。这种分配关系有以下三个层次的含义：

1.政府与单个纳税人之间的分配关系。二者对既定的剩余产品（或其价值）存在占有或支配的此增彼减的关系，就单个纳税人而言，在收入一定的前提下，政府对其征税越多，纳税人税后自己可支配的用于投资或消费的收入就越少，经济利益损失就越大。

2. 私人产品与公共产品之间的配置和消费关系。从税款运动的全过程来看，政府从纳税人手中强制征收的税款，相当大的一部分通过财政支出用于生产或提供各种公共产品或公共服务，以满足企业生产和居民生活的公共需要，这实质上体现了以政府为中介调节私人产品与公共产品之间的配置结构，以满足全社会对公共产品消费需要的分配关系。

3. 纳税人相互之间的分配关系。政府在征税与不征税、多征税与少征税之间的选择，以及政府将征收的税款通过转移性支出转化为一部分社会成员的收入的过程中，客观上起到了调节纳税人相互之间对收入或财富占有关系的作用。就政府提供的公共产品而言，因公共产品在地区结构或品种结构上存在的差异，政府也不可能做到让纳税人等量损失、等量消费。因此政府的税收分配和再分配（公共财政支出），客观上起到了调节纳税人相互之间的分配关系的作用。

（二）税收负担的分类

由于税收负担的形式比较复杂，为了研究税收负担水平、税收负担分布以及分析税收负担的经济效应和影响税收负担的各种因素，以便政府在税制建设以及制定和实施税收政策时确定合理、适度的税收负担，有效发挥税收筹集财政资金和调控经济运行的功能，有必要从不同角度、按照不同标准对税收负担进行科学的归纳和分类。

1. 按照税收负担的承受主体，可分为宏观税收负担和微观税收负担。

宏观税收负担是指一个国家在一定时期内税收收入占国内生产总值（GDP）的比重。在考察一个国家的税收负担总水平或对不同国家的税负总水平进行比较研究时，一般采用宏观税收负担。研究宏观税收负担，旨在解决税收在宏观方面促进资源合理配置、经济稳定增长和国民收入合理分配中带有全局性和整体性的问题。

微观税收负担是指某个纳税人（自然人或法人）的税收负担，表明某个纳税人在一定时期内所承受的税款总额。研究微观税收负担旨在为政府制定税收政策和税收制度进而实施对宏观经济活动的有效调控提供最基本和最直接的依据。

2. 按照税收负担的构成，可分为直接税收负担和间接税收负担。

直接税收负担是指纳税人直接向政府纳税而最终承受的税收负担。在市场经济条件下，由于存在着税负转嫁，法律上的纳税人不一定是实际税负的承担者。如果纳税人向政府实际缴纳的税额不能以某种方式转嫁给他人时，纳税人最终承担的税额即未实现转嫁的部分便构成纳税人的直接税收负担。

间接税收负担是指被转嫁者实际负担的由他人转嫁过来的税额。在存在税负转嫁机制的条件下，纳税人依法直接向政府缴纳的税款，并不意味着最终全部由纳税人自己负担，纳税人有可能通过某种途径全部或部分地将税收负担转嫁出去。这样，被转嫁者虽然没有直接向政府纳税，但却实际负担了一部分由他人转嫁过来的税款,即为间接税收负担。只要存在税负转嫁就存在间接的税收负担。就全社会来说,它虽然因纳税人之间税负的此增彼减,不会增加全体纳税人的税收负担,即宏观税收负担不变,但却会改变微观税收负担的最终分配结构。就某一纳税人而言,既可能作为转嫁者因实现了税负转嫁而使其实际负担的税额比向政府缴纳的税额还小,又可能本身作为被转嫁者而使其实际负担的税额比向政府缴纳的税额还大。在某些情况下可能税收的间接负担者根本就不是税法所规定的纳税义务人,但却负担了由他人转嫁过来的税款。

3. 按纳税人承受税收负担的实际情况,可分为名义税收负担和实际税收负担。名义税收负担是指按法定税率和计税依据计算的纳税人应承担的税款总额。名义税收负担率简称为名义税负率,它可用纳税人按法定税率和计税依据计算的应纳税额占其盈利或各项收入总额的比率来衡量。其公式为:

$$名义税负率 = \frac{应纳税总额}{盈利或各项收入总额} \times 100\%$$

实际税收负担是指纳税人实际缴纳税款所形成的税收负担。实际税收负担率简称实际税负率,可用纳税人实纳税额占其盈利或各项收入总额的比率来衡量。其公式为:

$$实际税负率 = \frac{实际纳税总额}{盈利或各项收入总额} \times 100\%$$

名义税负与实际税负从不同角度表现了纳税人的税负状况,前者侧重反映纳税人的税负承受能力,后者侧重反映纳税人实际承担的税负水平。由于各种因素的综合影响,同一纳税人的名义税负与实际税负常常存在着差异,实际税负率可能低于名义税负率,也可能高于名义税负率。导致二者偏离的因素,除了通货膨胀、避税、逃税等因素外,主要原因还包括:税收优惠和减免;税收附加和加成、执行费用等;税负转嫁。与名义税负相比,实际税负水平的变化对纳税人经济行为有着更为直接的影响,因而它是研究、制定和调整税收法律和税收政策的主要依据。

## 二、宏观和微观税收负担分析

宏观税收负担是一个国家的总体税负水平,宏观税负的高低,表明政府在国民经济总量分配中集中程度的大小,也表明政府社会经济职能及财政功能的强弱。宏观税负分析,与前面曾讨论过的公共收入规模问题,特别是公共收入占 GDP 的比重分析是大体一致的,因为大多数国家的税收收入占财政收入的 90% 以上,所以一般税收收入占 GDP 的比重称为狭义的宏观税负,把财政收入占 GDP 的比重称为广义的宏观税负。宏观税负是制定各项具体税收政策的重要依据,也是各项具体税收政策实施的综合体现。宏观税负是建立在微观税负基础上的,但又是制定微观税负的政策依据,对每个税种税率的确定有着制约作用。

## (一) 影响宏观税收负担的因素

影响宏观税负的因素与前面曾讨论过的影响公共收入规模的因素是基本相同的,主要包括经济发展水平、政府职能范围、分配制度和分配政策、价格变动、税收管理水平和税收政策等,此外一个国家的政治经济制度和经济管理体制,一定时期的经济结构如所有制结构、产业结构、宏观经济政策,以及经济的景气周期等都是影响一国宏观税负的因素。鉴于前面已对此进行了较为详细的分析,在此就不再赘述。

## (二) 适度宏观税负水平的界定

界定一个国家一定时期的宏观税负水平,需要在充分考虑影响宏观税负水平的各种因素的同时,结合经济发展的实际情况进行科学的判定。从理论上讲,若要保持合理的宏观税负,在税收收入量的确定上就应符合以下标准:

1. 税收收入增长与经济增长协调、同步。税收来源于经济,只有经济发展了,税收才会有充足的来源。从财政支出增长的规律来看,财政支出是随着经济的增长、政府职能的扩大而呈现出逐步增长的态势。那么,要保证财政支出满足公共服务的需要,就要求税收规模增长速度与经济总量增长速度之间保持合适的比例关系。

2. 满足政府最低支出标准。税收收入是政府财政收入的主要来源,其收入的基本目的就是满足政府公共支出的需要。在政府职能既定的前提下,宏观税负的高低,应以所取得的税收收入是否能够满足维持政府正常运转的经费支出及公共产品最基本供给的资金需要为依据。在这里需要科学地确定一般社会公共需要量,包括纯公共产品和需要政府提供的非公共产品的需要量。明确了一般社会公共需要量,就可以明确税收的使用方向及其必要量,进而确定宏观税负水平。

3. 税收收入与非税收入相结合,进行统筹安排。从各国财政收入构成看,都有或多或少的非税收入。如,日本、美国、法国、荷兰、加拿大、英国、澳大利亚等国中央政府的非税收入占税收收入的比重在10%左右。发展中国家非税收入占财政收入的比重在15%~25%左右,高收入国家非税收入大约在5%、最高不超过15%的范围,所以税收负担并不是企业的全部负担,政府取得财政收入不仅仅是靠税收一种形式。这样,在确定宏观税负时就需要考虑政府收入中的非税收入规模,从而使国民经济的总体负担率处于一个合适的水平上。

4. 以一定时期剩余产品价值量为上限。税收主要来源于一定时期社会生产的剩余产品价值,因此,一定时期税收总量不能超过该时期劳动者所创造的剩余产品的价值总量,剩余产品价值总量也就成为宏观税收负担的最高数量界限。从维持社会简单再生产和扩大再生产的角度,一定时期的税收总额只能是同时期剩余产品价值量的一部分而不是全部。这里,可以通过宏观剩余产品价值率即剩余产品价值总量除以国内生产总值所得到的百分比来衡量一定时期剩余产品的生产水平,以此判断一定时期宏观税负水平是否接近或超过最高界限。

从一些专家对宏观税负水平的国际比较和实证分析结果看,存在这样的一些基本观点和经验:①在税负与经济增长的关系方面,低税国家的人均 GDP 增长率高于高税国家,低税国家的公共消费与私人消费的增长幅度高于高税国家,低税国家的投资增长率、出口增长率高于高税国家,低税国家的社会就业与劳动生产率的增长幅度高于高税国家;②税收与经济增长之间存在的反方向的变量关系是,随着宏观税负的增加,经济增长率呈现下降趋势,也就是说高税收负担往往是以牺牲经济增长为代价的,这几乎成了一个普遍的规律;③通过对各种类型国家宏观税负水平的比较分析可以看出,各国的宏观税负水平是逐步上升的,发展中国家的宏观税负水平一般要低于发达国家的宏观税负水平;④发展中国家宏观税负水平一般在 15%~25%之间较为适宜,也比较符合发展中国家的经济发展状况和平均利润水平。

### (三)微观税收负担的度量

微观税收负担是相对于宏观税收负担而言的,因此,衡量微观税收负担的若干指标本质上与衡量宏观税收负担的指标是一致的。严格地说,微观税收负担包括直接负担和间接负担,由于间接负担的形成比较复杂,难以准确测度,因此,衡量微观税收负担的指标一般仅指直接税收负担。衡量微观税收负担的指标主要有以下几种:

1. 企业综合税负率。它是指在一定时期内企业实际缴纳的各种税收总额占同期企业盈利(或各项收入总额)的比例。它表明政府以税收形式参与企业纯收入分配,并占有和支配纯收入的规模,反映了企业对国家的贡献程度。它还可以用来比较不同企业的总体税收负担水平,甚至可以通过对这一指标的具体分析,说明各税在企业提供的财政收入中的不同比例,为进一步完善税收制度和税收政策提供重要依据。企业综合税负率是衡量企业税收负担水平的基本指标,在此基础上,还可以划分出企业所得税税负率指标等。

2. 个人税收负担率。它是指在一定时期内个人实际缴纳的税款占同期个人收入额的比例,一般可将它分为个人总收入税收负担率和个人单项收入税收负担率。个人总收入税收负担率是指在一定时期内个人缴纳的各种税收总额占同期个人各项收入总额的比例,这一指标反映个人总收入的税收负担程度;个人单项收入税收负担率是指个人就某项收入所缴纳的税额占该项收入的比例,反映各单项收入的税负程度及国家对个人的各项收入所采取的不同税收政策。

### (四)影响微观税收负担的因素分析

一个纳税人(自然人或法人)税收负担水平的轻重,是由多种因素决定的,其主要因素包括:宏观税负水平、税收制度、纳税人的行为以及税负转嫁等。

1. 宏观税负水平。宏观税负水平与微观税负水平的关系,实际上是整体与部分的关系,宏观税负是微观税负的抽象与概括,微观税负是宏观税负的分解与具体化。在一定的税制体系下,宏观税负水平的升降必然对微观税负水平产生重要影响。具体地说:一是在生产力水平、税基和税制结构等因素不变的条件下,提高或降低宏观税负水平必然会提高或降低所有纳税人的微观税负水平;二是在其他条件一定的情况下,如果纳税人的税收负担比例相同,则宏观税负水平的提高或降低将导致纳税人的微观税负按同一比例提高或降低;若分担比例不同(如工业部门的负担重、农业部门的负担轻),则宏观税负率的提高或降低将导致纳税人微观税负率按不同比例提高或降低。总之,宏观税负水平的变动,必然要引起微观税负水平的变动。但是,由于宏观税负水平并不是每一个纳税人微观税负水平的简单加总,因此宏观税负水平的提高或降低并不必然导致每一个纳税人的微观税负都按同一方向和同一比例变化。

2. 税收制度。税收负担作为税收分配的核心,税负水平与税负结构的确定与调整都是通过税收制度以法律形式具体加以规范的。税收制度对微观税负水平的制约作用主要体现在以下几方面:

(1)税种结构。税种设置决定税收参与分配的广度和深度,从而决定纳税人的税收负担水平。在市场经济条件下,一个纳税人往往要同时缴纳几种税,而各个税种在税制体系和税种结构中的地位和作用是不一样的,因此税种结构的变化即税种的增加或减少,以及流转税系和所得税系各自内部税种之间的课税对象的调整,都会引起纳税人微观税负水平的变化。即使像我国1994年的税制改革,在宏观税负不增加的条件下,虽然只是简并、规范和调整税种,也会导致三种不同的结果:一部分纳税人的税负与税制改革前大体持平;一部分纳税人的税负有所下降;一部分纳税人的税负有所增加。

(2)税率设计。税率水平高低决定政府征税的深度。在计税依据等因素不变的情况下,税率同纳税人的税负之间成正比关系,即税率越高,税负越重,反之,则越轻。同时,不同形式的税率对微观税收负担水平的影响不尽相同。在实行比例税率的情况下,如果不考虑其他因素,表列税率就等于实际税负;在实行超额累进税率的情况下,即使其他因素不变,它也有降低实际税负率的功能,使实际税负率低于表列边际税率,即低于征税对象所适用的最高一档税率。定额税率则不论物价和成本等因素如何变动,税负都能保持稳定。

(3)计税依据。在税率一定时,计税依据的宽窄直接决定税负的轻重,并导致名义税负率与实际税负率的背离。如,我国的农业税,以计税土地的常年产量为计税依据,由于常年产量往往低于实际产量,相应地缩小了农业税的计税依据,其实际税负率往往低于名义税负率。

(4)税收优惠与加成征收。由于享受各种税收优惠措施的纳税人在一定时期内可以依法少缴、免缴税款或获得退还税款等,所以纳税人的实际税负率必然会低于名义税负率。而加成征收则与税收优惠恰好相反,它实际上是税率的延伸,属于加重税收负担的措施,纳税人按统一税率计缴税款后,还要再缴纳一部分加征税款,因此,纳税人实纳税款要比依照统一税率计算缴纳的税款要多,税负相对也重。

3. 纳税人的行为。在税制既定的前提下,纳税人的行为也会影响自身的税收负担,这种情况在行为税系的税种里体现得更为明显。如,固定资产投资方向调节税,国家根据投资项目的性质规定了差别比例税率,投资主体若向国家鼓励的产业部门投资则不负担或少负担这种税,若向国家政策严格限制的产业部门投资则要负担较重的税收。

4. 税负转嫁。税负转嫁使纳税人与负税人不一致,影响纳税人的间接税收负担。在复合税制模式下,一个纳税人往往要同时缴纳几种税,有些税种能够转嫁,有些税种则不能够转嫁,在能够转嫁的税种中还存在着能够转嫁多少的问题。同时,每个纳税人往往既是税收负担的转嫁者,又是税收负担的被转嫁者。这样,如果某个纳税人转嫁出去的税收负担大于由他人转嫁进来的税收负担,则该纳税人的实际税收负担就减轻了,减轻程度即为转出与转入的差额部分;反之,若转出小于转入,则实际税负加重。

### (五) 适度微观税收负担的衡量与界定

企业和个人的微观税负水平是由多种因素综合决定的,由于各种影响因素会经常发生变动,因此微观税负水平也不是固定不变的,而是处于经常变化之中,但往往存在着一个上下波动的弹性区间。一般而言,这个区间的上限和下限是微观税负水平不可逾越的客观界限,超出这一限度就会使纳税人的税负过重或过轻,从而给经济发展、社会安定和财政收入的长期均衡增长带来严重后果。衡量企业纳税人税收负担是否适度,可以从以下三个层次作具体分析:

1. 企业纳税人税收负担的上限。对于企业纳税人来说,其税收负担的最高上限是企业在一定时期内创造的剩余产品或社会纯收入。超过这个界限,就会使企业在生产过程中的要素耗费得不到足额补偿,简单再生产难以为继。为了保证企业的税收负担建立在企业创造的社会纯收入及其由此而形成的纳税能力基础上,在设计税制时应遵循课税不应侵蚀、伤及税本的原则。在这方面,所得税因对企业的营业收入或销售收入扣除成本、费用、流转税之后的余额课税而有其特殊的优点。流转税的税负从理论上说最终也是企业纯收入的一部分,但因在税制设计上,它以商品流转额或增值额为课税对象,并在流转环节缴纳,不受成本费用高低的制约,如果流转税宏观税负水平过高,就有可能使某一行业的多数纳税人税负过重,这应是力求避免的。

2. 企业纳税人税收负担的下限。企业纳税人税收负担的最低下限是满足由企业积累和集团福利等引起的社会共同需要的增加。积累是企业扩大再生产的源泉,但企业扩大再生产的圆满实现又离不开良好的外部环境。如,企业扩大再生产除了需要追加生产要素和劳动力外,还需要由政府提供良好的再生产的外部环境,如运输网、卫生、教育、公共事业、技术开发和推广、环境保护,乃至宏观经济管理和法律、组织制度等。如果企业没有良好的外部投资和生产经营环境,企业的积累也就无法有效实现,企业增加集体福利也是这样。这些因企业增加积累和集体福利而带来的对社会公共需要的增加,必须通过国家"税收收入—公共财政支出"机制提供公共产品或公共服务来实现,不能依靠市场机制解决。因此,企业要有效地实现自己的积累和增加集体福利,必须将其纯收入的一部分以税收形式上缴国家,满足企业扩大再生产和增加集体福利所引起的社会公共需要的增加。

3. 适度的企业税负。适度的企业税负是既要保证企业具有自负盈亏和自我发展的能力,又要保证政府税收收入随剩余产品量(社会纯收入)的增长而同步增长。现代企业制度下的企业,必须要有一定的积累,以满足自主经营、自负盈亏的需要,同时国家也需要掌握一定量的资金,以满足提供公共产品和实施宏观调控的需要。所以,企业创造的社会纯收入客观上要求分成两部分:一部分以税收形式上缴国家;另一部分留给企业自主支配。在一定时期内,企业创造和实现的社会纯收入数量是一定的,二者的分配使用存在此增彼减的矛盾。从理论上说,根据效用递减规律,企业税负水平的理想状态(适度界限)是政府集中的纯收入与留给企业使用的纯收入,能够恰如其分地构成职能互补关系。二者无论谁超过了这一界限,就全部资金而言都不会取得最优效益。从实践来看,一般情况下适度的企业税负是既保证企业具有自负盈亏和自我发展的能力,又保证税收收入随企业收入的增长而大体同步增长。

目前我国企业微观税负存在这样一些特点:第一,企业的税收负担,特别是税费总负担水平偏重,政府和部门的各种收费成为企业负担的重要组成部分;第二,各类企业的税负差别较大。我国企业由于所有制、规模、所在地区、行业的不同,在税收负担上存在较大的差别,一般来说,国有企业税负重于非国有企业、内资企业重于外资企业、大型企业重于中小企业、内地的企业重于沿海的企业、资本有机构成高的企业重于资本有机构成低的企业。造成不同企业之间税负差异的原因是多方面的,既有税收结构、税收制度和税收政策方面的原因,也包括税源管理、征收管理、稽查管理方面的原因。其中,内外资企业所得税税法不统一,增值税实行生产型增值税,投资购置设备、厂房等固定资产进项税不能抵扣,税收优惠政策不统一等,是导致企业间税收负担差异较大的重要因素。

因此,从企业的微观税负分析,我国今后一方面要注意减轻企业的税费负担,控制税收负担的增长,另一方面要对税收政策和税收制度进行必要的调整和完善,公平各类企业之间的税收负担。

### 三、税负转嫁与归宿

(一)税负转嫁与归宿的含义

税负转嫁是指在商品交换中,纳税人将其缴纳的税款通过种种途径转移给他人负担的过程。税负归宿是指税收负担的最终落脚点或税负转嫁的最后结果。由于税负转嫁这种经济现象可能发生,也可能不发生,因而税负归宿也就有直接归宿与间接归宿之分。直接归宿是指纳税人所纳税款无法转嫁,完全由自己负担,即法律上的纳税义务人与经济上的实际税负承担者完全一致;间接归宿是指因为税负发生了转嫁,税负部分或全部转嫁给了他人承担,致使法律上的纳税义务人与经济上的实际税负承担者不一致,税负最终归宿到了被转嫁者身上。

税负转嫁是税负运动过程的重要表现形式,对其可以从以下三个方面来理解:

1. 纳税人与负税人分离。当纳税人同时就是负税人时,不存在税负转嫁;只有当纳税人在纳税后,再将税收负担转移给他人,或纳税人不承担全部税负时,就发生了税负转嫁。

2. 税负转嫁是通过商品交易中的价格机制来实现的。税负转嫁是一种复杂的经济现象,其具体途径和形式是多种多样的。但是,税负转嫁始终离不开商品交易中的价格机制,如果脱离了商品交换中的供求关系和价格变化,税负是无法转嫁的。由此可知,商品的供求弹性是决定税负转嫁状况的关键,能够发生税负转嫁的税种,主要是一些与商品流转及其供求价格密切相关的流转税税种。

3. 税负转嫁的实质是对既定税负在纳税人之间的一种再分配,它不会改变税收收入的总量。税负转嫁是以国家征税为前提的。国家向纳税人征税在前,纳税人向其他人转嫁税负在后,无论最终的负税人是谁,国家应征的税款都不会因为税负转嫁的存在而增加或减少,这与减税、免税以及偷税和抗税不同。国家实施减免税能够减轻纳税人的负担,但以减少税收收入为代价。纳税人偷税、抗税则会造成国家税收收入的流失。税负转嫁的实质则是在宏观税收负担和税收收入一定的前提下,税负在纳税人与负税人之间通过商品交易实现的再分配,从整个社会来看,它既不会增加国家的税收总量,也不会减少国家的税收总量。

研究税负转嫁的过程,目的在于确定税收的最终归宿点,从而分析各种税收对于国民收入分配和社会经济的影响,为科学有效地制定、实施税收制度和税收政策提供依据。

(二) 税负转嫁的形式

按照经济交易过程中实现税负转嫁的不同途径分类,税负转嫁主要有四种具体形式。

1. 前转。前转又称顺转,是指纳税人将其所纳税款沿着商品运动的方向,通过提高商品销售价格的办法,向前转移给购买者负担的一种转嫁形式。前转是税负转嫁的最典型和最普遍的形式,大都发生在对商品和劳务的课税上,它通过提高课税商品的价格来实现。例如,在生产环节对消费品课征的税款,生产者就可以通过提高商品出厂价格把税收负担转嫁给批发商,批发商和零售商也可以用同样的方式把税负最终转嫁给消费者,消费者是税收负担的实际承担者,是负税人。

2. 后转。后转又称逆转,是指纳税人将其所纳税款逆商品运动方向,通过压低商品价格等方法向后转嫁给商品销售者负担的一种转嫁形式。后转一般是由于市场供求条件的约束,纳税人无法将其所纳税款以提高商品销售价格的方法向前转移时所选择的转嫁途径。因为商品课税后若提高销售价格,往往会导致需求量下降,商品经营者不得不降价出售,因而税负难以向前转嫁给消费者,只能采用压低进货价格的办法把税负逆转给批发商,批发商再逆转给生产商,生产商又通过压低原料价格、劳动力价格(工资)或延长工时等办法,把税负转嫁给原料供给者和工人等。

税负转嫁是课税后、归宿前的一种运动,在这一运动过程中,税负的转移可以只发生一次即一次转嫁,也可能数次(两次或两次以上)即辗转转嫁,辗转转嫁又可以分为向前辗转转嫁和向后辗转转嫁两种。

3. 混转。混转又称散转,是指纳税人同时采用前转和后转的一种税负转嫁形式。前转与后转是税负转嫁的两种基本形式,但在现实经济生活中,税负无论是前转还是后转,其转嫁程度和转嫁形式都要受许多客观经济条件的限制,有时能够把全部税款转嫁出去,有时则只能部分地转嫁,有时可完全采用前转或后转,但相对容易的方式则是对同一税款,一部分采用提高销价的方式向前转嫁,另一部分则采用压低进价的方式向后转嫁。

4. 税收资本化。税收资本化又称资本还原,是指在某些资本品(土地、房屋、股票)的交易中,商品的购买者将所购买的未来应纳税款,通过从购入价格中预先扣除(即压低商品的购买价格)的方法,转嫁给生产要素的出售者。这种情况多发生于土地买卖或其他收入来源较具永久性的财产(如有价证券)税负转嫁上。例如,政府征收土地税,土地购买者就会将预期缴纳的土地税税款折入资本,采用压低土地购买价格的方法将以后若干次应纳税额一次性地转嫁给土地出售者,此后,名义上虽由土地购买者按期纳税,但实际上税款是由土地出售者负担。

(三)税负转嫁的实现条件

如果纳税人有独立的物质利益,那么只要有税收负担就必然会有纳税人转嫁税负的主观愿望,以减轻经济损失。但是,在现实经济生活中,税负能否转嫁以及转嫁多少,并不是以纳税人的主观意志为转移的,而是由客观经济条件决定的,这些条件包括以下几方面:

1. 商品经济和自由价格制度是决定税负能否转嫁的前提条件。税负转嫁是在商品交换过程中通过商品价格的变动实现的。没有商品生产和商品交换的存在,就不会有税负转嫁。因此,商品经济是税负转嫁的前提条件。在自然经济条件下,由于社会生产力不发达,社会成员生活必需品的自给程度很高,产品一般不经过市场交换,而是直接从生产领域进入消费领域,自给有余的少部分产品也以物物交换、调剂余缺为主。在这种历史条件下,国家财政收入主要来源于向人口、土地、房屋等不动产课征的直接税,纳税人无法转嫁税收。随着生产力的发展,尤其是资本主义生产方式在一些国家确立以后,以货币为媒介的商品交换突破了时间和地域的限制,一切商品的价值都要通过货币形式表现为价格,在经济结构中商品、货币经济占据了统治地位,这就为建立以商品流转额为课税对象的间接税体系创造了经济条件,而一切以商品流转额为课税对象的税种必然与商品价格联系在一起,并逐渐成为商品价格的有机构成部分,这就为纳税人通过压低商品购入价格或抬高商品销售价格进行转嫁税负提供了可能性和前提条件。因此,税负转嫁是商品交换发展到一定阶段的产物,是一个历史的经济现象。

税负转嫁能否实现的另一前提条件是自由价格制度的存在。税负转嫁是和价格运动直接联系的,一般通过提高销货的售价或压低进货的购价来实现的。其中,有些税种的税负可以直接通过价格的变动实现转嫁;有些税种的税负是通过资本投向的改变,影响商品供求关系间接地通过价格的变动实现转嫁。无论采取哪种转嫁形式,都依赖于价格的变动。因此,自由定价制度是税负转嫁存在的基本条件。若政府实行指令性价格制度,纳税人没有定价权,那么就既无法提高售价向前转嫁,也无法降低买价向后转嫁。只有在市场经济和自由价格制度下,生产经营者才有可能完全根据市场供求关系的变化自由地确定产量和价格,税负转嫁才有可能通过价格变动得以实现。

2. 商品供求弹性是决定税负转嫁实现程度的关键因素。纳税人缴纳的税款通过价格变动能够转嫁出多少,最终是由商品的供求弹性决定的。商品的供求弹性反映了商品的供给和需求数量对于市场价格升降作出反应的灵敏程度。其中,需求弹性是指商品的需求量对市场价格升降所作出的反应程度,其大小用需求量变动的比率与价格变动的比率之间的比值即需求弹性系数来衡量;供给弹性是指商品的供给量对于市场价格升降作出的反应程度,其大小用供给量变动的比率与价格变动的比率之间的比值即供给弹性系数来衡量。

纳税人税收负担能否转嫁、能够转嫁多少,主要取决于商品供求弹性的大小。一般来讲,需求弹性较大,供给弹性较小,税收将主要由纳税人自己承担;需求弹性较小,供给弹性较大,税收将主要由其他人负担。税负完全能够转嫁或完全不能转嫁的情形,从理论上讲只能有以下四种情况:需求完全无弹性、需求完全有弹性、供给完全无弹性、供给完全有弹性。在第一种和第四种情况下,税负可以完全转嫁给购买者负担;在第二种和第三种情况下,税负完全由纳税人自己负担。当然,需求和供给完全有弹性或完全无弹性的情况都是理论上的假定,在现实生活中是罕见的。在现实经济社会中,绝大多数商品或生产要素的需求和供给是处于这两个极端之间,属于富有弹性和缺乏弹性这两种情况。因此,在税负转嫁上,完全可以转嫁或完全不能转嫁的情况基本上是不存在的,通常的情况是税收负担由纳税人与其商品的购买者分别承担,分别承担的比例取决于该商品的需求弹性和供给弹性的大小。如果需求弹性大于供给弹性,商品供给者通过提高商品售价向前转嫁税负的能力相对较弱,因而不得不减少利润,承担较多的税负,即税负会更多地落在生产者或生产要素提供者的身上;如果供给弹性大于需求弹性,则消费者接受涨价、承担税负的比例要大一些,即税负会通过提高售价更多地落在购买者身上;如果供给弹性与需求弹性相等,则税负由供需双方平均分担。

# 第六节  最适课税理论和税制优化

## 一、最适课税理论的含义和基本内容

### (一)最优税收、次优税收与最适课税理论

所谓最优税收是指依据税收中性原则设置,不造成任何经济扭曲,且符合公平原则的税收。最优税收的特点是只有税收收入效应而不产生税收的替代效应,纳税人的经济行为没有因税收而发生改变。最优税收理论是建立在一系列十分严格的假设条件下的,例如政府对纳税人的信息无所不知、政府具有无限的征管能力、市场处于完全竞争状态且要素具备完全的流动性等。但是现实生活中不可能存在这种最优的情况,税收的存在必然会影响到消费者和生产者的行为和选择。最优税收理论与税收中性原则一样,只能作为税制设计和优化的参照系。

鉴于最优税收在现实经济中无法实现,西方经济学家把"次优原则"运用到税制建设中,提出了次优税收与最适课税的概念和理论。次优税收是指在保持一定税收收入规模的前提下,使课税行为导致的经济扭曲程度最小,所以又称最适课税理论。简单地说,最适课税理论是研究如何以最经济合理的方法征收某些大宗税款的理论。站在税制结构的角度,即以怎样的方式、方法对应税行为和结果合理征税。从课税原则上说,就是以资源配置的效率性和收入分配的公平性为准则,对构建经济合理的税制体系进行分析。也就是说,最适课税理论是在信息不对称、最优税收的假设条件无法满足的情况下,围绕税收的公平与效率原则,对商品税与所得税应如何组合搭配、应该对哪些商品征税、所得税应该累进到何种程度等重要问题进行深入而系统的研究,研究建设与现实条件最适合的税收制度的理论学说。

### (二)最适课税理论的主要内容和观点

最适课税理论的主要内容包括以下三方面:一是所得税与商品税的合理搭配问题;二是寻找一组特定效率和公平基础上的最适商品税,即最适商品课税理论;三是假定收入体系是以所得税为基础,确定最适所得税的累进程度,以便实现公平又兼顾效率,即最适所得课税理论。

最适课税理论的主要观点包括：

1. 所得税和商品税应当是相互补充而非相互替代的。所得税和商品税各有优劣，所得税在促进收入分配公平方面是一种良税，而商品税在资源配置效率和取得收入的稳定性方面也是所得税不能取代的。因此最适课税理论认为商品税和所得税都有存在的必然性。

2. 税制模式的选择取决于政府的政策目标。在所得税和商品税并存的复合税制情况下，是以所得税还是以商品税为主体税种影响到税制的总体功能。一般而言，所得税适用于实现公平分配目标，商品税适用于实现经济效率目标；如果政府的政策目标以分配公平为主，就应该选择以所得税为主体税种的税制模式；如果政府的政策目标以经济效率为主，就应该选择以商品税为主体税种的税制模式。所以，一国的税收制度最终选择何种模式，取决于政府的政策目标在公平与效率之间的权衡。

3. 逆弹性命题。这是指在最适商品课税体系中，当各种商品的需求相互独立时，对各种商品课征的税率必须与该商品的自身的价格弹性成反比例，这种逆弹性命题也称为拉姆斯法则。逆弹性命题的含义表明：一种商品的需求弹性越大，征税的潜在扭曲效应也越大。因此，最适商品课税理论要求，对弹性相对小的商品课以相对高的税率，对弹性相对大的商品课以相对低的税率。如果对无弹性或低弹性商品采用高税率，会使总体超额负担或对经济的扭曲最小，则是一种最适税制。

4. 最适商品课税要求开征扭曲性税收。由于政府在大多数情况下不能获取完全的信息，而且征税能力受到限制，因此，按拉姆斯法则课征商品税不能保证生产的高效率，还必须开征其他扭曲性税收。同时，要使商品税具有再分配功能，也必须开征扭曲性商品税。就现实的一般情况而言，要使商品税具有再分配功能，需要如下两个前提条件：一是要有一套差别税率；二是对必需品适用低税率或免税，对奢侈品适用高税率。

5. 所得税的边际税率不能过高。在政府目标是使社会福利函数最大化的前提下，社会完全可以采用较低累进程度的所得税来实现收入再分配，过高的边际税率不仅会导致效率损失，而且对公平分配目标的实现也无益。

6. 最适所得税税率应当呈倒"U"型。从社会公平与效率的总体角度来看，中等收入者的边际税率可以适当高些，而低收入者和高收入者应适用相对较低的税率，拥有最高所得的个人适用的边际税率甚至应当为零。这一结论是基于这样的判断：在同样的效率损失情况下，政府通过提高中等收入者的边际税率，从较为富裕者那里取得更多收入，而通过降低最高和最低收入者的边际税率，增加这一群体的福利效用，从而既能实现帕雷托改进，又能促进收入分配公平。

在最适课税理论中，前两项内容是最适课税理论关于商品税和所得税搭配问题的结论，第三、第四项内容是最适商品课税理论的结论，最后两项是最适所得课税理论的结论。总之,最适课税理论的基本内容可以概括为以下三个方面:①商品税与所得税两者不能偏废,要依据一国的经济发展阶段和政府的经济政策目标来确立税制模式;②对商品和劳务征税要实行差别征税制度,对必需品适用低税率或免税,对奢侈品适用高税率;③对所得税最好采用较低累进程度的税率制度,而且应当实行倒"U"型所得税税率制度,对中等收入者的边际税率可以适当高些,而低收入者和高收入者应适用相对较低的税率。

### 二、我国税制优化的目标

最适课税理论从理论上为分析税制优化提供了指导,但税制优化是一个不断向前推进并不断演化的系统工程,不同时期税制优化的目标不完全相同,这是由国家所处的一定历史时期以及该时期社会经济发展的主要任务决定的。从我国目前的情况看,税制优化的主要目标就是要建立起适合我国国情,有利于推动市场经济发展的税制。具体说我国税制优化的主要目标包括以下内容。

#### (一)建立起商品税和所得税并重的双主体的税制结构

税收在我国市场经济中承担组织收入和调控经济的重要职能,主体税种要有效地服务于政府组织收入和调控经济这两方面的目标。从商品税和所得税的运作特点及其在组织收入、调控经济中的主要作用,并结合当前实际来看,我国税制优化就是要在完善增值税、企业所得税、个人所得税的基础上,完善目前商品税与所得税并重的双主体的税制结构,既能为政府取得充足的税收收入,又有效地服务于政府公平与效率的目标。

#### (二)形成合理的税收负担水平

合理的税收负担水平既能保证政府收入的需要,又不使纳税人负担过重。我国税制优化的一个重要内容就是税负水平的优化,主要是在保证政府财力的同时,尽量降低税率,保证各市场经济主体的利益和自我发展能力。

#### (三)建立起高效的税收征管模式

税收征管是税制运行的依托,是税收政策目标实现的重要一环,再好的税制、再好的税收政策,缺乏高效的税收征管作为支撑都难有作为。因此,优化税制包括优化税收征管,税制设计应与税收征管水平相适应,研究在经济全球化和信息化高速发展的情况下税收征管的新变化和新要求,努力降低征管成本,全面提高征管效率。

## 本章小结

1. 税收是国家为了满足社会公共需要,根据其社会职能、凭借其政治权力、按照法律规定的标准,强制无偿地参与社会剩余产品分配而取得财政收入的一种规范形式。

2. 税收的特征通常概括为强制性、无偿性和固定性。税收的强制性、无偿性和固定性是统一的、缺一不可的。

3. 税收有各种分类的方法和标准,可以按税收缴纳形式、课税标准、征税对象等进行分类,我国和国际组织也有一些不同的分类方法。税收分类有助于分析和研究税制的结构和各类税种的特点、性质、作用及其相互关系,有助于分析税源的分布和税收负担的状况,以及税收对经济运行的影响,还可以用来比较研究各国税制的发展演变过程,为完善税制提供借鉴。

4. 税收原则是税收制度的设计和实施应遵循的基本指导思想,也是评价税收制度优劣以及考核税务行政管理状况的基本标准。税收原则有一个逐步演变的过程,许多经济学流派和经济学家在税收原则方面提出了自己的见解,产生了极大的影响。市场经济条件下的税收原则主要是公平与效率原则。

5. 税收负担是指因政府课税相应地减少了纳税人可支配收入的数量或份额,从而使其承受的经济负担或造成的经济利益损失。一般用政府征收的税款占纳税人税源数量的比重来反映。税收负担问题是税收制度的核心问题,也是税收与经济的关系问题。按照税收负担的承受主体,可分为宏观税收负担和微观税收负担;按照税收负担的构成可分为直接税收负担和间接税收负担;按照纳税人承受税负担的实际情况,可分为名义税收负担和实际税收负担。界定一个国家一定时期的宏观税负水平,需要在充分考虑影响宏观税负水平的各种因素的同时,结合经济发展的实际情况进行科学的判定。从理论上讲,若要保持合理的宏观税负,在税收收入量的确定上应符合以下标准:税收收入增长与经济增长协调、同步;满足政府最低支出标准;税收收入与非税收入相结合,进行统筹安排;以一定时期剩余产品价值量为上限。微观税收负担是相对于宏观税收负担而言的,衡量微观税收负担的指标主要有:企业综合税负率和个人税收负担率。纳税人(自然人或法人)税收负担水平的轻重,是由多种因素决定的,其主要因素包括宏观税负水平、税收制度、纳税人的行为以及税负转嫁等。

6. 税负转嫁是指在商品交换中,纳税人将其缴纳的税款通过种种途径转移给他人负担的过程。税负归宿是指税收负担的最终落脚点或税负转嫁的最后结果。按照经济交易过程中实现税负转嫁的不同途径分类,税负转嫁主要有四种具体形式:①前转,又称顺转,是指纳税人将其所纳税款沿着商品运动的方向,通过提高商品销售价格的办法,向前转移给购买者负担的一种转嫁形式,前转是税负转嫁的最典型和最普遍的形式;②后转,又称逆转,是指纳税人将其所纳税款逆商品运动方向,通过压低商品价格等方法向后转嫁给商品销售者负担的一种转嫁形式;③混转,又称散转,是指纳税人同时采用前转和后转的一种转嫁形式;④税收资本化,又称资本还原,是指在某些资本品(土地、房屋、股票)的交易中,商品的购买者将所购买的未来应纳税款,通过从购入价格中预先扣除(即压低商品的购买价格)的方法,转嫁给生产要素的出售者。

7. 在现实经济生活中,商品经济和自由价格制度是决定税负能否转嫁的前提条件,商品供求弹性是决定税负转嫁实现程度的关键因素。

8. 税收效应是指纳税人因政府课税而减少了自身经济利益,并在其经济选择或经济行为方面作出的反应。它主要包括收入效应和替代效应。税收的收入效应,是指纳税人因政府课税而相应地减少了企业或个人的可支配收入,从而引起的企业或个人经济决策或经济行为的相应变化;税收的替代效应,是指因政府征税上的差别,影响了商品或生产要素的相对价格,从而引起的纳税人选择某种投资、生产经营活动或消费行为,来代替另一种投资、生产经营活动或消费行为的替代效果。税收效应理论表明税收对消费、投资、生产和储蓄等方面都会产生影响。

9. 最适课税理论是研究如何以最经济合理的方法征收某些大宗税款的理论,最适课税理论的基本内容可以概括为以下三个方面:①商品税与所得税两者不能偏废,要依据一国的经济发展阶段和政府的经济政策目标来确立税制模式;②对商品和劳务征税要实行差别征税制度,对必需品适用低税率或免税,对奢侈品适用高税率;③对所得税最好采用较低累进程度的税率制度,而且应当实行倒"U"型所得税税率制度,对中等收入者的边际税率可以适当高些,而低收入者和高收入者应适用相对较低的税率。最适课税理论对实现我国税制优化的目标具有理论指导意义。

**案例 自行车征税的成本与效率**

　　每当一些城市的税务部门发布征收自行车牌照税的通告时,都会引起社会各界议论纷纷。由此引出的思考是,自行车税还该不该征?政府的税收应选择什么样的课税对象征收?征税如何实施效率才能提高?

　　据不完全统计,北京在交管部门登记在册的自行车有 1 000 万辆,而在自行车税征缴过程中,虽然经过广泛的宣传动员、机关单位和居民委员会的大力协助、税务部门沿街查堵,应税率仍不到 50%,收缴税款 1 000~2 000 万元左右,仅占全市财政税收入的 0.04%~0.05%。如果对自行车征税这项政策的制定和实施进行一下成本—收益分析,并以此来衡量自行车税收政策,可以说自行车税成本大于收益,得不偿失。

首先从成本方面看,虽然牌照的工本费并不多,但究竟是制作400万、600万、还是800万,其成本就有很大差异,不知道每年仅此一项的浪费是多少?自行车征税的主要成本是人力支出,为了小小的自行车税,各地的税务部门可以说投入了大量的人力、物力、财力。每到三四月份,大部分地税干部就会被抽调去征收自行车税,北京地税5 000多名干部,一到周末就到代征点忙碌。另外,机关单位和居委会为此也要付出多少辛劳,例如在上海,近百个街道办事处、3 000多个居委会都配备了人员。北京地税局曾作过一个统计,每年仅税务局机关用于自行车税宣传的费用就达几十万元,再加上其他投入,自行车税的征收成本为二三百万元。以上还只是自行车征税的有形成本,无形成本比有形成本要大得多。虽然后者是不用税务部门支付的,但却是征税成本的重要组成部分。

其次,征缴率不到一半,即使下再大的工夫,也不可能提高很多。交和不交一样,交税者没有享受到什么政府服务,丢车报警很少有找回来的;不交税者并未受到任何惩处,照样骑车上路。这就破坏了税法的严肃性:有法不依,违法不罚,守法无利。这对税法的执行和遵守都会形成破坏性的影响。

再次,税务部门上街查堵征收,影响交通安全,由此延误的时间、造成的事故和损失,也应计在税收成本之中。由机关单位和居委会帮助征税,虽为纳税人提供了方便,但征收方式很不规范,混淆了政府财政税收职能部门和一般机构的界限,对税务部门和其他机构都带来了不利影响。

最后,随着生活水平的提高,自行车已远不是过去的"三大件",它更多的是低收入者的代步工具,对这样一类商品征税,可能会使税收产生累退的效果,与税收调节公平分配的效果背道而驰。

可见,随着时代的变迁、经济的发展、人民生活水平的提高和观念的转变,特别是基于税收成本和效益的考量,自行车税应该尽快退出历史的舞台,即便暂时还需要对自行车征税,也应该考虑改变征税的办法,优化征管的水平,降低征税的成本,规范征税的方式。

## 思考题

1. 如何准确理解税收的概念和含义?
2. 税收区别于其他收入形式的基本特征是什么?
3. 税收分类的一般方法有哪些?
4. 如何理解市场经济条件下的税收原则?
5. 什么是税收负担?宏观税负水平与微观税负水平的界定标准主要有哪些?

6. 什么是税负转嫁？税负转嫁主要有哪些形式？需要什么条件？
7. 如何理解税收的收入效应和替代效应？
8. 最适课税理论的含义和主要内容是什么？

# 税 收 制 度

★ 本章学习要点与要求 ★

通过对本章内容的学习,应理解税收制度的含义和税收制度的构成要素,掌握纳税人、课税对象、税率等要素的具体含义及其相关概念的区别。了解我国税收制度的历史演进过程,以及 1994 年税制改革的主要内容和指导思想。掌握商品税的特征、主要构成税种;掌握所得税的特征、主要的所得税税种;了解我国农业税、资源税和行为税的基本情况。

## 第一节 税收制度要素

### 一、税收制度的含义

税收制度是国家各种税收法令和征收管理办法的总称。它规定了政府和纳税人之间的征纳关系,既是税务机关代表政府向纳税人征税的法律依据和工作规程,又是纳税人履行纳税义务的法律规范。

税收制度有广义和狭义之分。广义的税收制度是指国家设置的由所有税种组成的税收体系及各项征收管理制度,它包括税收基本法规、条例、实施细则、工作制度、税收管理体制、征收管理办法、专项管理制度等。狭义的税收制度是指国家设置的各个具体税种的课征制度,它包括以法律或制度形式规定的纳税人、课税对象、税率等基本要素。

广义和狭义税收制度的界定有其理论意义和实践价值。二者相互区别,广义的税收制度规定税制的基本格局,其中心是税种之间的组合问题,狭义的税收制度则是某个具体税种的法律规定形式,反映的是征税活动的具体规范;二者又相互联系,离开各个税种的具体法律规范,广义的税收制度也就不存在了,同时,税种配置的基本格局又会影响和制约各个税种具体的法律规范。

## 二、税收制度的基本要素

税收制度要素是税收制度的实体部分,它是指狭义税收制度即各个税种的基本法规所必须载明的、必不可少的基本因素。如,向谁征收、对什么征收、征收多少和如何征收等。这些内容表现在税制上就是纳税人、课税对象、税率、纳税期限、违章处理等要素。

### (一) 纳税人

纳税人是纳税义务人的简称,是税法规定的直接负有纳税义务的自然人和法人。自然人是指依法独立享有民事权力并承担民事义务的公民个人。法人是指依照法定程序成立,拥有能独立支配的财产并且能以其名义享有民事权利和承担民事义务的社会组织,如企事业单位、社会团体等。法人是社会组织在法律上的人格化。纳税人是纳税主体,是税款的直接承担者,每个税种都明确规定了其纳税人。

与纳税人有关的两个概念是扣缴义务人和负税人。扣缴义务人是指税法规定的负有代扣代缴税款义务的单位和个人。扣缴义务人虽不负有纳税义务,但负有代扣代缴义务,必须严格履行其职责。税法中设置扣缴义务人的目的主要在于源泉控制和便于征管。负税人是最终负担税款的单位和个人。负税人和纳税人既有联系又有区别,纳税人是税款的直接交纳者,但并不一定是最终负担者。这里的关键是税负是否存在转嫁,有的税种税负较易转嫁,纳税人和负税人往往是不一致的,如商品课税的税种;有的税种税负不易转嫁,税款由纳税人自己负担,纳税人本身就是负税人,如各种所得税一般就属于这种情况。税法中并无负税人的规定,但政府在制定税收政策和设计税制时,必须认真研究税收负担及其分布问题。

### (二) 课税对象

课税对象又称征税对象,是征税的客体,亦指对什么征税,是税法规定的征税标的物。每一种税都必须选择确定它的征税对象。征税对象从总体上确定了一个税种的征税范围,明确了征税与不征税的法律界限。凡列入征税对象的,就属于该种税的征税范围,否则就不属于其征税范围。征税对象体现了课税广度和各种税在性质上的差异,是一种税区别于另一种税的主要标志。

与征税对象有关的概念包括税目、计税依据、税源等,它们与征税对象共同组成一个系统,补充或延伸了征税对象的功能并使其具体化。

税目是税法规定的同一征税对象范围内的具体项目,它的设置更加明确了具体的征税范围,便于针对不同的项目确定差别税率。

计税依据是指根据征税对象计算应纳税款的数量依据,体现所征对象的量的规定性。计税依据既可规定为征税对象的价格或金额,也可规定为征税对象的重量、容积、体积、数量等。计税依据与征税对象尽管联系密切,但却是两个不同的概念,在各个税种中,计税依据与征税对象有的是一致的,如各种所得税,其征税对象和计税依据都是应税所得额;有的是不一致的,如消费税,其征税对象是应税消费品,计税依据则是消费品的销售收入。在同一征税对象中,征税对象一般只能有一类,而计税依据却可以有多种。

税源是指税款的最终来源。从根本上说,税源来自当年创造的剩余产品。税源与征税对象有重合的时候,但在大多数的情况下二者不一致。

(三)税率

税率是指税额与征税对象数额之间的法定比率,它是计算纳税人应纳税额的尺度,体现着征税的深度。在征税对象确定以后,税率的高低直接关系到政府财政收入和纳税人的负担程度,在一定程度上反映了政府集中配置资源与纳税人通过市场机制分散配置资源的数量结构,体现着政府的税收政策。因此,税率是税收制度的中心环节。

税率的基本形式有比例税率、累进税率和定额税率三种。

1. 比例税率。比例税率是指对同一征税对象,不论数额多少,都按同一比例课征的税率制度。比例税率的基本特点是税率不随征税对象数额的变动而变动,计算简便,便于征收。比例税率一般适用于对商品流转额的征税。比例税率可以是单一比例税率,也可以是差额比例税率。

2. 累进税率。累进税率是指按征税对象数额的大小划分若干等级,不同等级规定高低不同的税率。征税对象数额越大,税率越高;数额越小,税率就越低。累进税率的基本特点是税率等级与征税对象的数额同方向变动,符合量能负担的公平原则。同时,从宏观上看,累进税率可以在一定程度上抑制经济的波动,具有稳定经济的功能,但其计算较为复杂。累进税率一般适用于对所得和财产的课税。累进税率按其累进依据和累进方式的不同,可以分为全额累进税率和超额累进税率两种。全额累进税率是指把课税对象的全部数额都按照与之相应的那一级税率计税。超额累进税率是指把全部课税对象按数额大小划分为若干等级,对每一等级分别规定相应的税率,计算应纳税额时先分别用各级税基增量乘以对应的税率求出各级税额,然后将各级税额相加求出总的应纳税额。超额累进税率较之全额累进税率,其优点体现在累进幅度比较小,税收负担较为合理,特别是当征税对象处于不同级距间税率变化的临界点附近时,因只就增量部分按高一级税率计税,可避免全额累进税率下出现的税负增加超过应税所得额增加的不合理现象。但是超额累进税率下应纳税额的计算较之全额累进税率要复杂,但这可通过"速算扣除数"的办法予以解决。超额累进税率的合理性使其应用得较为普遍和广泛。

3. 定额税率。定额税率又称固定税额,是指按照征税对象的单位数量直接规定一定的税额,而不是规定征收比例。定额税率的基本特点是税额与征税对象的数量紧密联系,而与其价值(价格)无关,而且它的计算简便。定额税率一般适用于从量计征的税种。定额税率可以是单一定额税率,即在同一税种中采用一种定额税率,也可是差别定额税率,即同时采用几个定额税率。

为了分析税收负担和税收作用效果以及简化征收管理,税率还可划分为名义税率和实际税率、边际税率和平均税率以及一些特殊税率形式。

名义税率是指税法所规定的税率。实际税率是指纳税人实际缴纳的税额占其征税对象实际数额的比例,它反映了纳税人的实际税负水平。在一些情况下,实际税率与名义税率有差异,其原因主要有起征点的规定、税收优惠以及征管的漏洞等。

边际税率是指在征税对象的一定数量水平上,由征税对象的增加导致的所纳税额的增量与征税对象的增量之间的比例。而平均税率指全部税额与征税对象总量之比。

附加和加成是通过税率的延伸增加纳税人负担的特殊税率形式。附加是在正税之外附征一部分税款。加成是在依率计征税额的基础上,再征收一定成数的税款。

(四) 纳税环节

纳税环节是税法上规定的纳税人在征税对象流转过程中应当缴纳税款的环节。一个税种按其在商品流转的多个环节中选择纳税环节的多少,形成一次课征制和多次课征制两种课征制度。

(五) 纳税期限

纳税期限是指纳税人发生纳税义务后,向税务机关缴纳税款的时限。纳税期限的确定,一般应考虑纳税人生产经营和征税对象的特殊性以及应纳税额数量的大小等情况。不同性质的税种以及不同情况的纳税人,其纳税期限也不相同。

(六) 减税免税

减税是从应征税款中减征部分税款,免税是免征全部税款。减税免税是对某些纳税人或征税对象的鼓励或照顾措施,它具有较强的政策目的性和针对性。减税免税的基本形式可分为税基式减免、税率式减免和税额式减免三种:

1. 税基式减免是指通过缩小计税依据的方式来实现的减免税。具体包括起征点、免征额、项目扣除和跨期结转等。其中起征点是指税法规定征税对象开始征税的数额。免征额是指税法规定的征税对象全部数额中免予征税的数额。起征点与免征额有相同点,即当征税对象小于起征点和免征额时,都不予征税。两者也有不同点,即当征税对象大于起征点和免征额时,采用起征点制度的要对征税对象的全部数额征税,采用免征额制度的仅对征税对象超过免征额的部分征税。起征点和免征额的规定是对纳税人的一种照顾,但二者照顾的侧重点不同,前者照顾的是低收入者,后者则是对所有纳税人的照顾。项目扣除在所得税中是指在征税对象中扣除某些项目的一定数额,以其余额作为计税依据。跨期结转在所得税中是指将以前纳税年度的经营亏损等在本纳税年度的经营利润中扣除。

2.税率式减免是指通过降低税率的方式来实现减免税。

3.税额式减免是指通过减少部分应纳税额或免除全部税额的方式来实现的减免税。具体包括全部免征、减半征收、核定减征率、核定减征额等。

上述三种减免税形式中,税基式减免使用范围最为广泛。

(七)违章处理

违章处理是税务机关依据税法规定对纳税人违反税法的行为所采取的处罚措施,它体现了税收的强制性,是维护税法严肃性的重要手段。

纳税人的违章行为主要包括:

1.违反税收征收管理法,即纳税人不按规定办理税务登记、纳税申报、建立账务、提供纳税资料以及拒绝接受税务机关监督检查等行为。

2.偷税,即纳税人有意识地采取隐瞒、欺骗等手段不交或少交税款的违法行为。

3.欠税,即纳税人拖欠税款,不按规定期限交纳税款的违章行为。

4.抗税,即纳税人对抗国家税法拒绝纳税的严重违法行为。

5.骗税,即纳税人利用假报出口等欺骗手段,骗取国家出口退税款的违法行为。

对上述税务违法行为必须依法予以行政处罚,构成犯罪的要由司法机关追究刑事责任。

## 第二节 我国税收制度与税制改革

### 一、我国税收制度的历史演进

(一)1950年新中国税收制度的确立

在1949年中华人民共和国成立之前,我国并行着两种不同的税收制度:一是老解放区为适应革命根据地在农村的情况而设立的各个税种;二是新解放区沿用的国民党统治时期的旧税法。两种税制相互矛盾,且自身存在许多不合理之处。新中国的成立,迫切要求尽快统一税政,建立新的税收制度。1949年11月,中央人民政府在北京召开了首届全国税务会议,拟定了新中国成立后统一税政、建立新税制的纲领性文件——《全国税政实施要则》,并于1950年1月发布实施。其中关于税种的设置,规定除农业税外,全国统一开征14种工商税收。新税制的确立对保证当时国家财政的需要,促进国民经济的发展发挥了积极的作用。

(二)1953年修正税制

经过3年的经济恢复时期,我国的经济状况发生了很大的变化,当时的税制已不能适应经济发展的需要。因此,国家作出了修正税制的决定,并提出了"保证税收,简化手续"的原则。1953年1月1日开始修正税制,其内容主要包括:开征商品流通税,即从原来征收货物税的品目中,划分出一部分改征商品流通税;修订货物税和营业税;将特种消费行为税改成文化娱乐税,部分税目不变,部分税目并入工商业税的营业税部分;牲畜交易税成为一个独立的税种;其他交易税或改征货物税,或并入商品流通税,或停征。修正后的工商税收有12种税,和以前相比,税制结构基本没有改变,但是多种税、多次征的办法有所改变。

(三)1958年税制改革

这次税制改革是根据生产资料所有制社会主义改造基本完成以后政治、经济形势的需要而实施的。当时社会经济结构已由多种经济成分并存转变为基本单一的社会主义公有制,因而建立在原有经济结构基础上的税制必须进行改革。而且在这一时期,"非税论"对于中国税制的影响已初露端倪。这次税制改革的指导方针是"在基本保持原税负的基础上简化税制"。改革的主要内容是:减少税收种类,即将货物税、商品流通税、营业税和印花税4税合并简化为工商统一税这一个税种;建立工商所得税,即把原有的工商业税中的所得税改为一个独立的税种;简化征税办法和纳税手续。这一时期,除改革工商税制外,还公布了《中华人民共和国农业税条例》,统一了全国农业税制。

(四)1973年税制改革

1966年我国开始进入"十年动乱"时期,在"左"的错误思想影响下,税收被视为"管、卡、压"的工具,税收制度被批判为"繁琐哲学"、"条条专政"。因此以"合并税种、简化征收办法"为指导思想的税制改革从1968年开始,历时5年,经历3个阶段,到1973年完成。最初是将企业缴纳的各种税收合并起来,在原税负的基础上试行"综合税",即一个企业用一个税率征税,继而发展为试行按照行业设计税率的"行业税",最后是逐步试行工商税。1973年全面实行的工商税改革的主要内容是:合并税种,即将工商统一税及其附加、城市房地产税、车船使用牌照税、盐税和屠宰税合并为工商税,合并以后,对国有企业只征收工商税,对集体企业只征收工商税和所得税;简化税目、税率,税目由过去的108个减为44个,税率由过去的141个减为82个,多数企业可以简化到只用一个税率征税;废除了许多繁琐的征税办法,并在统一税收政策的前提下将一部分税收管理权下放给地方。

（五）1979～1993年间的税制改革

1978年12月党的十一届三中全会的召开，标志着中国的经济建设进入了一个崭新的历史时期，中国的税制建设也是如此。改革开放政策的全面实行，迫切要求税制进行相应的改革。1978～1982年，税制改革处于酝酿和起步阶段，从1983年开始，税制改革全面展开，实行了"利改税"和全面的工商税制改革。

作为税制改革突破口的涉外税制于20世纪80年代初期开始建立。1980年9月，我国出台了中外合资经营企业所得税法和个人所得税法。1981年12月，我国公布和实施了外国企业所得税法，并制定了一套"税负从轻、优惠从宽、手续从简"的税收政策。3个涉外所得税种的开征，再加上涉外流转税即工商统一税，以及涉外征收的城市房地产税和车船使用牌照税等地方税，一套较为完整的涉外税收制度就初步建立起来了。1991年，我国又将中外合资企业所得税和外国企业所得税加以合并，通过并公布了《中华人民共和国外商投资企业和外国企业所得税法》，实现了涉外企业所得税的统一。

在建立涉外税制的同时，国内税制改革的试点也于1979年开始。经过调查、试点和修改，形成了比较全面和可行的工商税制改革设想。1983年和1984年的二步利改税则标志着工商税制改革的全面出台。1983年1月1日起实行的第一步利改税建立起了国有企业所得税制度。其具体内容是：

第一，对有盈利的国有大中型企业，均按照实现利润和55%的税率缴纳所得税，税后利润，一部分上交国家，一部分按照国家核定的留利水平留给企业，税后利润根据不同企业的情况采取不同的分配办法。

第二，对有盈利的国有小型企业，按照实现利润和8级超额累进税率缴纳所得税，交税后由企业自负盈亏。但对税后利润较多的企业，国家可以收取一定的承包费或按固定数额上交一部分利润。

第一步利改税虽成效显著，但这次改革无论是在广度上还是在深度上，均未能从根本上触及原有的过于简化的工商税制格局，不能适应改革和建设发展的要求。所以，1984年10月又进行了第二步利改税，其主要内容包括：首先，在工商税制上的改革。把工商税按性质划分为产品税、增值税、营业税和盐税4种税，把产品税的税目划细并适当调整税率；对某些采掘企业开征资源税；恢复和开征房产税、土地使用税、车船使用税和城市维护建设税4种地方税。其次，对国有大中型企业按照55%的比例税率征税，税后利润征收调节税，税率按企业的不同情况分别核定。对国有小型企业按新的8级超额累进税率征税。

1983年以后，除推行了以利改税为中心的税制改革外，还针对改革开放中的新情况，陆续开征了一些新税种，如集体企业所得税、个体工商业户所得税、个人收入调节税、私营企业所得税、建筑税（后改为固定资产投资方向调节税）、奖金税和工资调节税、耕地占用税、特别消费税等。至1993年，我国建立起了由34种税组成的多税种、多层次、多环节调节的复合税制体系。

## 二、1994年中国税制改革

1979~1993年的税制改革无疑是对计划经济体制下屡遭削弱的税收制度的重建,其改革的成效显著。改革不仅强化了税收的收入功能,还初步建立起了有利于体现国家政策的税收调控体系,配合和推动了经济体制的改革,促进了经济的发展。但是,由于受到经济体制整体改革进程的制约,加之认识上的局限性,税制改革难免在某些方面有不足之处。尤其是随着建立社会主义市场经济体制目标的明确提出,税制的非适应性日趋突出和明显。

### (一)1994年税制改革前存在的主要问题

在1994年税制改革前,当时实行的税制存在一些与市场经济发展明显不适应的地方。主要表现在:

1. 税法不统一,税负不尽公平,不利于企业公平竞争。
2. 国家和企业之间的分配关系和分配形式还不规范。
3. 税收调控的范围和程度不能适应生产要素全面进入市场的要求,税收对房地产市场和资金市场等领域的调节远未到位。
4. 地方税体系尚未建立,地方税收入规模太小,不能适应分税制财政体制的要求。
5. 税收征管制度不够科学,且与国际惯例不衔接。此外,总体税制在一定程度上也比较繁琐。

### (二)1994年税制改革的指导思想

随着我国经济的迅速发展,改革原有税制已成为发展社会主义市场经济的内在要求。1993年,中央果断作出了加快实施税制改革的决策,并于1994年全面推出。这次税制改革的指导思想是:统一税法、公平税负、简化税制、合理分权、理顺分配关系、保障财政收入,建立符合社会主义市场经济要求的税制体系。税制改革所遵循的基本原则包括以下几点:

1. 有利于加强中央的宏观调控能力。这次税制改革要调整税制结构,科学设计税率,合理划分税种,实行分税制,理顺中央和地方的分配关系,逐步提高中央财政收入占整个财政收入的比重。

2. 体现公平税负,促进平等竞争。改革要解决按不同所有制、不同地区设置税种、税率导致的税负不公矛盾。通过统一企业所得税和完善流转税,使各类企业的税负大致公平,为企业在市场中平等竞争创造条件。

3. 发挥税收调节个人收入差距和地区间经济发展差距的作用。通过统一个人所得税制,完善税收征管方法和制定合理的税收政策,使个人收入分配保持合理的差距,促进地区协调发展,实现共同富裕。

4. 体现国家的产业政策。这次税制改革通过税种、税率的科学设计,促进产业结构的调整,促进国民经济的持续、快速、健康发展和整体效益的提高。

5. 简化和规范税制。改革取消与经济发展不相适应的税种,合并重复设置的税种,开征一些确有必要的税种,实现税制的简化和高效。税收在处理分配关系的问题上,要重视参照国际惯例,尽量采用较为规范的方式,保护税制的完整,以利于维护税法的统一性和严肃性。

(三) 1994 年税制改革的主要内容

1994 年的税制改革主要是工商税制的改革,其内容体现在以下几个方面:

1. 以推行规范化的增值税为核心,相应设置消费税、营业税,建立新的商品课税体系。增值税对货物销售、进口货物和部分劳务实行普遍征收,实行凭发票注明税款抵扣制度。再选择部分消费品交叉征收消费税。对不实行增值税的劳务市场或第三产业征收营业税。新的商品税制统一适用于内、外资企业,取消对外商投资企业和外国企业征收的工商统一税。

2. 对内资企业实行统一的企业所得税,采用 33% 的比例税率,取消原来分别设置的国有企业所得税、国有企业调节税、集体企业所得税和私营企业所得税。用税法规范企业所得税税前列支范围和标准。改革企业税前还贷制度,严格税收减免,拓宽税基,改变企业承包企业所得税的做法,硬化企业所得税。

3. 统一个人所得税。将原个人所得税、个人收入调节税和城乡个体工商业户所得税合并为新的个人所得税。实行分类课征和源泉扣缴制度,调整了部分应税项目、税率和费用扣除标准及计税方法。

4. 调整、撤并和开征其他一些税种。调整了资源税,并将盐税并入资源税中;调整了城市维护建设税和城镇土地使用税;取消了集市交易税、牲畜交易税、烧油特别税、奖金税和工资调节税;开征土地增值税、证券交易税,并拟开征遗产税;改农林特产税为农业特产税,将原农林特产税和原产品税中对农、林、牧、水产品征税的部分合并为农业特产税。

5. 实行分税制财政体制,按税种划分中央和地方的财政收入,并相应分设国家税务局和地方税务局两套机构。

6. 推进税收征管制度改革。主要改革设想包括:普遍建立纳税申报制度;积极推行税务代理制度;加速推进税收征管计算机化进程;建立严格的税务稽查制度等,最终形成申报、代理、稽查"三位一体"的税收征管体系。

改革后的我国税种设置由原来的 32 个减至 23 个,初步实现了税制简化与高效的统一。

## 第三节 商品课税

### 一、商品课税的特点

商品课税是指以商品和劳务的流转额为征税对象的课税体系,在国际上统称为"商品和劳务税"。商品课税在各国税制体系中尤其是在发展中国家的税制体系中占有十分重要的地位。商品课税与其他税类相比,具有以下几个方面的特征:

第一,以商品和非商品流转额为计税依据。在税率既定的情况下,税额大小直接依存于商品和劳务价格的高低,与成本和费用水平无关。

第二,课征普遍、税源广泛。商品课税以商品交换形成的销售收入为前提,在商品经济高度发达的现代社会里,商品税的征税对象涉及各个领域,税源分布十分广泛。

第三,征管便利。商品税以商品流转额为计税依据,一般采用比例税率从价征收,计征简便,征税成本较低。

第四,商品课税属于间接税。商品课税与价格紧密联系,其税收负担容易通过价格涨落机制转移出去,使纳税人和负税人发生偏离。

商品税具有的上述特征决定了它所具有的突出功能,主要体现在组织财政收入上,能够保证税收收入的及时、稳定。但其缺陷也较为明显,如税负存在累退性,不利于贯彻公平原则以及易引起价格的波动等。

### 二、我国商品课税的主要税种

我国现行税制体系是以商品课税为主体税种的。商品课税主要包括增值税、消费税、营业税、关税等。现选择具有代表性的主要税种介绍如下。

#### (一) 增值税

增值税是于20世纪50年代始建于法国的一个新兴税种,因其优点突出而在短时期内迅速风靡全世界。到目前为止,实施增值税的国家已有100多个,增值税已成为一个真正的国际性税种。我国自20世纪80年代开始试行增值税,在1994年工商税制改革中,增值税被作为改革的核心内容,按照国际上通行的做法并结合国情,建立起一种较为完整的增值税课税机制。现行的增值税作为我国税制结构中的主体税种,在组织财政收入和调控经济等方面发挥着重大的作用。

1. 增值税的概念和优点。增值税是以商品价值额中的增值额为计税依据而征收的一种税。增值额是指企业在生产商品过程中新创造的价值额,相当于商品价值中扣除生产消耗的生产资料价值之后的余额,即 V + M 部分。具体到一个生产经营单位,增值额是指这个单位的商品销售收入或劳务收入扣除外购商品额后的余额。如果从一个商品来看,该商品生产和流通各个环节的增值额之和,相当于该商品的最终销售额。

增值税的优点主要有:

(1)可以避免重复征税和税负不平的问题,有利于专业化协作生产的发展。

(2)能够适应经济结构的各种变化,有利于保证财政收入的稳定性。

(3)能够建立起纳税人之间的自动钩稽机制,有效防止偷漏税。

(4)有利于商品的出口退税,促进对外贸易的发展。

2.增值税的类型。一般而言,增值税是对商品和劳务价值额中的增值额课税,也就是对商品和劳务价款中扣除外购商品价款后的余额课征。但现在各国对外购商品中的固定资产价款在扣除处理上有所不同,致使增值税的税基不同,据此增值税可划分为三种类型:

(1)生产型增值税。计算增值税时,不允许抵扣外购固定资产价款。就国民经济整体而言,计税基数相当于国民生产总值,故称为生产型增值税。

(2)收入型增值税。计算增值税时,只准许抵扣当期计入产品成本的固定资产折旧部分。就国民经济整体而言,计税基数相当于国民生产净值或国民收入,故称为收入型增值税。

(3)消费型增值税。计算增值税时,允许一次全部抵扣当期购进的固定资产价款。就国民经济整体而言,计税基数只包括全部消费品价值,故称为消费型增值税。

因计税基数不同,三种类型的增值税对财政收入和刺激投资的作用亦不同。从取得收入看,生产型增值税最多,收入型增值税次之,消费型增值税最少。而从鼓励投资看,消费型增值税效果最优,收入型增值税次之,生产型增值税最差。西方国家普遍采用的是收入型和消费型增值税,其中又以后者为多。

3.增值税的课征制度。我国于1994年1月1日起开始施行的《中华人民共和国增值税暂行条例》,对增值税课征制度规定如下:

(1)征收范围。增值税征收范围包括在我国境内销售货物,或者提供加工、修理修配劳务以及进口货物。

(2)纳税人。增值税的纳税人是指所有在我国境内销售、进口应税货物或者提供应税劳务的单位和个人。其中单位包括各种经济成分的企业,外商投资企业亦在其中,还包括行政事业单位、社会团体和其他单位;个人则指个体经营者和其他个人。纳税人还按经营规模大小和会计核算健全与否等项标准分为一般纳税人和小规模纳税人。

(3)税率。我国增值税设置了两档比例税率,一档为基本税率17%,一档为低税率13%。增值税条例规定适用低税率的有5类商品,其余的应税产品均适用基本税率。对出口商品实行零税率,即产品报关出口后可退还已缴纳的全部税款。对小规模纳税人设置4%和6%两档征收率。

(4)实行价外计算方法。我国现行增值税实行价外税,即税金不包括在销售价格之内,而是在销售价格之外,税金和价格是分开的。计税时以不含税价格作为计税依据,在零售以前各环节销售商品时,专用发票上要求分别填写税金和不含税金的价格。

(5)应纳税额的计算。应纳税额计算采用购进扣税法,即根据专用发票注明的税款进行抵扣来确定应纳税额。用公式表述如下:

$$应纳税额 = 当期销项税额 - 当期进项税额$$

其中

$$当期销项税额 = 当期销售额 \times 税率$$

准予从销项税额中抵扣的进项税额为:从销售方取得的增值税专用发票上注明的增值税税额;从海关取得的完税凭证上注明的增值税税额;购进免税农业产品原材料准予按买价10%的扣除率计算的进项税额;纳税人外购货物(不包括固定资产)和销售货物所支付的运输费用允许按7%的扣除率计算的进项税额;收购废旧物资允许按10%扣除率计算的进项税额。但是,对外购固定资产中所含的税款,计算应纳税额时不允许扣除,由此可见我国的增值税类型是属于生产型增值税。2004年9月份,我国在东北地区部分行业试点进行扩大增值税抵扣范围的改革,也就是增值税转型的试点,目前已经取得了初步的成效。

对小规模纳税人,实行简易征收办法,按销售收入乘以6%或4%的征收率计算应纳税额,不抵扣进项税额。

从2012年1月1日起,在部分地区和行业开展深化增值税制度改革试点,逐步将目前征收营业税的行业改为征收增值税。先在上海交通运输和部分现代服务业展开试点,增值税新增11%和6%两档税率,改征后的税收仍归属试点地区。

(二)消费税

消费税是当今世界各国普遍开征的一个税种。据129个国家的资料显示,没有开征消费税的国家不到10个。在美国,消费税制已有近200年的历史。消费税在我国也源远流长。早在公元前81年,汉昭帝为避免在酒的专卖上"与商人争市利",改酒专卖为征税,这可以说是我国最早的消费税。新中国成立后,曾开征过特种消费行为税,1989年曾开征特别消费税。现行的消费税是于1994年1月1日起开始实施的一个新税种。财政部、国家税务总局已联合下发通知,自2006年4月1日起对我国现行消费税的税目、税率及相关政策进行调整。

1.消费税的概念和特点。消费税是对我国境内的从事生产、委托加工和进口应税消费品的单位和个人,就其销售额或销售数量为征税对象,在特定环节征收的一种税。

和一般商品劳务税相比,消费税有以下主要特点:

(1)消费税的课税品目是有选择的,我国规定征收消费税的品目只有11个,规定的依据是贯彻国家的特定政策。

(2)消费税实行单环节课征,这有别于增值税的多环节课征制。课征环节除个别商品外都选在产制环节,便于征管。

(3)实行差别税率。税率档次较多,平均税率较高,这样可有效地调节收入和消费。

(4)采取从价定率和从量定额两种计征方式。

2. 消费税的课征制度。我国于1993年12月13日发布并于1994年1月1日起开始实施的《中华人民共和国消费税暂行条例》,对消费税的课征制度规定如下:

(1)征税范围。我国列举了11个税目为消费税的课征范围。这11个税目包括:烟、酒、化妆品、护肤护发品、贵重首饰、汽油、柴油、汽车轮胎、摩托车、小汽车、鞭炮烟火等。征税范围的选择主要考虑将高档、奢侈消费品、社会公德要求节制消费的某些消费品和一些特殊的资源性消费品纳入到消费税的调节范围中。2006年4月1日消费税调整的主要内容是:第一,新增高尔夫球及球具、高档手表、游艇、木制一次性筷子、实木地板等税目;第二,取消"护肤护发品"税目;第三,调整部分税目税率。

(2)纳税人。消费税的纳税人是指在我国境内生产、委托加工和进口应税消费品的企业、单位和个人。

(3)税率。消费税的11个税目分别采用比例税率和固定税额两种形式。比例税率分9档,从3%到50%,固定税额分5档,合计共有14档。

(4)应纳税额的计算。消费税采取从价定率和从量定额两种征收方法,所以其计税依据也有两种——销售额和销售数量,并且计算方法也是两种。其计算公式为:

$$应纳税额 = 应税消费品销售额 \times 适用税率$$
$$应纳税额 = 应税消费品销售数量 \times 适用税额$$

应税消费品的销售额是指纳税人销售应税消费品时向买方收取的全部价款和价外费用。因为消费税实行价内征收,所以其计税依据即销售额中含有消费税税金,但不含增值税税金。也就是说,向买方收取的增值税税款不包括在计税销售额中。

应税消费品的销售数量,是指应税消费品的数量。其中,销售应税消费品的,为应税消费品的销售数量;自产自用应税消费品的,为应税消费品的移送使用数量;委托加工应税消费品的,为纳税人收回的应税消费品数量;进口应税消费品的,为海关核定的征税数量。

上述计算方法为一般计税方法,除此以外,对于自产自用、委托加工和进口应税消费品应纳税额的计算各有其计税方法。

（三）营业税

营业税是一个传统的商品税税种。它起源很早,我国汉朝时就征收过营业税性质的税,营业税在西方国家税制中也曾占有重要的地位。在我国税制发展演变进程中,营业税始终是一个重要的税种。1994年税改前我国工商税制中就有营业税。1994年税改时对其予以保留,但随着商品税格局的改变又对其进行了适当的调整和改革。

1. 营业税的概念和特点。营业税是以纳税人从事经营活动的营业额（销售额）为课税对象的税收。我国现行营业税是对我国境内提供应税劳务、转让无形资产或销售不动产所取得的营业额征收的一种税。

营业税与其他商品课税相比,具有以下特点:

（1）按行业设置税目税率。营业税不是按商品设置税目税率,而是根据应税行为的综合经营特点出发,按照不同的经营行业设计不同的税目税率。

（2）以非商品销售额征税为主。我国现行增值税、消费税是以对商品销售额征税为主,而营业税是以对非商品销售额征税为主,与增值税形成对销售额并列调节的格局。

（3）计算征收简便易行。营业税一般以营业收入全额为计税依据,税率档次较少,税款计算方法简单明确,便于征纳。

2. 营业税的课征制度。我国于1993年12月13日发布,于1994年1月1日起实行的《中华人民共和国营业税暂行条例》,对营业税的课征制度规定如下:

（1）征税范围。营业税的征税范围可以概括为提供劳务和销售不动产两种经营行为。具体列举了9个税目,包括交通运输业、建筑业、邮电通信业、文化体育业、金融保险业、娱乐业、服务业、转让无形资产、销售不动产。

（2）纳税人。营业税的纳税人是指在我国境内提供上述应税劳务、转让无形资产和销售不动产的单位和个人。

（3）税率。现行营业税实行行业差别比例税率,税率共设4档:3%、5%、8%、5%~20%。具体来说,交通运输业、建筑业、邮电通信业、文化体育业税率为3%；服务业、转让无形资产、销售不动产税率为5%；金融保险业税率为8%；娱乐业多属高消费的范围,因此规定了5%~20%的幅度税率,各省、自治区、直辖市政府可根据当地的实际情况在税法规定的幅度之内决定具体税率。

（4）应纳税额的计算。纳税人提供应税劳务、转让无形资产或者销售不动产,应当以其营业额为计税依据,按照规定的适用税率计算应纳营业税税额。其计算公式如下:

$$应纳税额 = 营业额 \times 适用税率$$

在一般情况下,营业额为纳税人提供应税劳务、转让无形资产、销售不动产时向对方收取的全部价款和价外费用。但是，税法规定，在某些情况下，纳税人计算营业额时可以扣除某些费用。

# 第四节 所得课税

## 一、所得课税的特点

所得课税是对所有以所得额为课税对象的税种的总称，它是当今世界各国税制体系的一个重要组成部分。在西方工业化国家中，所得课税占据了主导地位。在我国，所得课税是仅次于商品课税的两大主体税系之一。

所得课税与商品课税及其他课税相比，具有以下几个方面的特征。

### （一）税负相对公平

所得课税以能体现纳税人真实负税能力的纯收入或净所得为计税依据，而且一般实行所得多多征、所得少少征的累进征税办法，符合量能课税的原则。同时，所得税课征制度中通过规定起征点、免征额和扣除项目，可使低收入者不必纳税，保证纳税人的基本生活需要。

### （二）所得税属于直接税

所得税在收入分配环节课征，是对人税，税负一般不易转嫁，对市场机制的正常运行干扰较小。

### （三）课税有弹性

所得税的税基是国民收入的有机组成部分，它会随着经济的不断增长，包括经济总量的扩张和经济效益的提高以及纳税人收入水平的提高而增长，且在累进制下，税收增长有时会超过税基增长。同时国家可根据需要灵活调整税率，以适应政府支出的增减。

### （四）征管复杂

所得税的计税依据是应纳税所得额，它是经过复杂的计算后得出的，涉及成本、费用、损失等项目的确定和扣除，且要加以核实，所以征收管理难度较大。

所得课税的特点决定了它所具有的功能，所得税是政府筹措资金的重要手段，也是促进社会公平分配和经济稳定的杠杆，尤其是后两种功能在当今社会备受重视。所得税尤其是个人所得税是一种有效的再分配手段，通过累进征收可贯彻纵向公平和横向公平的原则，调节社会成员间的收入差距，缓解社会矛盾。累进制的所得税富有弹性，对宏观经济具有自动稳定功能。当经济过热、需求过旺时，由于所得税的累进性，其增长速度会高于国民收入的增长速度，从而会抑制需求；相反，在经济衰退、需求不足时,所得税可自动减税,发挥刺激需求的效应。同时政府通过相机抉择税收政策,即在不同的经济发展周期,对所得税税率、各种减免扣除项目及其数额进行调整和变动,可实现对社会总供给和总需求的调节。

当然,所得税的高税率、多档次的累进征收会在一定程度上抑制纳税人的工作积极性和投资热情,进而对经济效率产生损害,这也是西方国家20世纪80年代以来对所得税进行降低税率、减少级次改革的主要动因之一。

### 二、我国所得课税的主要税种

所得课税在我国是仅次于商品课税的一类税,但由于受经济发展水平和收入、税收征管水平等的制约,我国所得税的规模和地位远不如西方国家,而且所得税制度对比西方国家也要相对简单得多,还处于刚刚起步阶段。

我国现行所得课税的税种以企业所得税为主,除此之外,还有个人所得税、外商投资企业和外国企业所得税及农(牧)业税。

#### (一) 企业所得税

我国的企业所得税制度是从1984年开始逐步建立起来的,曾先后开征了集体企业所得税、国有企业所得税、国有企业调节税和私营企业所得税。企业所得税制度的建立,突破了国有企业不能征收所得税的禁锢,用法律形式规范了国家和企业的分配关系,与当时以搞活企业为中心的城市经济体制改革全面展开的形势是基本适应的。但随着社会主义市场经济体制的逐步建立,企业所得税制度暴露出诸多问题。突出反映在按不同经济性质分别设置企业所得税,税率不一,税前扣除有别,导致税负不均,不利于开展公平竞争,也使国家和企业的分配关系难以规范。1994年税改时根据"公平税负、促进竞争"的原则,取消按不同经济性质分设税种的办法,实行了统一的内资企业所得税制度,但内、外资企业还适用不同的企业所得税法,下一步的改革将实现二者的统一。

1. 企业所得税的概念。企业所得税是对各类国内企业的生产经营所得和其他所得征收的一种税。它是国家参与企业的利润分配、调节企业盈利水平的一个重要税种。

2. 企业所得税的课征制度。《中华人民共和国企业所得税条例》是1993年12月13日颁布,从1994年1月1日起开始实施的,它规定企业所得税制的主要内容如下:

(1)纳税人。企业所得税的纳税人是指在中国境内实行独立经济核算的各类企业和组织(不包括外商投资企业和外国企业),具体包括国有企业、集体企业、私营企业、联营企业、股份制企业和经过国家有关部门批准,依法注册、登记的事业单位、社会团体等组织。

(2)征税对象及范围。企业所得税的征税对象是纳税人来源中国境内、境外的生产、经营所得和其他所得。生产、经营所得是指纳税人从事物质生产、交通运输、商品流通、劳务服务和其他规定的营利事业的所得,其他所得是指纳税人取得的股息、利息、租金、转让资产收益、特许权使用费和营业外收益等所得。

(3)计税依据和税率。企业所得税的计税依据是应纳税所得额。应纳税所得额是纳税人每个纳税年度的收入总额减去准予扣除项目金额之后的余额。收入总额包括生产经营收入、财产转让收入、利息收入、租赁收入、特许权使用费收入、股息收入和其他收入七大类。准予扣除项目包括与纳税人取得收入有关的成本、费用、税金和损失。企业所得税暂行条例还对准予扣除项目的范围和标准以及不得扣除的项目作了明确的规定。

企业所得税实行统一的33%的比例税率。此外,为了照顾某些盈利较少的企业,暂时设置两档较低的税率:对全年应纳税所得额不超过3万元的企业,所得税税率为18%;对全年应纳税所得额超过3万元不超过10万元的企业,所得税税率为27%。

(4)应纳税额的计算。应纳税额的计算公式为:

$$应纳税额 = 应纳税所得额 \times 适用税率$$

纳税人缴纳的企业所得税是实行按年计算、分月或分季预缴、年终汇算清缴、多退少补的征税办法。按期预缴税额的计算公式为:

$$本期应纳税额 = 本期累计应纳税所得额 \times 适用税率 - 上期累计已纳税额$$

年终汇算清缴税额的计算公式为:

$$年终汇算清缴税额 = 全年应纳税所得额 \times 适用税率 - 全年累计已纳税额$$

此外,纳税人有来源于中国境外的所得,并已在境外缴纳了所得税,准予在汇总纳税时,从其应纳税额中扣除,但实际扣除不得超过扣除限额,超过部分不得列为费用支出。

(二)外商投资企业和外国企业所得税

外商投资企业和外国企业所得税是一个涉外税种,它是适应我国对外开放政策,随着涉外经济的快速发展而建立起来的。改革开放初期,我国曾按照不同合作方式分别制定了《中华人民共和国中外合资经营企业所得税法》和《中华人民共和国外国企业所得税法》,实践证明,两部涉外所得税法对于维护国家权益、促进对外开放发挥了积极的作用。但是随着我国对外开放的日益深化,上述两部涉外所得税法已表现出不适应性。在总结其10年执行实践经验的基础上,我国将两税合并,于1991年4月通过并公布了现行的《中华人民共和国外商投资企业和外国企业所得税法》,并自1991年7月1日起开始施行。

1.外商投资企业和外国企业所得税的概念。外商投资企业和外国企业所得税是对我国境内的外商投资企业和外国企业的生产、经营所得和其他所得征收的一种税。

2.外商投资企业和外国企业所得税的课征制度。

(1)纳税人。外商投资企业和外国企业所得税的纳税人包括外商投资企业和外国企业两类。外商投资企业包括中外合资经营企业、中外合作经营企业和外资企业。外国企业包括在中国境内设立机构、场所,从事生产、经营和虽然没有设立机构、场所,而有来源于中国境内所得的外国公司、企业和其他经济组织。

(2)征税范围。对于属于中国法人,也就是总机构设在中国境内的外商投资企业,其从中国境内、境外取得的全部所得都要纳税。外国企业只就来源于中国境内的所得纳税。

(3)计税依据和税率。外商投资企业和外国企业所得税的计税依据为应纳税所得额,即纳税人在中国境内设立的从事生产经营的机构、场所每一纳税年度的收入总额减除成本、费用和损失之后的余额。

外商投资企业和外国企业所得税采用比例税率,税率为30%,附加地方税税率3%(按应纳税所得额计算),总负担率是33%。

外国企业没有在中国设立机构、场所,取得来源于中国境内的股息、利息、租金、特许权使用费和其他所得,或者虽然在中国境内设立机构、场所,但是上述所得与其机构、场所没有实际联系的,按20%的税率计算纳税。由于这种所得税由支付单位代扣代缴,不扣除成本费用,实行源泉控制,因此通常被称为预提所得税。

外商投资企业和外国企业所得税的应纳税额计算公式为:

$$应纳所得税额 = 应纳税所得额 \times 30\%$$
$$应纳地方所得税额 = 应纳税所得额 \times 3\%$$

(4)优惠减免规定。为广泛吸引外资,我国制定外商投资企业和外国企业所得税法时遵循了"税负从轻、优惠从宽"的基本原则。优惠政策体现在对特定地区和产业的优惠、对先进技术企业、出口企业的优惠以及对再投资的优惠,下面分别对这些优惠项目予以说明。

第一,地区优惠。设在经济特区的外商投资企业,在经济特区设立机构、场所从事生产、经营的外国企业,设在经济开发区的生产性外商投资企业,均可以减按15%的税率征收企业所得税。设在沿海经济开放区和经济特区、经济技术开发区所在城市的老市区或者国务院批准的开放城市的生产性外商投资企业与设在国家旅游度假区的外商投资企业,可以减按24%的税率征收企业所得税。

第二,产业优惠。设在沿海经济开放区和经济特区、经济技术开发区所在城市的老市区或者设在国务院规定的其他地区的外商投资企业,属于能源、交通、港口、码头或者国家鼓励的其他项目的,可以减至按15%的税率征收企业所得税。对生产性外商投资企业,经营期在10年以上的,从开始获利的年度起,第1年和第2年免征企业所得税,第3~5年减半征收企业所得税。对从事农业、林业、牧业的外商投资企业和设在经济不发达的边远地区的外商投资企业在依照税法规定享受免税、减税待遇期满后,经企业申请,国家税务总局批准,在以后的10年内可以继续按应纳税所得额减征15%~30%的企业所得税。

第三,对出口企业和先进技术企业的优惠。外商投资举办的产品出口企业在享受法定免征、减征所得税期满以后,当年出口产值达到企业当年产品价值70%以上的,当年可以减按15%或者10%的税率征收企业所得税(10%的税率适用于设在经济特区、经济技术开发区的企业和其他已经按照15%的税率征收所得税的企业)。外商投资举办的先进技术企业,在享受法定免征、减征所得税期满之后仍为先进技术企业的,可以在以后的3年之内减按15%的税率征收企业所得税。对于已经减按15%的税率征收所得税的企业,可以减按10%的税率征税。

第四,对再投资的优惠。外国投资者将从外国投资企业取得的利润直接再投资于该企业,增加注册资本,或者作为资本投资开办其他外商投资企业,经营期不少于5年的,经投资者申请,主管税务机关批准,可以退还再投资部分已经缴纳的所得税的40%,再投资不满5年撤出的,应当缴回已经退还的税款。外国投资者在中国境内直接再投资举办、扩建产品出口企业或先进技术企业,经营期不少于5年的,可以全部退还再投资部分所缴纳的所得税税款。上述企业自开始生产、经营起3年之内没有达到产品出口企业标准的,或者没有被继续确认为先进技术企业的,应当缴回已经退还税款的60%。

第五,对预提税的优惠。对预提税的优惠是指对在中国境内未设立机构、场所的外国企业取得的下述所得的优惠。包括:外国投资者从外商投资企业取得的利润,免征所得税;国际金融组织贷款给中国政府和中国国家银行的利息所得,免征所得税;外国银行按照优惠利率贷款给中国国家银行的利息所得,免征所得税;外国企业为中国科学研究、开发能源、发展交通事业、农林牧业生产,以及为开发重要技术而提供专有技术所取得的特许权使用费,经国家税务总局批准,可以减按10%的税率征收所得税,其中技术先进或条件优惠的,可以免税;外国企业从经济特区、经济技术开发区、沿海经济开放区和国家规定的其他对外开放地区取得的股息、利息、租金、特许权使用费和其他所得,除了依法免征所得税的以外,都可以减按10%的税率征收所得税,其中,提供的资金、设备条件优惠,或者转让的技术先进,需要给予更多减税、免税优惠的,由所在省、市人民政府决定。

### (三)个人所得税

个人所得税是一个世界性的重要税种,在西方许多国家都是首要税种,已成为政府税收的主要来源。我国的个人所得税尚处于起步阶段,但发展潜力巨大。1980年我国立法征收个人所得税,但当时是适用于在我国有个人所得的外籍人员的税法。1986年,我国开征了城乡个体工商业户所得税。对我国公民个人所得征收的税种是1987年开征的个人收入调节税。在总结以往经验和借鉴国外有益做法的基础上,本着"公平税负、简化税制、合理调节"的原则,1993年

10月,我国对原个人所得税法进行了重要修改,实现了上述三个税种的合并,出台了修正后的《中华人民共和国个人所得税法》,并于1994年1月1日起发布实施。现行个人所得税的出台标志着我国个人所得税制度走向法治化、科学化、规范化和合理化。

1. 个人所得税的概念和特点。个人所得税是以个人取得的各种所得为征税对象而征收的一种税。它体现着一个主权国家在其管辖权范围内与其居民和非居民的一种征纳关系,它是国家对个人所得实施调节的一个税种。

我国个人所得税制度的设计既借鉴了国际通行做法,又立足于从国情出发,与我国现阶段的税收征管水平相适应,因此它体现了以下几个特点:

(1)实行分类课征制。对工薪所得,个体工商业户的生产经营所得,企事业单位的承包经营、承租经营所得,按照不同的超额累进税率征收;对其他所得按20%的比例税率征收。

(2)实行定额与定率相结合的费用扣除方法。我国个人所得税对纳税人的各项所得视不同情况分别采用定额扣除和定率扣除的办法:对工薪所得每月定额扣除800元;对其他所得采取定额扣除800元或定率20%扣除费用的办法。第十届全国人民代表大会常务委员会第十八次会议通过了对个人所得税法的修改,自2006年1月11日起,工资、薪金所得,以每月收入额减除费用1 600元后的余额为应纳税所得额。

(3)以个人为计税单位。国际上个人所得税的计税单位有家庭和个人两种,我国以个人为单位来计算缴纳所得税,通常不考虑取得收入的个人的家庭人口情况。

(4)计算简便,计税时间多样化。现行个人所得税的适用税率和费用扣除方法的规定都较为简明,便于计算。征收方法实行源泉扣缴和个人申报两种,但以源泉扣缴为主,这样有利于征管。计税缴税时间针对各项所得核算的不同特点而定,有按月计税缴税,按年计税、分月预缴,按次计税缴税多种。

2. 个人所得税的课征制度。

(1)纳税人。个人所得税以所得人为纳税人。具体包括以下两类:一类是指在中国境内有住所,或者虽无住所但在中国境内居住满1年,从中国境内、境外取得所得的个人,也就是有境内、境外所得的中国居民;另一类是指在中国境内既无住所又不居住或居住不满1年但从中国境内取得所得的个人,也就是有境内所得的非中国居民。

中国居民要就其从境内、境外取得的所得,或称全世界范围的所得向中国政府交纳个人所得税,意指对中国政府承担无限纳税义务。非中国居民只就其从中国境内取得的所得向中国政府交纳个人所得税,意指对中国政府承担有限纳税义务。

（2）征税对象。个人所得税的征税对象是指属于征税范围的各项个人所得，具体包括11个项目，即工资、薪金所得，个体工商业户的生产、经营所得，对企业、事业单位的承包经营、承租经营所得，劳务报酬所得，稿酬所得，特许权使用费所得，利息、股息、红利所得，财产租赁所得，财产转让所得，偶然所得，国务院财政部门确定征税的其他所得。其中工资、薪金所得和个体工商业户的生产、经营所得是目前我国个人所得税收入的主要来源。

（3）税率和应纳税额的计算。根据不同项目，个人所得税的计算方法也不同：

第一，工资、薪金所得适用于3%～45%的7级超额累进税率（见表6－1），计算公式为：

应纳个人所得税税额 = 应纳税所得额 × 适用税率 － 速算扣除数

应纳税所得额 = 扣除三险一金后月收入 － 扣除标准

其中：扣除标准3 500元/月，自2011年9月1日起正式执行。

第二，个体工商业户的生产、经营所得，企事业单位的承包、承租经营所得，都适用于5%～35%的5级超额累进税率，见表6－2。个体工商业户的生产、经营所得以每一纳税年度的收入总额，减除成本、费用以及损失后的余额为应纳税所得额，按适用税率计算应纳税额。企事业单位的承包、承租经营所得以每一纳税年度的收入总额，减除必要费用后的余额为应纳税所得额，按适用税率计算应纳税额。其计算公式为：

应纳税额 = 应纳税所得额 × 适用税率 － 速算扣除数

**表6－1 个人所得税税率表（一）**

（工资、薪金所得适用）

| 级数 | 全月应纳税所得额 | | 税率（％） | 速算扣除数 |
|---|---|---|---|---|
| | 含税级距 | 不含税级距 | | |
| 1 | 不超过1 500元的 | 不超过1 455元的 | 3 | 0 |
| 2 | 超过1 500元至4 500元的部分 | 超过1 455元至4 155元的部分 | 10 | 105 |
| 3 | 超过4 500元至9 000元的部分 | 超过4 155元至7 755元的部分 | 20 | 555 |
| 4 | 超过9 000元至35 000元的部分 | 超过7 755元至27 255元的部分 | 25 | 1 005 |
| 5 | 超过35 000元至55 000元的部分 | 超过27 255元至41 255元的部分 | 30 | 2 755 |
| 6 | 超过55 000元至80 000元的部分 | 超过41 255元至57 505元的部分 | 35 | 5 505 |
| 7 | 超过80 000元的部分 | 超过57 505元的部分 | 45 | 13 505 |

注：1. 本表所列含税级距与不含税级距，均为按照税法规定减除有关费用后的所得额；

2. 含税级距适用于由纳税人负担税款的工资、薪金所得；不含税级距适用于由他人（单位）代付税款的工资、薪金所得。

表6-2 个人所得税税率表(二)

(个体工商业户的生产、经营所得和对企事业单位的承包经营、承租经营所得适用)

| 级 数 | 全月应纳税所得额 | | 税率(%) | 速算扣除数 |
|---|---|---|---|---|
| | 含税级距 | 不含税级距 | | |
| 1 | 不超过15 000元的 | 不超过14 250元的 | 5 | 0 |
| 2 | 超过15 000元至30 000元的部分 | 超过14 250元至27 750元的部分 | 10 | 750 |
| 3 | 超过30 000元至60 000元的部分 | 超过27 750元至51 750元的部分 | 20 | 3 750 |
| 4 | 超过60 000元至100 000元的部分 | 超过51 750元至79 750元的部分 | 30 | 9 750 |
| 5 | 超过100 000元的部分 | 超过79 750元的部分 | 35 | 14 750 |

注:1. 本表所列含税级距与不含税级距,均为按照税法规定以每一纳税年度的收入总额减除成本、费用以及损失后的所得额;

2. 含税级距适用于个体工商户的生产、经营所得和由纳税人负担税款的对企事业单位的承包经营、承租经营所得;不含税级距适用于由他人(单位)代付税款的对企事业单位的承包经营、承租经营所得。

第三,劳务报酬所得、稿酬所得、特许权使用费所得、财产租赁所得适用于20%的比例税率。上述各项所得每次收入不超过4 000元的,减除费用800元,超过4 000元的,减除20%的费用,减除费用后的余额为应纳税所得额,按20%的税率计算应纳税额。其计算公式为:

每次收入不超过4 000元时:

$$应纳税所得额 = 每次收入额 - 800$$

每次收入超过4 000元时:

$$应纳税所得额 = 每次收入额 \times (1 - 20\%)$$
$$应纳税额 = 应纳税所得额 \times 20\%$$

其中,对劳务报酬所得一次收入畸高的,实行加成征收。具体加成比例为:个人取得劳务报酬应纳税所得额在2万~5万元之间的,按计算出的税额,加征5成,超过5万元的加征10成。

对稿酬所得,依照税法规定,按应纳税额减征30%,稿酬所得应纳税额的计算公式是:

$$应纳税额 = 应纳税所得额 \times 20\% \times (1 - 30\%)$$

第四,财产转让所得适用于20%的比例税率。以转让财产的收入额,减除财产原值和合理费用后的余额为应纳税所得额来计算应纳税额。其计算公式为:

$$应纳税所得额 = 财产转让收入 - 财产原值 - 合理费用$$
$$应纳税额 = 应纳税所得额 \times 20\%$$

第五,利息、股息、红利所得,偶然所得和其他所得,适用于20%的比例税率。以纳税人每次取得的收入额为应纳税所得额计算税额。其计算公式为:

$$应纳税额 = 每次收入额 \times 20\%$$

3. 附加减除费用的规定。对于在中国境内无住所而在中国境内取得工资、薪金所得的纳税人和在中国境内有住所而在中国境外取得工薪所得的纳税人,在计算工薪所得的应纳税所得额时,除可按月减除 800 元费用外,还可以根据其平均收入水平、生活水平以及汇率变化情况确定其附加减除费用,附加减除费用现为 3 200 元。

此外,个人将其所得通过中国境内的社会团体、国家机关向教育和其他公益事业以及灾区、贫困地区捐赠时,捐赠额不超过其应纳税所得额 30% 的部分,可以从其应纳税所得额中扣除。

税法中还有境外已纳所得税额的扣除规定,即指纳税人从中国境外取得的所得,准予其在应纳税额中扣除已在境外缴纳的个人所得税额,但扣除额不得超过该纳税人境外所得依我国税法规定计算的应纳税额。个人所得税法还对免税、减税项目作了明确的规定。

### (四)农业税

农业税是一个历史悠久的税种,它曾经是国家的主要收入来源。新中国成立以来,国家在农业税的征收上贯彻了一系列正确政策,包括轻税政策、稳定负担政策、合理负担政策和鼓励增产政策,极大地调动了广大农民的增产积极性,促进了全国农业生产的发展。现行的《中华人民共和国农业税条例》是 1958 年 6 月起公布施行的。

1. 农业税的概念和特点。农业税是对一切从事农业生产、取得农业收入的单位和个人征收的一种税。它是国家从农业部门取得财政收入的一种重要形式。

农业税与工商各税相比,具有以下非常明显的特点:

(1)农业税以总收益为征税对象。农业总收益即农业总收入,指农产品收获量,它不是指农产品的销售收入,与商品流转无关。就其性质来说,农业税属于所得课税,但总收益并不扣除成本费用,它又不同于以纯收益为征税对象的所得课税,它的课征方法类似于商品课税。

(2)税源具有分散性。农业税的纳税人分散在广大的农村,其数量之多、税源分布地域之广、征收工作量之大是其他税种不可比拟的。

(3)征收入库具有季节性。农业生产受自然条件的影响较大,农产品的收获具有季节性,而农业税的征收只能在农产品收获之后进行,因此农业税只能按季节分次集中征收。

(4)在征收制度上,地方具有较大的自主性。我国幅员广阔,各地自然条件和经济条件差别很大,种植习惯和经营品种也不相同,因此对农业税的征收制度,中央只作原则性规定而赋予地方政府较多因地制宜、灵活运用的权力。

2. 农业税的课征制度。

(1)纳税人。农业税的纳税人是指在我国境内从事农业生产并取得农业收入的合作经济组织、农场、林场、养殖场、企业、行政单位、事业单位、军事单位、社会团体、其他单位、寺庙、农民和其他个人。

(2)征税对象。农业税的征税对象是农业收入,主要指粮食作物、薯类作物收入和部分经济作物包括棉花、麻类、烟叶、油料和糖料作物的收入。

(3)计税依据。农业税的计税依据是常年产量,即根据土地的自然条件、当地的一般经营情况和种植习惯所评定的正常年景下农作物的产量。常年产量一般是以当地生产的主粮(北方为小麦、南方为稻谷)为计算单位评定的,各种粮食和经济作物需按一定的标准,折算成主粮作为计税依据。常年产量评定以后,要保持一段时间的稳定性。

(4)税率。农业税的税率为地区差别比例税率,根据农业税条例规定,全国农业税的平均税率为常年产量的15.5%,目前实际执行的全国平均税率为8.8%,但近年来农业税的实际负担率一直不超过2.5%。

国务院根据农业税条例和各地区的实际情况规定了各省、自治区、直辖市农业税的平均税率,如新疆为13%,北京为15%,辽宁为18%。各省所属各地区的税率,由省、地、县根据上级规定的平均税率分别加以规定,地方规定的税率,最高不得超过常年产量的25%。

(5)应纳税额的计算和征收。应纳税额的计算公式为:

应纳税额 = 计税土地面积数量 × 每亩评定常年产量 × 适用税率

根据农业税条例规定,各省、自治区、直辖市人民政府经本级人民代表大会通过,可以随同农业税(包括农业特产税)正税附征一种地方性税收,即农业税地方附加,但按照现行规定,附加率最高不能超过15%。

地方附加 = 应纳正税税额 × 附加率

实际应纳税额 = 应纳正税税额 + 地方附加

农业税以征收粮食(简称公粮)为主,采取实物征收、货币结算的办法。

我国现行的农业税类除农业税以外,还有牧业税和农业特产税。牧业税是国家对牧区、半牧区牧养牲畜,从事畜牧业生产的单位和个人征收的一种税。其征税范围为大牲畜中的马、牛、羊、骆驼、骡等,计税依据为纳税人从事牧业生产取得的总收入或者牧养的牲畜头数。牧业税税率一般由各地区本着税负从轻的原则规定,其税率控制在牧业总收入的3%以内。目前各地区主要采取比例税率和定额税率两种税率形式从量或从价计征。

农业特产税是农业特产农业税的简称,它是对从事农、林、牧、渔各业生产的单位和个人就其农业特产收入征收的农业税。其课征制度由1994年1月30日发布并实施的《国务院关于对农业特产收入征收农业税的规定》所制定。农业特产税的课税对象为农业特产品收入,税目包括7类产品:烟叶产品、园艺产品、水产品、林木产品、牲畜产品、食用菌、贵重食品。农业特产税的税率,全国统一制定的有8%~25%7档税率。在全国统一的税目、税率以外的其他应税农业特产品的税目、税率,由各省、自治区、直辖市人民政府在5%~20%的幅度内自行决定。

目前,我国的经济社会状况已经发生了重大变化。在建立起比较完整的工业体系、经济迅速发展的同时,农业与工业、农村与城市的差距逐步扩大,"三农"问题制约了我国经济和社会的发展。为进一步减轻农民负担,促进农业、农村的发展,自2004年以来,我国已有28个省市免征农业税。第十届全国人民代表大会常务委员会第十九次会议通过决定,自2006年1月1日废止《中华人民共和国农业税条例》,这意味着在中国延续了两千多年的农业税正式退出了历史的舞台。

## 第五节 资源课税与财产课税

### 一、资源课税与财产课税的一般特征

资源和财产是人类拥有的两大财富。资源是指大自然赐予的各种资源,如土地、河流、矿山等。财产是指人类利用资源创造出的社会财产,如房屋、机器设备、股票证券等。两大财富有时是很难截然分开的,如土地,既是一种自然资源,又是一种社会财富。资源和财产所具有的相同或类似的性质,决定了两类财富的课税也有某些相同的特点和作用。

资源税是指对自然资源的课税,它有两种课征方式:一是以自然资源本身为计税依据,这种自然资源为私人所拥有,实质就是财产税;二是以自然资源的收益为计税依据,这种自然资源往往为国有,对国有的自然资源如矿藏、森林等的开发和利用征税,即为资源税。

财产税也有两种课征方式:一是以财产价值为计税依据;二是以财产收益为计税依据。以财产收益为计税依据的财产税又与资源课税有密切联系,甚至可以纳入资源课税。所以,财产课税与资源课税具有较强的同一性。

资源课税和财产课税的特征可以归纳为以下几点:

第一,课税比较公平。财产是衡量纳税人纳税能力的一个标准,按照纳税人拥有财产的多少课征不同的税额,符合量能课税的原则。企业或个人占用国家资源的多少和质量高低的差别,又会影响到纳税人的收益水平,对其课税可调节级差收入,也符合受益纳税原则。

第二,具有促进社会节约的效能。对财产课税可以限制对社会财富的挥霍和浪费,对资源课税可以保护和促进自然资源的合理开发和使用。

第三,课税面较窄、收入弹性较低。无论是财产课税还是资源课税,征税范围都较窄,不可能遍及所有财产和资源,而且由于资源和财产的生成和增长需要较长

时间,故弹性较差,因从其税收额看不可能成为国家的主要税种,一般是作为地方税种。

## 二、我国资源课税与财产课税的主要税种

我国资源课税与财产课税体系包括有资源税、房产税、城镇土地使用税、耕地占用税、土地增值税、契税、车船使用税等,现择主要税种介绍如下。

### (一) 资源税

资源税是以单位或个人开发利用的国有矿产资源和盐为征税对象而征收的一种税。我国于1984年第二步利改税时开征资源税,1993年12月,国务院决定将原盐税并入资源税,并颁布了《中华人民共和国资源税暂行条例》,于1994年1月1日起开始实施。

1. 资源税的征税范围。其范围包括原油、天然气、煤炭、其他非金属矿原矿、黑色金属矿原矿、有色金属矿原矿和盐。

2. 资源税的税目和税率。资源税采取从量定额的办法征收,实施"普遍征收、级差调节"的原则。普遍征收是指对在我国境内开发的一切应税资源产品征收资源税;级差调节是指运用资源税对因客观因素的差别而产生的资源级差收入进行调节。所以资源税的税目是七大类别,税率则是差别定额税率与比例税率相结合,见表6-3。

表6-3 资源税税目税额标准幅度表

| 税　　目 | 税率 |
| --- | --- |
| 1. 原油 | 销售额的5%~10% |
| 2. 天然气 | 销售额的5%~10% |
| 3. 煤炭 | 焦煤每吨8元,其他煤炭每吨2~4元 |
| 4. 其他非金属矿原矿 | 普通非金属矿原矿每吨或者每立方米0.5~20元;贵重非金属矿原矿每千克或者每克拉0.5~20元 |
| 5. 黑色金属矿原矿 | 每吨3~25元 |
| 6. 有色金属矿原矿 | 轻稀土矿每吨60元,中重稀土矿每吨30元,其他有色金属矿原矿每吨0.4~30元 |
| 7. 盐 | 北方海盐每吨25元,南方海盐、井矿盐、湖盐每吨12元,液体盐每吨3元 |

3. 资源税的计税方法。资源税以应税产品的课税数量为计税依据,按照规定的适用税额标准计算应纳税额。计算公式是:

$$应纳税额 = 应税产品课税数量 \times 适用税额标准$$

或者是：
$$应纳税额 = 应税产品销售额 \times 适用税率标准$$

应税产品课税数量的规定是：纳税人开采或者生产应税产品销售的，以销售数量为课税数量；纳税人开采或者生产应税产品自用的，以自用数量为课税数量。

### （二）土地增值税

土地增值税是对有偿转让国有土地使用权及地上建筑物和其他附着物产权，取得增值性收入的单位和个人征收的一种税。它是为了规范房地产市场交易秩序，适当调节土地增值收益，维护国家权益而开征的。现行的《中华人民共和国土地增值税暂行条例》是国务院于1993年12月13日发布，从1994年1月1日起施行的。

土地增值税的征税制度规定如下：

1. 纳税人。土地增值税的纳税人为在我国境内转让房地产并取得收入的单位和个人。不分经济性质、不分内外资企业及中外籍人员，也不论是专营还是兼营房地产。

2. 计税依据。土地增值税的计税依据是纳税人转让房地产时所取得的增值额。增值额为纳税人转让房地产取得的收入减除规定扣除项目金额之后的余额。

3. 税率。土地增值税实行4级超率累进税率，它是我国现行税制中唯一采用超率累进税率的税种。土地增值率越高，税率就越高。其税率见表6-4。

表6-4 土地增值税税率表

| 级数 | 计税依据 | 税率(%) |
| --- | --- | --- |
| 1 | 增值额不超过扣除项目金额50%的部分 | 30 |
| 2 | 增值额超过扣除项目金额50%～100%的部分 | 40 |
| 3 | 增值额超过扣除项目金额100%～200%的部分 | 50 |
| 4 | 增值额超过扣除项目金额200%的部分 | 60 |

应纳税额计算公式：应纳税额 = $\Sigma$（增值额 × 适用税率）

土地增值税应纳税额的计算，首先以转让房地产的收入减除有关各项扣除项目金额，计算出增值额；再按照增值额超过扣除项目金额的比例，确定适用税率，计算应纳税额。计算公式为：

$$应纳税额 = \Sigma（增值额 \times 适用税率）$$

土地增值税在房地产有偿转让环节按次征收，每转让一次征收一次。

### （三）城镇土地使用税

城镇土地使用税是以国有土地为征税对象，对拥有土地使用权的单位和个人征收的一种税。这一税种开征的主要目的是为了合理利用城镇土地，调节土地级差收入,提高土地使用效益。现行的《中华人民共和国城镇土地使用税暂行条例》是国务院于1988年9月27日发布,从当年11月1日起实施的。

城镇土地使用税的课征制度规定如下:

1. 纳税人。城镇土地使用税的纳税人包括在中国境内的城市、县城、建制镇和工矿区范围内使用土地的企业、行政单位、事业单位、军事单位、社会团体、其他单位、个体工商户和其他个人。

2. 计税依据、税额标准和计税方法。

(1)计税依据。城镇土地使用税以纳税人实际占用的土地面积为计税依据,按照适用税额标准计算应纳税额。

(2)税额标准。城镇土地使用税根据不同地区和各地经济发展状况实行等级幅度税额标准,税额标准表如下:

表6-5 城镇土地使用税税额标准表

| 地 区 | 税额标准 |
| --- | --- |
| 1. 大城市 | 每平方米每年1.50~30.00元 |
| 2. 中等城市 | 每平方米每年1.20~24.00元 |
| 3. 小城市 | 每平方米每年0.90~18.00元 |
| 4. 县城、建制镇、工矿区 | 每平方米每年0.60~12.00元 |

(3)计税方法。城镇土地使用税应纳税额计算公式:

$$应纳税额 = 纳税人实际占用的土地面积 \times 适用税额标准$$

城镇土地使用税按年计算,分期缴纳,具体缴纳期限由各省、自治区、直辖市人民政府确定。

## 第六节 行为课税

### 一、行为课税的特点

行为课税是指以纳税人的某些特定行为为课税对象的一类税的总称。在社会经济生活中,可以作为课税对象的行为很多,如特定的生产和消费行为,特定的投资行为,特定财产的使用行为等。

行为课税与其他课税相比具有以下特点:

首先,有较强的政策目的性。对特定行为征税,不仅是为了取得财政收入,更主要是为了调节、限制某种行为,达到国家的特定目的。

其次,有较强的灵活性。行为课税可以因时因地制宜,需要时就开征,不需要时就停征,所以行为税的设置比较灵活。

第三,税源分散,收入不稳定。行为课税的税源不普遍、不集中,而且由于行为税的征收以调节纳税人的某种行为为主要目的,并不以取得财政收入作为主要目的,其征收往往具有临时性或时效性,收入不稳定。

## 二、我国行为课税的主要税种

我国的税收体系中属于行为课税的税种有:固定资产投资方向调节税、印花税、屠宰税和筵席税。其中屠宰税和筵席税因税制改革的深化而被取消或停征。

### (一) 固定资产投资方向调节税

固定资产投资方向调节税(以下简称投资方向调节税)是政府对进行固定资产投资的单位和个人所征收的一种税。它是在原建筑税的基础上演变过来的,开征这一税种的主要目的是贯彻国家产业政策,控制固定资产投资规模,引导投资方向,调整投资结构,加强重点建设,促进国民经济持续、稳定、协调发展。现行的《中华人民共和国固定资产投资方向调节税暂行条例》是国务院于1991年4月16日发布,从1991年度起施行的。

投资方向调节税的课征制度规定如下:

1. 纳税人。投资方向调节税的纳税人是指在我国境内使用各种资金进行固定资产投资的单位和个人,但不包括外商投资企业、外国企业和外国人。

2. 税目和税率。投资方向调节税的税目分为基本建设项目和更新改造项目两个系列,按国民经济行业分类标准划分为14大类。税率是根据国家产业政策和投资项目的经济规模分别制定的,分为五档,即0%、5%、10%、15%和30%。投资项目按照单位工程分别确定适用税率。

3. 计税方法。投资方向调节税的计税方法是以固定资产投资项目实际完成的全部投资额为计税依据,按照规定的适用税率计算应纳税额。应纳税额的计算公式为:

$$应纳税额 = 实际完成的投资额或者建筑工程实际完成的投资额 \times 适用税率$$

投资方向调节税按照固定资产投资项目的单位工程年度计划投资额预缴。年度终了后,按照年度实际完成投资额结算,多退少补。项目竣工以后,按照应税投资项目及其单位工程实际完成投资额清算。

### (二) 印花税

印花税是对经济活动和交往中书立、领受的各种应税经济凭证所征收的一种税。因纳税人主要是通过在应税凭证上粘贴印花税票来完成纳税义务的,故名印花税。

印花税是世界各国普遍征收的一个税种。新中国成立后统一税制,1950年政务院发布《全国税政实施要则》,就规定印花税为全国统一开征的14个税种之一。1958年简化税制时,将印花税并入工商统一税。1988年8月国务院决定恢复开征印花税,并公布《中华人民共和国印花税暂行条例》,于同年10月1日起施行。

印花税在性质上和征税方法上都具有不同于其他税种的特点。印花税兼有凭证税和行为税性质,具有征收面广、税负较轻、由纳税人自行完税的特点。它不仅可为国家增加财政收入,增强纳税人的纳税意识,而且可加强对经济活动的监督,促进经济行为的规范化。

印花税的课征制度规定如下:

1. 纳税人。印花税的纳税人是指在我国境内书立、领受应纳税凭证的单位和个人,这其中包括外商投资企业、外国企业和外籍人员。根据应纳税凭证的不同,印花税的纳税人分为立合同人、立据人、立账簿人和领受人。

2. 征税范围。印花税的征税范围即印花税条例中列举的应税凭证,包括五大类:一是经济合同,具体包括购销、加工承揽、建设工程承包、财产租赁、货物运输、仓储保管、借款、财产保险、技术合同和具有合同性质的凭证;二是产权转移书据;三是营业账簿;四是权利、许可证照;五是经财政部确定征税的其他凭证。

3. 税率。印花税的税率根据应纳税凭证性质的不同,分别采用比例税率和定额税率两种。对载有金额的凭证,包括各种合同性质的凭证、资金账簿和产权转移书据等,都采用比例税率。对没有金额记载或虽载有金额但不宜作为计税依据的凭证,包括其他营业账簿、权利凭证、许可证照均采取按件规定固定税额,每件5元。

4. 计税方法。印花税分为从价计税和从量计税两种。印花税以应纳税凭证所记载的金额、费用、收入额或者凭证的件数为计税依据,按照税法规定的适用税率或者税额标准计算缴纳。应纳税额计算公式为:

应纳税额 = 应纳税凭证记载的金额(或者费用、收入额)×适用税率

应纳税额 = 纳税凭证的件数×适用税额标准

印花税的税额征收采取由纳税人自行缴纳完税的办法,即由纳税人根据税法规定,自行计算应纳税额,自行购买印花税票,自行完成纳税义务。

经国务院批准,财政部决定从2008年9月19日起,对证券交易印花税政策进行调整,由双边征收改为单边征收,即只对卖出方(或继承、赠与A股、B股股权的出让方)征收证券(股票)交易印花税,对买入方(受让方)不再征税。税率仍保持1‰。

## 本章小结

1. 税收制度是国家各种税收法令和征收管理办法的总称。它规定了政府和纳税人之间的征纳关系,既是税务机关代表政府向纳税人征税的法律依据和工作规程,又是纳税人履行纳税义务的法律规范。税制基本要素包括纳税人、征税对象、税率、纳税期限、违章处理等。

2. 我国税收制度经历了一个不断改革的历史演进过程。经过1994年的税制改革,基本上形成了与市场经济体制发展相适应的现行税收制度。

3. 商品课税是指以商品和劳务的流转额为征税对象的课税体系。我国现行税制体系是以商品课税为主体税种的,商品课税主要包括增值税、消费税、营业税和关税等。

4. 所得课税是对所有以所得额为课税对象的税种的总称。在我国,是仅次于商品课税的主体税系之一。我国现行所得课税的税种主要有企业所得税、个人所得税、外商投资企业和外国企业所得税。

5. 资源税和财产税是税收制度的重要组成部分。我国资源课税与财产课税体系包括有资源税、房产税、城镇土地使用税、耕地占用税、土地增值税、契税、车船使用税等。

6. 行为课税是指以纳税人的某些特定行为为课税对象的一类税的总称。我国现行税种体系中属于行为课税的税种主要有:固定资产投资方向调节税、印花税等。

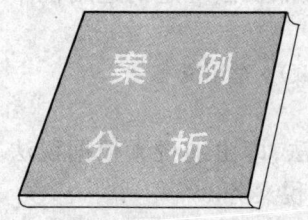

**案例 进入21世纪各国减税的趋势和浪潮**

进入21世纪后,许多国家尤其是发达国家为了应对全球性经济增长放缓的形势,纷纷采取了减税的财政政策。

2000年以来实施减税政策的有美国、德国、法国、比利时、加拿大、澳大利亚、阿尔巴尼亚、波兰、爱尔兰、哈萨克斯坦、印度、巴基斯坦、意大利、马来西亚等国家。各国的这次减税具有一些共同的特点:降低所得税税率(或税负),包括公司所得税和个人所得税;较少有调减间接税如增值税税率的,但也有个别国家提高了增值税或其他间接税的税率;一些国家通过制定税收优惠政策,鼓励企业投资,或者制定专门政策鼓励和吸引外商投资。

1. 美国。2003年1月7日下午,美国总统布什在芝加哥经济俱乐部宣布了额度为6740亿美元的十年减税振兴经济计划。如果该计划获国会通过,将使美国政府在今后十年中的减税总额增加到2万多亿美元。布什称新的减税计划为"增长与就业"计划,希望借此提高就业、扩大投资。计划中减免股息税的措施将使3500万户持有股票的家庭得益,并将创造210万个就业机会,仅在2003年就有约920万纳税人每人平均减税1 083美元。计划到2006年,个人所得税最高税率从39.6%降到35%,原来36%、31%、28%的税档将分别削减3个百分点,目前15%的税档从2005年开始逐渐降低。财产税的免税限额由2001年的67.5万美元增长到2002年100万美元,2009年增长到350万美元,2010年实现全免。此外,对退休、大学教育等方面也有不同程度的减免规定。这是美国20年来最为庞大的减税计划,对未来美国经济及社会的走向将产生重要的影响。

2. 加拿大。2000年10月18日,加拿大宣布了历史上最大的减税计划,减税总额近1000亿加元,减税内容包括:全面降低个人所得税税率,高档税率适用起点大幅度提高,收入10万加元以上的才按29%的税率纳税,收入6万~10万加元者,税率自29%降到26%,中档税率自24%降到22%,低收入者只按16%的税率纳税,并取消对高收入者的5%附加税,同时增加了个人所得税的生计扣除;自2001年起将公司所得税税率从目前的28%逐年降到21%(2004年);减少对资本所得的征税,投资收益的免税额自1/4增加到1/3,对投资小企业收益再用于投资其他小企业,应纳税款予以抵免。加拿大希望以此减轻纳税人税收负担、促进小企业发展,刺激经济增长,最终增加政府收入。

3. 德国。1999~2001年德国减税法案推出的减税措施包括:降低个人所得税税率,最低税率自25.9%分三步降到19.9%,最高税率从2000年起自53%降到48.5%;提高个人所得税起征点,最低应税所得自12 386马克(1998年)提高到14 100马克(2002年);子女免税额自每月220马克提高到250马克;公司所得税率自30%降到统一的25%,使外国投资者的实际税负下降4%左右;公司出售所持另一公司的股份一年以上,所获利润自2001年1月1日起免征公司所得税;对公司所得税适用的特殊最高税率,自47%降到45%,累积公司利润适用公司税税率自45%降到40%。

4. 法国。法国计划在2000年以后3年内减税1 200亿法郎,包括:降低个人所得税税率1.5~3.5个百分点,个人所得税最高税率从54%降为44%;公司税率自36.6%降到33.3%,小企业降到25%,对年利润在25万法郎以下的,征税税率为15%;减免最低收入家庭的社会保障税;增值税标准税率从20.6%降低到

19.6%等。

5. 澳大利亚。为吸引外资、提高企业竞争力,澳大利亚自2000年7月1日起,将公司所得税税率自36%降为34%,2001年7月1日降为30%;减征资本利得税,个人持有一年以上的资产,其利得减半征税,除此之外还包括其他一些减免税措施。

目前,世界各国的税收负担普遍得到了较大幅度的降低,各发达国家的个人所得税的最高边际税率与20世纪80年代相比,大约降低了12~13个百分点,税率档次也稳定在3~6个之间。绝大多数国家的公司所得税税率呈现单边下降的趋势,新一轮的减税已成了全球性的趋势和潮流,这对世界经济乃至我国经济都将产生影响,应该引起关注。

## 思考题

1. 什么是税收制度?
2. 税收制度的构成要素主要包括哪些?
3. 纳税人与负税人有什么不同?
4. 什么是税率?主要有哪些税率形式?
5. 1994年税制改革的主要内容和指导思想是什么?
6. 商品税有什么特征?
7. 增值税的主要特征和优点是什么?
8. 所得税有什么特征?

# 公 共 债 务

★ 本章学习要点与要求 ★

通过对本章内容的学习,应了解公债是政府筹集资金的手段,同时也是一种金融产品,公债属于财政与金融的交叉领域。理解随着经济的发展,公债将在国民经济中发挥日益重要的作用。掌握公债的概念和含义,了解公债是如何产生和发展的,掌握公债管理的主要内容。了解公债市场的主要交易品种,理解公债对经济的影响以及影响方式。掌握和理解公债在宏观调控中所发挥的作用。

## 第一节 公债概述

### 一、公债的含义

在市场经济条件下,信用经济的发展使得举债成为十分普遍的社会现象。根据举债主体的不同,整个社会债务可以分成两类:一类是居民、企业等私人部门举借的债务,称为民间债务或私债;另一类是政府及其所属机构等公共部门举借的债务,称为公共债务,简称公债。

公债(Public Debt or Government Debt)是政府向团体、公司、个人或别的政府所借的债务,它反映着以国家为主体的一种分配关系。它包括中央政府发行的公债(一般将中央政府发行的公债称为国债)、地方各级政府发行的地方公债、政府所属行政机构或独资机构发行的债务。①

---

① 例如,我国在20世纪90年代以后,由铁道部、国家开发银行等机构发行的债券属于政府机构债务,属于公债的范畴。另外,所谓政府所属的独资机构,包括政府独资的公共企业,公共企业在其自有资金不足以满足其需要的情况下,以国家信用为担保向社会发行的债务,称为公共企业部门公债。

公债首先是一种财政收入,政府部门举借债务意味着将私人部门占有的一部分资源转移到公共部门,使政府可支配资金增加,但公债作为筹集财政资金的形式,与税收是不同的。税收是国家凭借政治权力获得的收入,就国家与具体纳税人的关系而言,税收具有强制性和无偿性的特点,而公债具有自愿性和有偿性的特点。在一般情况下,公债的发行必须遵循信用原则,公债到期不仅要还本,还要按事先约定的条件支付利息。公债的认购是自愿的,是否认购、认购多少完全由购买者自行确定。① 作为政府获得财政收入的形式,税收是连续和相对固定的,课税需要通过法律形式预先确定,税收的变更要遵循严格的法律程序,因此,税负的变动往往需要较长的时间。而公债的发行较为灵活,公债发行与否以及发行多少,一般可以根据政府的财政收支情况灵活掌握。

公债同时也是一种债务,是金融市场上的一种产品。公债与私债的本质区别在于发行的依据或者担保物不同,私人部门发行债务是以企业或居民个人的信用为依据,往往需要以其财产或收益作为担保,而公债是以政府信用为担保发行的。由于公债以政府信用为保证,一般情况下,公债风险要远远低于私人债务,因此通常被称为"金边债券"。在成熟的市场经济国家,公债的利率往往被当做无风险的市场基准利率,对确定整个金融市场的价格体系具有重要意义。

另外,公债作为一种金融产品,是整个金融市场的重要组成部分,公债发行的方式、发行与偿还的数量与价格以及公债的期限结构都会对货币市场和资本市场产生影响,是政府实现货币政策的重要工具。公债属于财政与金融的交叉领域,公债政策是政府财政政策与货币政策的结合点,不仅对政府的财政运行意义重大,而且对金融市场乃至整个国民经济都具有重大影响。

### 二、公债的分类

按照不同的标准,公债可以划分为以下一些类型。

#### (一)国内公债(内债)和国外公债(外债)

按债权人分类,公债可以分为国内公债(内债)和国外公债(外债)。

内债的债权人是本国的公民或法人,内债的发行和还本付息一般以本国货币为计量单位;外债的债权人是外国政府、国际金融机构、外国银行、外国企业和个人,外债的发行和还本付息基本上以外币计量。国内公债的发行与偿还是本国资源在不同所有者之间的转移,发行国外公债是国外资源向本国的流动,是本国资源的净增加,而偿还国外公债则意味着本国资源流向国外。外债的偿还不仅取决于

---

① 但在战争或者其他特殊时期,政府财政异常困难而又无法推销自愿公债时,国家可以利用政治权力在推行对象中强制摊派公债,这时的公债被称为强制公债,强制公债在某种程度上具有税收的性质。19世纪的德国和比利时,第二次世界大战期间的加拿大,都实行过强制公债,英国当时也在所得税之外搭配一定金额的公债,规定战后还本付息。

政府的财力,而且要受到一个国家的国际收支状况和国际汇率市场变动的影响。

(二)短期公债、中期公债和长期公债[①]

按发行期限分类,公债可以分为短期公债、中期公债和长期公债。

按照通常的划分标准,短期公债是指发行期限在1年以内的公债。例如,美国的国库券就是一种短期公债,发行期限分为13周、26周和52周三种。发行短期债券具有较大的灵活性,主要用来弥补短期财政资金的不足。短期公债还是执行货币政策的重要工具,短期公债的利息率是具有代表性的市场基准利率,而中央银行通过买卖短期公债进行所谓的公开市场业务可以调节货币供应量,实现相应的货币政策目标。

中期公债是指发行期限在1~10年的公债。相对短期公债而言,中期公债的偿还期较长,政府可以把发行公债的资金用于弥补赤字或者用于投资。对于债权人而言,中期公债的偿还期限适中,货币贬值的风险较小,因此也易于接受。在各国发行的公债中,中期公债占有重要地位。

长期公债是指期限在10年以上的公债,包括无期公债[②]。长期公债使政府可以长期使用筹集的资金而避免短期的还债压力,往往用于长期的资本性支出。由于发行期限过长,长期公债易受币值变动的影响,债券持有者承担的货币贬值的风险较大。

(三)上市公债和非上市公债

按流动性分类,公债可以分为上市公债和非上市公债。

上市公债(Marketable Issues)是指可以在证券市场自由买卖的公债,上市公债的价格是随着市场利率和币值变动上下波动的,债券可以高于或低于票面价格买卖。非上市公债(Non-marketable Issues)不能在证券市场上自由买卖,只能由政府以现金方式偿还或转变为其他公债。我国1984年以前发行的国库券就属于非上市公债。公债能否自由买卖对于债券的收益和风险有较大的影响,非上市公债往往期限较长、利率较高,而且往往是针对特定购买者发售的。如,美国对人寿保险公司和政府基金组织所发行的"特别债券"就不能在证券市场上公开出售。一般来说,非上市公债发行不多,占公债总额的比重较小。

(四)生产性公债和非生产性公债

按用途分类,公债可以分为生产性公债和非生产性公债。

---

① 对公债期限的划分是相对而言的,不同时期、不同国家的划分标准有所不同。如,在日本,人们把发行期在1年以上的公债都看做长期公债。在第二次世界大战之前,通常把5年内到期的称为短期公债,25年以后到期的称为长期公债,介于两者之间的称为中期公债。

② 无期公债或称永久公债,如英国19世纪发行的统一公债。这种公债不规定到期日,持有者按期收取利息,但无权要求清偿本金,政府可以根据财政状况随时按市场价格收回债券。这种公债的目的,主要是避免持有者在政府财政困难时期要求偿付。现在世界各国已经基本不发行无期公债了。

生产性公债也称为建设公债，是指政府将由公债筹集的资金用于生产建设，如兴建铁路、高速公路等基础设施，或者投资于能源、通信等重要行业。生产性公债可以形成相应的资产，同时可以从投资中获得一定的收益。非生产性公债是指政府将公债收入用于非生产性支出，如弥补政府日常开支的不足或用于建设公共图书馆等公益设施，非生产性公债不能形成相应的偿债能力，其还本付息的资金主要来源于税收。在历史上，为筹措战争经费而发行的战争公债也是一种特殊的非生产性公债。

除了以上几种主要的分类之外，还有一些其他的分类方法。如，按举债的形式分类，公债可以分为借款和发行债券；按募集条件分类，可以分为强制公债和自由公债；按利率分类，可分为固定利率公债和浮动利率公债等。

### 三、公债的功能

#### （一）弥补财政收支差额

当财政支出大于财政收入时，就会出现收支差额，在政府年度预算中出现的收支差额以及历年积累的收支差额通常称为"赤字"。另外，即使年度预算没有赤字，在一个年度内预算收支时间上出现脱节，也会产生短时间的收支差额。财政收支差额的弥补，通常有三种方式：增加税收、增发货币和发行公债。税收的增加在客观上受到经济发展水平和纳税人承受能力的限制，而且税制的变动也受到立法程序的制约。政府通过中央银行增发货币或者向中央银行借款或透支，会扩大货币的供应量，容易导致通货膨胀。发行公债弥补财政收支差额，实质是将不属于国家支配的资金在一定时期内转让给国家使用，是社会资金使用权的单方面转移，一般不会导致通货膨胀，而且公债的发行通常采取有偿和自愿的原则，政府获取的是社会相对闲置的资金，对经济发展的影响较小，也易于被社会接受。利用公债弥补财政收支差额是公债产生的主要动因，也是公债最基本的功能。

但是，利用公债弥补财政赤字也是有限度的，同样受到一个国家经济发展水平等因素的制约，过度发行公债同样会对经济发展产生不良影响。公债的限度与债务风险会在本章第四节作进一步说明。

#### （二）筹集建设资金

财政收支的差额，尤其是财政赤字的产生可以分为两种情况：一种是政府经常性收支差额；一种是政府用于生产建设的资本性收支差额。从公债的用途及其对经济的影响来看，我们有必要将公债用于筹集建设资金的功能与弥补一般性财政收支差额的功能相区别。

把公债作为弥补经常性收支差额的工具时，公债实际上是一种应急性、临时性和依附于财政赤字的被动性收入；而把公债收入作为筹集建设资金的一种手段时，则是把公债作为一种长期的、稳定的和主动的收入来利用。如，日本发行的公债明确分为建设公债和赤字公债。建设公债用于公共设施,形成有益于当前和长远的社会资本,日本财政法第四条规定可以举借建设公债;赤字公债用于弥补财政收支的差额,只是支出年度收益,财政法不允许发行赤字公债,赤字公债的发行要根据另设的公债特例法,因此也被称为特例公债。我国在20世纪80年代中后期也发行过专门用于筹集建设资金的重点建设债券和重点企业建设债券。

对于发展中国家而言,由于国内资本不足是制约经济发展的主要因素,因此根据本国情况适量举借外债,对于利用国外资源发展本国经济具有重要意义。发展中国家举借的外债就明确具有筹集建设资金的功能。

（三）进行经济调控

公债的经济调控功能将在本章第四节具体阐述,这里只作简单描述。公债的发行改变了资金在公共部门与私人部门之间的分布,而公债收入的使用则会直接影响社会总需求的总量与结构,公债持有人的结构和还本付息资金的不同来源则会直接影响社会的收入分配结构。如前所述,公债属于财政与金融的交叉领域,公债作为一种金融产品对于货币市场和资本市场都会产生重大影响,是中央银行进行公开市场操作的手段。因此,公债对于资源配置、收入分配以及宏观调控都具有重要作用,利用公债进行经济调控是公债的一项重要功能。

**四、公债的限度与风险**

尽管公债具有多方面的功能,但是由于公债需要还本付息,无论内债还是外债,并不是越多越好,举借公债受到社会政治经济多方面的制约。事实上,世界各国不仅有通过借债成功推动经济发展的经验和实例,而且也有许多失败的教训。20世纪80年代,许多发展中国家由于对外债缺乏严格的管理,过量借入外债,而且外债结构也不合理,在石油危机和其他经济、社会等因素的影响下,造成了严重的债务危机,使经济陷入困境。还有一些国家,长期陷入内债的困扰,制约了经济的发展。因此,保持适度的债务规模和债务结构至关重要。

根据国际通用的标准,划定债务规模和结构合理与否的界限,是从内债、外债两方面来考察的。

（一）内债

内债的规模与结构受到国民收入规模与分配结构、财政收支规模与结构、社会资金供求等多方面的影响。对内债规模一般采用依存度、债务余额、偿债率等指标分析其是否合理。

1. 债务的依存度。它是指当年债务收入与财政支出之间的比例关系。依存度反映了一个国家的财政支出中有多少是依靠发行公债来筹集的。当公债发行量过大,依存度过高时,表明财政支出过分依赖债务收入,财政处于脆弱的状态,并对财政的未来发展构成潜在的威胁。因为公债是一种有偿的收入,债务收入只能作为一种补充性收入,因此,公债规模的合理性可以根据债务依存度这一指标来判断。

2. 公债偿债率。它是指一年公债还本付息与财政收入的比例关系。债务收入的有偿性,决定了公债规模要受到资金投入的效益限制。公债资金用于生产建设产生的收益率若高于公债的利率,就能够促进财政收入的增长,还债就有了保证,否则将使财政背上包袱。这就是说,发行公债的规模与资金使用效益和财政收入密切相关,因此要把公债规模控制在与财政收入相当的水平上。

3. 公债的余额。它是指一国历史累计下来的未偿公债的总额。根据国际经验,发达国家一般认为公债累计余额不应超过 GDP 的 45%。

以上三个指标,只是从量的角度考察公债的限度。公债的期限结构和利率结构也很重要。如果期限长、利率低的债务所占比重大,在相同的发行额和债务余额的情况下,较低的偿债率指标、较高的依存度和债务余额所表示的危险程度就小得多。保持公债长、中、短期的合理搭配,错开偿还高峰,均衡债务负担,可以有效减少偿债对财政形成的压力。

### (二) 外债

外债与内债的重要区别在于,它是以一国主权为信用基础的债务,而不是单纯的资源的内部转移。财政学意义上的外债与统计学意义上的外债有所不同,即举债主体不同。前者指的是政府对外举借的债务,而后者既包括政府主体举借的国外债务,也包括非政府主体举借的国外债务,两者合称国家外债。目前世界各国在衡量外债规模和结构上,常用的指标主要有以下几种:

1. 偿债率。偿债率即当年还本付息额占出口及劳务性外汇收入的比率,它反映出外债偿还与国家外汇收入的关系。外债需要用外汇来支付,而外汇收入主要用来进口国内所需要的产品和劳务,如果外债支付额过大,就会影响国内消费,使经济发展受到影响。因此,偿债率是衡量外债规模的核心指标。目前国际上一般认为,偿债率保持在 20%~25% 是比较合适的。

2. 负债率。负债率即外债余额占出口及劳务性外汇收入的比率,它也表明外债与外汇收入的密切关系。国际上认为,这一指标保持在 100%~120%,债务状况才是安全的,同时这一指标也要与债务的期限结构结合起来分析。如果优惠贷款多,偿还期限长,即使超过这一安全线也不至于发生债务危机。相反,如果债务期限短,即使不超过这个界限,债务仍然可能失控。

3. 外债负担率。外债负担率即当年外债余额占当年 GDP 的比率。这一指标反映外债规模与国家总体经济实力之间的关系。

4. 短期外债占全部外债的比率。短期外债是指一年及一年期以下的债务,它占全部外债的比重是衡量债务结构合理性的重要指标。国际上的债务专家普遍认为,短期债务如果占全部债务的 20% 以下,则表明债务状况是良好的。

此外，控制债务规模还需要考虑国家外汇储备和出口换汇等因素。

外债的各种结构中，期限结构、利率结构、币种结构和资金来源结构对于外债的风险控制都很重要。如果借入的外债集中于一两种货币之上，那么其所承担的汇率风险就比较大；而币种越分散，汇率风险就越小。外债的资金来源包括外国政府贷款、国际金融组织贷款、国外银行及其他金融机构贷款、买方信贷、发行外币债券等，其中前两种属于期限长、利率低的优惠贷款。如果这类贷款的比重大，借款的总成本较低，债务结构就比较理想。

## 第二节 公债的产生与发展

### 一、公债产生与发展的条件

公债的产生应当具备两个基本条件：一是政府的财政收入不抵支出，有举借债务的需要；二是社会上存在着可供借贷的闲置资本。只有在这两个条件都具备时，公债的产生才同时具有了必要性和可能性。具体来说，公债的产生与国家职能的扩展密切相关，同时又以社会经济以及信用制度的发展为前提。一方面，国家职能的扩展使财政支出日益增加，当仅靠税收不能满足国家的支出需求时，国家就不得不通过借债的方式获得一部分收入。另一方面，利用公债作为筹集财政收入的手段，会受到经济发展水平和信用制度发展的制约。在历史上最早出现的信用形式是私人信用，即私债。国家信用是在私债的基础上随着商业信用、银行信用的发展而出现的。

公债在历史上出现得很早，但发展缓慢，只有到了近代随着商品经济和信用经济的发展才迅速发展起来。公债的发展需要许多条件，主要包括以下几点：

第一，经济的发展和政府职能的扩大。历史发展到了近代资本主义社会，政府需要履行的职能迅速增加，近代以来争夺海上贸易和殖民地的战争以及为促进经济发展所进行的诸如铁路、公路等大规模基础设施投资，加之现代政府对经济进行宏观调控的需要都使得财政开支不断膨胀，仅靠税收不足以满足财政支出的需要，因此公债的规模才不断扩大，成为政府重要的和经常性的收入形式。

第二，公民的私人财产权得到保障。近代以来公民财产权的确立与法治国家的建立是公债发展的社会条件。在近代以前的社会形态，国家与社会成员的地位是不平等的，社会统治者如专制君主拥有至高无上的权力，可以任意支配社会财富，完全可以采用强制性的收入形式，如加征各种税收、无偿掠夺社会成员等。而借贷是一种平等主体之间的关系，国家向社会成员借贷的前提是国家承认公民的财产权,而且公民可以有效限制国家权力,防止国家利用种种手段随意变更借贷条件甚至不履行债务,否则公民的债权不能得到有效保障,公债也就不可能发展起来,只有在近代法治国家这些条件才逐步确立,因此公债才得以迅速发展。

第三,社会出现闲置资金和投资需求。近代以来商品货币经济的迅速发展是公债发展的经济基础。近代以前社会经济发展水平较低,整个社会闲置资金不多,人们不可能有大量的资金用于购买公债,人们即使有相对闲置的资金,也会因为缺乏投资机会而将其以金银等形式贮藏起来。近代以来商品货币经济的迅速发展使社会财富极大丰富,社会财富以货币形式分散在社会成员手中,处于流动状况并随时在寻找获利机会,人们有能力并愿意购买公债。社会成员有投资需求,而公债为其提供了一种低风险的投资形式,这时公债才能真正发展起来。

第四,金融市场与信用制度的完善。近代以来以银行为首的金融机构的发展、全国性金融市场的形成以及信用制度的完善为公债的大规模发行与流通创造了技术条件,而现代社会各种专业机构投资者以及迅速快捷的交易手段的出现使公债的发行规模更大、结构品种更为多样化,大大降低了公债的发行与交易成本,公债市场已经成为金融市场上不可缺少的组成部分。

## 二、西方国家公债的发展演变

早在公元前4世纪,古希腊和古罗马就出现了国家向商人、高利贷者和寺院借贷的情况,但由于当时社会经济和信用制度不发达,公债的规模很小。在中世纪,商品经济较为发达的意大利各城市共和国普遍采用发行政府债券的方式获得财政收入。12世纪末期,佛罗伦萨以发行债券的方式向金融业者借贷,其后,热那亚和威尼斯等城市纷纷效仿,至14、15世纪,意大利各城市共和国几乎都发行了政府债券。在同一时期,欧洲的一些国家开始建立强有力的中央集权政府,政府开始履行越来越多的职能,这使政府支出规模不断扩大,传统的王室产业收入已远远不能满足这种需要,而与之相适应的税收制度和财政组织制度尚不完善,国家的支出经常超过收入,加上官僚机构的日益庞大和君主的奢侈性开支以及战争频繁,国家大量举债就在所难免。

进入16世纪,随着西欧对外扩张的进展,各国为向海外扩张,争夺国际市场,战备和军事支出迅速增加,而当时作为海外贸易中心的荷兰国内资金充裕,但由于其工业远不如商业发达,于是出现了大量闲置资金,因此西欧其他国家纷纷在荷兰发行债券。此后,英国开始强大起来,击败了西班牙和葡萄牙,确立了海上霸权,取代荷兰成为海外贸易的中心,同时英国的国内手工业也迅速崛起,英国被称为世界上最强大的国家,公债发行的中心也逐步从荷兰转移到英国。这一时期,公债在规模、品种、偿付及交易制度方面都有所创新,开始形成了阿姆斯特丹和伦敦日益正规的债券市场。公债的认购与持有者起初主要是商人和银行,后来社会公众个人也参与其中。由于公债利率较高,交易转让方便,因而往往成为商人和银行家控制与操纵投机的工具,成为"资本原始积累的有利杠杆"。

从18世纪中叶到20世纪30年代,公债制度得到了进一步的发展,英国通过对财政结构的彻底改组,将关税和消费税收归国家管理,设立了专门的财政管理机构(从1714年的财政署到后来的财政委员会),引进了英格兰银行对公债的监督及国会的干预,使英国能够指定某些稳妥可靠的财政收入作为付息来源,从而建立并稳定了以长期和永久公债为主的公债制度,英国成为当时西方最大的举债国。以公债为形式的公共信贷,到19世纪已经发展成为西方国家不可缺少的财政分配形式和金融制度的重要组成部分。

到20世纪30年代,公债已经在西方各国政府财政中占有一定地位,公债制度也日益健全和完善,从发行到承销、分销与二级市场,以及在中央财政和中央银行在公债政策方面,已经形成了一整套体系和制度保障。但是这一时期对经济实施自由放任的不干预政策是西方国家经济政策的主要内容,财政平衡是财政管理的主导思想,因此西方国家公债的发展并不主要由经济或金融发展阶段所决定,更主要的是由战争等历史事件以及政府活动范围和政府间的职能分工等因素决定,其中战争对公债规模的影响十分明显。如,1914~1919年的第一次世界大战期间,法、德、英、意等西方主要国家公债的规模都远远大于先后相邻的时期。

1929~1933年的经济危机使西方国家放弃了自由放任的政策,主张国家干预的凯恩斯主义成为主导的经济思想。20世纪30年代以后,为实现充分就业和经济增长,西方国家普遍实施了扩张性的财政政策,而减税与扩大支出的政策使财政赤字增大,公债规模随之逐步扩大,公债政策在财政政策和货币政策中的重要性不断提高。20世纪70年代出现的"滞胀"使凯恩斯主义和赤字财政政策受到冲击,但公债规模依然很大,到20世纪90年代末,除少数西方国家外,大部分国家的公债余额占GDP的比率都在50%以上。与此同时,公债的种类、期限结构日益丰富和多样化,公债市场的发展使公债发挥了政府筹资之外的更广泛的功能,公债成为了融资工具、资产管理工具、利率波动风险管理工具和货币政策的执行工具。

### 三、我国公债的历史与现状

#### (一)内债的历史与现状

从新中国成立到1980年,我国国内公债的历史可分为三个阶段:第一阶段是1950年以前,当时为了保证正在进行的革命战争和恢复国民经济的需要,发行了总价值约为3.02亿元人民币的"人民胜利折实公债";第二阶段是1954~1958年,为了进行社会主义建设,分5次发行了总额为35.46亿元人民币的"国家经济建设公债";第三阶段是1959~1980年,20世纪50年代后期,由于高度集中统一的计划经济体制逐步形成,社会经济状况发生了根本性变化,国家基本上能够通过税收和利润上缴的方式以及银行信用,将几乎所有的社会财力集中掌握,使得通过发行公债筹集建设资金的做法既无必要也不可能,因而于1959年开始停止公债发行,并于1968年还清了所有内外债,此后,直到1980年,这是我国历史上的"既无内债也无外债"的时期。

1978年底,我国实行了改革开放的政策,高度集中统一的计划经济体制开始被打破,市场因素不断成长壮大,这为重新发行国内公债提供了可能。从1979年开始,由于体制改革和经济建设等种种因素的影响,出现了财政赤字。为了弥补财政赤字,从1981年起恢复发行国内公债。进入20世纪90年代后,公债发行增速较快,特别是1994年《中华人民共和国预算法》和《中国人民银行法》作出了财政赤字不得向中央银行透支或借款解决,必须通过发行长短期国债来弥补的规定后,国债的发行规模快速大幅增长。1998年9月,根据当时国内外经济金融形势的变化情况,为了满足主要通过扩大内需促进经济增长的宏观经济管理要求,中央财政第一次在财政年度执行中,经全国人民代表大会常务委员会审议批准,追加发行了1 000亿元国债,全部用于包括农田水利、生态环境、铁路、公路、电信、重点机场、城市基础建设、国家储备粮库、农村电网改造与建设,以及经济适用住房建设项目的投资,以支持反周期财政政策的实施。1999年下半年,基于经济增长压力仍然较大,启动国内有效需求的任务仍然较为艰巨,中央政府又追加发行了600亿元国债,使当年的国债计划发行规模超过4 000亿元。2000年、2001年继续实施反周期的财政政策,截至2005年年底,累计的国债余额超过了3万亿元。此外,1998年我国还发行了2 700亿元特别国债,用于补充国有商业银行的资本金,使其资本充足率达到国际标准8%的水平,增强了其竞争实力和抗风险的能力。

在20世纪80年代和90年代初,地方政府在经济过热的情况下也发行了某些公债,作为当地财政投资的资金筹集方式,但由于地方政府投资极易出现行政性重复建设,造成资源浪费,所以在1994年生效的预算法中明确规定地方政府一律不得发行公债筹集资金。

(二)外债的历史与现状

20世纪50年代,我国政府外债全部来自于苏联和东欧国家,其中,从苏联实际借入14.06亿新卢布(或74亿旧卢布),年利率为2.5%。1951～1957年,国家财政预算内列明的国外借款收入为51.62亿元人民币,重点用于当时国民经济恢复和"一五"重点项目建设上。此后直到1979年前的这段时期,国家预算中均没有外债借入的内容。

1979年伴随着改革开放的进程,中国的政府预算内开始出现国外借款收入,在1987年之前,这部分外债数额不大,1987～1993年规模逐年递增,最高年份的1993年为357.9亿元,之后逐年下降,到1997年为64.8亿元,2003年为120.68亿元,2004年为145.07亿元。包括政府外债与非政府外债在内的"国家外债"余额,

2004 年年底为 2 285.96 亿美元。其中外国政府贷款占 14.1%，国际金融组织贷款占 11.0%，国际商业贷款占 54.6%；长期外债占 54.4%，短期占 45.6%。

截至 2010 年年底，我国的外债余额为 5 489.4 亿美元。2010 年我国外债的负债率、债务率以及偿债率等各项指标分别是 9.3%，29.3% 和 1.6%，均低于国际公认的警戒线水平。

## 第三节 公债管理与公债市场

### 一、公债管理的政策目标

公债管理的政策目标，是政府进行公债管理的目的，也可以看做在决定公债管理政策时应当服从和遵循的原则。一般认为公债管理政策主要有四个目标或原则：促进经济的稳定与增长、满足投资者的需要、争取利息成本最小化、减少公债的流动性。

#### （一）促进经济的稳定与增长

经济稳定是财政政策、货币政策的共同目标，因此促进经济的稳定与增长是公债管理的首要目标。公债政策必须同财政、货币政策相协调，如果公债管理的其他目标与之产生矛盾，应当首先考虑经济的稳定与增长。例如，在第二次世界大战后，美国财政部为使公债支付利息最小化，要求实施公债低利率政策，联邦储备银行的货币政策迁就了这种低利率政策，结果导致本可避免的严重的通货膨胀，到 1951 年不得不通过协调放弃了低利率政策。

对于公债政策在经济稳定与增长中的作用，理论界有两种不同的观点：一种是认为公债政策应和财政、货币政策一起，对引导经济发展起积极作用。新债发行、新旧债调换及旧债偿还的条件，以及其他管理措施，都应受到经济稳定和增长的目标支配。另一种观点认为公债政策本身应保持中性，既不直接鼓励也不抑制经济稳定与增长，应当主要依靠市场竞争实现这一目标。公债政策只限于管理公债，尽可能不影响经济，并不要干扰财政与货币政策的目标。

事实上，公债政策与财政政策和货币政策的联系非常紧密，公债政策不可能不对经济产生影响，尤其是在多个目标发生矛盾时，促进经济稳定与增长的目标仍然是必须优先考虑的。

#### （二）满足投资者的需要

公债是政府与投资者之间一种平等、自愿的借贷关系，在任何自愿的交易中，双方必须互利，否则交易就不能进行。由于政府不能在公债交易中采用强制手段，那么只有关注投资者的投资需求,公债管理的各项政策才能得到顺利实施。另外,在现代金融市场中,公债已经成为重要的金融品种,其低风险的特性是其他金融产品无法比拟的,因此,各种期限的公债已经成为投资者进行资产管理和风险管理不可缺少的工具,在这种情况下,公债管理政策应当把满足投资者的投资需求、促进金融市场发展作为一项重要的目标和原则。

### (三)争取利息成本最小化

由于公债利息的支付在很大程度上需要依靠税收筹集,因此支付最低的公债利息意味着课征最低的税收。而且利息成本最小化可以最大限度减少财政支出的压力,是财政管理部门关心的重要问题。如果这条原则与公债管理的其他原则不矛盾,则无疑是一条理想的原则。

但是利息成本最小化受到市场上投资者投资条件的限制,而且往往同经济稳定与增长的目标相矛盾。利息成本最小,要求长期公债应在低利率时期发行,短期公债应在高利率时期发行。而低利率时期通常是经济萧条的时期,在经济萧条时发行长期债券会使长期利率升高,不利于私人投资,影响经济复苏。高利率往往出现在经济膨胀时期,在这时发行短期债券,会减少对长期资金的需求,从而降低长期利率,会进一步刺激短期投资,加剧经济膨胀。因此,在这种情况下,利息成本最小化原则就需要服从于经济稳定与增长的原则。

### (四)减少公债的流动性

公债的流动性就是公债持有者将公债转变成现金的难易程度和迟缓程度。短期公债的流动性大,它比长期公债更容易迅速地转变为现金;长期公债的流动性小,它距离到期日较远;无期公债是非流动性的极端,政府没有偿还本金的责任。减少公债的流动性可以大大减轻政府近期还本付息的压力,并为采用各种方式筹集资金扩展了空间,有利于政府财政的稳定和持续地利用公债筹资。在历史上,英国政府通过一系列制度安排成功地将债务长期化,为公债规模的扩大和持续利用国内外资金发展经济以增强国力创造了条件。在美国,这项原则也曾经成为官方政策。

但是,减少公债的流动性会增加长期资金需求、减少短期资金需求,从而促使长期利率上升而降低短期利率。长期利率的持续上升会严重抑制私人投资,不利于经济增长。而且随着经济发展和金融市场的完善,投资者的投资需求和投资对象已经多样化,一味减少公债的流动性会产生与投资者投资需求多样化之间的矛盾。另外,这项政策也与利息最小化的目标相矛盾,因为公债的长期化必然会使利率提高,增加利息成本。因此,现在这项目标的适用性和重要性已大打折扣。实际上,就美国的实践来看,公债平均期限的发展趋势是在缩短,并没有加长。

公债政策的上述目标是通过公债结构的选择、公债发行与偿还的方式和条件、公债的发行价格与利率水平的确定以及公债市场的干预来实现的。

## 二、公债的结构

### (一)公债的期限结构

公债的期限结构是公债管理的一个重要方面,合理的期限结构将会促进公债的发行和流通。期限结构的形成受到很多因素的制约,包括国民储蓄结构、居民消费结构、金融体系的完善程度、持有人结构、政府资金需求结构等。从理论上讲,合理的公债期限结构应当是短期、中期、长期公债相结合,品种丰富,形成系列。合理的公债期限结构不仅可以满足投资者多样化的投资需求,有利于政府保持财政收支的相对稳定和平衡,还可以为政府进行宏观调控提供多种调控工具。

公债期限结构的合理程度与债券市场的发展密切相关。以美国为例,美国债券市场非常发达,在其债券结构中,既有超长期公债,又有品种多样的短期公债,短、中、长期公债形成系列。我国政府债券的期限结构特点是短期化和多样化并存。20世纪80年代初期,我国国内政府债券的期限为8~10年;80年代中后期,期限为5~8年;90年代初期为3~5年;1994年为0.5~3年。由于缺少长期公债和1年以内的短期公债,我国的公债不能形成合理的品种系列。另外,我国公债发行品种较少、结构单一,这使公债在满足投资者多种投资需求以及发挥宏观调控方面的许多功能难以有效发挥。

### (二)公债的持有人结构

公债持有人是指以投资为目的的持有公债的机构和个人,不同的投资者其投资目的和行为方式是不同的,持有公债对经济的影响也就不同。因此,公债的持有人结构是公债管理的重要内容。

一般来说,公债的持有人结构应当与资金流量及金融资产的分布相适应。生产性企业通常是资金的需求者,没有过多的闲置资金,因此不可能过多地持有政府债券。政府部门和其他非生产部门的开支由国家预算安排,不存在购买中长期政府债券的资金,不可能成为政府债券的主要持有者。作为证券市场中介的金融机构,尽管其有大量资金可以用于分销和买卖政府债券,但其资本结构的限制使其难以长期持有政府债券。个人和机构投资者具有大量结余资金,是政府债券的主要持有者,其中养老基金等机构投资者是政府长期债券的主要持有人。银行自有资金有限,但银行可以吸收存款,所以具有购买政府债券的能力,并且由于中央银行进行公开市场业务操作,政府债券是风险低而流动性高的资产,因此银行也具有购买政府债券的内在动力。

发达国家政府债券的主要持有者是各种机构投资者,如养老保险基金、各种投资基金、银行等,此外还包括一些个人投资者和外国投资者。以机构为主的持有人结构有以下优点:①机构投资者资金实力雄厚,但数量远远小于个人投资者,因此有利于减少公债的销售环节,降低发行成本;②养老保险基金等机构投资者倾向于长期持有公债,有利于长期公债的发行和债券市场的稳定,而各种拥有不同风险偏好的投资基金持有公债进行资产管理和风险管理,有利于不同期限公债品种的发行;③银行持有公债可以为中央银行实行公开市场业务操作创造有利条件。

目前,我国公债持有人结构的特点是个人、银行和金融机构持有多、基金持有少、外国机构和个人基本不持有国内公债,这样的公债结构是由我国现阶段金融市场的状况所决定的。随着我国经济的进一步发展和金融市场的不断完善,大力发展以基金为主的机构投资者,是改善公债持有人结构的重要方向。

### 三、公债的发行与偿还

公债的运行过程以公债的发行为起点,以还本付息为终点,中间包括公债的使用和流通,这里我们重点讨论公债的发行和偿还。

#### (一)公债的发行方式

公债发行是公债管理的起点和基础,其核心是确定公债发行的方式和价格。从发行渠道来看,公债发行主要有两种方式,即政府直销和金融机构承销。金融机构承销公债,又称为公债的包销,即由金融机构按照一定条件向政府承购公债,然后在市场上转售,未售出部分则由金融机构自行购入持有。

从具体的发行方式来区分,可以分为固定收益出售方式、公募拍卖方式、连续经销方式、直接推销方式和综合方式。

1. 固定收益出售方式,是一种在金融市场上按预先确定的发行条件发行公债的方式。这种发行方式的认购期限较短,从开盘发售到收盘,一般只有几天(最长两周)时间。发行条件固定,即公债价格与利率事先确定,按既定的条件出售。金融机构、中央银行、邮政储蓄机构以及财政部门都可以代理发行公债。这种发行方式主要适用于中长期债券的发行,而且要求金融市场利率相对稳定。

2. 公募拍卖方式,亦称竞价投标方式,是一种在金融市场上通过公开招标发行公债的方式。在这种发行方式下,发行条件并不是事先确定的,而是通过认购者对准备发行的国债的收益和价格进行投标的方式确定的。拍卖过程由财政部门或中央银行负责组织,主要适用于中短期政府债券的发行。这一发行方式可以避免因市场利率不稳造成的问题,由于发行条件由拍卖决定,为防止出现价格过高或过低的情况,往往在事先规定最高和最低限价,但也会因此出现拍卖余额,影响公债发行的按期完成。

3. 连续经销方式,亦称出卖发行法,是发行机构(包括债券经纪人)在金融市场上设立专门柜台进行销售的一种方式。这种销售方式较为灵活,经销期限不定,直到预定销售额度完成为止,而且并不预先确定债券价格,由财政部或其代销机构根据市场行情随时调整,主要适用于不可上市流通的公债,特别是针对居民家庭发行的储蓄债券。

4. 直接推销方式,亦称承受发行法,是由财政部门直接与认购者进行谈判出售国债的发行方式。政府财政部门与认购者之间直接进行谈判,认购条件由双方协商确定,交易不通过任何中介或代理机构。由于是直接销售,因此在这种发行方式下,认购者主要限于机构投资者,如银行、保险公司、养老基金等,个人投资者不能通过这种方式购买公债。直接推销方式销售的公债大多是特殊类型的政府债务,如对特定金融机构发行的专用债券。

5. 综合方式,这是一种结合上述各种方式的特点而加以综合应用的公债发行方式。如,英国公债的发行往往采取先拍卖后连续销售的方式,即最初先将公债以公募拍卖的方式出售,如果投标数量不足,拍卖余额则由中央银行——英格兰银行负责购入,然后再以连续经销方式出售,直到售完为止。以综合方式发行公债有利于取长补短,具有较大的灵活性。

(二)公债的发行价格

公债的发行价格,是指政府债券的出售价格或购买价格。按照公债发行价格与票面值的关系,可以分为平价发行、折价发行和溢价发行三种发行价格。

1. 平价发行就是公债按票面值出售,即认购者按公债票面值购买公债,政府按票面值获得收入,到期按票面值还本。政府债券按票面值出售要求市场利率与公债利率大体一致,否则如果市场利率高于公债利率,就没有人愿意认购公债;如果市场利率低于公债利率,政府财政将会支付额外的利息支出。

2. 折价发行就是公债按低于票面值的价格出售,即认购者按低于票面值的价格购买公债,政府只获得折价后的收入,但公债到期后仍需按票面值还本。公债折价发行的主要原因是市场利率上升,高于公债的票面利率,因此需要降低发行价格使公债的收益率与市场利率大致相同,这样公债才能顺利销售。另外,在公债发行规模较大、政府财政急需资金的情况下,折价发行公债实际上提高了公债的收益率,会增加公债对投资者的吸引力。

3. 溢价发行就是公债按高于票面值的价格出售,即认购者按高于票面值的价格购买公债,政府按溢价获得收入,但公债到期后只按票面值还本。在公债利率高于市场利率的情况下,通过溢价发行可以降低公债的实际收益率,使之与市场利率水平相适应,从而减少政府的公债利息成本并稳定金融市场。

(三)公债的利率

如上所述,公债票面利率与市场利率的差额是公债发行价格的决定因素。对投资者而言,公债票面利率与发行价格确定了公债的实际收益率。公债的实际收益率必须与市场利率保持大体相当的水平,公债才能对投资者有吸引力,因此,市场利率是公债利率的主要制约因素。

但另一方面,公债利率的变化也会改变市场上资金的数量和流向,并对市场利率产生影响,如政府提高短期公债的利率水平,会使大量资金流向短期公债,减少流通中的货币数量,提高市场短期利率水平,这样会抑制经济过热和通货膨胀,因此,公债利率是现代社会政府进行宏观经济调控的重要手段。

在证券市场上,政府公债的利率一般低于私人债券的利率,这主要是因为政府公债以国家信用为保证,信用风险很小。信用风险是指债务人不能根据契约按期还本付息的风险。高风险债券的利率等于低风险利率加风险补偿,在一般情况下,公债作为风险最低的债券,其风险补偿为零,因此公债利率要低于信用风险较高的私人债券。另外,政府债券可以享受到较多的税收优惠。如在美国,根据宪法规定,禁止地方政府征收联邦政府公债的所得税,联邦政府也不得征收地方公债所得税,地方政府为了鼓励投资者投资于地方公债,对自己发行的公债也免征所得税。税收优惠可以看做公债持有者的一种额外收益,变相提高了公债的实际收益。

(四)公债的偿还

公债的偿还主要包括偿还方式及偿债资金来源两大主要内容,下面分别予以说明。

1. 公债的偿还方式。公债的偿还通常按照发行时约定的条件进行,主要有以下三种方式:

(1)直接偿还法,即政府直接向公债持有人兑付本金和利息。本息的兑付可以是到期一次性的,也可以分期分次进行。

(2)市场购销法,即政府在市场上选择合适的时机购进公债,以这种方式在公债到期前逐步清偿。这种方式适用于各种期限的上市公债,其中以短期公债为主。市场购销可以通过中央银行的公开市场业务在证券市场上陆续进行,既可以减少政府的还本付息支出,又可以维持公债价格的相对稳定。

(3)调换偿还法,即以新债换旧债,从而达到延期偿债的目的。

2. 偿债资金的来源。偿债资金主要有以下几种可供选择的筹集渠道:

(1)增加税收。通过增加税收偿还公债是偿债资金最基本的来源,但是税收增加往往要求变更税法,这会涉及立法程序,而且税负的增加受到社会承受能力的限制,容易引起社会成员的不满。

(2)发行货币。政府可以通过发行货币来偿还债务,但这种方法容易引发货币贬值,造成通货膨胀,从而使公债持有人的实际收益下降。从形式上看,政府履行了偿债义务,但实际上是政府在推卸偿债责任,政府的信誉会受到很大影响。

(3)建立偿债基金。政府设立偿债基金,每年将一定的政府收入划入这一基金,该基金由专门机构进行管理,不得用于其他用途。

(4)借新债还旧债。这种做法是用新发行的公债收入偿还到期公债。对公债持有者而言,政府履行了偿债义务,但对政府而言只是债务的延期偿还。

## 四、公债市场

### （一）公债市场及其功能

公债不仅是一种财政收入形式，以债券形式发行的公债本身也是一种有价证券。证券市场是有价证券交易的场所，因此公债交易形成的公债市场也是证券市场的一部分。公债市场按照公债交易的阶段可分为两类：一是公债发行市场，又称公债的一级市场或初级市场；二是公债的流通市场，又称公债的二级市场。公债的一级市场是公债交易的初始环节，一般是政府与证券承销机构和证券经纪人之间的交易。公债的二级市场一般是公债承销机构与认购者之间的交易，也包括公债持有者与其他公债购买者之间的交易。公债二级市场的交易分为证券交易所交易和场外交易两类，证券交易所交易是通过证券所进行的公债交易活动，而不通过证券交易所进行的交易即为场外交易。

公债市场主要有如下三个方面的功能：

1. 实现公债的发行和偿还，满足政府筹资的需要。对于公债管理部门而言，利用发达的证券市场发行和清偿公债，可以有效降低公债的发行和偿还成本，扩大公债规模。

2. 满足资金需求者与公债投资者交易的要求。公债作为一种金融产品，在发行之后，总有一部分公债持有者由于需要资金而希望将公债出售变现，而另外也会有一些需要买进公债的投资者，公债市场将资金需求者和公债投资者集合在一起，大大降低了交易的成本，促进了社会资金的流动和有效配置。

3. 公债市场可以进行公开市场业务，实现货币政策目标。对于执行货币政策的中央银行来说，对公债市场尤其是对短期公债市场的调节，可以调控货币供应量以实现货币政策目标。因此，公债市场是实现货币政策的重要工具。

### （二）公债发行市场

公债的发行是政府按一定方式将公债出售并获得资金的过程，政府可以采用直销的方式，在证券市场上直接向广大投资者公开出售公债，或者通过金融或邮政机构的网点代售，也可以采用金融机构包销的方式，将公债由为数不多的金融机构包销，再由金融机构向普通投资者出售。政府采用直销的方式发行公债，发行的时间较长，风险较大，不能保证及时获得所需的资金，这种方式一般只适用于面向居民发行非上市的中长期债券。目前，在公债发行市场上，多数债券的发行都采用金融机构包销的方式，由具有一定资质的金融机构通过投标或承销的方式包销政府债券，在这种情况下，普通投资者很难参与发行市场的交易。这种方式可以保证政府迅速获得所需的资金，而且发行时间短，发行费用较低。另外，对于某些特定品种的公债，政府也可以采取向特定机构，如养老基金和保险机构定向募集的方式发行。

我国的公债分为上市公债（记账式公债）、非上市公债（凭证式公债）以及定向公债。目前发行市场的基本结构是：以差额招标方式向公债一级承销商出售上市公债；以承销方式向承销商，如商业银行和财政部门所属的公债经营机构销售非上市公债；以定向募集方式向社会保障机构和保险公司出售定向公债。这是与我国目前的公债品种和金融市场发展相适应的发行市场结构。

（三）公债流通市场

对于不同的公债品种，在发行之后、偿付之前的变现主要有两种不同的方式。非上市公债不能在公债市场上进行自由交易，一般只能向银行或者财政部门提前兑付。提前兑付是在支付一定的兑付费用后，按照实际持有的期限和票面利率获得利息，提前兑付并不是真正意义上的交易。上市公债在发行结束后就可以上市流通，上市公债在流通市场上的价格完全由市场买卖双方自行确定。由于市场利率和供求关系的变化，上市公债的市场价格是在随时波动的，公债流通市场不仅为公债的提前变现提供了条件，而且公债价格波动的差价也成为投资者买卖公债的重要动因。

在公债现货交易功能的基础上，公债流通市场逐渐发展出了多种交易方式，如公债回购交易和公债期货交易。公债回购交易是指公债持有人在卖出一笔公债的同时，与买方签订协议，承诺在约定期限后以约定的价格购回同笔公债的交易活动。如果交易程序相反，先买进公债，再以约定的价格在约定期限卖出，则称为公债逆回购。公债回购具有金融衍生工具的性质，对于公债卖出者而言，回购可以获得短期资金融通并且规避价格波动的风险，对于公债买入者而言，回购可以获得稳定的收益而避免市场风险，而市场投机者则可以利用约定价格与市场价格之间的差额获得价差收益。具有调节债券与资金头寸作用的回购交易，是目前金融机构以融资为目的的主要交易方式，目前美国国债回购交易额已超过5 000亿美元。我国在1991年也开展了国债回购交易。

所谓期货交易是相对现货交易而言的，其特点是以约定的时间、约定的价格、约定的公债品种和约定的交易数量进行公债交易。双方签订交易合同后不是立即付款和交付债券，而是到了约定的交割时间才进行实际交易。20世纪70年代由于"石油危机"的影响，美国经济运行波动较大，致使利率波动的幅度与频率比以往任何时候都厉害。为了避免利率波动所带来的风险，1976年芝加哥商品交易所（CBOT）率先将国债期货合约作为利率期货的一种形式推出，供银行与非银行金融机构通过买卖国债期货合约来进行金融资产的风险管理。随后芝加哥商业交易所（CME）也推出了国债期货合约以及后来的国债期权交易。日本东京证券交易所从1988年开始引进国债期货与期权交易。成立于1982年的伦敦国际金融期货期权交易所（LIFFE），将英国金边债券（LONG GILT）、日本国债（JGB）、德国国债（BUND）、意大利国债（BTP）和美国国债作为期货合约的标的物，集中在场内进行交易。目前,国债期货与期权交易已成为全球范围内最主要的金融衍生产品,成为银行、证券、其他金融机构以及非金融机构规避利率风险必不可少的工具,也成为占全球期货交易额近一半的品种。

## 第四节 公债的经济影响

### 一、西方公债理论的演变

在公债问题上,19 世纪的主流经济学观点与 20 世纪的主流经济学观点是截然相反的。20 世纪 30 年代之前的主流经济学家基本上对公债持否定态度,认为公债有害于经济;而 20 世纪 30 年代以后占主流地位的凯恩斯主义则认为公债可以减少有效需求不足,促进就业,有利于经济发展。20 世纪 70 年代"滞胀"出现以后,新自由主义经济学反对凯恩斯主义利用公债干预经济的理论,主张公债中性论。公债理论的演进,扩大并深化了人们关于公债对经济影响的认识,对于公债政策的制定具有重要意义。

(一) 20 世纪 30 年代以前的正统公债理论——负债有害论

在 20 世纪 30 年代经济危机之前,资本主义处于自由竞争时期,经济学家一般是反对国家干预而主张自由竞争的,所以,反映在公债理论上,那一时期的古典学派经济学家大多对公债持否定态度,强烈地反对公债的发行。

亚当·斯密在《国富论》中曾经指出,公债会造成社会劳动和物质财富的非生产性的耗费,靠发行公债来弥补政府支出,等于原工商业资本为政府所吸收,被挪用于非生产用途,这是国内原有资本的浪费,阻碍生产力的发展。据此,他对公债的增长持坚决否定的态度。大卫·李嘉图也把公债看做国民资本被浪费的因素。他认为政府支出取之于公债等于抽取人民的生产资本,有碍工商业的发展,因此坚决反对公债的发行。法国经济学家让·巴蒂斯特·萨伊根据法国公债发行的经验,认为私人借债同政府借债有很大的区别。私人借债一般是用于生产,这有益于经济发展,而政府借债则是为了满足非生产性的消费或开支,实质是现有资本的浪费,各种公债都具有共同的坏处,那就是使资本从生产性用途退出,转向非生产性消费方面。

19 世纪中叶的英国经济学家约翰·斯图亚特·穆勒也认为,资本从私人企业转移至政府消费是一种损失,对经济发展总是不利的,但他同时也对亚当·斯密等人的公债理论作了某些修正。在他看来,如果政府以公债形式举借的资金是非国内的外国资本,或虽是国内资本,但该资本所有者原本无意于储蓄,或虽储蓄但不用于生产事业,或虽用于生产但是投资于国外,在所有这些情况下,政府所借的债务,对本国资本以及生产也没有损害。穆勒还主张以市场利率的升降与否作为衡量公债危害程度的方法。如果公债的发行刺激了市场利率上涨,即证明民间的生产资金被政府所吸收,则该公债有害;反之,若市场利率没有上涨,则该公债危害甚微。

19世纪末,巴斯特布尔在穆勒研究的基础上对公债理论作了进一步修正。他认为,公债应分为两种:一种是为纯粹的非经济目的而发行的,另一种是为生产的目的而发行的。前者没有必要也不应该靠举债来应付,因为它会阻碍经济的发展,后者则可以也应当靠举债来筹资,因为它可以促进生产的发展。

总的来说,古典经济学家反对公债是以市场机制有效性为前提的,他们认为为政府非生产性的活动举借债务只能侵蚀私人资本,因而不利于经济发展。

(二)凯恩斯主义的公债理论

20世纪30年代的经济危机,动摇了经济学家认为市场经济内在稳定的信念,凯恩斯在其1936年出版的《就业、利息与货币通论》一书中,把经济衰退和严重失业归结为有效需求不足,即消费和投资需求不足。因此,要使经济经常保持在"充分就业"和"繁荣"的水平上,必须由政府通过增加支出、削减税收、实行赤字财政政策来扩大有效需求,而赤字财政必然导致增发大量公债。凯恩斯认为:公债支出的作用表现为两种形式,一是增加投资,二是增加消费,从而使经济免受衰退的危害。从而肯定了公债发行对经济发展的作用。

哈佛大学教授阿尔文·汉森认为,在经济不景气的时期,人们对经济预期不佳,很难指望私人投资和消费会增加,只有依靠政府举债扩大支出来消除生产过剩。公债的持续增长,是经济繁荣和充分就业所必需的条件。

著名经济学家劳伦斯·克莱因根据20世纪30年代以来公债收入的使用情况,指出公债并不是非生产性的,恰恰相反,公债可以成为增加国民财富的重要因素:通过公债筹措资金以使失业的人获得工作,从事建筑房屋、桥梁、道路、学校的劳动,从实质上看,这会使我们更富有,因此,这种公债不会是一种负担。

"功能财政论"的创立者勒纳认为,财政政策应该着眼于对整个经济体系的影响,而不必拘泥于预算平衡与否。他指出:政府收支与举债,应仅是管制社会资金的工具,其目的在于保持物价稳定下的就业状态。……公债发行的目的只在于吸收社会上的游资,降低膨胀时的通货流通。偿还的目的则在于增加不景气时的通货流通。在这里,公债已经被当做直接调控经济的政策手段来运用了。

另外,凯恩斯主义认为,内债与外债不同,外债的借入与偿还表示资源在国家间的流动,而内债只是资源在国内不同使用项目之间的流动,内债是政府欠自己人民的钱,是"左右口袋"之间的事情,这些债务只要保持在国内,收利息的权利与付利息的义务正好抵消,因而就整个国家来说不存在债务负担。而且,公债与私债不同,国家可以永远存在,所以,政府可以不断以新公债替换旧公债,而不必真正偿还债务,因此,公债与具有真实负担的私债不同,是一种"想象的负担"。公债也不会成为后代人的负担,因为前代人不仅留下了债务,也留下了债权,后代人不仅继承了债务负担,也继承了债务权益,因而内债不会给下代人带来负担。

总的来说,20世纪30年代经济危机以来的公债理论以凯恩斯主义有效需求不足理论为基础,认为实施赤字财政政策可以扩大有效需求,促进经济发展,财政政策应当为实现充分就业的政策目标服务,而不必拘泥于预算的平衡,因此,扩大公债规模、支持扩张性的财政政策是有利于经济发展的。

(三)20世纪70年代新自由主义对凯恩斯主义公债理论的批判

20世纪70年代"滞胀"出现后,凯恩斯主义关于国家干预经济的政策主张受到了严重的挫折,这一时期兴起的新自由主义经济思想开始重申市场机制的有效性,反对政府对经济的过度干预。

公共选择学派反对凯恩斯主义关于国内公债不会构成后代人负担的观点,认为尽管公债与私债都为债券持有者提供收益,但公债利息的支付是通过增加纳税人的负担实现的,债券持有者因取得利息增加了购买力,而纳税人因被强制征税减少了购买力。由于纳税人寿命有限,由公债发行所引起的纳税负担将有相当一部分转移到下代人,因而也很少出现债券持有者与纳税人一致的情况,尤其当财富下降或币值上升时,未来纳税人将从较少的实际收入中支付原有的公债利息。所以,公债不仅具有"实际负担",而且未来的公民要承受政府付给公债持有者利息时产生的不能补偿的负担。

另外,公债决策不像税收那样会迫使政府对当期成本收益进行更多的考虑,从而使征税变得更加谨慎;相反,由于公债支撑的财政支出的成本、收益是未来之事,必然淡化实际成本与收益的比较,也就是说公债可以绕过公众的应有约束和不同政治势力的牵制,成为扩张即期财政支出的有力工具。所以,公债融资比起税收融资更容易助长政府规模的扩张。

供给学派认为,公债具有对私人部门资源的"挤出效应"。"温和供给学派"的代表人物马丁·费尔德斯坦教授认为,作为公债表现形式的政府债券与货币、私人有价证券共同构成现代经济中的三种金融资产。当为弥补财政赤字而增加发行政府债券时,将使债券相对于既定货币资产相应增多,债券利率由此上升,并因流动性的减少而使债券利率进一步上升。由于政府债券的信用比私人债券高,在高利率的引诱下,人们在资产选择上,将更加偏好于较高利率的政府债券,而对私人有价证券的需求倾向下降,购买量缩减。而私人证券是私人投资的主要筹资方式,所以公债的增加无疑会降低资本形成率,抑制经济增长。非但如此,公债增加引致市场利率提高,加之高税率的影响,会使投资的实际净预期收益率低于市场利率水平,使投资机会成本预期上升,从而阻止了"边际企业"(投资边际收益率等于市场利率时的企业)的建立,也就抑制了就业机会的创造。

## 二、公债对资源配置和收入分配的影响

### (一)公债对资源配置的影响

公债是公共部门筹集资金的方式,公债发行的过程是资源从私人部门向公共部门转移的过程,就这一点而言,公债与税收的功能是相同的。但是,从以税收作为筹集公共收入的方式来看,资源的转移是单方向的,税收的增加意味着社会成员财富的减少。对于整个社会而言,如果希望提高公共产品的供给数量与质量,就必须增加税收,减少当期的可支配收入,从而减少私人产品的消费。

而以公债为筹资方式,购买公债的人没有任何损失,公债持有者是用现金买入了一种债权,持有公债与持有其他金融资产一样,只是财产存在形式的变化,并没有引起公债持有人财富的减少,而且公债持有人还会有利息收入。当政府以公债筹资来增加公共产品供给时,社会成员并没有为此而付出代价。但是借债是要偿还的,将债务收入用于提供公共产品并不能产生现金收入,因此还债需要依靠税收,可以说为还债而负税的人承担了公共产品的成本。可见通过公债来筹集资金以提供公共产品实际上意味着延期的税收。公债筹资把公共产品的收益和成本分摊分割到了两个不同的时期,使受益者与成本负担者变得不一致。现在的社会成员免费享用了公共产品所带来的利益,却不承担成本,未来的社会成员承担了以往公共产品的成本,却没有享受该公共产品所带来的好处。这种不一致会影响公共产品的配置效率,采用公债方式提供公共产品由于缺乏当期成本的约束会使公共供给产品存在过分扩张的倾向。

要使公共产品的规模达到资源配置效率的要求,就必须使公共产品的受益者与成本承担者相一致。只有具备这样的条件,社会才能进行成本—效益的权衡,以便作出接近效率状态的选择。一般来讲,对于政府经常性项目的支出,由于其收益期局限在当期,因此不应采用公债筹资的方式,而应采用当期税收支付当期经常性支出的方式。对于可以在较长时间内发挥效益的资本性支出项目,如政府的办公楼等固定资产的支出,应当在其使用期限内分摊,如果全部由当期税收来筹集资金,实际上是由当期纳税人承担了全部成本,而以后的人无偿享受其效用。因此,政府的资本性支出中应当由本期承担的部分原则上以税收的方式来筹集,而由以后各期承担的部分应当通过公债筹资,这样的成本分摊有助于社会作出符合效率要求的公共产品供给选择。

如果私人部门存在闲置资金,且社会实际的产出水平未达到潜在总供给所能达到的水平,在这种情况下,发行公债筹集并使用私人部门的闲置资金,就会增加

社会总需求,从而使总产出增加,提高资源的配置效率。

(二)公债对收入分配的影响

政府在获得公债收入后如果将资金投入到有较好经济效益的项目中去,如用于修建收费公路,投资项目本身就可以带来还本付息的收入,这时政府公债对收入分配的影响与私人债券没有本质的差别。但是,如果公债资金不能产生足够的现金收入,或者根本就没有任何收入,如公债资金用于公共图书馆、公共广场的建设,这时政府必须用税收来偿还公债并支付利息。这样,纳税人交纳的税收就会被支付给公债持有者,这样社会财富在纳税人和公债持有者之间就会发生转移,而纳税人结构与公债持有人结构的不一致就会造成社会财富的重新分配。假设社会各阶层是相对平均地承担税负的,而社会富有阶层持有公债的比重较大,用税收偿付公债就意味着社会财富向富有阶层的进一步集中,会造成贫富的进一步分化。

对于长期公债而言,公债使用过程中的受益人与公债本息的承担者可能处于不同的时期,这样公债还会对不同时期的收入分配产生影响。如果现在的公债使当代人受益,而使后代人受损,我们就认为公债产生了代际负担。应当注意的是,公债的代际负担主要是指公债对未来社会可继承资产的影响。后代的纳税人为偿还公债所支付的税收会被同代的公债债权的继承者获得,这是社会内部的利益转移,而还本付息本身并不会给未来社会的整体造成负担。公债是否会造成代际负担,取决于公债的用途、公债资金的投资效率和公债对宏观经济的影响。

如果政府将公债用于本期的消费性支出而挤占了私人部门的投资,私人部门投资的减少会使得未来可继承资产减少,资产的减少将造成未来社会的产出能力和盈利水平下降,从而影响后代人的福利水平,这时公债就给下一代造成了负担。如果公债用于投资性支出,则是否产生代际负担取决于公债所投资项目的收益率是否高于它所挤出的私人部门投资的收益率。如果公债投资的收益率高于私人部门的收益率,公债不仅不会给后代造成负担,反而会提高未来社会的福利;反之,则同样会减少可继承资产的数量,给后代造成沉重的负担。

以上的分析是以社会总需求水平不变为前提进行的,也就是说,增加政府部门的公债必定等量地减少私人部门的投资。但是如果公债的使用不会产生挤出效用,公债对闲置资金的使用使总需求增加,从而增加总产出,这时公债也不会造成代际负担。

### 三、公债对货币供给的影响

购买公债资金的来源不同,对货币供给的影响就会不同。按照对货币供给的不同影响,可将公债的资金来源划分为商业银行、中央银行和非银行部门。

（一）商业银行购买公债对货币供给的影响

商业银行在许多国家都是公债的重要承购者。从对货币供给的影响看,商业银行认购公债,将通过公债资金的使用和转移在经济中增加大约相当于认购公债一倍的货币供给。

假设商业银行购买了100万元政府债券,商业银行的现金减少了100万元,持有的公债增加了100万元。政府财政部门获得了100万元的现金,当政府用发行公债获得的资金进行支出时,无论是购买性支出还是转移性支出都将使居民或企业的资金增加100万元,居民或企业在商业银行的存款也会相应增加100万元。这里没有考虑现金的漏出,如果私人部门获得现金后将一部分现金以现钞的方式持有而不是存入商业银行,那么实际货币供给的增加是商业银行认购公债的数额减去现金的漏出额。经过上述步骤,商业银行持有的政府债券增加了100万元,而由于居民或企业的存款增加了100万元,商业银行系统拥有的现金并没有减少。有人比商业银行购入政府债券前多了100万元,而没有人因此而减少自己的钱,社会上增加了100万元的货币供给。因此商业银行认购公债的经济影响是扩张性的。

（二）中央银行购买公债对货币供给的影响

中央银行也是公债的主要承购者,但中央银行认购公债主要出于下述两方面的原因:一是中央银行为执行货币政策,要通过在公开市场上买卖政府债券,主要是买卖短期债券来调节货币供给量和市场利率,也就是进行所谓的公开市场业务;二是在政府面临大量赤字而无法找到其他足够的公债收入来源时,通过认购一定的公债,为政府提供资金援助。

中央银行认购政府债券,一般可通过两种途径:一是从财政部直接购入即所谓的直接途径;二是从公开市场上买进,即所谓的间接途径。但无论通过哪一种途径,其结果都会增加商业银行系统的准备金,从而造成银行存款的多倍扩大,货币供应量多倍增加。

假设中央银行从财政部直接购入100万元公债,财政部获得100万元现金,而中央银行获得100万元债券。财政部使用公债资金后,私人部门将获得100万元现金,如果将其全部存入商业银行,商业银行将增加100万元的现金。如果中央银行从公开市场购入政府债券,一般可分为两种情况:一种是从商业银行手中购买,另一种是从非银行部门手中购买。如果交易对象是商业银行,商业银行持有的公债减少100万元,而现金增加100万元;如果交易对象是非银行部门,这些部门获得现金后也会将现金存入商业银行。这里同样不考虑现金的漏出,因此,无论上述哪种交易都会使商业银行系统的现金增加100万元。

商业银行持有现金的增加将会导致商业银行将超过法定准备金的新增资金用于贷款或进行其他投资,假设中央银行规定的法定准备金比率为10%,那么商业银行会增加90万元的贷款或其他投资,其结果是有人会获得90万元的现金,这些人会将获得的现金用于消费或投资,而出售商品或劳务的人也会将现金存入商业银行,而商业银行在扣除 9 万元的法定准备金后又会将 81 万元的现金用于贷款或其他投资,社会上的现金又会增加 81 万元,如此循环,整个经济的货币供应量将以 10:1(法定准备率的倒数)的比率扩大。因此,中央银行认购公债对经济的扩张程度是"乘数"式的,远大于商业银行认购的影响。中央银行进行公开市场业务正是利用了这种乘数效用来调控货币供应量,影响利率水平,从而实现货币政策目标。

（三）非银行部门认购公债对货币供给的影响

非银行部门是指除中央银行和商业银行之外的所有其他部门,包括居民、工商企业等私人部门以及政府机构。

非银行私人部门认购公债,一般只会造成政府支出与民间支出的转换,不会增加或减少经济中的货币供应量。假设居民和企业动用银行存款购买政府债券,商业银行的现金将减少 100 万元,居民的存款也会减少 100 万元,政府所持有的现金将增加 100 万元。当政府使用公债资金时,居民和企业的现金将增加 100 万元,将其存入商业银行,则商业银行系统的现金增加 100 万元,这样,商业银行的现金和存款水平都没有变化,只是 100 万元的资金使用权由民间转移给政府,货币供应量不会发生变化。

政府机构也会成为公债的购买者,政府机构购买公债主要是为了充分利用政府内部的资金。政府部门购买公债的资金来源主要是政府部门在资金拨付和使用过程中可能会出现的暂时性的资金盈余,这部分盈余资金可以投资于短期公债以提高资金的使用效率。地方各级政府在预算执行过程中也会出现资金的盈余,因而进行公债的投资。另外,一些政府管理的社会保险基金一般有专项的税款作为收入来源,实行专款专用,因此在管理过程中也会出现资金的盈余。美国等国家制定法律明文规定,政府机构的盈余资金和由政府管理的各种社会保险基金的资金盈余,必须投放于政府债券,不得用做其他用途。

政府机构认购公债实际上是政府部门内部资金的转移,是"从政府的一个口袋转入另一个口袋",一般不会因此而对货币供给产生影响。

## 四、公债与"挤出效应"

政府发行公债会对资金市场产生影响,公债对资金市场的影响可以分为利率效应、储蓄效应和挤出效应三种。所谓利率效应是指公债利率对市场利率的影响,公债发行的增加将使资金需求增加,如果资金供给不变或供给的增量小于需求的增量,将会使市场利率上升;所谓储蓄效应是指高利率不仅增加了贷款者的收入,也增加了储蓄者的报酬,使储蓄增加,从而增加了资金供给;所谓挤出效应是由前两种效应派生出来的作用,是指政府发行公债减少了私人可能获得资金的数量。

公债对资金市场的上述效应会随供求弹性的大小而有所不同。具体来说，主要有以下三种情况。

**（一）供给弹性小，产生"挤出效应"**

图 7-1(a) 是在供给弹性较小的情况下公债的挤出效应。横轴为资金市场资金的数量，纵轴为利率水平。向上倾斜的供给曲线表明资金供应随利率上升而增加，需求曲线表明资金需求随利率下降而增加，供求曲线的交点决定均衡利率。在发行公债之前，资金市场的均衡利率是 16%，其相应的资金数量为 1 000 亿元。假设政府发行公债借入 100 亿元，则增加了 100 亿元的资金需求，需求曲线 $D$ 向上平移至 $D'$，两条曲线的水平距离为 100 亿元，新的均衡点为 $B$，这时的均衡利率为 18%，而供应量为 1 020 亿元。在图 7-1(a) 中，公债的利率效应为利率上升了两个百分点，由 16% 上升为 18%，而储蓄也就是货币供给只增加了 20 亿元，在政府发行公债前，私人部门可以获得 1 000 亿元的资金，而政府发行 100 亿公债后，总的资金供给为 1 020 亿元，其中私人部门获得的资金为 920 亿元，减少了 80 亿元，也就是说，公债 100 亿元"挤出"了私人部门 80 亿元的资金。

"挤出效应"实际是减少了私人部门使用资源的数量，而相应增加了公共部门的资源。从理论上讲，如果政府使用资金的效益高于私人部门，则挤出效应会增加资源配置的效率，提高社会福利水平。但是一般而言，由于公共部门缺乏竞争等原因，公共部门的资源使用效率往往要低于私人部门。在这种情况下，挤出效应会导致私人部门投资的减少和整个经济效率的下降，并最终降低社会的福利水平。

**（二）供给弹性大，挤出效用不明显**

如果经济处于严重衰退时期，私人部门不愿借款，市场可供借贷的资金有剩余，则这时的政府借款正好弥补私有部门的资金需求不足，不会发生"挤出效应"。如图 7-1(b) 所示，供给曲线平坦，政府发行公债虽然向上平移了需求曲线，但利息上涨的幅度很小，私人部门借款的数量并没有受到影响。这说明，萧条时期实行赤字财政，以公债补充扩大支出，与其说是资源从私人部门向公共部门的转移，不如说是未利用的资源得到利用。

**（三）资金供求同步变动，可避免"挤出效应"**

如果政府用举债方式替代对储蓄课税，则人们纳税减少的同时会增加储蓄，多储蓄会增加资金的供应量，这时政府举债不会产生"挤出效应"。因为这时减少的是私人消费，因而可以使利率不提高。如图 7-1(c) 所示，税收减少促进储蓄增加，举债增加了资金需求，增加储蓄加强了资金供给，供求同步增长则利率不上升，因而可以避免"挤出效应"。

在现代经济条件下，货币供应量可以看做由中央银行控制的外生变量，中央银行通过控制货币供给可以影响利率水平，在不发生通货膨胀的情况下，中央银行配合公债的发行适度增加货币供给影响利率，可以在一定程度上减少"挤出效应"。

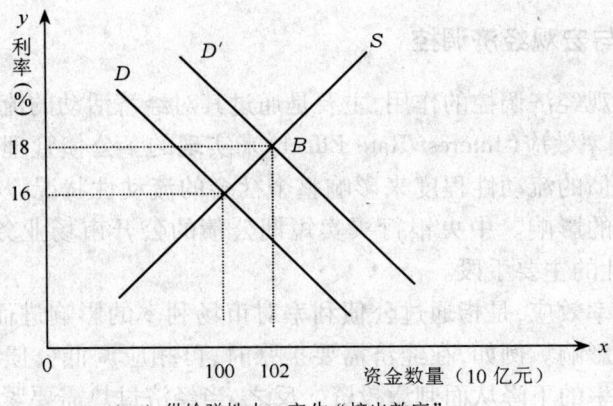
（a）供给弹性小，产生"挤出效应"

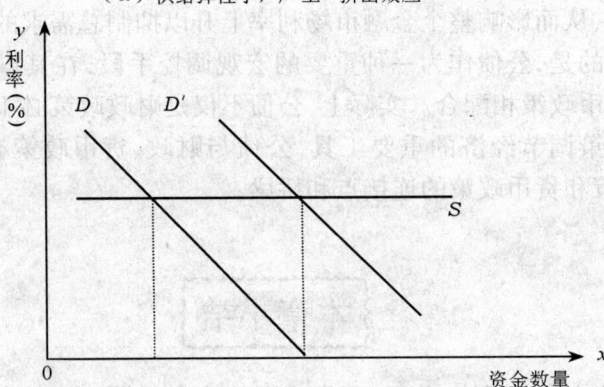
（b）供给弹性大，"挤出效应"不明显

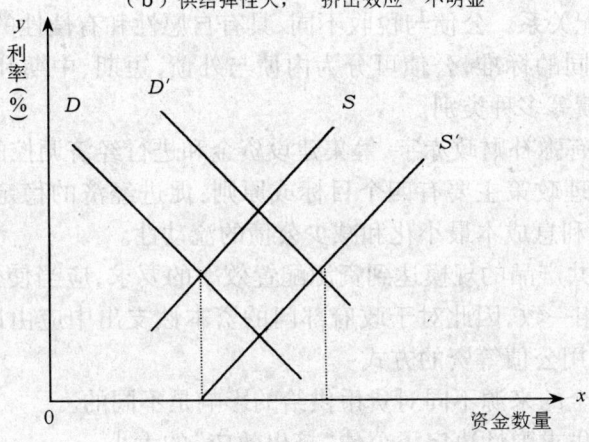
（c）资金供求同步变动，避免"挤出效应"

图7-1 公债的"挤出效应"

### 五、公债与宏观经济调控

公债对宏观经济调控的作用,主要是通过其对经济活动的流动性效应(Liquidity Effect)和利率效应(Interest Rate Effect)来实现的。公债管理的流动性效应,是指通过调整公债的流动性程度来影响整个社会的流动性状况,从而对经济施加扩张性或紧缩性的影响。中央银行买卖短期公债的公开市场业务是控制货币供应量、影响流动性的主要手段。

公债的利率效应,是指通过公债利率对市场利率的影响进而对经济施加扩张性或紧缩性的影响。例如,在经济需要扩张时,可相应调低公债的发行利率,以诱导整个市场利率的下降从而刺激投资。反之,当经济过热需要紧缩时,则可以提高公债发行利率,从而影响整个金融市场利率上升以抑制总需求的过快增长。

应当指出的是,公债作为一种重要的宏观调控手段,在其操作过程中,应当与财政政策和货币政策相配合。实际上,公债不仅是财政政策必不可少的组成部分,而且是货币政策调节经济的重要工具,公债与财政、货币政策有着不可分割的联系,是财政政策和货币政策的连接点和桥梁。

## 本章小结

1. 公债是政府向团体、公司、个人或别的政府所借的债务,它反映着以国家为主体的一种分配关系。公债与税收不同,具有自愿性和有偿性的特点。

2. 按照不同的标准,公债可分为内债与外债,短期、中期和长期公债,上市公债与非上市公债等多种类别。

3. 公债具有弥补财政赤字、筹集建设资金和进行经济调控的功能。

4. 公债管理政策主要有四个目标或原则:促进经济的稳定与增长、满足投资者的需要、争取利息成本最小化和减少公债的流动性。

5. 要使公共产品的规模达到资源配置效率的要求,应当使公共产品的受益者与成本承担者相一致,因此对于政府部门的资本性支出中应由以后各收益期承担的部分,应当采用公债筹资的方式。

6. 公债资金的来源不同对货币供给的影响是不同的。

7. 资金的供求弹性决定了公债"挤出效应"的大小。

8. 公债与财政货币政策有着不可分割的联系,是财政政策和货币政策的连接点和桥梁。

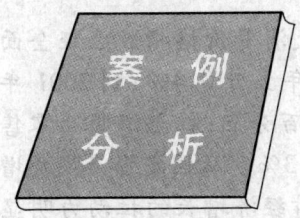

**案例 我国积极的财政政策：国债的发行、运用和影响**

20世纪90年代，由于考虑1997年亚洲金融危机的影响和国内经济的疲软态势，中央在1998年作出了实施以市场经济条件下的周期调节为目的，主要以增发国债为手段，以加强基础建设、扩大内需为内容的积极财政政策。积极财政政策有结构性与定向性的突出特点，以调整结构、改善投资环境、增强经济增长后劲和产业带动效应为目的，重点放在社会基础设施建设、企业技术改造和升级、高新技术产业发展、教育投入等一系列国民经济发展的瓶颈领域，旨在引导经济向集约型发展。积极财政政策实施的原因有两点：一是财政政策与货币政策相比，作用时间快、拉动成效大，可以争取在较短时间内达到政策目的，同时有助于在增量上解决我国经济结构问题；二是1998年我国债务余额占GDP比重为9.9%，大大低于国际公认的60%的警戒线指标，赤字占GDP比重为1.2%，以增发国债为核心的积极财政政策具有政策空间和现实可能。

1998~2001年，我国实行了以发行长期建设国债，停征固定资产投资方向调节税、投资抵免所得税，提高出口退税率等一系列税收优惠政策为主的积极财政政策，透过各项经济指标来看，积极的财政政策取得了明显的效果。根据国家统计局的统计和分析，1998年通过增发国债，扩大政府的投资规模，拉动GDP增长1.5个百分点，1999年达到2个百分点，2000年达到1.7个百分点。到2000年年底，财政共累计发行长期建设国债3 600亿元，连同配套资金的投入，约完成1.5亿元的投资量。建成投产的工程主要有：加固大江、大河、大湖堤防1.64万公里，在长江沿岸移民建镇120万人，增加蓄洪面积1 400平方公里，完成75座重点大型病险水库的加固工程；投产铁路新线3 000公里，复线2 560公里，电气化里程3 000公里；新增公路通车里程17.4万公里，其中高速公路10 230公里；新增城市日供水能力946.8万吨，日污水处理能力270万吨，日垃圾处理能力992.9万吨；新建和改造农村电网高、低压线路近170万公里；新建国家储备粮库仓容129.3亿公斤；用195亿元国债作为贴息资金，带动银行贷款1 459亿元，支持重点行业、重点企业的技术改造项目880个，总投资规模2 400亿元；安排78亿元国债资金用于科技教育，建设教学、试验、科研等高校设施项目694个，总建设面积870多万平方米。利用国债资金进行重点建设,有力地拉动了经济的增长,加快了结构调整的步伐,增强了经济发展的后劲。

从物价指数来看,到2000年4月连续32个月的居民消费价格指数已经全面止跌,并首次出现正增长,2000年消费价格指数比1999年上升0.4%,到2001年1~6月份居民消费价格指数累计比去年同期上升1.1个百分点;社会消费品零售总额2000年同比增长9.8%,到2001年6月同比增长10.3%。从固定资产投资增长率来看,1998年下半年,投资需求增幅明显上升,投资对经济增长的拉动力明显增强,全年全社会固定资产投资比上年增长15%,增幅比上年提高6个百分点;2000年固定资产投资额比上年同期增长9.7%,增幅比上年提高3.4个百分点;到2001年6月,固定资产投资额比上年同期增长17.9%,高于上年同期5.8个百分点。从以上的分析来看,3年中实施的积极财政政策,确实取得了不可忽视的效果。

但是,1998~2001年,我国分别发行了3 891亿元、4 015亿元、4 180亿元和5 004亿元国债,国债余额由1997年的5 508亿元猛增到2001年的16 000多亿元,国债负担率由7.4%上升到17.4%。国债负担的迅速上升引起了人们对债务风险的关注。主要依靠国债筹资实施的积极财政政策是否具有可持续性、是否应当逐步减少国债发行现已成为经济学家和政府官员思考的重要问题。

## 思考题

1. 简述公债的功能。
2. 公债产生发展的条件有哪些?
3. 简述公债管理政策的主要目标。
4. 公债是如何影响收入分配的?
5. 试述公债对货币供给的影响。
6. 在什么情况下公债发行不会产生"挤出效应"?
7. 为什么说公债是财政政策和货币政策的结合点?

# 政府预算

★ 本章学习要点与要求 ★

通过对本章内容的学习,应理解政府预算是政府的基本财政收支计划,掌握编制政府预算的原则;了解政府预算的不同类型、各自的特点和相互之间的区别;了解我国政府预算的程序和构成体系;理解各种预算平衡理论的主要观点;了解我国目前政府预算的现状、存在的问题和今后的改革方向。

## 第一节 政府预算的原则与分类

政府预算是政府的基本财政收支计划,是按照一定的标准将财政收入和支出分门别类地列入特定的收支分类表格中,以清楚地反映政府的财政收支状况,透过政府的财政预算,可以使人们了解政府活动的范围和方向,也可以体现政府的政策意图。

政府预算是社会发展到一定历史阶段的产物,虽然在中国古代和古罗马时期已有对财政收支的粗略估计和对国家收支的记账,即政府预算的萌芽形式,但是比较完备的财政预算制度最先形成于17世纪的英国,是当时新兴的资产阶级与日趋没落的封建贵族阶级为争夺国家财政权而进行长期斗争的产物,它规定政府的财政收支必须按年度编制计划,经过议会的审批,并在议会的监督下执行。后来各国纷纷加以仿效,到20世纪,绝大多数国家都建立了政府财政预算制度。由于政府预算要经过国家权力机关的审批方能生效,因而它也是国家重要的法律文件。随着经济的发展和社会的进步,政府预算制度也在不断地改进和完善,目前政府预算作为宏观经济政策的作用被人们逐步认识,政府预算已成为政府进行宏观调控的重要手段和工具。

## 一、政府预算的原则

政府预算的编制是政府有意识地确定和规范政府财政收支活动的计划安排，反映政府的政策意图和导向，影响到所有社会成员的切身利益，因此政府预算必须遵循一定的原则。预算原则就是指政府预算在选择预算形式、预算体系以及制定财政收支计划时所遵循的指导思想和方针。目前，大多数国家的预算主要遵循以下几条原则。

### （一）预算的公开性

如前所述，政府预算反映了政府活动的范围、方向和意图，关系到全体社会成员的切身利益，因此政府预算及其执行情况必须采取一定的形式公之于众，让民众能够了解和监督财政收支情况，也就是说政府作为代表全体人民利益的机构，必须通过预算的公开性让社会公众了解一些与自己切身利益息息相关的问题，如政府取得了多少财政收入？是如何取得的？支出了多少？主要用到哪些方面去了？

公开性是确保政府活动受社会公众约束和监督的基本条件，它要求政府预算的编制、审批和执行都要按照法律的规范要求有序地进行，并及时予以公开；政府预算要广泛听取和征求社会公众的意见，最大限度反映社会公众的需求、偏好和利益；政府预算要细化预算编制的内容，提高透明度，使之容易理解。

预算的公开性一般是通过向代表公众的立法权力机构提交预算报告的形式并阐述预算编制的依据、执行过程中采取的措施，以及如何保证预算的实现，并在立法权力机构审议通过后向全体公众进行公布。

### （二）预算的可靠性

政府预算必须真实可靠，这条原则的内容包括：要求预算所列的每一收支项目的数字指标必须根据充分确凿的资料进行科学的计算，不得假定和任意编造；要求性质不同的预算收支应该严格区分，不能随意混淆；要求预算中的预计数应该尽量准确地反映出可能出现的结果。

### （三）预算的完整性

政府预算必须是完整的，包括政府所从事的所有财政收入和支出的内容，以便全面反映政府的财政活动和政府的职能范围，应该列入政府预算的一切财政收支都要反映在预算中，不得打埋伏、造假账，预算外另行预算。也就是说政府所有的财政活动都不能脱离预算的管理和监督，即使是经立法机构批准的非预算资金的活动，也应在预算内有所反映，并接受预算管理。

### （四）预算的统一性

在分级管理财政体制中，虽然各级政府都设有财政部门，也有相应的预算，但整个政府预算应该是一个统一的整体，由单位预算、部门预算和各级政府总预算等自下而上逐级汇编而成,各级政府总预算共同组成统一的政府预算,形成一个统一的有机整体。它要求政府预算设立统一的预算科目,每个科目都要严格按照统一的口径和程序进行计算和填列。

（五）预算的年度性

所谓预算的年度性是指政府必须按照法定预算年度编制政府预算,这一预算要反映全年的财政收支活动,同时不允许将不属于本年度财政收支的内容列入本年度的政府预算之中。任何一个政府预算的编制和执行都有一个时间上的界定,预算年度就是指政府预算收支起止的有效期限,通常为1年。目前世界各国普遍采用的预算年度有两种：

1. 历年制预算年度,即从每年1月1日起至同年的12月31日止,我国即实行历年制预算年度。

2. 跨年制预算年度,即从每年的某月某日开始至次年的某月某日止,中间历经12个月,但却跨越了两个年度,如美国的预算年度是从每年的10月1日开始,到次年的9月30日止。

各个国家在确定预算年度时会考虑到既有的习惯、议会的会期、税收和生产的旺季等因素,因此选择的预算年度会有所不同。

（六）预算的法令性

政府预算只有经过国家立法权力机关的审批方能生效,因而它是国家重要的法律文件。政府预算的制定过程就是立法过程,政府预算经过立法权力机关审批后具备了法律效力,不能随意进行修改和调整。

## 二、政府预算的类型

最初的政府预算是十分简单的收支一览表,随着社会经济生活和财政活动的逐步复杂化,各种预算方法和形式不断改进,政府预算也成为一个相对复杂的系统。按照不同的标准,政府预算可以划分为不同的类型。

（一）单式预算和复式预算

根据预算形式的不同,可以将政府预算划分为单式预算和复式预算。

1. 单式预算。单式预算也称为单一预算,它把政府的全部预算收支加以汇集,然后将财政收支计划通过一个统一的计划表格来反映。在政府预算产生之后相当长的时期内,世界各国实行的都是单式预算,我国在1992年以前一直采用单式预算形式。

单式预算的优点是能直接反映政府预算收支的全貌,从整体上说明其构成,平衡关系明了,便于考察政府预算收支的总体规模;其缺点是各类性质不同的收支无对应关系,结余或赤字的原因不易分清,无法对收支转化作分类分析和分层管理,也不利于宏观经济分析和财政收支效益的考核。

2. 复式预算。复式预算是把政府预算的全部收支按预算收入的来源和支出性质的不同,分别编入两个或两个以上的系列所形成的预算计划。复式预算是在单式预算的基础上发展演变而成的一种经济分析预算,其基本原理是将收支按经济性质分别对应汇编成两个或两个以上的收支平衡表。复式预算的共同特征是以特定的预算收入来保证特定的预算支出,两者之间具有密切联系和相对稳定的对应关系。

复式预算的具体形式有双轨预算和多轨预算:

(1)双轨预算是最早、最典型的复式预算,一般分为经费预算和资本预算。经费预算的收入来源以税收为主,以公共经费为支付对象。资本预算的收入来源以债务收入为主,有的还包括出售政府财产的收益以及以私人资本为对象征收的税收,有的甚至包括国有资产折旧;支出则以资本投资,特别是社会基础设施投资为主,包括营利性资本投资和非营利性资本投资,也可以包括金融资产如股票、债券方面的投资。丹麦、瑞典、英国等国家采用或曾经采用过这种双轨预算形式。

(2)多轨预算是把预算按经济性质分为两个以上的预算,一般是除了经费预算、资本预算之外,还包括各种指定专门用途的基金预算等,如社会保障基金预算。日本、韩国、菲律宾等国实行多轨预算形式,如日本的中央预算由三个预算组成:一般会计预算、特别会计预算和政府关系机关预算。

复式预算的优点是能适应市场经济的发展所带来的预算资金分配格局的变化,有助于对政府预算资金进行成本—效益的分类、分析与控制,可以清晰地反映预算平衡和预算结余或赤字的原因,以便区别情况,有选择地采取有效手段进行调整和控制。复式预算的特点决定了它更有利于加强预算管理和对整个财政活动及国民经济的分析与控制。但复式预算也存在一些缺点:由于是由两个或两个以上的预算组成,其完整性受到一定的影响;经常预算的结余和赤字都将转入资本预算,可能会影响到对财政赤字、财政平衡的判断;不同预算之间存在项目划分标准如何统一的问题;预算编制的方法复杂,工作量较大。

单式预算与复式预算各有优劣,采取哪种形式应结合本国的国情以及经济发展的需要。从政府预算诞生到20世纪30年代以前,各国政府编制的预算都是单式预算。20世纪30年代以后,在凯恩斯主义通过扩大政府财政支出、增加有效需求以刺激经济增长的思想影响下,各国政府对市场经济活动进行干预和调控的程度逐渐加深,政府职能和财政活动范围逐步扩大,预算活动日趋复杂,单式预算已远不能适应客观经济发展的需要,为加强预算管理和财政支出效益分析,复式预算应运而生。复式预算最早起源于丹麦,1938年在瑞典正式实行,此后世界各国都纷纷采用复式预算。到20世纪70年代后期,一些国家由于经济状况的变化和财政政策的转变,资本预算单列逐渐失去意义,加之复式预算存在过于复杂、划分标准难以确定等问题,同时国民经济核算体系已经发展成熟,政府的经济活动不必仅仅通过预算来加以全面反映,所以一些主要的市场经济国家又出现了政府预算结构简单化的趋势,多数经济发达国家又改为采用新型的单一预算形式。

因此,不能简单地说单式预算与复式预算孰优孰劣,而应根据是否与本国的经济发展状况和国情相适应、是否有利于财政预算管理和监督来决定预算形式的选择。

### (二)绩效预算、计划项目预算和零基预算

根据预算编制方法的不同,可以将预算分为绩效预算、计划项目预算和零基预算等。

自从政府预算诞生以来,预算编制方法就一直处于不断的变革、改进之中,每一次预算编制方法的变革都是在继承原有方法优点的基础上进行的。从美国在20世纪20年代开始采取行政预算制度以来,预算编制方法的变革至少有这样几种:行政预算法,职能预算编制法,绩效预算法,多年开支设想及预算法,统一或全面预算法,计划、规划预算法,目标管理式预算编制法,生产率预算编制法,零基预算编制法,立法机构预算编制法。这些预算编制方法的变革,有的只限于个别国家,有的广泛流行于许多国家,下面介绍主要的几种。

1. 绩效预算。绩效预算是美国在20世纪50年代开始推行的一种预算方法,主要是为了解决这样两个基本问题:其一,在政府预算的主要项目上,理想支出的最大数额应该是多少,以便控制支出;其二,如何有效地、节约地执行被批准的项目。美国总统预算办公室曾对绩效预算进行如此的定义:绩效预算阐述请求拨款是为了达到什么目标,为实现这些目标而拟订的计划需要花多少钱,以及使用哪些量化的数据来衡量在实施每项计划过程中取得的成绩和工作完成的情况。

绩效预算就是把成本分析应用于政府财政预算中,政府首先制定有关的事业计划和工程计划,再依据政府职能和施政计划制定执行计划的实施方案,并在成本分析的基础上确定实施方案所需要支出的费用,最后以此编制预算。将成本分析法运用到政府预算中的绩效预算上,其特点是按计划决定预算,按预算计算成本,按成本分析效益,然后按效益来衡量其业绩。

绩效预算的优点是改变了传统预算着重投入而忽视产出的做法,重视对预算支出项目的效益考察,有助于提高财政资金的使用效益。但是,绩效预算需要建立起一些能够适应绩效预算要求的辅助系统,包括工作计量体系、绩效计量体系等,而政府一些部门的支出难以用数字来表明其预期的经济效益,缺乏绩效的计量指标和方法,也就无法实行绩效预算。另外,绩效预算方法要求对政府的每一笔拨款所要达到的目标进行描述,并且提出衡量达到目标的量化标准等,这需要花费很多时间进行大量细致的工作。

以美国政府用于癌症防治工作的支出为例,如果按照绩效预算的要求,在提出预算时需要做的工作至少包括:①确定癌症防治计划和计划所需要的费用;②把这

些计划分成一些小的单位,如分支计划、活动以及成本项目等,例如一项癌症防治计划就可能分成病例研究、医疗和护理以及对公众进行教育等分支计划;③确定为每项活动和分支计划所做工作的计量单位,如 X 光检查次数、化验次数等;④计算为每项活动所要完成的工作量和完成这些工作所需要的时间和费用;⑤计算出每一项活动所需要的单位时间和单位费用;⑥把所有这些资料归纳在为每项活动制定的工作计划中,包括需要完成的工作、计量单位、单位时间和费用、总的时间和费用;⑦将根据每项活动或成本项目制定的工作计划汇总起来,制定整个部门的预算;⑧确定执行中的拨款计划;⑨在执行中,以预算实施中的季度绩效报告作为基础来为各部门拨款;⑩报告实际绩效和成本,并将其与预计的绩效和成本加以比较;⑪确定每一项活动指标的实现在多大程度上促进了短期和长期计划目标的实现,如减少各种癌症的发病率等。

可见,绩效预算在实际操作中存在对技术的要求高、工作量大的缺点,这无疑加大了推广应用的难度。

2. 计划项目预算。计划项目预算(简称 PPBS)起源于美国,是在绩效预算的基础上发展起来的,它是依据国家确定的目标,着重按项目安排和运用定量分析方法编制的一种预算制度。

计划项目预算的基本步骤包括:①按政府确定的目标划分项目,如把国防活动划分为战略报复、一般兵力、运输及后勤等 11 种主要计划,把这些主要计划构成一个总系统;②在此基础上,再划分诸多细项目,构成总系统的子系统,然后在子系统的基础上再划分诸多细项目,构成必需的资源,以及对选定的项目配置资源,并确定这部分资源的费用,从中选择一种最佳的办法;③安排计划,既要考虑过去计划决策的执行情况,更要考虑现在正在设计的未来计划,要善于把两者有机地结合起来进行考虑。

计划项目预算具有以下特点:第一,可以把预算中安排的项目和政府的中、长期计划相结合,做到长期计划短期安排,有利于政府活动的开展;第二,由于在选择和安排项目的过程中,重视成本—效益分析,因而要求依据各项数据资料进行经济分析和评估,并通过对项目之间进行比较,从而有利于降低各个项目的费用和提高财政资金的使用效益,为政府决策提供依据和参考;第三,考虑到许多项目往往是跨年度的,按项目安排预算,可以根据项目发展变化情况,对目标、计划和预算进行调整。可见,由于计划项目预算能较好地把政府活动的长期计划和年度预算所包括的各项活动规划结合起来,利用各种数量分析法对方案进行分析,并参照各种成本和效益的数据选择出最佳的方案,为政府决策提供重要依据。

3. 零基预算。零基预算(简称 ZBB)就是指在编制预算时,一切从零开始,对新的预算年度中想做的所有事情进行重新审核,重新审核每项工作计划并测定不同层次服务所需要的资金,而不是仅仅修改上年预算或检验新增部分,以达到节省开支、有效使用资源的目的。

零基预算是针对传统的基数预算提出来的,基数预算是以前一年的实际数或前几年的平均数为基本依据来确定预算年度的支出方案,其特点是注重过去,不注重将来,注重历史因素,不注重发展因素,因而原有的一些不合理、不必要的支出得以继续保留,而适应新的发展需要的支出不易被充分考虑进来,导致支出规模和结构的不合理,支出对象之间的利益不平衡,资金使用效益低下。而零基预算则强调一切从计划的起点开始,提高部门的工作效率,改进本年度预算执行过程中花钱不当或方法不妥的地方,用更好、更有效率的方案加以替代,因此能有效消除基数预算存在的弊端。

零基预算的编制包括以下几个基本步骤:

(1)确定决策单位。决策单位(Decision Units)是零基预算的基本组成部分,有时也称为"基本预算单位",通常被定义为管理部门所计划、分析、评论的一项基本活动或一组活动,是进行预算决策的基础。确定决策单位首先应该在研究现行预算结构的基础之上,根据零基预算编制的需要,从实际出发,通过考虑机构规模的大小、机构活动的范围和会计数据的可获得性等因素来决定。从理论上说,应该尽可能小地确定决策单位,因为需要独立考察单个计划,如果决策单位过大,包含多种活动和较大预算项目的话,将达不到这一目的。当然,也应该注意不能将决策单位划分得太小,如果决策单位过小,将会加大工作量,不仅使所做的分析和文书工作与可能的收益不相称,而且也没有实际意义。

(2)制定一揽子决策。一揽子决策(Decision Package)是零基预算的专用术语之一,在确定决策单位之后,每一个决策单位的管理者都要对他所负责的活动进行分析,考虑提供不同程度的服务水平所产生的影响,以及不同程度的服务水平所需要的经费开支,将上述活动汇集成为文字材料,就是一揽子决策。可以说,一揽子决策就是对每个决策单位的活动进行分析、描述的文件。每个一揽子决策通常包括能够对每个决策单位进行评估的信息,如决策单位的目标、对本单位活动的描述、各种定义和统计数据、所需人力和费用的来源、决策单位从事活动可供选择的不同方法,以及拨付不同数额资金的不同后果等内容。在制定一揽子决策时应遵循这样几点要求:第一,要选择完成本部门任务或目标的工作方案;第二,预测不同的结果和所需要的资金量;第三,对每一服务水平进行分析,并将分析结果写入一揽子决策中,以便最高决策者作出决策。

(3)对一揽子决策进行分析和排序。对每一决策单位一般要编制 4~5 个一揽子决策,然后在部门内部对一揽子决策排序,由部门负责人或各部门下属的分部门负责人首先在自己部门内排序,再由部门负责人将所有分部门的排序综合起来,形成一个完整的部门排序表。排序工作由负责各决策单位的管理者来完成,他对每一个由决策单位负责人呈送上来的一揽子决策赋予相应的价值。排序时,要编制

"排序表",表中按优先顺序列示各项一揽子决策,并标明每一决策所需人力和资金,另外还标明每一层次合计所需资金。这种排序过程在各个管理级次上都要进行,直到负责整个预算项目的主管行政官员,最后在全部范围形成一揽子决策排序。

(4)预算编制人员审核一揽子决策及其排序,对各种统计数据和信息进行验证,并在决策排序的基础上进行预算编制。

零基预算的核心是打破基数加增长的预算编制方法,预算项目及其金额的确定不受以往年度"既成事实"的限制,每个项目及其金额都被当做一项备选方案,系统地作成本—效益分析并进行评估,按重要顺序确定各备选方案的先后次序,确定资金的停止供应点,对低于停止供应点的项目不再提供资金。各个部门在申请预算时,应从计划的起点(即"零基")开始,在系统地评价和审查所有的计划项目和活动的基础上编制预算。

(三)功能预算和部门预算

根据预算支出分类汇总依据不同,政府预算可以分为功能预算和部门预算。

1.功能预算。新中国成立以来,我国财政支出预算一直实行传统的、支出按功能进行汇总的预算方式,即功能预算。功能预算是一种不分组织单位和开支对象而是按照政府的概括目标或职能对开支进行分类的预算方法。它的优点是便于了解政府在行使各职能方面的财政支出是多少,如基建支出、支农支出等。它的缺点表现为:①部门没有一本完整的预算,各部门的预算一般只反映预算内资金的日常经费收支,不反映预算内安排的建设性和事业发展性支出,也不包括预算外资金和自有资金;②预算编制粗糙,缺乏部门内部责任机制和外部有效的监督机制,没有将预算指标细化到部门,不利于进行审核和监督;③预算编制缺乏科学、必要的定员定额标准;④预算资金分配权分散,一个单位或部门的资金多口供应;⑤预算约束软化,预算机动权力过大,容易形成预算的二次分配,在预算执行过程中追加、追减的情况时有发生。

2.部门预算。部门预算是政府公共财政预算编制的主要形式,也是市场经济国家普遍采用的预算编制方法。部门预算是由政府各部门编制,经财政部门审核后报立法机关审议通过,反映部门所有收入和支出的预算,即一个部门一本预算。部门预算的支出分类是按政府的组成结构来进行的,即先按部门进行分类,然后在部门内部按所属预算单位进行分类,这种分类方式可以明确政府各部门的支出规模和财政权力,但它不能反映部门支出的真正用途和支出性质,比如预算支出可以按部门分成国防部支出、教育部支出、农业部支出等。

可见,预算支出按功能分类和按部门分类,各有优缺点,它们之间具有一定的互补性,如把二者有机结合起来,则更能达到预算管理的目的。

# 第二节 政府预算的体系与程序

一般来说,有一级政府即有一级财政收支的主体,也就应有一级政府预算,在现代社会,大多数国家都实行中央与地方的多级政府体制,从而也就产生了政府预算的体系。同时,现代政府预算应是一个能充分反映社会公众的民意、体现公共民主决策和贯彻立法机构的监督的过程,它要求政府预算必须符合一定的法定程序。

## 一、政府预算的体系

政府预算体系是指整个国家的政府预算是由各级政府的预算和各级政府的公共部门预算组成,并且相互之间有着复杂的预算资金往来关系的系统。

政府预算由中央预算和地方预算组成,与中央预算和地方预算相联系的一个概念是总预算。一般说来,一级政府在一般性财政收支之外,往往还有一些特别项目的收支,如国有资本运营收支、特别工程的收支等。在相当长的时期内,这类收支与政府的一般财政收支是分别核算的,这种做法有损于预算的统一性和完整性。现在,许多国家都把这些预算合并在一起并统一列表核算,于是形成总预算。一级政府的总预算不仅包括本级一般财政收支和特别预算,也包括下级政府的总预算,从而形成完整的整个国家的政府预算体系。

由于各个国家的结构形式不同,在行政区划的形式、权力设置和预算是否归属于上级政府预算之中等方面都有很大的区别,例如在实行联邦制的美国,由于立法权相对分散,所以美国各州均拥有独立的立法权和独立的预算,联邦政府对州和地方政府的预算通常没有指导、审批和检查的权力;而在实行单一制、强调中央集权的国家,中央政府对地方政府的预算往往会存在某些形式的影响和干预。从各国的实践看,在保证中央财政必要财力和宏观调控主体地位的前提下,由各级地方政府分别编制相对独立的政府财政预算,并主要对本级立法机构负责,中央财政主要采取直接投资、转移支付、税收分成等手段来对地方财政产生影响,这是市场经济条件下更为通行的做法。

在我国,政府预算体系的组成是按照一级政权设立一级预算的原则建立的,包括中央预算和地方预算。中央预算即中央政府预算,是经法定程序批准的中央政府财政收支计划;地方预算是经法定程序批准的各级地方政府财政收支计划的统称,由各省(自治区、直辖市)的总预算组成。由于我国地方政府包括省(自治区、直辖市)、设区的市(自治州、直辖市辖区)、县(自治县、不设区的市、市辖区、旗)、乡(民族乡、镇)四级,因此我国政府预算体系由中央政府预算与地方政府预算共五级预算组成。地方各级总预算由本级政府预算和汇总的下一级预算组成,没有下一级预算的,该级次政府的总预算即指本级预算。我国现行预算体系如图8-1所示。

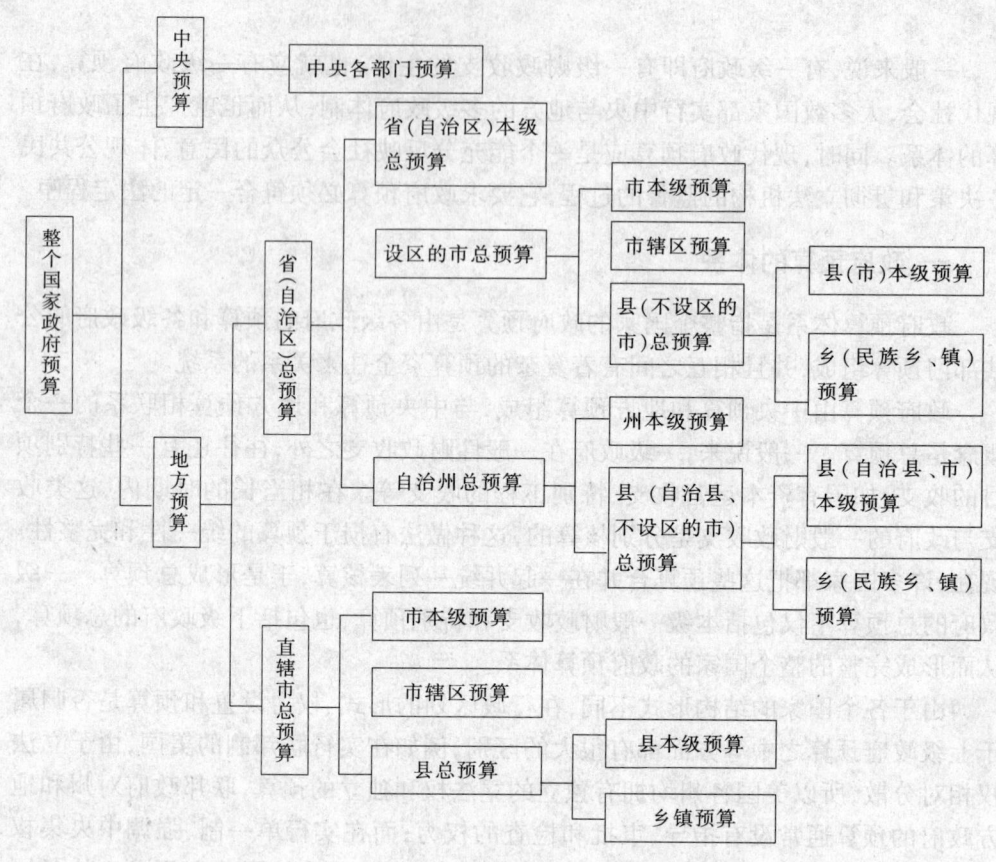

图8-1 我国现行预算体系

## 二、政府预算的程序

政府预算的程序主要由政府预算的准备和编制、预算审定、预算实施和审查、决算等构成。政府预算实质上是政府活动和职能在经济上的反映,政府预算的程序也就是政府如何确定政策目标、如何筹集达到目标所需要的资源、如何使用这些资源以及对最终结果的评价。

### (一) 政府预算的一般程序

一般情况下,西方国家中央财政部门的预算程序包括以下几个步骤:

1. 政府预算的准备与编制。它主要包括这样一些工作：①确定预算期内政府预算收入和支出的总规模；②根据各部门的总体目标、项目安排、资金使用计划、成本—效益分析，以及与总体社会经济发展目标的一致性分析，确定政府预算支出按部门、按项目的最初分配；③各支出部门对预算的最初分配进行反馈，在财政部门已确定预算支出的总体方向与优先次序的情况下，就某些项目的具体细节进行协商；④财政部门根据反馈的信息和协商结果，制定预算草案。

2. 政府预算的审定。它主要包括这样一些工作：①预算草案的审批，按照法律规定，有权批准预算草案的人或机构（如财政部长或政府的预算委员会）对财政部门制定的预算草案进行审批，一般要在草案审批者与财政主管部门之间进行多次反馈—修订—反馈的过程；②财政主管部门经过不断的反馈和修订，制定出最后的预算草案，并通过审批，形成提交议会审批的预算案；③议会审议并决定政府预算案，由议会审议和通过预算草案是近代民主宪政制度的一条通则，议会审议既包括对预算的总体分配的审议，也包括对具体预算细则的审议，只有议会审议通过的预算才成为具有法律效力的政府预算。

3. 政府预算的实施。它主要包括这样一些工作：①预算资金的发放，由财政主管部门负责对政府预算资金的发放进行管理和控制，以保证各部门能及时得到足够的预算资金；②对预算投资项目的管理，各预算支出部门需准备投资资金需求的全年时间表，组织与管理投资项目的投标与合同签订，保证投资项目的执行符合有关法律与规定，并向财政主管部门要求发放投资资金；③对采购的管理，由主管部门负责制订统一的采购合同规则并保证投标的竞争性，支出专业部门负责管理采购工作，包括广告、详细的成本估算、项目投标的评估、与合同单位谈判、对合同实施进行监督等。

4. 对政府预算执行的审议。它主要包括这样一些工作：①预算执行的报告，各支出部门应定期准备预算执行进度情况的报告及报表，并由财政主管部门合并编制年度报表；②预算的监督与评估，预算的监督主要通过审计和监察机构来进行，有的隶属于财政部门，有的则独立于行政机关，如一些国家的"国会预算办公室"、"联邦审计署"等，这些机构定期对政府预算执行情况进行监督和评估，如果发现问题，便报告主管机构或国家权力机关，及时予以制止和纠正，财政主管部门也应根据检查的结果对财政支出的方针与政策进行必要的调整；③财务稽核与资金管理，财政部门应有有效的资金管理计划，主要是加强预算实施中的现金管理、借款管理和预算控制。

5. 政府决算。政府决算是经法定程序批准的年度预算执行结果的会计报告，既是预算执行情况的总结，也是政府职能履行状况的反映。决算一般由财政部门负责编制，由报表和文字说明组成，需经本级立法权力机关审议通过。

一般来说，政府预算都包括以上几道程序，但各个国家也可能在一些具体问题上存在不同,例如议会审议和决定预算,有的国家实行全体议员审查制,有的实行专门委员会审查制,有的实行全体议员和专门委员会相结合的审查制度。又如,欧洲国家议会大都只有削减预算的权力,而没有增加预算的权限,但法国和美国的议会则兼有增加和削减预算的权力。

（二）我国政府预算的程序

我国政府预算的程序一般包括预算编制、预算执行、预算调整和决算。以我国目前中央政府部门预算程序为例,主要包括以下内容。

1.预算的编制。编制政府预算是一件复杂细致的工作,在正式编制预算之前,通常需要做好一系列的准备工作。

第一,收入预算的测算。各部门要根据历年收入情况和下一年度增减变动因素测算收入,部门收入预算包括一般预算收入和基金收入,其中一般预算收入包括上年结转、财政拨款、行政事业单位预算外资金、上级补助收入、事业收入、事业单位经营收入、附属单位上缴收入、其他收入和用事业基金弥补收支差额等九项。基金预算收入主要是根据国家规定的纳入预算管理的各项基金。

第二,支出预算的测算。部门支出主要有一般预算支出和基金预算支出,其中一般预算支出分为行政事业支出、生产建设和事业发展支出两个部分。行政事业支出主要包括行政事业性支出、上缴上级支出、事业单位经营支出、对附属单位补助支出;生产建设和事业发展支出主要包括基本建设支出、其他生产建设性支出、事业发展支出。

第三,国务院下达编制预算草案的指示,财政部门部署编制预算的具体事项。

第四,对预算科目和预算表格进行适当的修改。

在做好准备工作的基础上,按照"两上两下"的程序编制预算：

（1）"一上"是指由部门按照国务院关于编制预算的指示和财政部下达的编制预算的具体要求,根据国家社会经济发展情况,结合本部门的情况,提出本部门的收支安排建议数,并上报财政部门和有预算分配权的部门。

（2）"一下"是指财政部门与有预算分配权的部门审核预算建议数后,下达部门预算控制数。首先财政部门与有预算分配权的部门认真审核和汇总部门报送的预算建议数,然后根据审核后的部门建议数和征收部门报来的财政收入测算数,审核并汇总成按功能划分的收支预算草案报国务院批准,财政部和有预算分配权的部门根据国务院的批准数落实到各个部门。这个过程基本确定了部门的收支规模和财政拨款数额。

（3）"二上"是指部门根据预算控制数编制本部门预算草案报送财政部。接到财政部门和有预算分配权部门的预算控制数后,部门要将控制数下达到所属的二级预算单位并落实到具体项目,然后根据财政部的要求及时报送预算草案。

（4）"二下"是指财政部根据全国人民代表大会批准的中央预算草案批复部门

预算。财政部收到部门报来的预算草案后,要及时审核汇总,并将汇总情况报国务院。国务院批准后,财政部代表国务院向全国人民代表大会提交中央预算草案。全国人民代表大会审议批准中央预算草案后,财政部根据批准的中央预算草案在规定时间内批复部门预算,部门也要在规定时间内批复所属单位预算。

2. 预算的审批。部门预算的审批主要经过以下几个阶段:

(1)财政部门审核阶段。审核的内容主要包括预算收支是否有赤字、预算收支科目是否正确、预算收入测算是否准确、预算支出是否留有缺口、汇总的部门预算数是否与财政部门下达的预算支出控制数一致等。

(2)政府首长审核阶段。部门预算编报完后,财政部门应将汇总的部门预算和各部门报来的部门预算送政府行政首长审批,经行政首长批准后,送交人民代表大会初审。

(3)人民代表大会审核阶段。一是初审,财政部门根据行政首长的指示,将预算报人民代表大会财经委员会进行初步审核,审核的内容主要包括:各项收支安排是否符合法律、法规的规定,收支规模与国民经济社会发展计划是否一致,国家债务收入规模是否合适等,财政部门根据人民代表大会财经委员会的意见修改预算后将其报行政首长批准。二是审议阶段,财政部门正式代表政府向人民代表大会提交预算草案,人民代表就政府预算和部门预算进行审议,最后通过预算草案。

(4)财政部部门批复阶段。我国预算法实施条例规定,财政部要在人民代表大会通过预算后的 30 天内批复中央部门预算。

(5)部门批复预算阶段。我国预算法实施条例规定,部门要在财政部批复部门预算后的 15 天内批复所属单位预算。

3. 预算的执行。预算执行是实现政府预算的重要环节,是一项经常的、细致的、复杂的工作,是国家政治经济和社会生活的综合反映。预算的执行阶段主要包括这样一些工作:

(1)预算收入的执行。预算收入的执行是由财政部门统一负责组织,并按各项预算收入的性质和征收方法,分别由财政、税务、海关等部门负责征收和管理。

(2)预算支出的执行。预算支出的执行由各支出机关具体负责执行,财政部门处于主导地位,其主要工作是:按照公共财政的要求和组织预算执行的需要制定相关的法规、政策和制度;根据部门预算,编制用款计划并按计划拨付;建立经济责任制,提高资金的使用效率等。

(3)预算调整。根据国际、国内政治经济形式的变化,有时需要通过改变预算收入来源、支出用途以及收支规模等对原有的预算进行调整,包括动用预备费、预算的追加追减、预算划转等。

(4)预算执行情况的分析。预算执行情况分析主要是通过预算执行信息反馈系统和报表报告制度获取必要的信息,分析内容包括:政府宏观经济政策和重大经济举措对预算收支的影响,对比分析部门之间、地区之间主要收支项目的完成情况,分析财政信贷的综合平衡情况等,并将分析结果报决策部门以供决策参考。

4. 决算。决算是预算执行的最终结果,必须经过人民代表大会常务委员会审查批准。决算包括这样一些工作:

(1)决算编制的准备工作。这项工作包括拟定和下达编制政府收支决算的统一编报方法、组织年终收支的清理工作、修订和颁发统一的决算表格等。

(2)按照程序编制决算。决算的编制,是从执行预算的基层单位开始,自下而上,逐级编制、审核和汇总而成的,政府收支总决算由财政部负责汇编,并编写决算说明书,提请全国人民代表大会常务委员会审议批准。

(3)决算的审查。由财政部负责对中央级总决算和地方政府总决算进行审查,主要就收入、支出、结余、数字之间的关系和决算的完整性、及时性等方面的内容进行审查。

(4)决算的批准。经过逐级审核汇总编成的政府收支总决算,由财政部连同决算说明书报送国务院审查,经国务院全体会议讨论通过后,提请全国人民代表大会审查批准。在一般情况下,政府收支决算的批准程序是:财政部长代表国务院向全国人民代表大会报告年度预算执行情况并加以说明,全国人民代表大会经讨论后予以通过批准。

从我国市场经济发展的趋势看,政府预算决策的民主化、公开化,预算管理的规范化、制度化,是政府预算进一步改进和发展的必然。

# 第三节 政府预算平衡理论

政府预算平衡是一定时期财政收入与财政支出之间的数量对比关系,政府财政收支对比不外是三种结果:一是收大于支有结余,即盈余;二是收小于支有逆差,即赤字;三是收支相等,即平衡。财政预算收支执行的结果正好是收支相等的情况应该说在理论上是可以成立的,但从实际经济运行的情况看几乎是不可能的。因此,一般把略有结余和略有赤字也视为基本平衡。造成政府预算不平衡的原因是多方面的,既可能是由于经济运行的波动不可避免地产生预算的盈余或赤字,也可能是政府有意识地主动利用预算的不平衡对国民经济进行调节。在不同的历史时期,由于各国经济背景和主流经济思想不同,对是否应该把追求平衡作为政府预算的行为准则,以及应该追求怎样的平衡,经济学家们有不同的观点和看法,形成了不同的政府预算平衡理论。也就是说,预算平衡理论是一个时期主流经济思想在政府预算上的反映。

## 一、年度预算平衡理论

### （一）年度预算平衡的主张和理由

在20世纪30年代经济危机之前的自由竞争经济时期，占主流地位的是以亚当·斯密为代表的古典学派的经济思想和理论，古典学派反对国家干预，主张自由竞争、自由经营，政府在市场经济中仅应充当"守夜人"的角色，"管得最少的政府就是最好的政府"，认为对市场机制干预最小、花钱最少的政府才是好政府，把政府预算出现赤字认为是政府财政管理不善和浪费的表现。这种经济思想和理念反映在对政府财政预算行为准则的解释上，必然是主张财政预算支出规模越小越好，实现政府预算的平衡，而且是实现严格的年度预算平衡，即在每一个预算年度，都把追求本年度内预算收支平衡作为政府预算的基本目标。

古典学派主张实行年度预算平衡的理由主要是：

1. 如果政府预算不平衡而出现赤字，势必会发行公债来弥补赤字，而政府对私人经济部门发行公债会延缓后者的发展，因为这会造成原本可被私人部门用于生产投资的资本被挪用为政府花费。

2. 政府支出是非生产性的支出，政府支出的越多，可用于生产的资源就越少，政府的赤字支出更会造成巨大的浪费。

3. 政府的赤字支出必然导致通货膨胀的发生。

4. 年度预算平衡是控制政府支出增长的有效手段。

### （二）实行年度预算平衡的优点和缺陷

在年度预算平衡思想的指导下，实现预算的平衡一直是各国政府制定预算时所奉行的基本准则，这使得政府的公共支出不超过经常收入的增长速度，大大减少了由于政府预算赤字而导致发生恶性通货膨胀的机会，但是年度预算平衡也存在如下不容忽视的缺陷：

1. 各国努力实现年度预算平衡给经济和社会带来许多负面的影响，如税收负担增加过快过大、失业人口增多等。

2. 年度预算平衡的理念大大束缚了政府在反衰退、反危机方面采取财政政策措施的手段，面对经济危机和衰退的频频爆发，政府只能被动的固守年度预算平衡，无法采取积极主动的财政应对措施。

3. 年度预算平衡甚至在客观上加剧了经济波动和衰退。这是因为：①在经济衰退时期，由于国民生产总值大幅度下降，政府税收一般总是相应处于减少状态，而政府支出却往往处于增加或不变的状态，在这种情况下，为了实现年度预算平衡，政府面临的选择只有三种：其一，提高税率，增加财政收入；其二，减少政府财政支出；其三，增税和减支并举。很显然，这些为了保持年度预算平衡的措施都是紧缩需求的措施，结果只能给已经存在的以有效需求不足为特点的经济衰退雪上加霜。②在通货膨胀时期,由于国民生产总值增加,政府税收收入也会自动增加,这时政府支出则处于下降或不变状态。在这种情况下,为了避免即将发生的财政剩余,平衡预算,政府面临的选择也有三种:其一,降低税率,减少财政收入;其二,增加政府的财政支出;其三,减税和增支并举。很显然,这些为追求预算平衡所采取的措施,实际上都起到扩大需求的效果,其结果只能是给已经出现的通货膨胀火上浇油。

显然,年度预算平衡理论是与崇尚市场机制和强调自由竞争相适应的。虽然目前仍有一些国家的政府在制定预算时依然奉行这一原则,但是随着社会和经济的发展以及政府职能在社会、经济生活中的不断加强,更多国家的政府开始抛弃年度预算平衡理论。

### 二、周期预算平衡理论

1929年爆发了一场规模空前的世界范围的经济大危机,各国经济陷入长期萧条,生产大幅下滑,失业问题十分严重。从1929年一直到1934年,美国的GDP呈现明显的下降趋势,从1929年的3 147亿美元,下降到1934年的2 394亿美元,5年时间下降了24%,失业率则在1933年高达24.9%,其他主要西方国家如英国、法国等也同样遭受了经济重创。面对这场史无前例的经济大危机,传统的经济学理论显得无能为力,既无法解释清楚导致大危机的原因是什么,也不能提出有效的措施来加以缓解。这种状况动摇了市场经济机制完美无缺的信念,1936年出版的凯恩斯的《就业、利息和货币通论》,详细阐述了他的经济学观点,凯恩斯认为市场存在失灵或失败的地方,主张通过政府有意识的干预来弥补或矫正市场的自发行为。该理论为政府干预经济提供了理论依据,反映在政府财政预算准则上,就产生了所谓的周期预算平衡理论。

(一)周期预算平衡理论的基本观点

周期预算平衡理论的出发点是主张政府财政发挥反经济周期的作用,同时也实现预算平衡。不过,这种平衡绝不是以12个月作为一个预算年度的所谓的年度平衡,而是在控制经济周期波动的条件下的预算平衡。其基本观点可以概括如下:

1. 在经济衰退时期,为了消除衰退,政府应该减少税收,增加支出,有意识地使预算产生一定规模的赤字,这样可以通过政府预算赤字直接扩大财政支出,使其作为社会总需求的一部分,直接扩大整个社会的投资和消费需求,补充私人投资和消费需求的不足。同时,政府实行赤字预算,一般是通过减税、增支来实现的,这样又可以增加民间和私人的可支配财力,间接地扩大私人投资和消费需求,从而提高整个社会的有效需求水平。

2. 在经济繁荣时期,为了抑制经济过热,消除通货膨胀,政府应该增加税收、减少支出,有意识地使预算产生一定规模的盈余,这样可以通过政府预算盈余直接减少财政支出,直接压缩整个社会的投资和消费需求,抵消私人投资和消费需求的过旺。同时,政府实行盈余预算,一般是通过增税、减支来实现的,这样又可以减少民间和私人的可支配财力,间接地压缩私人投资和消费需求,从而降低整个社会的有效需求水平。

3. 在上述情况下,政府财政预算将发挥其反经济周期乃至"熨平"经济周期的巨大作用。而且,政府仍可以使其预算保持平衡,只不过这时的预算平衡,不是年度平衡,而是周期平衡,即从整个经济周期来看,繁荣时期的盈余可以抵消衰退时期的赤字。所以,即使预算不在每一年保持平衡,也会在整个经济周期内保持平衡。图 8-2 即为周期预算平衡示意图。

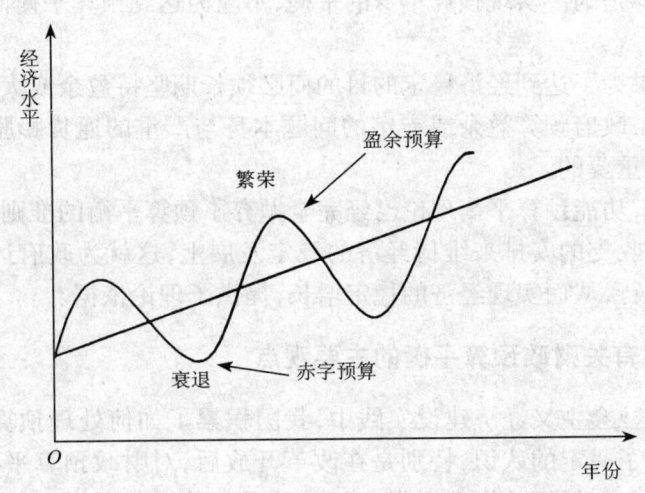

图 8-2　周期预算平衡示意图

(二)周期预算平衡理论存在的缺陷

周期预算平衡理论存在一个重大的缺陷,而且这一缺陷是其本身无法解释的。这就是,周期预算平衡是以经济周期的波动和发展的规律性,即经济始终是围绕着某个正常水平上下波动为前提的。然而,经济循环的上升或下降,其深度和持久性并不是相等的,繁荣时期的盈余是不可能与衰退时期的赤字正好相等,从而可以相互抵消的。经济周期的实际情况往往是,在长期严重的衰退之后,紧接着是短期而有限的繁荣。而且,由于政治制度、官员的偏好以及选举周期的影响,政府在繁荣时期也很难通过增加税收或减少支出来实现盈余。这就意味着,在衰退时期会出现大量赤字,而在繁荣时期只有少量甚至没有盈余。所以,其结果显然不是周期平衡,而是周期赤字。这从各国政府预算的实践结果来看,已经得到了充分的证明。

### 三、功能预算平衡理论

如前所述,周期预算平衡理论无法解释政府预算发展的客观实际状况,从而注定要有一种新的预算准则或理论来取代它。美国经济学家勒纳(Abba Lerner)提出的功能预算平衡理论,就强调政府预算应从其对经济的功能来着眼,而不应仅注重预算的收支是否平衡。功能预算平衡理论的基本观点可概括如下:

第一,预算的平衡——无论是年度平衡还是周期平衡只具有第二位的重要性。政府财政的基本功能是稳定经济,这才是至关重要的。

第二,政府预算的首要目的,是提供一个在没有通货膨胀的充分就业状态下的经济平衡,而不是为了实现预算本身的平衡,不应为达到预算平衡而置经济平衡于不顾。

第三,如果为了达到经济稳定的目的而必须长期坚持盈余或大量举债,那就不应有任何犹豫,政府预算盈余或赤字的问题本身与严重的通货膨胀或持续的经济衰退相比是不重要的。

由此可见,功能预算平衡理论已经完全抛弃了预算平衡的准则,而把着眼点放在通过对预算收支的安排来维持经济的稳定发展上,这就为政府运用财政政策手段调节经济运行,从而实现经济的稳定增长,提供了理论依据。

### 四、我国有关财政预算平衡的主要观点

在长期的社会主义经济建设实践中,我国积累了如何处理预算平衡的丰富经验并对此形成了一定的认识,特别是在改革开放后,对财政预算平衡问题、赤字问题以及财政平衡与社会总供求平衡之间的关系都曾进行了深入的研究和讨论,形成的基本观点可以概括为如下内容。

#### (一)对财政预算平衡不可以作绝对的理解

在实际生活中,略有结余或略有赤字都应视为基本平衡,两者都是财政平衡的表现形式,因而财政平衡的目标是基本平衡或大体平衡。

#### (二)研究财政预算平衡要有动态平衡的观点,不能局限于静态平衡

静态平衡的主要表现是不考虑时间因素,只考察一个财政年度内的收支对比状况。动态平衡则要引进时间因素,考虑年度之间的联系和衔接,研究未来财政收支的发展趋势,研究经济周期对财政的影响以及财政对经济周期的调节作用,以求得一个时期的内在平衡。

#### (三)研究财政预算平衡要有全局观点,不能就财政平衡来论财政平衡,而应与社会总供求的平衡结合起来分析

从财政平衡与社会总供求的关系分析,可以得出三点认识:

1. 财政预算平衡是社会总供求平衡中的一个组成部分,必须从国民经济的整体平衡来考虑,才能得出全面、正确的判断和结论。

2. 国民经济整体平衡的目标是社会总供求之间的大体平衡,财政预算平衡只不过是其中的一个局部平衡,因而对社会总供求平衡而言,财政预算平衡本身不是目的,而是一种手段。

3. 消费、储蓄、投资以及进出口大多是属于个人和企业的经济行为,是通过市场实现的,而财政收支属于政府行为,因而财政预算收支平衡是由政府掌握进行宏观调控的重要手段,政府可以通过财政预算的安排直接调节社会总需求,间接调节社会总供给。

（四）财政赤字是一种客观存在的经济范畴

我国现阶段财政赤字很大一部分成因是缘于经济发展和经济体制改革,属于经济改革和发展的机会成本。对财政赤字的利弊不能一概而论,财政赤字是否会导致通货膨胀、是否能扩大总需求、是否对经济发展有利,都要结合具体的情况进行分析。财政赤字也可以作为一种政府调节经济的重要手段。

## 第四节 我国市场经济条件下的政府预算改革

新中国成立以来,我国长期采用单式预算编制方法,直至1992年才开始试行复式预算,目前,在预算形式、编制方法和管理制度等诸多方面都需要进行改革,才能与我国不断发展的社会主义市场经济体制相适应。

### 一、我国政府预算的现状

（一）目前实行由经常性预算和建设性预算组成的复式预算

根据1991年国务院颁布的《国家预算管理条例》和1995年施行的《中华人民共和国预算法》规定,现行的国家预算分为经常性预算和建设性预算两部分。经常性预算收入是指国家以社会管理者身份取得的各项税收收入和其他一般性收入;经常性预算支出是指国家用于维持政府活动、保障国家安全和社会秩序、发展各项社会公益事业,以及用于人民生活和社会保障等方面的支出。建设性预算收入是指国家以国有资产所有者身份取得的收入、各种专项建设基金和国家明确规定用于建设方面的收入;建设性预算支出是指国家预算中用于各项经济建设活动的支出。我国复式预算收支项目的具体划分情况包括以下内容:

1. 经常性预算。经常性预算包括经常性预算收入和经常性预算支出。

经常性预算收入包括:各项税收、非生产性企业亏损补贴、专项收入、教育费附加、其他收入。其中各项税收包括除城市维护建设税、固定资产投资方向调节税和耕地占用税以外的消费税、增值税、营业税、关税、农业税、印花税等各种税收。

经常性预算支出包括：非生产性基本建设支出、事业发展支出（文化教育科学卫生事业费、农林水气部门事业费等）、国家政权支出（行政管理费、国防等）、政策性补贴支出等。

2. 建设性预算。建设性预算包括建设性预算收入和建设性预算支出。

建设性预算收入包括：经常性预算结余、专项建设性收入（城乡维护建设税、固定资产投资方向调节税、耕地占用税、征收排污费和城市水资源费收入、国有土地使用权有偿出让收入等）、生产性企业亏损补贴（工业、农林、水产、气象等企业亏损补贴）。

建设性预算支出包括：生产性基本建设支出、企业挖潜改造和新产品试制费、地质勘探费、支援农业生产支出、支援经济不发达地区的发展资金等。

### （二）现行政府预算收支的分类

政府预算收支分类是按照一定的标准和方式对预算收入和预算支出进行编排，它是进行各项预算管理活动必不可少的前提。

我国现行的政府收支分类主要通过两个渠道来体现：一是通过政府预算收支科目来体现；另一个是通过政府提交给人民代表大会的预算草案来体现。

国际上预算收支进行分类的主要方式有部门分类、功能分类和经济分类三种。而我国政府预算收支科目将政府预算收支分为一般预算收支、基金预算收支和债务预算收支三大类，在类下面再按款、项、目层次进行具体的分类，具体分类的标准有的是按照部门分类，有的是按照功能分类，还有的是按照经济分类，而且同一功能的支出往往被多处分散反映。例如，教育支出，除在教育事业费中反映外，还在基建支出、科技三项费用、科学事业费、行政管理费、卫生经费、工业交通事业费、税务等部门事业费中反映。

### （三）现行预算的编制方法

我国目前预算的编制方法基本上采用的是基数法，即在编制下一年度预算时，以上年度实际支出数为基础，并考虑下一年度财政收入状况和影响收支的各种因素，对不同的支出确定一个增长比例，从而确定预算。

### （四）现行预算收支的国库管理

我国现行的国库管理制度，是以设立多重账户为基础的分散收付制度。在这种制度下，财政收入的许多项目由征收部门通过设立过渡账户收缴，即许多项目的财政收入先征收进入部门设立的过渡账户，再由部门的过渡账户汇缴到国库，财政支出通过财政部门和用款单位分别开设的账户层层拨付，资金拨付的环节多，而且在预算单位实际支付行为发生之前就流出了国库，往往在预算单位的账户上形成大量的资金滞留。

## 二、目前我国政府预算存在的主要问题

虽然我国政府预算在改革开放以来已经进行了一系列改进,但仍然存在一些问题。

### (一)现行复式预算存在的主要问题

我国现行复式预算与社会主义市场经济的要求还存在一定的差距,主要表现为:

1. 复式预算的范围没有完全反映政府的活动。目前我国现行的复式预算只是在原有的财政收支格局上,简单地根据收支性质将单一预算粗糙地划分为经常性预算和建设性预算。但是,在国家一般预算之外存在着名目繁多、数额巨大的政府性基金和收费,如电力建设基金、铁路建设基金、车辆购置附加税、养路费等。1996年,中央财政将电力建设基金等11种基金和收费纳入了预算管理,但目前还有许多项目尚未纳入预算管理。大部分基金和收费属于财政性基金(如社会保障基金等)却游离于预算之外,使政府预算管理失去了应有的完整性,又缺乏对这些资金的监督管理,缩小了预算管理范围,制约了财政职能的充分发挥。

2. 复式预算没有能够有效控制债务规模。我国现在的复式预算结构,建设性支出基本上都是通过债务来弥补,而建设性支出的需求是非常大的,如果建设性支出不足就由发债来弥补,债务规模就会容易失去控制。

3. 复式预算的层次太多,分类方法不够明了。比如,在建设性支出下就分为本级建设性支出小计、补助地方建设性支出、建设性支出合计、中央支出合计、中央本级支出、国内外债务还本支出等,难以给人一目了然的感觉。

### (二)预算收支科目体系分类不规范

现行预算收支科目特别是支出科目仍带有很多计划经济的痕迹,与加强预算管理的要求不相适应。主要表现在:

1. 科目的设置没能准确、全面地反映政府事权和收支全貌。大量体现政府职能的收支仍在预算外循环,科目中没有反映。同时,有些科目也表现了与民争利的投资性活动。

2. 不便于强化部门管理。目前我国的预算资金分配比较粗放,经费切块包干和归口管理没有具体落实到项目和单位,没有按部门预算管理的要求集中反映。同时,具体的预算科目分类又不详细,不便于按经费定额和标准编制预算,造成预算调整过多,缺乏法律严肃性。

3. 预算收支科目的分类标准不统一,按经济性质、支出功能和部门交叉分类的做法,导致预算收支科目体系较为混乱,逻辑关系不清楚,不便于进行统计分析。加之与国际上通行的分类方法不衔接,造成国际交流和进行国别分析时口径的不统一。

## （三）我国"基数法"预算编制方法存在的问题

用基数法编制预算虽较为简单，易于操作，但也存在以下问题：

1. 预算编制方法不够科学、规范，也不符合公平原则。采用"基数法"编制预算，年年是基数加增长，各部门经费多少不是取决于事业的发展，而是取决于原来的基数，基数的大小对于预算经费的多少至关重要。在财力有限的情况下，往往经费高的下不来，经费低的上不去，造成单位之间苦乐不均。从预算单位来看，人员、经费标准、事业发展水平和任务都不是静止不变的，有的单位由于职能变化、分工调整、人员减少等原因可以减少经费，而有的单位又可能增加了职能和人员，需要相应增加预算经费。采用基数法编制预算往往不能考虑到这些变化的情况，仍然是在已经发生变化了的基数上进行累加或递增，使得预算安排严重脱离实际。

2. 基数法实际上是增量预算，不利于提高资金的使用效益。长期使用"基数法"，经过多年积累，基数成为常数，每年支出预算安排，无论财政收入状况如何，支出只能是在基数之上增加，形成支出刚性，不利于调整和优化支出结构。

3. 预算安排粗糙，编制不及时。采用"基数加增长"的预算编制方法，一般对基数部分不再认真分析，只是根据财力状况和新的增支因素考虑增长水平。由于下一年度预算的编制必须以上年预算执行完成后的数字为依据，因此一般在本预算年度开始一段时间后才能安排落实，而财政收支活动实际上早已开始执行。

4. 追加支出随意，预算约束软化。"基数法"带有明显的包干性质，但预算在执行中容易包而不干，一些部门和单位不得不要求追加支出，组织预算执行的部门也不得不同意，使得预算约束软化。

## （四）现行国库分散支付制度存在很多弊端

我国目前实行的是国库分散支付制度，就是将预算确定的各个部门和单位的年度支出总额，按期（中央部门按季度、地方部门按月）拨付到各部门或各单位在银行开立的账户上，由其自主使用。这种支付制度主要存在三个问题：

1. 预算支出的过程脱离了财政监督，财政部门只能依赖各支出部门的财务报告进行事后审查监督，不能及时发现和制止支出过程中的违法违纪行为。

2. 资金分散支付和储存，使用效率不高。由于各个单位的资金都有个逐渐支用的过程，在预算资金按期拨付、由各单位分散保存的情况下，必然会使大量财政资金分散在各单位形成沉淀，而财政部门为应付短期资金需要，有时不得不向银行借贷或发行短期公债，从而增加财政利息负担。

3. 财政资金运行的信息反馈滞后。因为财政资金大量分散于各个部门、各个单位在商业银行开设的账户，财政部门和中央银行无法全面了解整个财政资金的运转状况，难以对财经形势作出及时、准确的判断。

### 三、改进我国政府预算的基本思路

进一步改革和完善我国政府预算制度，主要是在复式预算的结构、预算收支科目的分类、预算编制方法和国库支付制度等方面进行改革和完善。

(一)建立由政府公共预算、国有资产经营预算、社会保障基金预算组成的新型复式预算

根据我国社会主义市场经济的建设进程和我国财税体制改革的总体情况,参照其他国家复式预算的一些经验,可以将我国的政府预算划分为政府公共预算、国有资产经营预算和社会保障基金预算三个部分。

1. 政府公共预算。政府公共预算是指国家以社会管理者身份取得的收入和用于维持政府活动、保障国家安全和社会秩序、发展各项社会公益事业支出的预算。

政府公共收入包括增值税、消费税、营业税、企业所得税、个人所得税、农牧业税、关税、公益性国有资产收益、行政性收费和罚没收入等。

政府公共预算支出包括国家政权建设支出、各项事业发展支出、国家公益性基本建设支出(即文化、教育、科研、国防、行政机关等部门的基本建设支出)、社会福利事业费支出、公益性国有企业亏损补贴支出、政策性补贴支出、对外援助支出等。

2. 国有资产经营预算。国有资产经营预算是指国家以国有资产和国有资源所有者身份取得的收入和国家用于经济建设以及国有资产经营方面支出的预算。

国有资产经营预算收入包括:政府公共预算结余转入、经营性国有资产收益(包括国有企业上缴的利润,股份制企业、联营企业、合资合作企业中的国有资产收益、国有资产出售、转让收入等)、资源性国有资产收益(包括资源税、土地增值税、矿产资源补偿费等)、专项建设基金收入(包括一部分已纳入预算管理的政府性基金和尚未纳入预算管理的政府性基金等)等。

国有资产经营预算支出包括:国家经营性基本建设支出、支援农业生产支出、挖潜改造和新产品试制费、国有企业生产性亏损补贴支出、支援经济不发达地区发展资金支出、专项建设基金支出等。

3. 社会保障基金预算。社会保障基金预算是指国家以行政手段筹集并管理的社会保障收入和安排用于社会保障方面支出的预算。

社会保障基金预算收入包括:企业职工基本养老保险基金收入、企业职工失业保险基金收入、企业职工工伤保险基金收入、企业职工女工生育保险基金收入、医疗保险基金收入、住房公积金收入等。如果在条件成熟时开征社会保障税,则社会保障税应成为社会保障基金预算的主要收入来源。

社会保障基金预算支出包括:企业职工基本养老保险基金支出、企业职工失业保险基金支出、企业职工工伤保险基金支出、企业职工女工生育保险基金支出、医疗保险基金支出、住房公积金支出等。随着我国社会保障体系的逐步完善,社会保障的范围会随之扩大,甚至扩大到全部的社会成员,社会保障基金预算支出也会逐步地增加。

（二）建立科学规范的预算科目体系

财政收支分类制度必须符合市场经济的需要，并与政府行政管理体制和财政职能的健全与完善相衔接。具体来说：

1. 结合税费关系改革和强化预算外资金管理的需要，将体现政府职能的收支纳入预算，通过预算收支科目予以反映，同时，结合财政支出改革，取消一部分反映政府竞争性、营利性支出的预算科目，这反映了社会主义市场经济条件下政府职能的转变对政府预算收支的影响。

2. 配合预算编制方法改革的需要，细化预算收支科目，对预算收支进行科学的分类。改革后的预算分类主要由部门分类、功能分类和经济分类组成：①部门分类，它是根据政府机构的性质和预算管理级次对部门进行分类，并相应设置编码，就中央预算而言，按中央一级单位的预算设置部门代码，部门所属预算单位，由部门设置二级预算单位编码，这种分类方法要与我国现在实行的部门预算结合起来；②功能分类，即将财政收入按其来源方式的不同分为税收收入、非税收入和债务收入，财政支出按其功能的不同分为经济建设支出、国防支出、行政管理支出、环境保护支出等；③经济分类，即将财政支出再细分为经常性支出和资本性支出，经常性支出和资本性支出再按支出的基本要素细分，预算收支科目的改革重点是要克服目前预算收支分类不具体的弊病，为科学地编制预算、强化部门预算控制和监督机制创造条件。

3. 预算科目的设置要尽量与国际通行做法相衔接，以增强国际间的交流，同时科目名称要简洁、明白，有利于提高我国财政政策和预算管理的透明度，有利于建设社会公众对预算的监督和管理。

（三）政府预算编制方法的改革

目前，我国政府预算编制方法的改革主要包括以下三个方面：

1. 推行部门预算。部门预算是当前我国财政改革的主要内容，部门预算就是一个部门一本预算。根据国际经验，部门预算是由政府各部门编制、经财政部门审核后由议会（在我国是人民代表大会）审议通过的反映部门所有收入和支出的预算。编制部门预算要求各部门按照财政部门的统一规定和标准表格，全面、系统、准确地将本部门一般预算收支情况和基金收支情况编入部门预算。也就是说，部门的所有开支都要在预算中加以反映，预算中没有列出的项目不得开支，同时要求将各种收入都要纳入预算管理。

2. 推行"零基预算"编制方法。在编制年度预算时，对各项财政支出均不以上年预算为基数来作为预算分配的依据，而是根据各部门履行的职责、发展目标和人员配备等客观因素来确定资金使用额度。我国实行零基预算的基本步骤包括：①设计各种预算数据表格，收集和掌握各预算单位的信息；②确定各单位的预算管理形式、人员编制；③确定行政、事业单位正常的经费定额；④根据需要和可能确定专项经费;⑤确定经费预算总水平。零基预算要真正发挥出作用,还需要建立相关的配套措施,如制定科学的定员定额标准、建立专项支出项目库、提高财政信息处理技术水平等。

3. 实行综合财政预算。要改变目前政府资金实行预算内和预算外两套制度和管理办法的做法,对预算外资金项目进行深入的清理,坚决取消越权设立的或不合理、不合法的基金和收费项目,同时通过费改税将一部分具有税收性质的收费纳入税法调控范围,然后将"费改税"的收入以及按国际惯例和政府行政所需保留的收费,一并纳入部门预算管理,取消预算外资金,建立统一、完整的政府预算,即综合财政预算。

(四)建立市场经济国家普遍采用的国库集中收付制度

所谓国库集中收付制度,就是将所有的政府性财政资金全部集中到国库单一账户,并规定所有的财政支出必须由国库直接支付。为便于核算和详细反映各支出单位的预算执行情况,财政部门为各支出单位建立分类账册系统,反映国库单一账户中各部门的支出。在这种制度下,财政资金的使用,由各部门根据细化的预算自主决定,由财政部门核对后准予支出,财政资金将由国库单一账户直接拨付给商品或劳务供应商,而不必经过支出单位进行转账结算。为便于各部门小额零散支出的需要,财政部门可为预算单位设立当日清算的流动账户。在实际支付之前,所有的资金都集中在国库,财政部门可以统一调度。实行国库集中收付制度,有利于财政资金的统一调度,可以提高财政资金的使用效益,减少国债的发行,也有利于财政预算资金的监督。

## 本章小结

1. 政府预算是政府的基本财政收支计划,是按照一定的标准将财政收入和支出分门别类地列入特定的收支分类表格中,以清楚地反映政府的财政收支状况。透过政府财政预算,可以使人们了解政府活动的范围和方向,也可以体现政府的政策意图。

2. 编制政府预算应遵循的原则包括:预算的公开性、可靠性、完整性、统一性、年度性和法令性。

3. 以预算的形式差别为依据,可以将政府预算划分为单式预算和复式预算;按照预算编制方法的不同,可以将预算分为绩效预算、计划项目预算和零基预算;根据预算支出分类是按功能汇总还是按部门汇总,可以分为功能预算和部门预算。

4. 政府预算体系是指整个国家的政府预算是由各级政府的预算和各级政府的公共部门预算组成,相互之间有着复杂的预算资金往来关系的系统。在我国,政府预算体系的组成是按照一级政权设立一级预算的原则建立的,包括中央预算和地方预算。

5. 政府预算的程序主要由政府预算的准备和编制、预算审定、预算实施和审查、决算等构成。政府预算实质上是政府活动和职能在经济上的反映,政府预算的程序也就是政府如何确定政策目标、如何筹集达到目标所需要的资源、如何使用这些资源以及对最终结果进行评价的过程。

6. 政府预算平衡是一定时期财政收入与财政支出之间的数量对比关系,一般把略有结余和略有赤字也视为基本平衡。在不同的历史时期,由于各国经济背景和主流经济思想不同,形成了不同的政府预算平衡理论,包括年度预算平衡理论、周期预算平衡理论、功能预算平衡理论等。我国对政府财政预算平衡的主要观点是:对预算平衡不可以作绝对的理解;研究预算平衡要有动态平衡的观点,不能局限于静态平衡;研究预算平衡要有全局观点,不能就平衡来论平衡,而应与社会总供求的平衡结合起来分析;财政赤字是一种客观存在的经济范畴。

7. 我国目前政府预算的现状还不能适应社会主义市场经济发展的需要,仍然存在一些问题,在预算形式、编制方法和管理制度等诸多方面都需要进行改革。

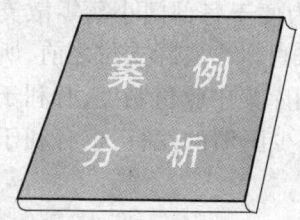

### 案例  美国的政府预算管理

美国的政府公共财政预算是由国会和政府共同负责的。

#### 一、美国政府预算编制的机构

在政府内部,公共财政预算由总统直接管辖的管理与预算办公室和财政部来承担,二者之间并不存在隶属关系。管理与预算办公室(OMB)的主要职责是:①在国家的财政和经济政策上向总统提供咨询;②编制联邦预算草案和中长期财政计划方案;③监督行政部门的预算执行情况;④起草有关行政命令和公告。财政部则主要负责收入概算和税收等日常事务。隶属于国会的国会预算办公室是个附属机构,没有审批权,其主要职能是发布国会通过的财政预算和整个经济的五年预测报告,向国会的预算委员会、税收委员会、分配委员会等提供辅助性服务,发布削减赤字方案的报告,评议总统提交给国会的预算方案和其他法案。

#### 二、美国政府预算的编制程序

美国的公共财政预算年度为"跨年制"。1977 年以前,预算年度起于每年的

7月1日,止于次年的6月30日。1977年通过的"预算改革法"对此进行了修正,规定从1977年起,预算年度从每年的10月1日开始,至次年的9月30日结束。一般说来,联邦预算至少要在预算年度开始前的18个月着手进行,由总统领导的管理与预算办公室负责起草工作。例如,2003年10月1日开始的至2004年9月30日终止的2004财政年度的预算,联邦各有关单位必须于2002年3月开始估算他们的支出,编制初步概算,大约于2002年5月送OMB进行审查,作出必要的修正后,合并为统一的总统预算。在此期间,管理与预算办公室和财政部、经济顾问委员会共同评估国家的经济形势,对经济发展前景作出预测,为总统预算提供咨询。2003年1月中旬,总统将预算草案提交国会审议。国会可以批准、修改或否决总统提交的预算案。其过程一般是先由众议院拨款委员会审查,并由议会的各小组委员会听取各机构的解释和辩护,再由众议院大会作出最后的辩论,通过后,提交参议院审查。从3月到9月,国会依次通过初步的预算建议和有约束力的预算决议。10月1日,公共财政预算开始正式执行。

### 三、美国政府预算的执行

公共财政预算正式开始执行以后,在执行的过程中如需要追加支出,必须经过国会通过立法修正案。行政部门在执行公共预算的过程中,在某些特殊情况下,可推迟或取消某些项目的支出,前提是这些措施必须向国会报告,国会可以同意也可否决这些措施。按照美国的法律规定,经费超支或该花的钱没有花都是违法的。

### 四、美国政府预算的监督

美国政府预算的监督分为内部监督和外部监督两种。每个联邦部门都有自己的内部监督机构,由本部门的财务领导负责。同时,管理与预算办公室有权检查所有联邦机构的账目。为了防止公共领域里的权力滥用,美国于1978年成立了总检察官办公室。总检察官经国会批准后由总统任命,有权查阅被审计部门的所有文件,各部门的各类人员必须回答总检察官提出的所有问题。总检察官通常向国会提交两种报告:一种是每6个月一次的例行报告;另一种是在发现问题时提交的专门报告。

### 五、美国政府预算的改革

美国的历史并不长,然而其预算管理却已经达到相当高的水准。在这个历史发展过程中,美国预算改革功不可没。从1774年建国以来,美国预算方法几经变化,在不同时期推出了不同的改革策略。特别是1921年以来,美国预算改革步伐在不断加快,技术手段越来越先进,如1950年以前盛行的基数增长预算,20世纪50年代的绩效预算,60年代的规划设计预算,70年代的目标管理预算和零基预算,90年代的全国效绩评估和效绩预算。从总体上说,美国预算改革多姿多彩、富有创意。美国预算改革的主要经验包括:

1.根据社会经济形势发展需要改革预算方法。社会经济形势发展对政府职能提出不同的要求,不同的财政形势对预算也有不同的要求。美国预算方法改革的一个重要特点就是它能够顺应经济社会形势,实施不同形式的财政改革,最大限度地发挥政府职能,弥补市场缺陷,促进宏观经济的稳定与发展。如克林顿政府为了消除巨大赤字,提出重塑政府,实施修改的效绩预算(MPB),取得了突出的成效。

2. 推进预算决策方法与预算测算方法的结合。美国预算方法改革从来不是孤立的改革行动,相反,它往往融合了预算职能、预算政策、预算决策程序的修改与完善。各种预算改革都在一定程度上推进了预算管理、预算设计与计划管理、目标管理、效绩管理的结合,促进了政府管理效率和效能的提高。美国国防部、得克萨斯州及一些地方政府在零基预算、效绩预算等预算改革的成功应用表明,当预算方法只有与预算决策及其他方面改革协调一致时,预算改革才比较容易取得成效。

3. 充分吸收新思想、新理论、新科学技术,提高预算方法的效能。美国预算改革十分注意吸收同时期经济学理论、管理理论和技术、公共行政管理理论和文化理念成果,形成具有时代气息的预算文化。零基预算的应用得益于成本管理和控制学科的发展,目标预算的重要基础是目标决策学科的发展。克林顿政府的管理和预算改革体现了重塑政府的新理论,如政府服务的效率评估、政府服务的商业化运作倾向和顾客服务的理念等。总之,电子计算机和互联网技术的普遍应用、经济学分析方法的引进、公共选择机制与决策程序的制衡等等,都极大地拓宽和丰富了美国预算管理的内涵和外延,使预算管理得到不断的完善。

4. 注意技术的融合与创新。没有一种预算改革形式能持续使用下来,然而,也没有一种预算改革的内容或形式会完全消失。一般地说,每一种新的改革都从以前改革形式中吸收一些有用的信用或技术,然后以另一种形式或名称继续使用。有一种情况不能忽视,那就是任何一种改革都没有完全排除传统的预算方法,也就是说传统预算(增长预算、基数预算)在实际操作上还是很普及。自然,每一次新的改革策略或多或少是对原有改革策略的修正和提高,技术要求越来越精密,信息化、程序化、公开化趋势在加强,预算管理不断创新,以满足社会发展的要求。

## 思考题

1. 什么是政府预算?
2. 编制政府预算应遵循哪些原则?
3. 政府预算可以分成哪些类型?
4. 我国的政府预算体系是如何构成的?
5. 政府预算主要包括哪些程序?
6. 如何理解政府预算平衡?
7. 我国目前政府预算还需进行哪些改革?

# 政府间财政关系

★ 本章学习要点与要求 ★

通过对本章内容的学习,应理解政府间财政关系是公共财政学研究的重要内容;掌握地方政府存在的必要性,中央政府与地方政府职能分工和收入划分的原则和依据;掌握和理解政府间转移支付的含义、转移支付的形式以及不同转移支付形式的效应;了解我国政府间财政关系的演变历程,掌握目前实行的分税制财政体制的主要内容,以及这一体制的不足之处和进一步完善的方向。

## 第一节 政府间财政关系的基本理论

在当今世界上,除了极少数城市国家,绝大多数国家不仅有中央政府,还有若干层级的地方政府。为什么不能由中央政府来提供所有的公共产品,而需要由不同级次的政府分别提供,中央与地方各级政府之间是依据什么原则划分各自的财政收入和财政职能的,这些都是政府间财政关系(Intergovernment Fiscal Relations)需要研究的基本问题。

### 一、公共产品的受益范围与财政分权

在市场经济条件下,政府的基本职能是提供公共产品。根据受益范围的不同,公共产品可以分为全国性公共产品、准全国性公共产品和地方性公共产品。所谓全国性公共产品是指那些可供全国居民同等消费并且共同享受的公共产品,如国防、外交等就属于典型的全国性公共产品。所谓准全国性公共产品是指这样的物品,它们满足消费上的公共性即非竞争性,但是不满足消费上的同等性,即不同地

域、不同行政区划的居民在对这类物品的消费上不是机会均等的,如某一特定河流的水利工程,流域内居民受益较多,而流域外居民受益较少。地方性公共产品是指在地方层次上被消费者共同且平等消费的物品,如地方政府提供的治安、消防等公共服务,兴建的公共图书馆和公共广场等设施,其范围局限在某一特定地域内,这一区域以外的居民无法从中受益。由于公共产品受益范围存在差别,公共产品可以相应地由不同级别的政府提供。

但是上述对公共产品的划分并不能证明应当进行财政分权,因为地方性公共产品也可以由中央政府提供。只有当地方政府提供地方性公共产品比中央政府更有效率时,才能证明有必要进行中央与地方的财政分权。

### (一)施蒂格勒关于最优分权模式的"菜单"

施蒂格勒(George Stigler)在1957年发表的《地方政府功能的有理范围》一文中,对于为什么需要地方财政这一基本问题给出了一个公理性解释。施蒂格勒的说明集中于地方政府存在的合理性上。他认为可以从以下两条原则出发来阐明地方政府存在的必要性:首先,与中央政府相比,地方政府更接近自己的公众,这可以理解为地方政府比中央政府更加了解它所管辖的居民的效用与需求;其次,一国国内不同的人们有权对不同种类与不同数量的公共服务进行投票表决,这就是说,不同的地区应有权自己选择公共服务的种类与数量。

### (二)奥茨的分权理论

奥茨(Wallace E. Oates)在《财政联邦主义》(Fiscal Federalism)一书中,为地方政府的存在提出了一个分权定理。奥茨假定:全部人口只分为 $A,B$ 两个子集,他们的偏好不同,该社会的资源是有限的;生产 $X,Y$ 两种产品, $A,B$ 可从对不同量的 $X,Y$ 的消费中得到效用满足,其中 $Y$ 产品是公共产品,由政府提供。那么政府有三种选择:

1. 使 $A$ 集团的利益获得充分的满足,但 $B$ 集团的利益得不到保证。
2. 使 $B$ 集团的利益获得充分的满足,但 $A$ 集团的利益得不到保证。
3. 为 $A$ 和 $B$ 提供同样数量的 $Y$。

一般来讲,中央政府不可能顾及每个集团的特殊利益,往往会选择统一配给 $A$ 和 $B$ 相同数量的 $Y$ 产品;由于忽略了两者的不同偏好,不能使社会福利最大化,从而降低了资源配置效率。

由此,奥茨提出了下列财政分权的定理:如果某种公共产品的消费涉及所有的阶层或地域,并且,关于该公共产品的提供成本未定,那么,由地方政府根据各区域居民的偏好所提供的数量,总是优于由中央政府向全体居民所提供的协调一致的数量。根据奥茨的财政分权定理,可以引申出这样一种推论:中央政府只应提供具有广泛的偏好一致性的公共产品。

### (三)关于分权"俱乐部"理论

所谓"俱乐部"理论,是布坎南在1965年提出的一个地方政府形成的理论。简要而论,就是把地方政府比做提供公共产品的俱乐部,随着俱乐部成员的增加,现有成员所承担的公共产品的成本将由更多的成员来分担,但是新成员的进入,会产生外部不经济,使公共设施拥挤,一个俱乐部的最佳规模就在外部不经济所产生的边际成本正好等于由于新成员分担运转成本所带来的边际节约点上。

马丁·麦圭尔(Martin McGuire)运用"俱乐部"理论解释了最优地方政府管辖范围的形成问题。麦圭尔认为:政府提供公共产品必须考虑成本因素,有些公共产品向全国人口提供为最佳规模,成本低而效益高,那么这些公共产品应由中央政府提供。而另一些公共产品受益者的数量有限,这些公共产品有两种供应办法:一种是由中央政府将全国人口按最优数量分成若干组,分别提供公共产品;另一种办法是将该种公共产品的提供权赋予各个地方政府,由各个地方政府决定各自辖区内的公共产品供给量,显然,第二种方法最为方便。麦圭尔由此说明了地方政府存在的合理性。

(四)偏好误识问题

美国经济学家特里西(Ricard W. Tresch)从理论上提出了偏好误识的问题,并且分析了由于偏好误识,导致中央政府在提供公共产品的过程中失误的可能性。我们知道,要使公共产品有效供给,就必须根据社会成员对公共产品的消费偏好来确定公共产品的供给种类与数量,如果政府错误地认识社会偏好,从而把自己的偏好强加于全体社会成员身上,就是所谓的"偏好误识"问题。

相对于地方政府,中央政府远离它所管辖的居民,而各地居民对公共产品的偏好又各不相同。如果中央政府要全面了解各地居民对公共产品的各种各样的偏好组合,需要花费大量的成本。国家越大,各地情况差别越大,各地居民对公共产品的偏好差别就越大,而偏好传递的成本也就越高。地方政府在了解居民对公共产品的偏好方面比中央政府有更大的优势,地方政府所管辖的居民数量相对较少,外界环境基本相同,因此居民偏好的组合种类较少。另外,地方政府与所管辖的居民距离较近,信息采集和传递的成本较低,因此,地方政府发生偏好误识问题的可能性比中央政府小。这一理论以信息不对称为基础为财政分权提供了较好的解释。

(五)"以足投票"理论

所谓"以足投票"理论,是说明人们为什么会聚集在一个地方政府周围,要求这个地方政府为大家提供最大的福利。该理论的提出者是蒂布特。他在1956年发表的《地方支出的纯理论》一文中指出:人们之所以愿意聚集在某一个地方政府周围,是由于他们想在全国寻找地方政府所提供的服务与所征收的税收之间的一种精确的组合,以便使自己的效用达到最大化。当他们在某地发现这种组合符合自己的效用最大化目标时,就会在这一区域居住下来,这个过程,就是所谓的"以足投票"。

按照"以足投票"理论,如果全体居民都如此进行自由的搜寻和迁徙,那么偏好相同的人会组合在一起,公共产品提供的成本将会最小化。由于人们会自然地从公共产品成本高、质量差的地方向成本低、质量好的地方迁徙,这实际上形成了地方政府之间提供公共产品的竞争,一个提供质次价高公共产品的地方政府由于纳税人的减少会最终无法维持。因此,"以足投票"会促进公共产品供给效率的提高。这些观点被称为地方公共服务的完全竞争的市场理论。

公共产品的受益范围说明了公共产品存在着由不同级别政府提供的可能性,而上述几个理论则说明了地方政府提供某些公共产品会比中央政府提供全部公共产品更有效率,因此有进行财政分权的必要性。

**二、中央政府集权的理由**

尽管在理论和实践上存在着财政分权的可能性和必要性,但并不意味着所有公共产品都由地方政府提供是最优的,中央政府在以下五个方面需要适当集权,并发挥不可替代的作用。

第一,全国性公共产品或准全国性的公共产品应由中央政府来提供。全国性公共产品由中央政府提供是毫无疑问的,但为什么准全国性的公共产品也需要由中央政府来提供呢?这是因为当这类公共产品产生受益面不均时,中央政府就有责任出面决定这类公共产品的提供数量,并且适当解决地区之间不同的经济外部性问题;否则,如果中央政府不努力解决地区之间不同的外在性问题,就会发生受益人口与成本承担人口之间的不对称,不利于整个社会的协调发展。

第二,中央政府须进行不同地区及不同社会成员之间的再分配。为了维持整个社会的稳定和平衡,需要中央政府来协调财政在不同地区、不同社会成员之间的再分配。在决定地区之间的再分配政策上,中央政府具有比较优势。对于私人部门或不同产业部门的收入或财富的再分配,中央政府也有决策方面的相对优势。如果中央政府不协调地区之间的个人所得税或企业所得税,人口或其他资源就可能发生不利于社会整体利益的流动。

第三,中央政府在宏观经济调控方面具有比较优势。由于宏观经济调控具有全国性的影响,中央政府出面进行宏观调控要比地方政府干预有效得多。如果在经济衰退时一个省(州)实行扩张性财政政策,其作用往往会超出本省的范围,因而应由中央政府统一协调。

第四,中央政府征税比地方政府具有比较优势。中央政府之所以在征税问题上具有综合的相对优势,主要来自于下列因素:①中央政府的管辖范围大,有利于发现与税基有关的各种收入,从而使税基和税率更加合理;②从全国范围计征税收,可有效防止偷、漏税的发生;③由中央政府决定税收制度,可以有效防止税收的地区间不平衡。

最后，中央政府可以避免地方之间产业竞争所造成的有害影响。地方政府为了本地的经济发展，往往会颁布名目繁多的各种地方保护政策，这不利于市场竞争的开展和全国大市场的形成，这时中央政府需要限制地方政府的权力，维护全国统一的、公平的市场竞争秩序。

### 三、中央与地方划分收支的原则

#### （一）中央与地方财政收支划分的影响因素

政府间财政关系的核心是中央政府与地方政府之间的收支划分，影响中央政府与地方政府之间收支划分的因素主要有以下三个：

1. 国家的政体结构。一般来说，联邦制的国家，地方政府的权责较大，相应的财政收支权力也较大。如美国、德国的联邦收支占各级政府预算总规模的比重就不及英国、法国等单一制国家中央预算收入占预算总规模的比重大。

2. 历史传统。历史上有地方自治传统的国家，往往地方政府的自治权力较大，从而也拥有更多的财政收支权力，如美国宪法对"州的权力"的重视和保护。而历史上注重中央集权的国家，中央集中的财政权力就会相对较多，如中国、法国这样一些有较长君主专制和中央集权历史的国家，中央的权力要比地方权力大得多。

3. 政府在经济稳定和发展中的作用。一个国家的政府在经济稳定和发展中的作用越大，其中央政府所需要集中的权力就越大。如，在自由竞争时期的美国，联邦政府长期以来主要的收入来源是关税，其他主要税种由州政府掌握，而随着经济的发展，要求国家对经济进行越来越多的干预，联邦政府的财政权力随之不断扩张，中央财政收支的比重也迅速增加。

#### （二）中央与地方支出划分的原则

巴斯布特尔（C. F. Bastable）提出了关于划分中央支出与地方支出的三个原则：

1. 受益原则。凡政府所提供的服务，其受益对象是全国居民的，则该项支出应当属于中央政府的公共支出；凡受益对象是地方居民的，则支出应当属于地方政府的公共支出。

2. 行动原则。凡政府公共服务的实施在行动上必须统一规划的领域或财政活动，其支出应当属于中央政府的公共支出；凡政府公共活动在实施过程中必须因地制宜的，其支出应属于地方政府的公共支出。

3. 能力原则。若政府活动或公共工程，其规模庞大、技术要求高，地方政府无力承担的，则应由中央政府承担。

#### （三）中央与地方收入的划分原则

在中央与地方收入的划分原则上，美国财政学者塞利格曼（E. R. A. Seligman）与迪尤（John F. Due）分别提出了不同的原则。

1. 塞利格曼的三个原则。塞利格曼提出的三个原则包括：

(1) 效率原则。即中央政府和地方政府财政收入的划分应尽量减少对市场机制配置资源的干扰。例如,如果个人所得税和公司所得税归地方政府管辖,各地税负的不一致会导致资源从高税负地区流入低税负地区,会产生税收对市场机制的扭曲。因此,这类税种的权力应当归中央政府所有。

(2) 适应原则。适应原则以税基的宽窄作为划分标准,税基宽的税种归中央政府,税基窄的税种归地方政府。如,房产税,税基在房屋所在区域,较为狭窄,所以应为地方税。

(3) 恰当原则。即税收负担的分配应当公平,对于纳税人税负影响重大的税种应当归中央所有。对于那些占税负总额比重较大的税种,为了确保公平,也应由中央政府统一掌握。

2. 迪尤的两个原则。迪尤的划分原则包括:

(1) 效率原则。该原则的内容与塞利格曼效率原则的内容相同。

(2) 经济利益原则。该原则是以增进经济利益为标准,税收划归中央还是划归地方,应以便利经济发展、不减少经济收益为标准。例如,商品销售税应划归中央,以使商品在全国畅通无阻;反之,如果划归地方政府,商品每到一地均要课征一次税,这会阻碍商品的流通,不利于经济发展。

### 四、中央政府与地方政府之间的财政手段

一般来说,中央政府与地方政府之间关系的协调,涉及以下七种权力的划分与协调,即税法制定权、委托立法权、税款支配权、税收课征权、税款享用权、税法解释权和立法提案权。在综合实施这七种权力的过程中,各国政府所采取的手段主要有两个:分税制和转移支付制度。转移支付制度将在本章第二节作介绍,这里主要分析中央与地方之间在分税制下税收划分的主要形式。

分税制是国际通行的处理中央与地方政府之间财政收支的制度安排。具体到税收收入的划分,分税制在不同国家又有按税源划分法、分成法、附加税与税收信贷等多种形式。

#### (一) 税源划分法 (Separation of Sources)

税源划分法是对不同税种在中央与地方之间进行划分,使中央政府与地方政府各有不同的税源。例如,美国的关税归联邦政府,而财产税归地方政府。依据税源划分税收收入可以避免重复课征及浪费等弊端,但其主要缺陷在于以税源划分的方法与政府提供的公共服务的种类是不完全对应的,哪些税源应属于中央,哪些税源应属于地方很难区分。

#### (二) 分成法 (Share Revenue)

分成法是把相同的税源在中央与地方之间按某一比例进行划分,可以先由中央政府征收税款,然后分成给地方,也可以先由地方政府征收税款,然后分成给中

央。分成法避免了重复征税，也可以节省征收费用，并避免中央与地方对税源归属问题的争执。但是，这种办法最大的问题在于如何合理确定需要分成的税种以及分成的比例，税源结构不同的地方采用全国统一的分成方法和分成比例会造成各地财政收入的不均衡。

（三）附加税（Tax Supplements）

附加税是指在不同等级的政府之间对于某一个统一的基础税率再分别加征不同的税率的办法。在采用这一办法时，往往是高一级的政府决定某一个基础税率，再由低一级的政府附加若干成。从各国实践来看，主要有两类附加税：一是纯粹的税收附加（Pure Tax Supplement），是指较低一级的政府把上一级政府所决定的税率作为基础税率，然后再加上自己这一级的税率，在征收过程中由地方政府征收；二是"背负税"（Tax Piggyback），是指下一级政府在上级政府基础税率的基础上附加上自己这一级的税率，然后在征收过程中要求上级政府一并征收，最后把附加的这部分税款转交给自己。

税收附加与税收分成的主要区别在于：税收分成的税款是按照一种税率进行征收的；对不同级别的政府来说，税收附加的税率是分开的，下一级政府往往拥有确定附加税率的权力。

（四）税收信贷（Tax Credits）

税收信贷是指允许人们通过把税收转付给另一单位的方式来减轻其本来要对某一级政府完成的纳税义务。例如，中央政府可以允许下一级政府用本来要向中央缴纳的个人所得税的某一部分转付给另一个地方政府单位。

# 第二节 政府间转移支付制度

## 一、政府间转移支付的必要性

政府间的财政转移支付实质上是存在于政府间的一种再分配形式。它是以各级政府之间所存在的财政能力差距为基础，以实现各地公共服务水平的均等化为主旨而实行的一种财政资金转移或财政平衡制度。由于各级政府的事权划分和收入划分不可能做到完全一致，因此就会普遍存在政府财政收入能力与其支出责任不对称的情况。从理论上讲，既可能存在中央政府对地方政府的补助，也可能存在地方政府对中央政府的补助。但在现实中，为了保证全国市场的统一和税收征管的效率，尽量减少税收对市场机制的扭曲，具有全局性的重要税种往往集中于中央政府手中。而随着经济的发展，多样化的地方性公共产品在公共产品中的比重会不断上升,地方政府在资源配置方面的职能也在不断加强,因此地方政府的事权大于财权是一种普遍存在的情况。这样,转移支付制度基本上在各国都表现为中央政府向地方政府单方面财政资金的转移。具体来说,转移支付的必要性主要体现在以下几个方面。

### (一)矫正地方政府提供公共产品过程中可能出现的行为扭曲

由于地方政府在资源配置方面的优势,受益范围具有区域性的公共产品由地方政府供给有利于提高效率。但是这些区域性的公共产品往往具有外部性,其受益范围不可能正好被限定在其管辖的区域范围内。当存在外部效应时,公共产品的供给就会发生扭曲。比如,在存在正的外部效应时,地方政府从本地利益出发,可能会高估公共产品的成本,低估其整体利益,因而造成公共产品的供给不足。这种扭曲不仅影响着地方性公共产品的有效供给,也不利于地区间经济关系的协调。因此,中央政府有必要通过转移支付,给予地方政府一定的补助,这样就可以适当调节具有外部性的公共产品的供给,优化资源配置。

### (二)政府间的财政转移支付可以弥补税收划分的缺陷

在实行分税制的情况下,中央政府与地方政府之间的税收划分不可能完全实现公平与效率的结合,中央与地方之间财力划分的缺陷需要由中央财政采取措施加以调整。政府间的财政转移支付是弥补税收划分缺陷的一个重要手段。

### (三)政府间的财政转移支付是实现横向均衡的重要手段

一个国家内不同地区之间的经济发展程度往往存在着很大差异,而这种差异在财政上的表现就是:发达地区财政收入充裕,因而公共设施和服务较为完善;而落后地区的财政状况拮据,甚至不能提供基本的公共服务,同时落后地区往往需要提供比发达地区更多的公共基础设施支出。这种地区之间的财政收入能力与财政支出需要之间的不均衡,被称为横向的财政失衡。与落后地区相比,发达地区财政资金的边际效用要低很多,因此中央政府从整体利益出发采取转移支付的方法,可以在地区之间进行预算调剂,扶持落后地区的发展,增加财政资金的边际使用效率,实现财政横向均衡的目标。

### (四)政府间的财政转移支付也是实现纵向均衡的重要手段

当某一级政府财政面临赤字,而其他级次的政府财政却出现盈余时,就意味着存在着纵向财政失衡。如前所述,一般而言,纵向财政失衡主要表现为地方政府的事权大于财权形成赤字,中央对地方的转移支付可以体现中央政府的宏观调控意图,实现各级政府之间财政的纵向均衡。

## 二、政府间转移支付的形式及效应分析

### (一)政府间转移支付的形式

中央政府向地方财政进行转移支付的方式有许多种。按照中央向地方进行转

移支付时是否指定该项资金的用途,分为无条件转移支付(或称一般性转移支付)和有条件转移支付。无条件转移支付是指中央对地方进行转移支付时,不规定该项资金的用途,地方政府可以自主决定如何使用这些资金。有条件转移支付是指中央向地方进行转移支付时,附加一定的限制条件,或者要求地方政府提供配套资金,或者指定了这笔资金的用途,或者二者同时指定,地方政府只有满足这些条件,才可以获得这笔转移支付资金。因此,有条件的转移支付又分为有条件配套性转移支付和有条件非配套性转移支付。有条件配套性转移支付指中央向地方进行转移支付时,不但指定资金用途,还要求地方必须提供相应比例或数额的配套资金。有条件非配套性转移支付是指中央向地方进行转移支付时,只指定资金用途,不需要地方政府出资。另外根据中央向地方进行配套转移支付时,是否有最高限额又分为有限额配套性转移支付和无限额配套性转移支付。有限额配套性转移支付指中央对配套性转移支付资金规定一个最高限额,该项目开支超出该限额,中央将不再拨付资金。无限额配套性转移支付是指中央对配套性转移支付资金没有规定一个最高限额,根据该项目实际开支多少,中央按比例或规定拨款。

（二）政府间转移支付形式的效应分析

中央对地方转移支付的形式不同,所产生的效应也不同,对地方财政的约束力也不一样。中央对地方的转移支付会产生收入效应和替代效应。所谓转移支付的收入效应,是指中央政府给予地方政府的补助会使地方政府可支配收入增加,接受资金的下级政府会因为得到了拨款而降低自身的课税程度,从而使本身的财政收入来源减少。无条件转移支付具有较强的收入效应。所谓转移支付的替代效应是指由于得到了上级政府的拨款,下级政府供给公共产品的成本大大下降,这会使下级政府倾向于扩大公共产品的供给,从而也扩大了来自本身财政收入的那部分财政支出。有条件配套性转移支付具有较强的替代效应。下面我们对不同转移支付产生的效应进行具体分析。

1. 无条件转移支付。无条件的转移支付只产生收入效应。假定地方政府只提供 $M$、$N$ 两种公共产品,中央对地方转移支付前,地方政府的预算约束线是 $AB$,社会对两种公共产品的无差异曲线是 $I$,无差异曲线与地方财政预算线的切点是 $E$,地方政府提供 $M$、$N$ 公共产品的数量分别为 $OG$ 和 $OH$,如图 9-1 所示。

如果中央政府对地方政府进行无条件转移支付,而不限制该资金是用于生产 $M$ 公共产品还是 $N$ 公共产品,进行转移支付后,地方政府的预算约束线为 $CD$,向上平移的距离就是转移支付的数额,即 $AC$ 或 $BD$。社会无差异曲线是 $I'$,无差异曲线与地方财政预算约束线的切点为 $E'$,这时地方政府提供的 $M$ 公共产品的数量为 $OG'$,提供 $N$ 公共产品的数量为 $OH'$,两种公共产品的供给量都增加了。

由于无条件转移支付不影响公共产品的相对价格,所以主要起了弥补地方财政缺口与使地方提供的公共产品均等化的作用。经验表明,地方政府以转移支付

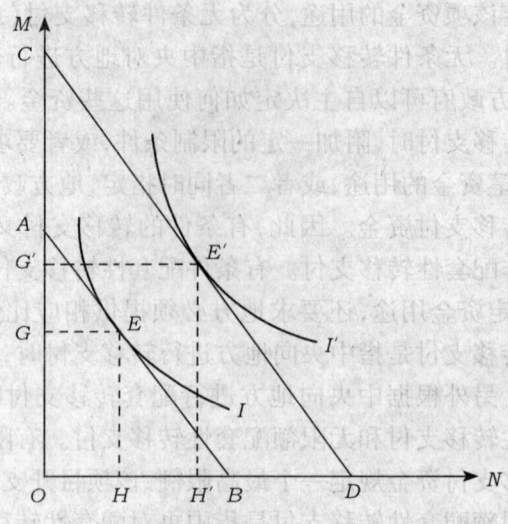

图 9-1 无条件转移交付

形式获得的收入比地方自有的收入会带来更多的地方支出,这一现象被称为"粘蝇纸效应"。

2. 有条件非配套性转移支付。中央在向地方进行有条件非配套性转移支付时,指定这笔资金的用途,如只能用于提供公共产品 $N$,不能用于提供公共产品 $M$,假定转移支付的数额仍为 $BD$,转移支付后地方政府的预算约束线如图 9-2 所示。

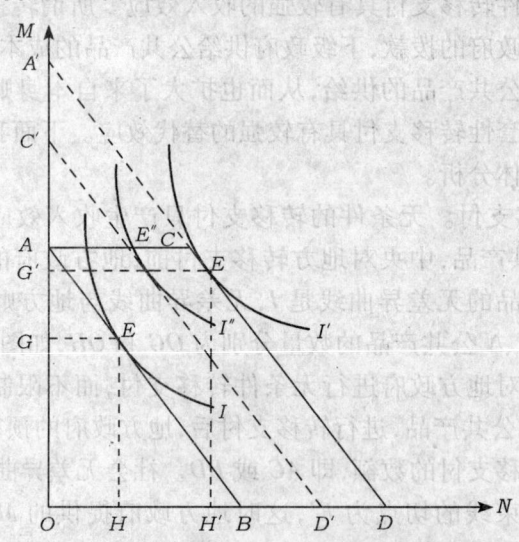

图 9-2 有条件非配套性转移支付

中央对地方进行有条件非配套转移支付后,地方政府的预算约束线变为 ACD,地方政府可以提供的公共产品 M 的最大数量不变,但可以提供的公共产品 N 的最大数量增加了。一般情况下,有条件非配套性转移支付的效应与无条件转移支付的效应相似,但是当有条件非配套性转移支付的数额过大时会造成地方政府对公共产品 N 的提供数量过多,而对 M 的提供数量过少;如进行转移支付后的无差异曲线与 AC 相交,而不是与 CD 相切,则会造成效率的损失。

有条件非配套性转移支付最适合于补助那些在中央政府看来十分重要,而地方政府由于只考虑地方局部利益没有引起足够重视的公共产品的供应。

地方政府和中央政府对于上述无条件转移支付和有条件转移支付的偏好是不同的,地方政府一般更偏好于无条件的转移支付。因为在这种情况下,地方政府既可以增加收入,又享有充分的自由,不影响地方本身的支出结构,能使地方政府的福利最大化。中央政府偏好有条件的转移支付,因为这样可以保证资金用于中央政府所希望的用途方面,从而增进全社会的利益。

3. 无限额配套性转移支付。如果中央政府在对地方政府进行无限额配套性转移支付时,不但指定了该项资金只能用于生产公共产品 N,并且规定地方政府应该拿出与中央政府一样的资金生产该种公共产品,则转移支付后,地方政府的预算约束线变为 AC,OB = BC,M 的供应量为 OG′,N 的供应量为 OH′,如图 9-3 所示。

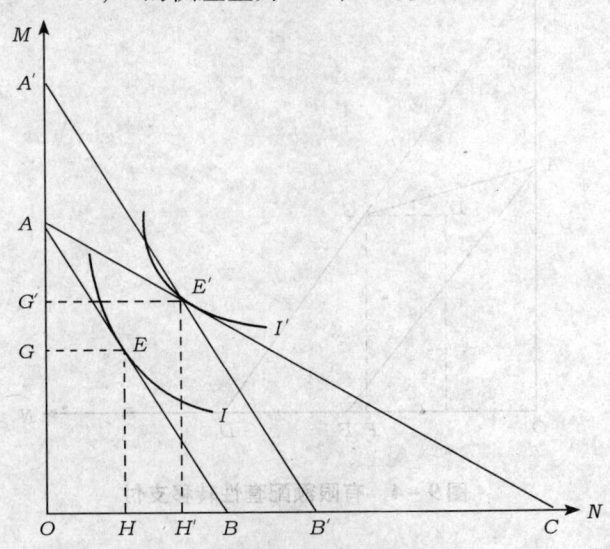

图 9-3 无限额配套性转移支付

中央对地方政府的无限额配套性转移支付产生了两种效应:一是替代效应,无限额配套性转移支付使地方政府生产公共产品 N 的成本相对更加便宜,地方政府倾向于生产更多的 N 公共产品;另一种是收入效应,地方政府拥有了更多的资源,可以把节省下来的资金用于生产更多的 $M$ 公共产品,所以两种公共产品的供给都会增加。

但是无限额配套性转移支付与无条件转移支付相比,会带来一定的效率损失。在中央政府转移支付数额相等的情况下,如果采用无条件转移支付,预算约束线为 $A'B'$,$A'B'$ 与 $I'$ 相交说明 $A'B'$ 可以与更高的无差异曲线相切,表明社会福利水平会更高。

4. 有限额配套性转移支付。如果中央政府对地方进行转移支付时,既规定了只能用于生产公共产品 $N$,成本由中央与地方按一定比例分摊,又规定了中央政府最高出资限额不超过 $CD'$,这时地方政府的预算约束线为 $ACD$;公共产品 $N$ 的供应量如果小于 $OF$,则中央政府与地方政府各自承担一半的成本,但是当 $N$ 的供应量超过 $OF$ 时,中央政府最高的出资额是 $OF$ 的一半,即 $CD'$,如图 9-4 所示。

有限额配套性转移支付综合了无限额配套性转移支付与无条件转移支付的特点,如果转移支付后,地方政府对公共产品 $N$ 的供应量低于 $OF$,那么这与无限额配套性转移支付的效应是一样的;如果供应量大于 $OF$,那么与无条件转移支付的效应相同。

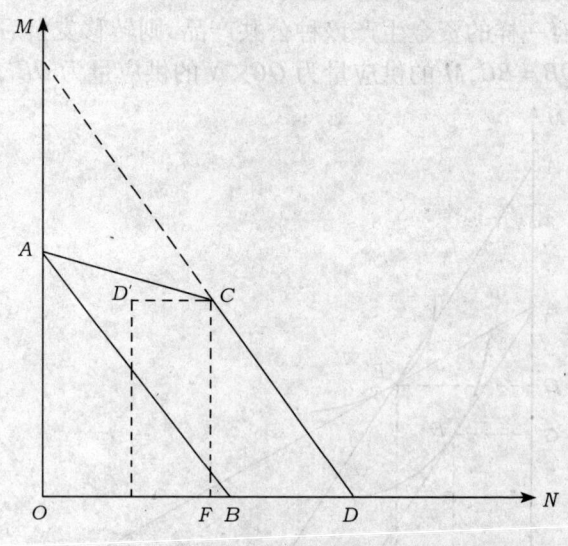

图 9-4 有限额配套性转移支付

## 三、各国政府间转移支付政策的实践与共性

世界各国的分税制在分税后均由中央政府对地方政府实行转移支付,由于各国国情不同,因此转移支付的方式与内容也不尽相同,当然也包含着某些共同之处。

（一）美国的转移支付制度

美国早在19世纪初就存在联邦政府向州和地方政府的转移支付制度,当时所采取的形式有两种:一是将联邦预算结余补助给州和地方政府;二是对土地的开发和使用给予补贴。受当时条件的限制,补助主要是为了调剂联邦、州和地方之间资金的余缺,转移支付尚不足以成为体现联邦政府政策意图的有效手段。20世纪30年代经济大危机后,政府强化了宏观调控政策,包括运用转移支付手段来对州和地方政府进行经济干预。二战后的几十年来,转移支付总额呈跳跃式增长态势,相对数也大大增加,成为联邦支出的重要组成部分,也成为州与地方财政收入的支柱之一。

就形式而言,美国联邦政府的转移支付可分为三种:具体用途的转移支付、宽范围用途的转移支付和一般性转移支付。对于前两项转移支付,联邦政府有时要求州和地方政府拿出必要的配套资金,主要用于环境保护、能源、社会保障、交通、卫生、教育等项目上。这两种转移支付不仅规定了资金的大致或具体用途,同时还规定了拨款年度和使用期限等具体要求,州和地方政府财政需要按照规定向联邦财政提供有关转移支付计划执行情况的书面报告。一般性转移支付,也称为"收入分享",按规定,所有的州和地方政府都有资格得到这种转移支付,并主要按照自己的意图支配和使用这种转移支付资金。从结构上看,在20世纪80年代中期,规定了具体用途的转移支付占联邦总转移支付的80%,宽范围用途的转移支付约占13%,而一般性转移支付约占总转移支付的7%左右。可见,联邦政府注重转移支付所要达到的政策性目的,力图运用转移支付来提高地方政府提供某一项或某几项公共产品的能力。

（二）日本的转移支付制度

日本是一个中央财政集中度较高的国家,同时存在着"大地方政府"。在这种情况下,中央政府对地方政府进行了大量的转移支付。日本的转移支付不仅规模大,而且制度也较为完善,其转移支付基本上由国家让与税、国家下拨税和国库支出金这3项内容所组成。

国家让与税是由中央集中征收某些税种,然后再按一定的标准将收入分解拨给地方政府作为它们财政收入的一部分。目前这种税的税种有:地方道路税、汽车吨位税、液化石油气税、航空燃料税、特别吨位税。国家在把这些税下拨或返还给地方政府时,比较注重资金的用途。

国家下拨税是一种以平衡各地方财力为主要宗旨的转移支付。国家把国税中的所得税、法人税、酒税和消费税的一部分下拨给地方政府,但既不规定款项的专门用途,也不附加其他条件,它在调剂地区间差异方面起到了重要作用。

国库支出金是集规定用途和附加条件为一体的转移支付形式,它在体现中央政府的政策意图方面具有一定功效。国库支出金又分为三种类型:一是国库负担金,当地方政府兴办关系到整个国家利益的项目时,由中央政府给予这种转移支付;二是国库委托金,当中央政府把本属于自身的事务委托给地方承办时,中央政府给予地方这种转移支付;三是国库补助金,一般为中央政府出于宏观调控和均衡发展的考虑而下拨给地方政府财政的补助。

(三)澳大利亚的转移支付制度

澳大利亚地广人稀,各州在自然资源、人口密度、经济结构等方面的差异很大,但人均收入水平的地区间差异并不悬殊,这主要得益于政府的转移支付制度。澳大利亚的转移支付分为两类:一类是一般性转移支付,另一类是专项转移支付。前者用于实现各地财政支出和公共产品与服务的均等化,后者则用于特殊用途。由于各州在经济、人口、自然条件等方面的巨大差异,所以实现财政均等化的一般性转移支付占有很重要的地位。而庞大的财政均等化计划无疑需要有较高的中央财政集中度才能够得以维持,为此,澳大利亚将收入最多的个人所得税划归联邦政府独家征收,再加上其他各种税收,使得联邦财政收入占到全国财政收入的70%以上。

(四)共性与启示

从世界各国的转移支付制度中,我们可以看到如下特点:

1. 转移支付制度的公式化和规范化。从各国的实际情况来看,尽管转移支付的数额巨大、对象众多、结构复杂,但在实施中都是有章可循的。不仅转移支付的过程做到了程序化,而且支付额的确定也实现了公式化,从而减少了转移支付中的随意性和盲目性,使转移支付的透明度得到了加强,不存在讨价还价的现象。转移支付制度有健全的法律体系加以保证,减少了人为因素的干扰和影响。

2. 转移支付制度具有一定的弹性和灵活性。在公式化和规范化的前提下,各国转移支付的形式、结构和额度也不是一成不变的,而是依据情况的发展变化加以相应的调整。适时调整转移支付制度,不仅使转移支付制度更符合现实需要,也增强了中央政府宏观调控的弹性和力度,为保持合理的中央财政支出结构创造了条件。

3. 资金的投向多以公共基础设施为主。在协调地区政策、调剂收入差距方面,中央政府主要采取帮助收入较低的地方修建基础设施的做法,使各地居民均可以享受到同样或相近水平的公共产品和服务,而不是把款项用到企业和生产经营领域。可以认为,通过转移支付实现公共产品和服务的均等化是转移支付的主要目的和意义。

4. 在运用多种转移支付方式的同时,确定一种主要类型的转移支付方式。在大多数国家的转移支付制度中,都不仅仅是使用一种形式的补助,而是根据不同的情况,综合运用规定用途和不规定用途、附加条件和不附加条件的转移支付方式,但是在这些转移支付形式中,一般都有一种主要的形式。当政府出于平衡各地区财政收入水平差异这种动机时,会以无条件的转移支付为主;而如果中央政府是为了增强某种公共产品的供给能力,则会采取规定用途、附加条件的转移支付方式。

## 第三节 我国政府间财政关系的演变

### 一、新中国成立初期的统收统支体制

新中国成立初期,我国实行的是地方主要收入上交中央、地方支出由中央拨付体制,是典型的统收统支体制。它的主要特征是:

第一,全国各地的主要收入统一上交中央金库,没有中央的拨付命令,不得动用。

第二,地方一切开支均须经中央核准,统一按月拨付。

第三,预算管理权限集中于中央,包括税收制度、人员编制、工资和供给标准、预决算和审计会计制度,统一由中央制定、编制和执行。

第四,留给地方少许财力,用以解决农村、文教卫生事业和城镇市政建设以及其他临时性需要。

这一预算体制从1950年3月开始,延续到1952年。作为一种预算体制类型,统收统支体制是在特殊的历史背景下实行的暂时体制。它对于集中全国财力物力、稳定物价、平衡财政收支、整顿财经秩序、恢复生产起到了重要的作用,并为1953年开始的第一个五年计划建设提供了良好的经济环境。

### 二、改革开放前的统一领导、分级管理体制

在1953~1978年的20多年时间内,我国基本上是实行统一领导、分级管理的体制,虽然在具体做法上进行了多次调整,但总的体制类型没有改变。前苏联和多数东欧国家,也曾实行类似的分级管理体制。这种体制的典型特征是:

第一,在中央统一政策、统一计划和统一制度的前提下,按国家行政区划来划分预算级次,实行分级管理,原则是一级政权一级预算。在分级管理体制下,地方预算的收支支配权和管理权相对较小,并不构成一级独立的预算主体。

第二,按中央政府和地方政府的职能分工,并按企事业和行政单位的隶属关系确定各级预算的支出范围。体制有效期为"一年一定"时,由中央确定地方的支出指标;体制有效期为"几年(3~5年)不变"时,一般以上年实际执行数作为预算年度的支出基数。

第三,主要税种的立法权、税率调整权和减免税权集中于中央,并由中央确定

地方的收入指标。全部收入分为固定收入和比例分成收入，由地方统一组织征收，分别入库。为调动地方组织收入的积极性，有时对超收部分另定分成比例，使地方多收多留。

第四，由中央统一进行地区间的调剂，凡收大于支的地方上解收入，凡支大于收的地方由中央补助。中央预算另设专项拨款，由中央统一支配。

第五，地方预算的收支平衡从总量上说，基本上是以支定收，结余可以留用。从结构上说，基本上是中央下达指标，地方无权调剂，有时是中央总额控制，分项下达指导性指标，地方有权统筹安排。

第六，体制的有效期是"一年一定"或"几年不变"，而不是长期相对稳定。

### 三、1994年之前的划分收支、分级包干体制

随着经济体制改革的启动和深化，我国于1980年对传统的预算管理体制进行了改革，开始实行划分收支、分级包干体制，并于1985年和1988年进行了两次调整。分级包干体制是在实行多年统一领导、分级管理体制的基础上建立的，对原有体制有实质性突破。分级包干体制扩大了地方收支的范围，赋予了地方更大的财政权力，使地方政府成为责、权、利相结合的分配主体，构成了相对独立的一级预算。在收入划分上引入了分税制的划分方法，并且延长了体制的有效时间。针对地方政府多收多支与自求平衡的要求，初步形成了激励机制与制约机制相结合的体制模式。

分级包干的运行机制主要体现在包干方法上面，从1988年开始对37个省、自治区、直辖市和计划单列市，分别实行6种不同的包干方法：收入递增包干、总额分成、总额分成加增长分成、上解额递增包干、定额上解、定额补助。上述包干方法除"总额分成"外，其余各种包干方法的共同特点是在原定总额分成的基础上实行"边际增长分成"，即地方政府可以从增收或超收中多获得收入。如，"定额上解"和"固定数额补助"是超收或增收部分全部归地方所有；"上解额递增包干"是包死上解数额，超过上解数额的增收部分地方全留；"收入递增包干"是超过收入递增部分地方全留；"总额分成加增长分成"则是对增长部分另加留成比例，也就是提高地方留成比例。

"边际增长分成"的主要功能是可以调动地方特别是上解比例大的地方组织收入的积极性，保证财政收入的稳定增长。不同地区不仅分别实行不同的包干方法，而且实行同一包干方法的不同地区参与增量分成的比例也是不同的。

"定额上解"和"固定数额补助"的方法对地方增长的激励作用最大，属于对某些地区的优惠政策，中央政府在这种办法下的财政补贴和收入是固定的，无法获得任何地方收入的增量，因此不可能普遍推行。

"递增包干"的方法，无论是收入递增包干还是上交额递增包干，关键在于确

定合理的递增率。如果递增率是固定的,其定得过高,地方无法完成,存在着用自有资金补足上交额的风险。如果递增率定得过低,就不能保证中央收入的适度增长。

"总额分成加增长分成"的方法在基数以内的部分是中央与地方按约定比例分成,而增长部分虽加大了地方分成的比例,但中央仍可得到一定比例的分成,因此这种包干方法似乎更能体现既鼓励地方多支多收又适当集中资金的原则,因而适应性较强。但这个方法也存在着合理确定分成比例的问题。

随着市场在资源配置中的作用不断扩大和中央财政调控地位的日益突出,包干型财政体制的弊端开始不断显现出来,并对经济改革和发展产生了一定的负面影响。

首先,财政分级包干体制的主要特点是包死上缴基数、超收多留,再加上财政包干制是在各级政府职能尚未划分清楚、财权与事权不够统一、收入与支出不对称的情况下实行的,因此,在一般情况下,整个财政收入增长越快越多,则地方财政从增量中留得的份额就越大,中央财政从中得到的份额却越小。这样,便导致中央财政收入在国家财政收入中所占比重的下降,使得中央财政的宏观调控能力趋于弱化。

其次,财政分级包干体制在照顾到地方积极性的同时,也在一定程度上片面强化了地方利益机制,助长了一些地方的市场封锁和地方保护主义行为。

再次,从财政分级包干制自身来看,它远不是一种规范化的财政体制。在财政包干条件下,中央与地方政府之间财政关系的确定,是按照行政管理程序,采取中央财政与各省、自治区、直辖市和计划单列市逐个协商、逐个落实的办法,在中央财政与地区财政之间建立起一种利益分配上的契约关系,而这种契约关系又缺乏约束性、相对稳定性和必要的法律保证。

正因为财政分级包干制的上述弊端,我国于 1994 年对财政管理体制实行了进一步的改革,初步形成了分税制的财政管理体制。

# 第四节　我国的分税制及其改革

## 一、我国分税制改革的指导思想

1993 年 12 月 15 日,国务院发布了《关于实行分税制财政管理体制的决定》,决定从 1994 年 1 月 1 日起在全国各省、自治区、直辖市和计划单列市实行分税制的财政管理体制。在指导思想上,此次分税制改革主要体现了四个方面的原则:

第一,正确处理中央与地方的利益关系,促进国家财政收入的合理增长,逐步提高中央财政收入的比重。出于既要考虑地方利益,调动地方发展经济的积极性,又要适当增加中央财力,增强中央财政宏观调控能力的要求,中央要从财政收入的增量中适当多得一些,以保证中央财政收入的稳定增长。

第二,合理调节地区之间的财力分配。分税制改革既要有利于经济发达地区继续保持较快的发展势头,又要通过中央财政对地方的税收返还和转移支付制度,扶持不发达地区的发展和老工业基地的改造。同时,还要促进地方加强对财政支出的约束。

第三,坚持统一政策与分级管理相结合的原则。税制改革时划分税种不仅要考虑中央与地方的收入分配,还必须考虑税收对经济发展和社会分配的调节作用。中央税、共享税以及一些重要的地方税的立法权都要在中央,以保证中央政令统一,促进全国统一市场的发展和企业平等竞争。这次改革分设国税局和地方税务局,实行分级管理,中央税和共享税由国税局负责征收,共享税中的地方部分,由国税局直接划入地方金库,地方税由地税局负责征收。

第四,坚持整体设计与逐步推进的原则。分税制改革既要借鉴国外经验,又要从本国实际出发。在明确改革目标的基础上,办法力求规范化,但必须抓住重点,分步实施,逐步完善。首先要针对收入流失比较严重的状况,通过分税和分别征管堵塞漏洞,保证财政收入的合理增长。其次要强化中央财政和地方财政的预算约束。另外收入划分、税收返还和转移支付办法要做到全国统一,在当时的条件下,先把主要税种划分好,其他收入划分逐步规范化;作为过渡,原体制下的补助、上解和有些结算事项继续运转,通过"存量不动、增量调整"办法,逐步提高中央财政收入的比重,逐步调整地方利益格局。总之,通过渐进式、温和式改革,先把分税制的基本框架建立起来,然后在实施中逐步完善。

## 二、分税制改革的主要内容

1994年的分税制改革主要包括以下内容。

### (一)中央与地方的事权与支出划分

根据中央政府与地方政府事权的划分,中央财政主要承担国家安全、外交和中央国家机关运转所需经费,以及调整国民经济结构、协调地区发展、实施宏观调控所必需的支出和由中央直接管理的事业发展支出。它具体包括:国防费、武警经费、外交和援外支出、中央级行政管理费、中央统管的基本建设投资、中央直属企业的技术改造和新产品试制费、地质勘探费、由中央财政安排的支农支出、由中央负担的国内外债务的还本付息支出,以及中央本级负担的公检法支出和文化、教育、卫生、科学等各项事业费支出。

地方财政主要承担本地区政权机关运转所需支出以及本地区经济、事业发展所需支出。它包括地方行政管理费、公检法支出、部分武警经费、民兵事业费、地方统筹的基本建设投资、地方企业的技术改造和新产品试制经费、支农支出、城市维护和建设经费,以及地方文化、教育、卫生等各项事业费、价格补贴支出和其他支出。

（二）中央与地方的收入划分

根据事权与财权相结合的原则,1994年的税制改革按税种划分中央与地方收入。将维护国家权益、实施宏观调控所必需的税种划分为中央税;将同经济发展直接相关的主要税种划分为中央与地方共享税;将适合地方征管的税种划分为地方税,以充实地方税税种,增加地方税收入。

中央固定收入包括:关税,海关代征消费税和增值税、消费税,中央企业所得税,地方银行和外资银行及非银行金融机构企业所得税,铁道部门、各银行总行、各保险总公司等集中缴纳的收入(包括营业税、所得税、利润和城市建设维护税),中央企业上缴利润等。外贸企业出口退税除1993年地方已经负担的20%部分列入地方上缴中央基数外,以后发生的出口退税全部由中央财政负担。

地方固定收入包括:营业税(不含各银行总行、铁道部门、各保险总公司集中缴纳的营业税)、地方企业所得税(不含上述地方银行和外资银行及非银行金融企业所得税)、地方企业上缴利润、个人所得税、城镇土地使用税、固定资产投资方向调节税、城市维护建设税(不含各银行总行、铁道部门、各保险总公司集中缴纳的部分)、房产税、车船使用税、印花税、屠宰税、农牧业税、耕地占用税、契税、遗产和赠与税、土地增值税、国有土地有偿使用收入税等。

中央与地方共享收入包括:增值税、资源税、证券交易税。增值税地方分享25%;资源税按不同的资源品种划分,大部分资源税作为地方收入,海洋石油资源税作为中央收入;证券交易税地方分享20%。

从2002年1月1日起,中国分税制进行了重要调整,打破了原来企业所得税按隶属关系和个人所得税按照税目划分中央和地方收入的办法,除了铁道部门、国家邮政、中国工商银行、中国农业银行、中国银行、中国建设银行、国家开发银行、中国农业发展银行、中国进出口银行以及海洋石油天然气企业缴纳的所得税继续作为中央收入外,其他企业所得税和个人所得税由中央与地方按比例分享。

2002年所得税收入中央分享50%,地方分享50%;2003年所得税收入中央分享60%,地方分享40%;2003年以后年份的分享比例根据实际情况再行考虑。同时以2001年为基期,按改革方案确定的分享范围和比例计算,地方分享的所得税收入如果小于地方实际所得税收入,差额部分由中央作为基数返还地方;如果大于地方实际所得税收入,差额部分由地方作为基数上解中央。对于跨地区经营、集中缴库的中央所得税等收入,按相关因素在有关地区之间进行分配。

中央因改革所得税收入分享办法而增加的收入将全部用于对地方主要是中西

部地区的一般性转移支付。改革将循序渐进,分享比例分年逐步到位。此外,所得税分享范围和比例全国统一,以保持财政体制规范和便于税收征管。

(三)中央财政对地方税收返还数额的确定

为了保持地方既得利益格局,逐步达到改革的目标,中央财政对地方税收返还数额以1993年为基期年核定。按照1993年地方实际收入以及税制改革和中央地方收入划分情况,核定1993年中央从地方净上划的收入数额(即消费税加75%的增值税减去中央下划收入)。1993年中央净上划收入全额返还地方,以保证现有地方既得财力,并以此作为以后中央对地方税收返还基数。1994年以后,税收返还额在1993年基数上逐年递增,递增率按本地区增值税和消费税增长率的1比0.3的系数确定,即本地区两税每增长1%,对地方的税收返还则增长0.3%。如果1994年以后上划中央收入达不到1993年的基数,则相应扣减税收返还数额。

(四)原体制中央补助、地方上解及有关结算事项的处理

为顺利推行分税制改革,决定1994年实行分税制以后,原体制的分配格局暂时不变,过渡一段时间再逐步规范化。原来中央拨给地方的各项专款,该下拨的继续下拨。地方1993年承担的20%部分出口退税以及其他年度结算的上解和补助项目相抵后,确定一个数额,作为一般上解或一般补助处理,以后年度按此定额结算。

### 三、我国目前的转移支付制度

我国目前中央对地方的转移支付是有条件转移支付与无条件转移支付相结合的方法。当中央政府是出于平衡各地区财政收入水平差异的目的时,一般采取无条件转移支付;当转移支付是为了贯彻中央政府的特定政策意图,或确保地方政府能够提供最低标准的公共服务水平时,则采用有条件的转移支付。我国目前有条件转移支付即专项拨款主要分为三类:一类主要是对地方经济发展和事业发展的项目补助;一类是特殊情况补助,例如自然灾害补贴等;第三类是保留性专项补助。无条件转移支付主要由中央对地方的税收返还、体制补助和结算补助等形式构成。

目前在中央对地方的有条件转移支付中存在的问题是:转移支付项目过多,且多家管理、政出多门、过于分散,削弱了贯彻国家政策意图的能力;拨款的目标不够明确,拨款标准不规范,透明度低,随意性大,使得财政支出使用效率低下。在无条件转移支付中,如前所述,中央对地方税收返还数额是根据"基数法"确定的,基数法不用每年核算,比较容易管理。但基数法也存在固有的缺点:随着时间的推移,决定地方支出的各种基本因素在不断发生变化,其中包括经济、人口、教育、卫生、交通运输等,而简单的基数法基本延续历史上形成的既得利益,很少考虑现实的发展变化;即使当初确定的基数是合理的,但从动态角度上考察,也必然形成不合理的差距。同时,由于年复一年不断的延续,使各种不合理因素保留了下来,并不断

扩大,延续的时间越长,不合理的差距越大,最终造成地方财政苦乐不均。

### 四、进一步完善分税制的思路

我国的分税制改革是采用整体设计、逐步推进的方式进行的,在进一步深化财政改革的过程中,应当从以下几个方面入手,逐步理顺政府间的财政关系。

#### (一)进一步明确各级政府的事权范围和各级预算主体的支出职责

我国中央与地方职能的划分以集权为主,并辅之以一定的分权,这与我国的历史传统和经济发展阶段相适应。但是目前中央集权过多,而地方政府缺少必要的自主权,中央和地方在职能划分上仍然有不合理的地方,在一定程度上造成政府职能的缺位和越位。例如,中央政府在履行其收入分配职能时,如社会保障制度,养老、失业和医疗保险目前只是实行了地方统筹,最终的目标应该是社会统筹,中央政府的分配职能应该加强。在资源配置上,中央政府对一些行业,如电讯、民航垄断过多,造成效率低下。地方政府对于一些具有外部性的公共产品或生产活动也没有承担应有的职能。例如,义务教育收费水平不断提高,教学环境亟待改善;环境污染、社会治安等当地居民迫切需要的地方性公共产品的供给相对缺乏。因此,为了更好地发挥政府在市场经济中的职能,应当进一步明确各级政府的事权和支出职责。根据中央与地方政府职责划分的理论,并结合我国国情以及社会主义市场经济体制的特征,我国中央政府与地方政府的职责可以划分如下。

1. 中央政府的职责与提供公共产品的范围,具体包括:

(1)提供全国性公共产品。如,国防、外交、对外援助、跨省特大基础设施建设项目、特大自然灾害救济、中央政府行政管理等。

(2)具有较大外部效应并涉及国家整体利益的混合产品。如,教育、空间开发、环境保护、海洋开发、尖端科技、卫生保健、社会保险、公共防疫,以及全国性交通干线等。

(3)进行全国范围内的收入再分配。如,个人所得税、社会救济和社会保险等。

(4)拥有具有全局性税种的课税权。如,企业所得税等。

(5)对进出口的调节权、制定关税的权力和发行国债的权力。

(6)制定涉及总量平衡、大的经济结构调整、经济调控与经济发展的事项,以及实施重大产业技术政策等。

2. 地方政府职责与提供公共产品的范围,具体包括:

(1)根据本地区居民对公共设施数量与质量的要求,通过税收和公共投资向居民提供所需的公共设施,优化投资环境,促进资源有效配置。

(2)提供地方行政、社会治安、文化教育、卫生保健、就业培训等公共服务。

(3)制定和实施地区性经济社会发展计划,实施区域性产业技术政策,充分利用地区优势促进地区经济发展。但是应当严格限制损害其他地区利益的各种形式的地方保护主义措施。

3. 中央与地方政府的职责和提供公共产品的交叉领域,具体包括:

(1)中央与地方的共有职责。例如,收入分配职能,在地方政府管辖范围内的收入调整由地方去做,而超过地方政府管辖范围的、不同行政区之间的收入分配应由中央政府去做。

(2)对于某些属于中央政府职能范围,但出于效率或其他方面的考虑由地方承担全部或部分供给会更有利的公共产品和服务,可以以中央财政为主,根据职能的分担情况在中央与地方之间对财政权力作相应划分。

(3)对于某些属于地方政府职责范围内,但由于其经济、社会效益的外部性,使其成本与受益涉及其他地区,应由中央政府进行协调、有关地方政府协作承担。

(4)对于一些大的社会福利或公共服务项目,如教育、医疗保健等,其费用往往需要两级或多级政府共同分担。

(二)进一步规范划分财政收入

目前我国共享税在财政收入中所占的比例较大,达到60%左右。这带有收入分成的性质,特别是增值税占整个财政收入的比重很高,它与我国经济不发达和以流转税为主体的税制相关。随着我国经济的发展,应该减少共享税在财政收入中所占的比重。而且铁道部门、各银行总行、各保险总公司在中央集中缴纳营业税、所得税和城市建设维护税,使得这3个税种在某种程度上也具有共享的性质,因此不符合收入划分的原则。

资源税是按照资源品种来划分的,除海洋石油资源税外,其他资源税均划分为地方税。这使得那些富有资源的地方可以获得更多的收入,而那些资源贫乏的地方获得收入的能力较小,造成地方财政收入贫富不均。另外还造成了那些富有资源的地方过度开发,造成地方对这种资源税收入的依赖,不利于长期合理利用资源。而且一旦这种资源枯竭,地方财政收入的稳定性将无法维持。资源税由地方征收还可能造成资源配置的无效率,因此资源税应当由中央进行征收,地方分成比例不应过大。

我国地方税虽然税种较多,但是却没有一个能够在地方财政收入中占主导地位的税种,应该积极开辟地方财源,增加地方财政收入,确立地方财政收入的主体税种,为地方政府提供充足的财力。

(三)完善转移支付制度

首先应减少专项转移支付的数量,加强管理,增加透明度,确保中央进行专项转移支付的目的能够实现;其次中央对地方无条件转移支付的确定办法应由基数法改为因素法。

因素法就是根据影响地方财政收支的因素来确定中央对地方的财政转移支付数额。它的特点是选取一些不易受到人为控制、能够反映各地收入能力和支出能力的客观性因素,如自然条件、人口数量、城市化程度、经济发展水平(人均 GDP)、人口密度等,来确定中央对地方转移支付的数额。这种转移支付方式具有透明性、公正性、规范性和可预见性等优点。

此外,我国目前的分税制只是中央与省级政府之间的财政制度安排,我国省以下还存在着市(地区)、县、乡(镇)三级行政组织,省与省以下各级政府的职能划分与收入划分还没有统一的制度安排。由于各地情况差别较大,应当由各地因地制宜地确定相关的收支划分和转移支付制度。目前我国的行政级次过多,应当合理地确定财政预算主体与行政级次的关系,明确省以下地方政府的支出职能,稳定其财政收入,这样才能建立真正完善的财政管理体制。

## 本章小结

1. 在市场经济条件下,政府的基本职能是提供公共产品,而根据受益范围的不同,公共产品可以分为全国性公共产品、准全国性公共产品和地方性公共产品。由于公共产品受益范围的差别,公共产品可以相应由不同级别的政府提供。

2. 施蒂格勒关于最优分权模式的"菜单"理论、奥茨的分权理论、关于分权"俱乐部"理论、偏好误识问题以及"以足投票"理论从不同方面说明了地方政府提供某些公共产品会比中央政府提供全部公共产品有效率,因此有进行财政分权的必要性。

3. 巴斯布特尔提出了关于划分中央支出与地方支出的受益原则、行动原则和能力原则。塞利格曼与迪尤分别提出了中央与地方收入划分的效率、适应、恰当三原则与效率、经济利益两原则。

4. 分税制是国际通行的处理中央与地方政府之间财政收支的制度安排,具体到税收收入的划分,分税制在不同国家又有按税源划分法、分成法、附加税与税收信贷等多种形式。

5. 中央政府向地方财政进行转移支付的方式有许多种。按照中央向地方进行转移支付时是否指定该项资金的用途,可以分为无条件转移支付(或称一般性转移支付)和有条件转移支付。有条件转移支付又分为有条件配套性转移支付和有条件非配套性转移支付。有条件非配套性转移支付根据中央向地方进行配套转移支付时是否有最高限额,又分为有限额配套性转移支付和无限额配套性转移支付。

6. 不同转移支付形式的效应是不同的。

7. 我国政府间财政关系经历了统收统支体制,统一领导、分级管理,划分收支、分级包干和分税制四种财政体制。

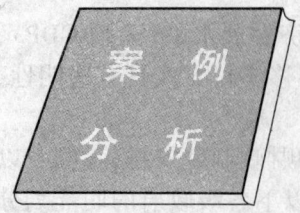

**案例 湖南省完善财政体制，推行"省直管县"改革**

省直管县是指在政府间收支划分、转移支付、资金往来、预决算、年终结算等方面，省财政与市、县财政直接联系，开展相关业务工作。推进省直管县财政管理方式改革，有利于发挥省级财政在省辖区域内对财力差异的调控作用，帮助缓解县级财政困难、减少财政管理级次、降低行政成本、推动城乡共同发展。截至2010年年底，全国27个省份在970个市县实行了省直管县财政管理方式改革，约占全国县级总数的48%。

为进一步完善分税制财政管理体制，规范政府间财政关系，促进县域经济快速发展，推进基本公共服务均等化，统筹城乡区域协调发展，湖南省决定从2010年1月1日起，调整省以下财政体制，推行财政"省直管县"改革。

**一、湖南省"省直管县"改革的基本原则**

1. 分税分享，统一规范。改变按企业行政隶属关系划分收入的办法，主要税种实行省与市州、县市按统一比例分别分享，进一步理顺政府间收入分配关系。

2. 存量不动，增量调整。在确保各级政府既得财力的基础上，对新增收入形成的财力按比例进行调整。

3. 利益共享，风险共担。各级政府共同分享经济发展的成果，共同分担因经济形势和政策变化带来的减收风险。

4. 精简高效，注重基层。改变现行的财政管理模式，推行财政"省直管县"，提高财政运行效率，财力向基层倾斜。

**二、湖南省"省直管县"改革的主要内容**

湖南省"省直管县"改革的主要内容概括为以下方面。

1. 收入划分。将增值税地方部分、营业税纳入分享范围，由省与市州或省与县市按比例分别分享；将企业所得税地方部分和个人所得税地方部分由省与市州分享调整为省与市州或省与县市按比例分别分享；调整资源税分享比例；原实行分享的土地增值税和城镇土地使用税下放市州、县市；其他财政收入省与市州、县市划分范围不变。

(1) 增值税。湖南中烟公司、华菱集团（含所属独立核算企业）的增值税继续作为省级收入。将其他原属省级收入的电力、石化、冶金、有色等增值税下划市州、县市，与原属各市州、县市的增值税一起，由省与市州或省与县市分别按25∶75比例分享。

(2)营业税。除中央所属铁路以外的其他铁路运营环节实现的营业税,高速公路和铁路设计、施工、监理环节实现的营业税继续作为省级收入。将其他原属省级的国家和省重点工程营业税、金融保险系统营业税以及其他省属企业的营业税下划市州、县市,与原属各市州、县市的营业税一起,由省与市州或省与县市分别按25∶75比例分享。

(3)企业所得税。湖南中烟公司、华菱集团(含所属具有法人资格企业)以及部分跨省市总分机构(原中央跨地区经营企业)等企业所得税继续作为省级收入。将原属省级的湘投公司、财信控股等企业所得税下划市州、县市。企业所得税省与市州或省与县市分别按30∶70比例分享。

(4)个人所得税。个人所得税省与市州或省与县市分别按30∶70比例分享。

(5)资源税。省与市州或省与县市分别按25∶75比例分享。

(6)其他税收收入。土地增值税、城镇土地使用税、房产税、城市维护建设税、印花税、车船税、烟叶税、耕地占用税、契税等其他税收收入作为市州或县市固定收入。

(7)非税收入。除属于省、市州、县市固定非税收入之外,其他非税收入由省与市州或省与县市分别分享。

(8)基数核定。增值税、营业税、资源税、土地增值税、城镇土地使用税以及新下放的企业所得税等税收基数,以2009年1~10月的实际完成数为基础推算2009年全年的完成数,并考虑特殊客观因素计算确定。新下放的其他重点工程设计、施工、监理环节实现的营业税实行零基数下放。

按照新体制确定的分享比例,将市州、县市上划税收与省下划税收相抵后,市州、县市上划税收大于省下划税收的差额部分由省作为基数返还市州、县市,市州、县市上划税收小于省下划税收的差额部分由市州、县市作为基数上解省。以后年度,省对各市州、县市的增值税、营业税、企业所得税和个人所得税实行分税种考核,对收入达不到基数的市州、县市,省相应扣减其基数返还或增加其基数上解。

2. 支出划分。根据省与市州、县市事权划分,按照公共财政的要求,合理确定省与市州、县市的支出划分。

省财政支出主要包括:省级一般公共服务支出,省级负担的公共安全、教育、科技、文化、医疗卫生、社会保障、环境保护、城乡社区事务、农林水事务、交通运输等各项支出。

市州、县市财政支出主要包括:市州、县市一般公共服务支出,市州、县市负担的公共安全、教育、科技、文化、医疗卫生、社会保障、环境保护、城乡社区事务、农林水事务、交通运输等各项支出。

3. "省直管县"。除市辖区以及湘西自治州所辖县市、长沙县、望城县仍维持省管市州、市州管县市的财政管理体制外,其余79个县市实行财政"省直管县"改

革。改革后省直管市州、县市共93个,具体管理方式如下:

(1)财政体制。以2009年为基期年,对改革前市与县市的各类收入划分、补助(上解)、税收返还等基数,按照保既得利益的原则,经市与县市双方协商确认后,由省财政统一办理划转。改革后市与县市在财政管理体制上相互独立,设区市不再分享所属县市收入和新增集中县市财力。

(2)转移支付。省对下转移支付补助(含一般性转移支付和专项转移支付)由省财政厅或省财政厅会同省直有关部门直接分配下达到市州、县市。

(3)资金调度。各市州、县市国库直接对中央、省报解财政收入,省财政直接确定各市州、县市的资金留解比例和资金调度。

(4)债务管理。2009年底以前的国际金融组织贷款、外国政府贷款、国债转贷资金和中央、省财政有偿资金等,到期后由市州、县市直接归还省财政。2010年起,新增债务由市州、县市财政直接向省财政办理有关手续并还款。

(5)收入计划。省国税局、省地税局、省非税局等收入征管部门,按照国家有关政策,根据全省和市州、县市经济发展目标,将收入任务分别直接下达到市州、县市。

(6)财政结算。各类财政结算事项一律通过省财政与各市州、县市统一办理。

(7)继续加大对湘西自治州的支持力度。根据民族区域自治法的规定,省对湘西自治州仍实行省管州、州管县市的财政管理体制,同时省对湘西自治州继续给予重点支持和照顾。

### 三、湖南省"省直管县"改革的配套政策

湖南省"省直管县"改革的配套措施主要包括:

1. 加大对困难地区的支持力度。为缩小地区财力差距,省财政因调整财政体制集中的收入增量,全部用于减免财政困难县市、国家和省扶贫开发重点县、少数民族县的财政体制上解和增加对财政困难县市的转移支付补助。

2. 建立促进优势地区和县域经济加快发展的激励机制。省财政建立激励型转移支付制度,对税收收入增长较快、贡献较大的优势地区根据其贡献大小给予挂钩奖励。同时加大"五奖二补"政策实施力度。鼓励设区市继续支持县域经济发展。

3. 调整省对市州、县市的"两税"返还。按照新的增值税和消费税收入口径,重新核定各市州、县市上划中央"两税"基数和"两税"返还系数,省财政不再按0.1系数集中各市州、县市的"两税"返还。

# 思考题

1. 按照受益范围对公共产品进行分类有什么意义?
2. 简述西方经济学家关于财政分权的主要理论。

3. 简述中央政府与地方政府收支划分的基本原则。
4. 分税制条件下税收收入划分的主要形式有哪些?
5. 为什么需要进行政府间的转移支付?
6. 转移支付主要有哪几种形式? 其效应有何不同?
7. 我国现行分税制的主要内容是什么,应当如何进一步完善?

# 第十章

# 财 政 政 策

★ 本章学习要点与要求 ★

通过对本章内容的学习,应掌握财政政策的内容和特点,包括财政政策目标、财政政策工具、财政政策的传导机制以及财政政策的特征;理解财政政策的功能与财政政策乘数的含义,理解财政政策乘数的推导过程和不同乘数的含义;理解财政政策的不同类型及其各自的特点,了解财政政策的选择与运用,以及我国实施积极财政政策的主要内容;理解财政政策与货币政策各自的优势和缺点,掌握财政政策与货币政策相互配合的基本原理。

## 第一节 财政政策的内容和特点

财政政策是指一国政府为实现一定的宏观经济目标而调整财政收支规模和收支平衡的指导原则及其相应的措施。财政政策贯穿于财政工作的全过程,体现在收入、支出、预算平衡和国家债务等各个方面,因此财政政策是由税收政策、支出政策、预算平衡政策、国债政策等构成的一个完整的政策体系,它是政府宏观经济政策的重要组成部分,是政府进行宏观经济管理和调控的重要手段。财政政策作为政府管理和调控的重要政策工具,有着极其丰富的内容。如果从财政政策的构成要素来看,财政政策的基本内容包括财政政策目标、财政政策工具以及财政政策的传导机制。

### 一、财政政策目标

财政政策目标,就是财政政策所要实现的期望值,即政府运用财政政策工具,通过财政政策的传导机制发挥作用之后所要达到的调控和管理目的。从世界各国的情况看,目前财政政策的目标已形成了一个多元化的体系,主要包括以下4大类:一是经济稳定,这类目标具体包括物价稳定、充分就业、国际收支平衡等;二是经济发展,这类目标具体包括经济增长、资源合理配置、反周期波动等;三是收入合理或公平分配;四是国家预算的基本收支平衡。财政政策目标的确定受一个国家当时的社会、政治、经济、文化等环境与条件的影响和制约。根据我国社会经济发展的需要和财政运行的基本特点,在今后一个较长的时期内,我国财政政策的目标可以归结为以下几个方面。

（一）经济适度增长

经济增长通常是指一个国家的经济发展速度和水平,衡量经济增长的主要指标是国民生产总值和国民收入。

追求经济增长目标,对一个落后或比较落后的发展中国家来说,是一个必须十分重视的问题。只有保持较快的经济增长,才能不断提高国家的综合实力,改善人民群众的物质文化生活水平。经济增长主要受制于生产能力水平的高低,生产能力又是由投入的劳动量、资本量等基本因素以及技术水平和生产结构等特殊因素综合作用而形成的。在我国劳动力相对过剩、资本相对不足的情况下,技术水平的发展和经济结构的调整对经济增长的作用尤其重要。

所谓经济适度增长,适度的含义就是量力而行。其一,要视财力可能(即储蓄水平)制定增长率。储蓄水平主要由收入水平和储蓄倾向两个因素决定,在一个低收入国家,储蓄的能力极其有限,单纯依靠国内储蓄很难实现增长目标,这时引进外资就成为发展的一个重要推动力。其二,要视物力可能。物力是各种物资资源的总称,包括能源、钢材、木材、水泥、交通运输等方面的内容。物力可能实际是指能支撑经济增长的物质承受能力。作为一个低收入国家,我国经济发展既是生产能力不断提高的过程,也是产业结构不断优化,即现代产业部门不断增长扩大、传统产业部门比重逐渐下降的过程。因此,只有优先发展一些主导产业部门,才能迅速提高社会生产率,摆脱经济低水平循环。但是,这种优先发展战略的实施必须充分考虑到物力的可能,考虑到短线经济资源对经济发展的制约,才能保持经济健康增长。因此,财政政策在推动经济增长的过程中,主要作用是:一方面要处理好储蓄与消费的关系,既要保持适度的储蓄率,促进储蓄转化为投资,同时要保持适度的消费,促进新的消费点的形成,保持消费需求对市场的拉动作用;另一方面要充分发挥财政政策在经济结构调整中的积极作用,尽力克服我国经济发展中存在的短线因素和"瓶颈"制约。只有这样,经济的增长才能既是积极的,又是稳定、协调而有效的。

（二）价格相对稳定

价格相对稳定是指价格总水平保持稳定,即把价格总水平的波动约束在经济稳定发展所能允许的范围内,一般用价格指数来加以衡量。所谓价格指数,是用来反映两个不同时期商品价格的动态指标,其计算公式是:

$$p = \frac{\sum p_1 q}{\sum p_0 q}$$

其中:$p$ 是价格指数,$p_1$ 是报告期价格,$p_0$ 是基期价格,$q$ 是报告期各种商品的数量。

由于计算时所选用的价格种类不同,价格指数可分为消费物价指数、批发物价指数和国民生产总值平减指数。在中国,一般认为价格总水平(价格指数)波动的幅度在5%以内是正常范围。如果出现价格总水平持续不断上升的现象,就是通货膨胀。反之,出现价格总水平持续不断下降的现象即为通货紧缩。通货膨胀与通货紧缩都说明价格不稳定,不利于经济的稳定发展。

严重的通货膨胀会引起社会收入和国民财富的再分配,使工薪阶层和债权人深受其害,会使价格上升快的行业趋于扩张,价格上升慢的行业趋于收缩,扰乱价格体系,扭曲资源配置,使整个分配秩序和经济秩序出现混乱。由于在现实经济中,通货膨胀发生的可能性及其带来的危害更大,是各国经济发展中的主要障碍,因此各国一般都把避免和抑制通货膨胀列为财政政策追求的重要目标。一般认为,诱发通货膨胀的主要因素包括四个方面:需求拉动、成本推进、结构摩擦、外部输入。现实中通货膨胀的发生既可能是其中某一因素的影响,也可能是多种因素共同作用的结果。为防止和抑制通货膨胀,必须找出引起通货膨胀的主要因素,然后采取针对性的政策手段。如,对需求拉动型的通货膨胀,财政政策目标在导向上应侧重于抑制总需求,采取减少财政支出、减少国债发行等措施。

严重的通货紧缩同样会给社会和经济带来负面的影响,会使资源无法充分、有效地得到利用,造成生产能力和资源的大量闲置、浪费,失业人数增加,社会需求不旺,生产出来的商品销售不出去,人民生活水平下降。因此虽然各国的财政政策一般把避免或抑制通货膨胀作为主要追求的目标,但在经济停滞或低谷时期,运用各种财政手段防范通货紧缩也是财政政策所追求的目标。

还须注意的是,价格相对稳定并不是说冻结价格。自"凯恩斯革命"以后,一些经济学家认为一定程度的通货膨胀可以刺激经济,加快经济发展速度,并在一些国家的实践中取得了成功。加之在实际经济发展过程中,不可能完全消除通货膨胀,因此,目前大多数国家在稳定价格方面都是控制在一般的轻微通货膨胀即可。

(三) 资源合理配置

资源合理配置是指对现有的人力、物力、财力等社会资源进行合理分配,使其发挥最有效的作用,获得最大的经济和社会效益。在市场经济条件下,资源的配置主要是通过市场机制来进行,通过价值规律、供求关系以及竞争机制的作用,把有限的资源配置到能够提供最高回报的地方去。但是,市场机制不是万能的,存在着市场失灵的现象。由于许多行业和商品的生产存在自然垄断的特点,另外,从整个社会的角度看,还需要提供外溢性很强但不可能完全通过市场来提供的公共产品等,因此政府有必要从全社会的整体利益出发,在市场自发作用的基础上对社会资源的配置进行合理的调节。财政作为政府对资源配置进行调节的重要工具,其方式表现为两个方面:一是通过财政收入和支出的分配数量和方向直接影响各产业的发展,如对需要鼓励和发展的产业或事业加大财政投入的力度,或者实行财政补贴,通过财政资金的示范和鼓励引导社会资金的流入;二是通过制定合理的财政税收政策,引导资源在地区之间、行业之间的合理流动,如通过实行低税政策或加速折旧、投资抵免等税收优惠政策,吸引社会资源流入国家鼓励发展的产业。

应当指出的是,财政调节资源合理配置是为了弥补存在的市场失灵,它不能代替市场机制在资源配置方面的基础作用,更不能干扰正常的市场规则和市场运行,以免对市场效率造成伤害。

(四)收入公平分配

收入公平分配是指社会成员的收入分配公正、合理,公平分配并不是平均分配,它是在一定社会道义规范下既有差距、又注意均衡协调的分配。

在现实社会经济生活中,公平与效率总是处于相互矛盾的状态:追求效率,往往导致收入差距扩大,从而可能导致收入分配不公;追求公平,却常常走上平均主义的道路,挫伤一部分劳动者的积极性,影响效率的提高。实行市场经济的国家,如果纯粹按照市场原则来进行分配,其结果往往是收入分配过分悬殊。因此,在市场分配的基础上实行政府调节,是各国收入分配政策的主流。

我国当前处理分配问题的原则是"效率优先、兼顾公平"。一方面要反对平均主义,允许和鼓励一部分人通过诚实劳动和合法经营先富起来,允许和鼓励资本、技术等生产要素参与收益分配;另一方面又要通过财政税收等手段调节过高收入,整顿不合理收入,取缔非法收入,防止两极分化,逐步实现共同富裕。

财政在追求公平分配目标时要做到:

第一,合理适度地确定纳税人的税收负担,既要考虑财政支出的需要,又要考虑纳税人的负担能力和自我积累、自我发展的需要。

第二,为所有纳税人创造一个公平竞争的税收环境,不因国别、所有制等的不同而实施不同的税收政策和负担水平。

第三,通过对高收入人群实行累进税率的个人所得税、财产税、遗产税等,对低收入阶层实行最低生活保障、社会保障与救济等财政转移支付,防止和纠正收入水平的过分悬殊。

## 二、财政政策工具

财政政策工具是政府实施财政政策时所选择的、用以达到政策目标的各种财政手段。它主要包括财政收入(主要是税收)、财政支出(包括购买性支出和转移性支出)、公债和财政预算。

(一)财政收入(主要是税收)

税收是国家凭借政治权力参与社会产品分配的重要形式,是政府组织财政收入的基本手段,具有强制性、无偿性和固定性的特征。这些特征使得税收具有权威性。税收作为财政政策的重要手段,它的作用主要体现在以下几个方面:

1. 优化资源配置。税收是政府取得财政收入最主要的形式,实际上就是将一部分社会资源通过税收的形式转移到政府部门,由政府按照整个社会的利益重新进行配置,以弥补市场机制的缺陷,从而达到优化资源配置的目标。一个国家税收比率(税收收入占 GDP 的比重)的高低,反映了该国政府集中掌握的财力或资源的多寡,表明了政府介入资源配置的程度。另外,税收可以通过调整税率和增减税种来调节产业结构,如通过降低税率和减免税来鼓励和支持某些产业的发展;反之,通过提高税率和加征税的办法来限制某些产业的发展,使得资源在各产业的配置符合政府的意图。

2. 调节总供求之间的关系。税收调节总供求表现为:一方面从调节需求看,政府可以按消费需求和投资需求为对象设立税种并调整税率,从而实现对社会总需求的调控;另一方面从调节供给看,提高税率可以限制生产的扩大和产品的供给,降低税率则会增大生产的规模和产品的供给。税收调节总供求还表现在税收制度特别是累进税制具有"自动稳定器"的作用,在经济繁荣时,国民收入增加,以国民收入为源泉的税收也会随之自动增加,相应减少个人可支配收入,在一定程度上减轻需求过旺的压力;相反,在经济萧条时,税收收入会自动减少,相应增加个人可支配收入,在一定程度上缓解有效需求不足的矛盾,有利于经济恢复。

3. 调节个人收入和财富,实现公平分配。税收调节收入分配主要是通过累进的个人所得税、财产税、遗产和赠予税来实现的,这些税种对高收入者和富有者征税,而对低于起征点的低收入者和不富裕者免税。这有利于缓解收入分配中差距过大的问题,防止贫富过分悬殊。

(二)财政支出

财政支出无一例外地表现为资金从政府手中流出,也就是政府安排使用通过财政收入掌握在手中的资源的过程。财政支出可以有多种分类,如果按财政支出的经济性质来进行分类,以财政支出是否与商品和服务相交换,可以将财政支出划分为购买性支出和转移性支出两类,这两类支出对国民经济的影响存在着差异。

1. 购买性支出。购买性支出是政府利用财政资金购买商品和劳务的支出,包括购买进行日常政务活动所需的或用于国家投资所需的商品和服务的支出。购买性支出的特点是:财政一手付出了资金,一手相应地购得了商品和服务,并运用这些商品和服务实现政府的职能。

购买性支出从最终用途看,无非是政府消费和政府投资两部分。政府消费是为了保证政府履行管理职能所花费的开支,如用于国防、外交、治安、行政管理以及文化、科学、教育、卫生等社会事业的财政支出。政府投资是由政府利用来源于税收或国债的资金对市场机制难以有效进行资源配置的基础设施建设和事关国计民生的一些投资项目的投资。财政购买性支出对国民经济总供求关系存在重要影响:当社会总需求明显超过总供给,通货膨胀压力加大时,政府削减购买性支出,可直接减少需求;当社会总供给大大高于总需求,资源未能充分利用时,政府扩大购买性支出,进行大规模采购与投资,可直接增加总需求。因此,购买性支出是政府进行宏观调控的重要手段之一。

2. 转移性支出。转移性支出是政府财政资金无偿的、单方面的转移,也就是说财政资金的付出并没有交换回来相应的商品和服务。这类支出主要包括社会保障支出、财政补贴、补助支出、捐赠支出和债务利息支出。

财政转移性支出是政府进行宏观调控和管理,特别是调节收入分配问题的一个重要工具。例如,社会保障支出在现代社会里发挥着"安全阀"和"减震器"的作用,在经济萧条时,失业人口增加,政府相应增加社会保障支出,从而增加失业人口的收入,增加社会购买力,有助于恢复供求平衡;在经济繁荣时,失业减少,政府相应减少社会保障支出,以免需求过旺。可见,财政转移性支出对实现收入分配和反经济周期可以起到重要作用。

(三) 公债

公债是国家举借的内、外债的总称,是利用信用方式筹集财政收入的一种形式。公债产生的最初原因是为了弥补财政赤字,但随着经济和信用制度的发展,它已成为宏观经济管理和调控的重要杠杆,成为财政政策的重要工具。

公债对经济的调节作用主要体现在下述三种效应:一是所谓的"排挤效应",即由于公债的发行,使资源从民间部门流入政府部门,从而减少民间部门的投资和消费。二是所谓的"货币效应",即由于公债的发行而引起的货币供求变动,它一方面可能使部分目前未处于流通状态的"潜在的货币"转变为现实中流通的货币,另一方面则可能把存于民间部门的货币转移到政府部门,或者由于中央银行购买公债而增加货币的投放。三是所谓的"收入效应",即由于公债主要依靠未来年度的税收来偿还,公债持有人在公债到期时,不仅收回本金而且得到利息,而政府公债的用途主要是提供人人均可享受的社会公共产品,这样在一般纳税人与公债持有人之间、不同代际的人们之间,由于公债的发行会带来收入与负担的转移问题。

公债各种效应与作用的大小,是通过公债规模、持有人结构、期限结构和公债利率综合体现出来的,政府可以通过调整公债规模、选择购买对象、区分公债的偿还期限、制定不同的公债利率来实现不同的财政目标。

尤为重要的是,在现代信用经济条件下,公债的发行和流通为货币政策的重要工具——公开市场业务的运作创造了条件，使得公债的市场操作成为财政政策与货币政策联动的主要载体，可以协调财政与货币两大政策体系。公债的发行和流通，一方面可以淡化赤字的通货膨胀后果，另一方面可以增加中央银行灵活调节货币供应的能力。

### （四）财政预算

财政预算是国家财政收入与支出的年度计划，它包括中央预算与地方预算。财政预算作为一种政策工具，主要是指中央预算。

财政预算的调节功能主要体现在财政收支规模和差额上。一方面，从总规模上分析，既定的财政收支规模可以决定民间部门可支配收入的规模，可以决定政府投资规模和消费规模，可以影响经济运行中的货币流通量，从而对整个社会的总需求和总供给产生重大影响。另一方面，从差额上看，财政预算有三种形态，即赤字预算、盈余预算和平衡预算，它们各具不同的调节作用。赤字预算是一种扩张性财政政策，盈余预算是一种紧缩性财政政策，平衡预算通常是一种大体呈现中性的财政政策。在有效需求不足时，赤字预算可以对总需求的增长起到巨大的刺激作用；在总需求膨胀时，盈余预算可以对总需求的膨胀起到抑制作用；在总供求大体平衡时，平衡预算可以基本上维持这种状态。可见，财政预算对稳定价格、促进经济增长等政策目标均能发挥重要作用。

## 三、财政政策的传导机制

财政政策的传导机制就是财政政策在发挥作用的过程中，各政策要素通过某种媒介相互作用而形成的一个有机联系的整体，也就是从实施政策工具到实现政策目标的过程。在这一过程中，最重要的媒介包括收入分配、货币供应和价格。

### （一）财政政策工具通过影响收入分配来传导

财政政策工具通过收入分配来传导的范围很广，在这里只选择对整个 GDP 分配影响最大的个人收入分配和企业利润分配来进行分析：

1. 财政政策工具对个人收入分配的影响。它主要是通过政策工具的调整和实施来改变货币收入者实际货币收入或使货币收入者的实际货币购买力发生变化。这些政策工具主要是通过对居民个人征税，使其税后收入减少，或者通过某种形式的补贴使居民个人的实际收入增加，或者通过财政政策的实施影响到货币的升值或贬值，从而改变居民个人的实际收入。而居民个人实际收入的变化会影响到他的行为，如影响到他的消费与储蓄行为、影响到劳动者的生产积极性、影响到个人在工作与休闲之间的选择。例如，开征消费税直接影响到居民的消费支出，而开征利息税则会影响到居民的储蓄行为。再如，当个人所得税的累进税率达到一定高度时，可能会使一部分人在工作与休闲之间重新进行选择，减少工作时间，增加休闲时间，从而对社会总产出产生一定的影响。

2. 财政政策工具对企业利润分配的影响。它主要体现在对企业税后利润的分配上。例如,企业所得税税率的高低以及可扣除范围的大小,都会影响到企业税后利润的多少,影响到企业的生产经营活动尤其是企业的投资行为,而企业的投资行为无论是对总需求还是总供给都有重大的影响。

总之,导致国民经济总供求关系波动的主要因素是居民和企业收入的变动,而收入分配是引起收入变动或者说利益格局重新调整的关键,财政政策正是通过政策工具的实施改变收入分配或利益格局,从而实现财政政策的目标。

(二) 财政政策工具通过影响货币供应来传导

一方面,财政政策工具可以引起货币流通速度和货币存量结构的变化,从而引起货币供应量的变化。例如,通过发行公债,可以把居民部门的一部分暂时不参与流通的货币转入到政府财政手中并加以运用,从而转变成为现实中流通的货币,使得货币的存量结构发生变化。另一方面,财政预算差额与货币供应量之间存在十分紧密的关系,例如财政预算出现赤字,如果是通过向中央银行透支或借款加以弥补,而中央银行在向财政透支或借款的同时并没有相应压缩信贷规模,这样就会导致财政性货币发行,增加整个社会中流通的货币供应量,从而影响到整个社会总供求之间的关系。因此,货币供应也是财政政策工具发挥影响的重要传导媒介。

(三) 财政政策工具通过影响价格来传导

在我国,许多财政政策工具是通过价格的作用或者与价格相互作用共同发挥调节功能的。例如,税收作为价值体是商品价格的构成部分,一个生产者出售商品或劳务的销售收入一般总是由成本、税收和税后利润组成。因此,在计划价格或价格受到政府严格控制的情况下,税收的变动主要是调节生产者的利润,这样,政府可以通过税率的调整来调节不同部门和行业的利润水平。在市场经济价格自由变动的情况下,税收对消费者的影响是直接的,而对生产者的影响则是间接的。如果商品的需求无弹性或弹性很小,税收提高,消费者需求不减,生产者可以通过提高售价向消费者转移税收负担;如果商品的需求弹性很大,税收提高,消费者减少需求的可能性很大,生产者就不能加价出售,从而使得生产者利润减少。可见,价格也是财政政策工具的传导媒介之一。

**四、财政政策的特征**

作为政府管理调控经济的主要政策工具,财政政策与其他政策手段相比,有以下几个特征:

第一,稳定性与灵活性相统一。财政政策从制定、实施到产生效应,需要一个过程,朝令夕改会使人无所适从,既定的政策目标也难以实现,因此财政政策需要保持一定的稳定性。同时,财政政策的内容是随着社会经济发展条件和环境的变化而变化的,因此在实施财政政策的过程中,由于调节对象和运行环境的复杂性,又要保持财政政策的灵活性。

第二,集经济手段、法律手段、行政手段于一体。管理经济的手段通常分为经济手段、法律手段和行政手段。财政政策是具备各种性质的管理手段,既有法律性很强的税收手段,又有经济性明显的财政补贴、财政投资等,同时财政政策的实施主体是各级政府,为保证财政政策的执行,政府也会通过一定的行政手段加以干预,因此,财政政策集经济、法律、行政等手段于一体。

第三,间接性与直接性相结合。在市场经济条件下,财政政策一般不是直接去从事某种经济活动,而主要是通过诸如预算的制定和调整,财政支出规模、方向和结构的安排,税种、税率的确定,以及财政转移支付、公债等间接性手段来影响经济,并实现宏观调控的目的。但有些财政政策工具也具有直接性,如财政投资,从项目的选取到资金的拨付,一般都是由政策主体直接负责。所以,财政政策是以间接性为主、直接性为辅的宏观经济调控手段。

# 第二节 财政政策的功能与财政政策乘数

经济决定财政,财政反作用于经济,财政政策作为政府管理和调控经济的重要手段,能够对国民经济和各利益主体起到导向、协调、控制和稳定这四个方面的功能,并且财政政策工具的实施对国民经济的影响在数量上不是简单的一一对应关系,而是存在着乘数或者说倍数的关系。

## 一、财政政策的功能

财政政策在宏观经济管理与调控中主要有以下四方面的功能。

### (一)导向功能

财政政策的直接作用对象是财政收支及其平衡关系,是财政分配和管理活动,而财政分配和管理涉及人们的物质利益,从而影响到人们的经济行为。财政政策的导向功能正是通过调节物质利益,对个人和企业的经济行为以及国民经济的发展方向发挥导向作用。财政政策的导向功能主要表现在:

1. 财政政策可以配合国民经济总体政策和各部门、各行业政策,提出明确的调控目标。例如,在某一时期,宏观经济政策目标是稳定经济发展,为实现这一总目标,财政政策就要确定以抑制通货膨胀为主的政策目标。

2. 财政政策不仅规定什么应该做、什么不应该做,同时还要通过物质利益诱导机制来引导人们按照政策所设想的目标去做,并使其在做的过程中实实在在得到好处。例如,政府为了增加社会投资规模,就要刺激投资欲望。当这一政策出台后,投资者如果按照政策目标去做,财政政策可能会给投资者提供较多的鼓励和优惠,如加速折旧、免税期、投资税收抵免、盈亏相抵、财政补助或贴息等,在政府实现政策目标的同时,人们也在执行政策中受益。

财政政策的导向功能,其作用形式有两种,即直接导向与间接导向。直接导向是财政政策对其调节对象直接发生作用。例如,加速折旧的税收政策,可以大大提高设备投资欲望,加速固定资产的更新改造。间接导向是财政政策对非直接调节对象的影响。例如,对某些行业实行高税收政策,不但会抑制这一行业的生产发展,同时还有两项间接影响:一是影响其他企业和新投资者的投资选择;二是影响消费者对这一行业的产品的消费。

## (二)协调功能

财政政策的协调功能主要表现在对社会经济发展过程中的某些利益失衡具有的制约、调节能力,它可以协调地区之间、行业之间、部门之间和阶层之间的利益关系。财政政策之所以具有协调功能,主要是因为:

1. 财政政策的协调功能取决于财政本身的职能。财政本身就具有调节职能,在 GDP 的分配中,通过财政的一收一支,改变社会集团和成员在 GDP 中占有的份额,调节社会分配关系。如,社会保障等转移性支付是为了协调个人之间的收入水平,以达到公平收入分配目的。又如,合理负担政策旨在公平税负,使纳税人在平等的基础上展开公平竞争。

2. 财政政策体系的全面性和配套性为其协调功能的实现提供了可能。在财政政策体系中,支出政策、税收政策、预算政策、补助政策等从各个方面协调人们的物质利益关系,只要做到相互配合、相互补充,就能发挥出政策的整体效应。

财政政策协调功能的主要特征表现在以下三个方面:

第一,多维性。财政政策所要调节的对象以及实现的目标不是单一的,而是多方面的。例如,为协调个人收入分配,避免两极分化,既需要通过财政投资政策增加社会就业机会,也需要通过税收政策降低高收入者的边际收入水平,同时还可以通过转移支付政策提高低收入者的收入水平。因此,财政政策在实施过程中,要注意多种政策工具的搭配使用以及它们之间的相互协调。

第二,动态性。财政政策在实施过程中,可以根据国民经济的发展阶段和国家总体经济政策的要求,不断改变调节对象、调节措施和调节力度,最终实现国民经济的协调发展。

第三,适度性。财政政策在协调各经济利益主体的利益关系时,应掌握利益需求的最佳满足界限和国家财政的最大承受能力,做到"取之(税收收入)有度,予之(财政支出)有节",使政府以尽量少的财政投入和调节对象的利益损失,取得尽量好的效果。

### (三) 控制功能

财政政策的控制功能是指政府通过财政政策对人们的经济行为和宏观经济运行实施制约或促进,从而实现对整个国民经济发展的控制。财政政策之所以具有控制功能,主要是由政策的规范性所决定的,无论财政政策是什么类型,都含有某种控制性的因素,它们总是通过这种或那种手段,让人们做某些事情,或者不做某些事情。

### (四) 稳定功能

稳定功能是指政府通过财政政策调节总支出水平,使货币支出水平大体等于产出水平,从而实现国民经济的稳定发展。财政政策稳定功能的主要特征是反周期性和补偿性。

1. 反周期性。经济发展总是由平衡到不平衡再到平衡的过程,经济波动由此产生。当经济繁荣时,生产兴旺,GDP 水平提高;反之,当经济衰退时,生产萎缩,失业普遍,GDP 水平下降。在繁荣与衰退的变化过程中,财政政策稳定功能的反周期性可以自动地发挥作用:在繁荣时期,随着 GDP 水平的提高,税收收入自动增加,而转移支付自动下降,相应地减少了居民的可支配收入,减轻通货膨胀压力;在衰退时期,随着 GDP 水平的下降,税收收入自动减少,而转移支付自动增加,相对地提高了居民的可支配收入,增加有效需求。

2. 补偿性。要保持国民经济或 GDP 水平的不断提高,需要依靠一定水平的总需求的拉动作用。当私人部门支出不足时,有可能引起社会总需求的下降,从而导致 GDP 水平的下降,这时,政府可以通过财政政策手段,增加公共支出,包括购买性支出或转移性支出,或者减少税收,以维持总需求;反之,如果私人部门支出过多,社会总需求过旺,就有产生通货膨胀的危险,那么政府可以一方面减少公共支出,延缓公共投资,另一方面可以增加税收,吸纳社会过多的购买力。

## 二、财政政策乘数

前面我们分析了财政政策对经济的稳定和促进作用。那么财政政策对经济的这种作用到底有多大? 这就是财政政策乘数要说明的问题。

### (一) 乘数的概念

所谓乘数(Multiplier),是西方经济学家研究经济波动时应用的一种概念性工具,它是由英国经济学家 R. E. 凯恩在研究投资变动对就业量增加的影响时首先提出来的。后来,凯恩斯对这一概念加以利用,用来研究投资变动对总收入的倍增作用。按照凯恩斯的说法,乘数是指投资增加时会引起收入的增加,而收入的增加将是投资量的若干倍,这个倍数就是乘数。所以,乘数是指投资与收入在量上的关系。但这里所说的收入不是指投资后带来的利润,而是指因投资形成购买,由购买所形成的收入。用财政政策乘数研究财政收支变化对国民收入的影响,主要包括税收乘数、购买性支出乘数和平衡预算乘数。

(二)财政政策乘数的推导及其经济含义

财政政策乘数是根据凯恩斯经济学的国民收入决定方程式来推导的。从支出方面看,国民收入的决定方程式是:

$$Y = C + I + G \tag{1}$$

其中,$Y$代表国民收入,$C$代表消费支出,$I$代表私人投资支出,$G$代表政府购买性支出。其中有:

$$C = C_a + bY_d \tag{2}$$

在(2)式中,$C_a$代表消费函数中的常数,是属于维持生计的基本消费,也就是说在没有收入的情况下也要消费的部分,$b$代表边际消费倾向,$Y_d$代表可支配收入,即扣除税收(用$T$来表示)后的收入,即:

$$Y_d = Y - T \tag{3}$$

把(2)式、(3)式代入(1)式可得:

$$Y = (C_a - bT + I + G)/(1 - b) \tag{4}$$

根据(4)式,就可以得到简单的财政政策乘数。

1. 求(4)式对$T$的导数,可以得到税收乘数$\partial Y/\partial T$,如下所示:

$$\partial Y/\partial T = -b/(1 - b) \tag{5}$$

它表明的是税收的变动(包括税率、税收收入的变动)对国民收入的影响程度,这种影响程度就是所谓的税收乘数。它的经济意义是:①税收乘数是负值,说明国民收入与税收的变动呈相反的方向,即在其他条件不变的情况下,增税会使国民收入减少,而减税则可以使国民收入增加;②国民收入变动是税收变动的$-b/(1-b)$倍,即如果政府增税,国民收入将减少,减少量是增税量的$b/(1-b)$倍,如果政府减税,国民收入将增加,增加量是减税量的$b/(1-b)$倍;③只要能够确定边际消费倾向,就可以明确税收乘数的具体倍数关系,如假定边际消费倾向是$b=0.8$,则税收乘数是$-4$,也就是说国民收入与税收的变动呈相反的方向,国民收入变动量是税收变动量的4倍。

2. 求(4)式对$G$的导数,得到购买性支出乘数$\partial Y/\partial G$:

$$\partial Y/\partial G = 1/(1 - b) \tag{6}$$

它表明购买性支出的变动对国民收入的影响程度,这种影响程度就是所谓的购买性支出乘数。它的经济意义是:①购买性支出乘数是正值,说明国民收入与购买性支出的变动呈相同的方向,即在其他条件不变的情况下,增加购买性支出会使国民收入增加,而减少购买性支出会使国民收入减少;②国民收入变动是购买性支出变动的$1/(1-b)$倍,即如果政府增加购买性支出,国民收入将增加,增加量是购买性支出增加量的$1/(1-b)$倍,如果政府减少购买性支出,国民收入将减少,减少量是购买性支出减少量的$1/(1-b)$倍;③只要能够确定边际消费倾向,就可以明确购买性支出乘数的具体倍数关系,如假定边际消费倾向是$b=0.8$,则购买性支出乘数是5,也就是说国民收入与购买性支出的变动呈相同的方向,其变动量是购买性支出变动量的5倍。

3. 平衡预算乘数。如果政府在增加税收的同时,等量增加财政购买性支出,也就是说财政实行平衡预算。反映平衡预算对国民收入影响程度的就是所谓的平衡预算乘数。即$\partial Y/\partial T + \partial Y/\partial G$,根据前面各式有:

$$\partial Y/\partial T + \partial Y/\partial G = [-b/(1-b)] + [1/(1-b)] = 1 \qquad (7)$$

也就是说,在实行平衡预算时,一方面增加税收会减少国民收入,另一方面等额地增加财政购买性支出会增加国民收入;但由于购买性支出乘数要大于税收乘数,增加财政购买性支出所增加的国民收入量要大于增加等额税收所减少的国民收入量,两种效应相抵,国民收入还是有一定的增加。因此,平衡预算财政政策仍具有一定的扩张作用。

应该说明的是,财政政策乘数更多的是从理论上推导财政政策工具变量对国民经济影响程度的大小,在现实中这种影响程度的大小还会受到其他各种因素的制约,并不一定能准确地加以量化。

# 第三节 财政政策的类型

根据财政政策在调控经济活动中所起的作用,对财政政策可以从不同的角度进行分类,主要的分类方式有以下两种。

## 一、自动稳定的财政政策和相机抉择的财政政策

根据财政政策具有调节经济周期的作用来划分,它包括自动稳定的财政政策和相机抉择的财政政策。

（一）自动稳定的财政政策

自动稳定的财政政策是指某些能够根据经济波动情况自动发生稳定作用的政策,它无须借助外力就能直接产生控制效果。财政政策的这种内在的、自动产生的稳定效果,可以随着社会经济的发展自动发挥调节作用,不需要政府采取任何干预行动。财政政策的自动稳定性主要表现在以下两个方面:

1. 税收的自动稳定性。税收体系特别是公司所得税和累进的个人所得税制的设计,对经济活动水平的变化相当敏感。如果当初政府预算是平衡的,税率没有变动,而经济活动出现不景气,国民生产就要减少,这时税收收入就会自动减少;而如果政府预算支出保持不变,则由于税收收入的减少而使预算发生赤字,这种赤字会"自动"产生一种扩张性力量,以抑制国民生产的继续下降。

2. 政府支出的自动稳定性。财政制度中对个人的转移支付制度设计是国民经济的一种内在的自动稳定器,对个人的转移支付制度是在个人收入下降到极低水平的时候,为维持他们的生活而向他们提供的如失业救济金、最低生活保障金、社会救济款等。如果国民经济出现衰退,就会有越来越多的人具备申请失业救济金等的资格,政府就必须相应地支出对个人更多的转移性支付,这样就能使国民经济中的总需求不至于下降过多;相反,如果经济逐步走向繁荣,就业机会增多,原来的失业者越来越多地重新获得了工作机会,政府用于失业救济等方面的财政支出就会自动下降,使得社会总需求不至于过旺。

### (二)相机抉择的财政政策

相机抉择的财政政策是指本身没有自动稳定的作用,需要借助外力才能对经济产生调节作用的财政政策,它是政府利用国家财力和财政手段对经济运行进行的有意识的干预。财政政策理论把相机抉择的财政政策又分为汲水政策(Pump Priming Police)和补偿政策(Compensatory Police)两类。

1. 汲水政策。所谓的汲水政策,从字面上看,这种政策就好比水泵里缺水不能吸上地下水,而需要注入少量水以恢复水泵抽吸地下水的能力。对财政政策来说,就是指在经济萧条时,财政付出一定数额的公共投资,使经济自动恢复其活力的政策。财政付出一定数额的公共投资的作用就好比注入水泵的少量水一样。在20世纪30年代的世界性经济危机中,美国实施的罗斯福—霍普金斯计划(1929~1933年)、日本实施的时局匡救政策(1932年)等,都是汲水政策在实践中的运用。

汲水政策有四个特点:①它是一种诱导经济景气复苏的政策,是以激发经济机制本身所具有的自我恢复能力为前提的治理经济萧条的政策;②汲水政策的载体是公共投资,以扩大公共投资规模作为活跃民间投资的手段;③汲水政策的公共投资是有限的,财政不进行超额的支出,只要使民间投资恢复即可;④汲水政策是一种短期的财政政策,它会随着经济萧条的消失而不复存在。

2. 补偿政策。所谓的补偿政策,是政府有意识地根据当时的经济状态进行反方向调节景气变动幅度,以达到稳定经济的目的。在经济繁荣时期,为了减少通货膨胀因素,政府通过增收减支等政策以抑制和减少民间的过剩需求;而在经济萧条时期,为了减少通货紧缩的因素,政府又通过增支减收等政策来增加民间的消费和投资需求,从而增加整个社会的有效需求。

3. 汲水政策与补偿政策的区别。虽然汲水政策和补偿政策都是政府有意识的干预政策,但它们之间也有区别:

(1)汲水政策只是借助公共投资以弥补民间投资的减退,是治理经济萧条的处方,而补偿政策是一种全面的干预政策,它不仅在使经济从萧条走向繁荣中得到应用,而且还可用于控制经济过度繁荣。

(2)汲水政策的实现工具只有公共投资,而补偿政策的载体不仅包括公共投资,还有所得税、消费税、转移支付、财政补贴等。

(3)汲水政策的公共投资一般是不超额的,而补偿政策的财政支出灵活性更大,可以超额增长。

(4)汲水政策的调节对象是民间投资,而补偿政策的调节对象是社会的有效需求。

## 二、扩张性财政政策、紧缩性财政政策和中性财政政策

根据财政政策在调节国民经济总量方面的不同功能,财政政策可区分为扩张性财政政策、紧缩性财政政策和中性财政政策。

### (一)扩张性财政政策

扩张性财政政策是指通过财政分配活动来增加和刺激社会的总需求。在国民经济存在总需求不足时,通过扩张性财政政策使总需求与总供给的差额缩小以至平衡。如果总需求与总供给原来是平衡的,扩张性财政政策就会使总需求超过总供给。实施扩张性财政政策的措施主要是减税和增加财政支出。

一般来说,减税可以增加民间的可支配收入,在财政支出规模不变的情况下,也可以扩大社会总需求。当然,减税的种类和方式不同,其扩张效应也不同。流转税的减少在增加需求的同时,对供给的刺激作用更大,所以,它的扩张效应主要表现在供给方面;所得税尤其是个人所得税的减少主要在于增加人们的可支配收入,它的扩张效应体现在需求方面。

财政支出是社会总需求的直接构成因素,财政支出规模的扩大会直接增加总需求。在减税与增加支出并举的情况下,扩张性财政政策一般会导致财政赤字,从这个意义上说,扩张性财政政策等同于赤字财政政策。

### (二)紧缩性财政政策

紧缩性财政政策是指通过财政分配活动来减少和抑制社会的总需求。在国民经济存在总需求过旺的情况下,通过紧缩性财政政策来消除通货膨胀缺口,达到供求平衡。如果总需求与总供给原来是平衡的,紧缩性财政政策就会导致总需求不足。实施紧缩性财政政策的措施主要是增税和减少财政支出。一般来说,增加税收可以减少民间的可支配收入,降低人们的消费和投资需求。而减少财政支出可以降低政府的消费需求和投资需求,直接减少社会总需求。所以,无论是增税还是减少财政支出,都具有减少和抑制总需求的效应。如果在一定的经济状态下,增税与减少支出同时并举,财政盈余就有可能出现,因此在一定程度上,紧缩性财政政策等同于盈余财政政策。

### (三)中性财政政策

中性财政政策是指财政的分配活动对社会总需求的影响保持中性。财政的收支活动既不会产生扩张效应,也不会产生紧缩效应。在一般情况下,这种政策要求

财政收支基本保持平衡。但是,使预算收支平衡的政策并不等于中性财政政策。

在经济理论中,一般把通过增加盈余或减少盈余以及增加赤字或减少赤字的形式表现出来的财政政策称为非均衡财政政策,而把以收支均衡的形式表现出来的财政政策称为均衡财政政策。均衡财政政策的主要目的在于力求避免预算盈余或预算赤字可能带来的消极后果,但均衡财政政策不等于中性财政政策。因为在均衡财政政策之下,政府支出的支出乘数要大于等额税收收入的税收乘数,也就是说财政收入与财政支出虽然在规模上相等,但由于支出与收入的乘数不一样,财政支出的扩张效应要略大于税收收入的紧缩效应,即前面所说的平衡预算的乘数效果。因此,均衡财政政策不是中性财政政策,而是略带扩张效应的财政政策。

## 第四节 财政政策的选择与运用

作为政府管理和调控宏观经济的重要手段,无论是选择与实施哪种类型的财政政策,都要根据社会总需求与总供给的平衡状况,考虑到经济、社会发展中诸多因素的影响来进行。因此,政府特别是中央政府作为财政政策的实施主体,要根据本国的国情和当时的经济环境,斟酌选择和运用适当的财政政策。

### 一、财政政策的选择与运用——一般分析

在国民经济的运行过程中,存在着诸多可变的因素,总需求与总供给的平衡状态即使可以达到,也很快会被打破,也就是说,非均衡状态是经济运行的常态。宏观经济调控的根本任务就是保持社会总需求与总供给的基本平衡,使社会总需求与社会总供给的偏离程度保持在社会所能承受的范围内。因此,应根据总需求与总供给之间不同的对比状态,以及财政运行的状况来选择和运用不同的财政政策。

一般而言,当总需求明显不足、经济资源处于未充分利用状态、潜在的生产能力没有充分发挥时,应施行扩张性的财政政策。尽管采取减税或扩大支出的措施会产生财政赤字,但却可以扩大总需求,使之与总供给趋向平衡。当然,赤字的规模也应考虑到财政的承受能力。当总需求明显超过总供给,并已发生通货膨胀的情况下,则应施行紧缩性的财政政策,把过旺的需求压下来。这时,虽然采取增税和节减支出的措施会产生较多的财政盈余,却也是必要的。而当总需求与总供给大体平衡时,财政政策则应基本保持中性。由于经济经常处于一种非均衡的运行状态,因此使用中性的财政政策是比较少的,较多的是使用扩张性和紧缩性的财政政策,而且一般是根据经济的周期性变化交替选择使用。只要能从宏观调控的目标出发,适时适度地运用扩张性财政政策或紧缩性财政政策,都能缩小社会总需求

与总供给的差额,从而有利于经济的持续、稳定和协调发展。

## 二、财政政策的选择与运用——我国的实践

随着我国市场经济体制的逐步建立和完善,政府对宏观经济的调控水平不断提高,财政政策在宏观经济调控中的作用越来越明显。

### (一)1992~1993年实行适度从紧的财政政策

在这一时期,由于投资出现严重膨胀,社会总需求急剧扩大,为实现经济的"软着陆",我国政府主要实行了适度从紧的财政政策,并配合紧缩的货币政策。这一时期财政政策的主要内容包括:

1. 压缩财政开支,逐步减少财政赤字,调整财政支出结构,控制固定资产投资规模,压缩社会集团购买力,资金分配重点向农业、能源、交通等基础产业和基础设施倾斜,促进增加有效供给,并合理控制消费基金增长,缩小社会总供求之间的差额。

2. 通过税制改革,调整税种结构和税率,严格控制税收减免,清理到期的税收优惠政策,进一步规范分配秩序。

3. 结合税制改革,实行分税制财政体制,提高中央财政收入占全国财政收入的比重,加强中央政府的宏观调控能力。

4. 整顿财经秩序,健全规章制度,强化财税监管,加大执法力度,清理整顿骗税、骗汇、将预算内资金转移到预算外等违法违纪行为,加强对预算外资金使用情况的监督检查。

5. 支持汇率并轨,对外贸出口实行退税制度,促进外贸出口的增加。

这些财政政策的实施,在与货币政策的配合下,使国民经济基本上成功地实现了"软着陆",既有效地抑制了通货膨胀,消除了过热经济中的泡沫成分,又保持了经济的快速增长。

### (二)1998年以来实行积极的财政政策

我国自1998年起实施积极的财政政策,主要是通过增发国债、增加财政支出及调整税收政策,更直接、更有效地刺激经济增长,促进社会稳定发展,这一时期的财政政策是一种扩张性的财政政策。

1. 我国实施积极财政政策的背景。我国自1998年起实施积极的财政政策,是根据国内外经济形势的变化以及我国财政运行状况作出的重大决策,有着深刻的时代背景。

(1)从1997年下半年起,亚洲金融危机不断蔓延,严重冲击了亚洲经济和世界经济,使我国经济面临前所未有的极其复杂的国内国际经济环境,由于我国外贸出口依存度处于较高水平,亚洲金融危机的加剧给我国经济增长带来较大的负面影响。

(2)改革开放以来,我国经济持续快速增长,总供给水平不断提高,多数产品由卖方市场转变为买方市场,长期存在的"短缺"经济转变为产品的相对过剩,经济发展也由传统的供给型制约转变为市场需求型制约,原有的一些消费热点开始消退,新的消费热点尚未形成,居民储蓄趋向增强,明显出现了需求不足、通货紧缩、经济增长缺乏拉动力的迹象。

(3)我国国内经济中一些深层次矛盾逐渐显露。一是长期重复建设造成经济结构的不合理,进而形成供给与需求之间的矛盾,在国际环境变化和国内市场约束渐紧的情况下,变得更为突出;二是金融、投资、社会保障等各方面的体制和制度建设还不能适应社会主义市场经济发展的需要,国有企业改革滞后,缺乏市场应变能力,经济效益下滑。

(4)从我国财政运行状况看,财政虽然也面临诸多困难,但改革开放以来,财政实力明显增强,国债发行还有一定的空间,而且财政政策与其他政策手段相比,传导过程的时滞短、力度大,对经济增长的拉动作用明显。

2. 积极财政政策的主要内容。1998年以来我国实施的积极财政政策主要包括以下内容:

(1)向国有商业银行增发国债,专项用于基础设施建设,进行反周期调节。基础设施建设扩大不仅能有效地刺激国内需求,也为调整经济结构、实现经济长期稳定发展创造了有利条件。

(2)向国有独资商业银行发行特别国债,专项用于补充国有独资商业银行的资本金,增强银行防范金融风险的能力。

(3)调整税收政策,分批提高部分产品的出口退税率,对国家鼓励发展的外商投资项目和国内投资项目,实行在规定范围内免征关税和进口环节增值税的政策,以鼓励出口和吸引外资。

(4)推进"费改税"改革,清理涉及企业和农民负担的各种收费、基金、集资、摊派,减轻企业和农民的负担。

(5)增加财政支出,主要是:增加大江大河治理和实施天然林保护工程投资,保护生态环境,实现可持续发展;增加政权建设方面的支出;增加对农业、科技和教育的投入;增加对企业下岗职工的基本生活费和再就业补助等社会保障方面的支出。

总之,1998年以来我国实施的积极财政政策,是针对国内外经济形势的变化而采取的反经济周期的调控措施,对增强我国抵御亚洲金融危机冲击的能力、保持经济稳定发展发挥了重要作用,为各项改革的顺利进行创造了良好环境。

**三、财政政策选择与运用中应注意的一些问题**

财政政策作为政府调控经济的重要手段,在选择与运用中应注意以下一些问题：一是财政政策涉及各方面的利益再分配和调节，因此在政策分析中必须重视对人的利益动机的研究，协调好各方面的利益，减少政策偏差；二是要注重财政政策与其他政策手段特别是货币政策的配合与协调；三是充分认识到政策时滞对政策效果的影响，包括认识时滞、政策制定时滞和政策执行时滞的影响；四是充分认识到财政政策乘数的影响，注意控制好财政政策实施的规模和力度；五是在使用扩张性财政政策时要清醒地认识到实施扩张性财政政策的理论前提，坚持经济适度发展，防止片面追求速度，防止重复建设；六是重视以财政政策推进市场化进程，经济增长的最终推动力主要还是应该依靠民间的投资和消费需求的增长，尽量避免财政政策对民间投资的挤出效应。

总之，财政政策的实施会随着时间的推移和客观条件的变化而产生不同的作用，应根据客观经济形势的变化采取必要的措施及时予以调整，充分发挥政策的正面作用，尽量缩小其负面影响。

# 第五节 财政政策与货币政策的配合

在市场经济体制下，货币政策与财政政策是国家对国民经济进行宏观调控的主要手段，两大政策手段只有协调配合，才能有效地调节利率、投资、国民收入、储蓄、货币需求和货币供给，从而使国民经济保持均衡发展。财政政策与货币政策的目标总的来说是一致的，但它们各自的功能不同，作用机制不一样，调节的重点有差别，各有优势和局限性。因此，在宏观经济调控中，必须注意配合使用这两大政策手段。

## 一、财政政策和货币政策各自的优势和局限性

虽然都是政府宏观调控的重要手段，但货币政策和财政政策各有特点，有各自的优势和局限性。

### （一）财政政策的优势和局限性

1. 财政政策的优势。与货币政策相比，财政政策的优势主要表现在：①在调节国民收入和财富分配，特别是在调节级差收入、调节贫富差距、避免两极分化、实现社会公平和共同富裕等方面作用更明显；②弥补市场缺陷，对私人不愿投资（如各类公益事业）和私人不适合投资（如一些自然垄断行业）的领域能更有效地发挥优化资源配置的功能；③通过税收优惠、转移支付等手段，能更有效地调整和优化经济结构，促进区域经济协调发展；④通过财政收支的变动，直接影响社会总需求；⑤通过运用国家储备、财政补贴等措施，可以实现在特殊情况下的特殊调控；⑥财

政支出直接刺激消费和投资,其见效快、时滞短。

2. 财政政策的局限性。与货币政策相比,财政政策的局限性主要表现在:①财政政策对社会总需求的调节不如货币政策直接,前者一般只是改变总量中的比例和分布,后者则直接作用于总量,同样,财政政策对物价的调控效果一般也不如货币政策明显;②财政政策对经济的调节作用力度较大,但容易对市场机制形成冲击,引起较大的震动,不容易形成"微调"的效果;③财政政策对提高资金的使用效率缺少刺激力,因为它的作用过程主要不是靠经济行为主体的竞争,也不是靠市场的供求关系和市场机制;④财政政策制定既是一个经济决策过程,也是一个政策决策过程,需要经过一定的法定程序,实行起来灵活性较小。

（二）货币政策的优势和局限性

1. 货币政策的优势。与财政政策相比,货币政策的优势主要表现在:①能够通过货币供求总量,保持社会总供给与总需求基本平衡;②对调节物价总水平的作用突出;③通过调整利率,可以调节国民收入中消费与储蓄的比重,从而引导储蓄倾向和投资倾向的相互转化,一般是通过高利率鼓励储蓄,低利率刺激消费和投资;④货币政策的操作是一种经济行为,对经济的调节作用比较平缓,有利于市场机制发挥作用,而且具有较高的灵活性。

2. 货币政策的局限性。与财政政策相比,货币政策的局限性主要表现在:①货币政策对于弥补市场机制的缺陷和推动各部门经济的协调发展,不如财政政策来得直接和有效,如货币政策对推动那些私人不愿投资（如各类公益事业）和私人不适合投资（如一些自然垄断行业）的事业发展的作用不如财政政策明显;②货币政策在调整经济结构和促进区域经济协调发展方面难以直接有效地发挥作用,因为货币政策传导的环节多、时间长,容易受各种因素的干扰,特别是在国民经济结构严重失衡的情况下,单靠货币政策难以有效地解决问题;③货币政策难以解决国民收入分配不公的问题。

总之,在宏观调控过程中,应根据货币政策与财政政策各自的优势和局限性,以及它们之间很强的互补性,协调运用好两种政策。

## 二、货币政策与财政政策的相互配合

与财政政策相类似,货币政策也可以分为扩张性或松的货币政策、紧缩性或紧的货币政策和中性货币政策。货币政策与财政政策的配合运用,一般是指货币政策与财政政策之间的松紧搭配关系,通常有以下四类组合形式:

第一,松的货币政策和松的财政政策。这一政策组合即"双松"政策。松的财政政策主要通过减少税收和扩大财政支出规模来增加社会总需求;松的货币政策主要通过降低法定准备金率、利息率等来扩大信用规模,增加货币供应量。在社会总需求严重不足、生产能力和生产资源大量闲置的情况下,宜于选择这种政策组合,从而刺激经济增长,扩大就业。同时也应注意,如果调控力度过大过猛,也可能带来严重的通货膨胀。

第二,紧的货币政策和紧的财政政策。这一政策组合即"双紧"政策。紧的财政政策主要通过增加税收和削减财政支出规模来减少消费和投资,抑制社会总需求;紧的货币政策主要通过提高法定准备金率、利息率等来增加储蓄,减少货币供应量,抑制社会投资和消费需求。这种政策组合可以用来治理需求膨胀与通货膨胀,但如果调控力度过大过猛,也可能造成通货紧缩、经济停滞甚至滑坡。

第三,松的货币政策和紧的财政政策。紧的财政政策可以抑制社会总需求,防止经济过热,控制通货膨胀,而松的货币政策可以保持经济的适度增长。这种政策组合适用于在控制通货膨胀的同时,保持适度经济增长的情况。

第四,紧的货币政策和松的财政政策。松的财政政策可以刺激需求,对克服经济萧条较为有效,而紧的货币政策可以避免过高的通货膨胀。但如果长期运用这种政策组合,会积累起大量的财政赤字。

从以上几种政策组合可以看到,所谓的松与紧,实际上是指财政政策与货币政策在资金供应上的松与紧。凡是使社会资金供应增加的措施,如减税、增加财政支出、降低准备金率与利息率、扩大信贷支出等,都属于松的政策措施;凡是使社会资金供应减少的措施,如增税、减少财政支出、提高准备金率与利息率、压缩信贷支出等,都属于紧的政策措施。至于到底采取哪一种政策组合,则取决于宏观经济运行的状况及政府所要达到的政策目标。一般来说,如果社会总需求明显小于总供给,就应采取松的政策措施,以扩大社会总需求;而如果社会总需求明显大于总供给,就应采取紧的政策措施,以抑制社会总需求的增长。

另外还应看到,财政政策与货币政策的调节作用不仅影响到总需求,还会影响到总供给。因此,在社会总需求大于总供给的情况下,既可以用紧的政策来抑制总需求,也可以通过松的政策来促进总供给的增长。如果从结构方面看,即使在总供求大体平衡的情况下,也会存在供给与需求之间结构上的不平衡,也需要有针对性地采取松或紧的政策措施进行结构调整。所以,货币政策与财政政策在实际运用中应根据经济状况适时进行协调和调整,这样才能达到有效调控国民经济运行的目的。

## 本章小结

1. 财政政策是指一国政府为实现一定的宏观经济目标而调整财政收支规模和收支平衡的指导原则及其相应的措施。财政政策目标主要包括以下四大类:一是经济稳定,这类目标具体包括物价稳定、充分就业、国际收支平衡等;二是经济发展,这类目标具体包括经济增长、资源合理配置、反周期波动等;三是收入合理或公平分配;四是国家预算的基本收支平衡。我国财政政策的目标是:经济适度增长,价格相对稳定,资源合理配置,收入公平分配。

2.财政政策工具是政府实施财政政策时所选择的用以达到政策目标的各种财政手段。它主要包括财政收入(主要是税收)、财政支出(包括购买性支出和转移性支出)、公债和财政预算。

3.财政政策传导机制就是财政政策在发挥作用的过程中,各政策要素通过某种媒介相互作用所形成的一个有机联系的整体,也就是从实施政策工具到实现政策目标的过程。在财政政策从政策工具的实施到政策目标的实现过程中,最重要的媒介包括收入分配、货币供应和价格。

4.财政政策有以下几个特征:稳定性与灵活性相统一;集经济、法律、行政等手段于一体;间接性与直接性相结合。

5.财政政策在宏观经济管理与调控中主要有以下四方面的功能:导向功能、协调功能、控制功能和稳定功能。

6.财政政策乘数研究财政收支变化对国民收入的影响,主要包括税收乘数、财政支出乘数和平衡预算乘数。

7.根据财政政策在调控经济活动中所起的作用,对财政政策可以从不同的角度进行分类,主要的分类方式有以下两种:自动稳定的财政政策和相机抉择的财政政策;扩张性财政政策、紧缩性财政政策和中性财政政策。

8.财政政策的选择与运用要根据社会总需求与总供给的平衡状况,并考虑到经济、社会发展中诸多因素的影响。因此,政府特别是中央政府作为财政政策的实施主体,要根据本国的国情和当时的经济环境,斟酌选择和运用适当的财政政策。

9.在市场经济体制下,货币政策与财政政策是国家对国民经济进行宏观调控的主要手段。两大政策手段只有协调配合,才能有效地调节利率、投资、国民收入、储蓄、货币需求和货币供给,从而使国民经济保持均衡发展。财政政策与货币政策的目标总的来说是一致的,但它们各自的功能不同、作用机制不一样,调节的重点有差别,各有优势和局限性,因此,在宏观经济调控中,必须注意配合使用这两大政策手段。

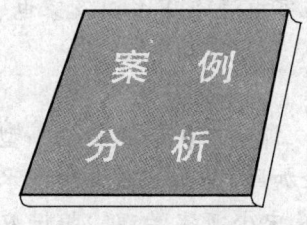

**案例　2010年我国积极财政政策的主要内容**

财政政策是政府实施宏观调控的重要手段。财政政策主要通过税收、补贴、赤字、国债、收入分配和转移支付等手段对经济运行进行调节,是政府进行反经济周期调节、熨平经济波动的重要工具,也是财政有效履行配置资源、公平分配和调控经济等职能的主要手段。1992~2008年,根据经济形势的发展变化和宏观调控的特定任务,我国先后实施了适度从紧的财政政策、具有扩张特征的积极财政政策和趋于中性的稳健财政政策,有力地促进了国民经济持续平稳健康发展。2008年四季度以来,为应对国际金融危机冲击,党中央和国务院决定实施积极的财政政策,把保持经济平稳较快发展作为宏观调控的重要任务,并与调结构、促改革、惠民生相结合,促进经济社会又好又快发展。

2010年,面对极为复杂的经济社会发展环境,特别是各类严峻的自然灾害和重大挑战,我国继续实施积极的财政政策,努力处理好保持经济平稳较快发展、调整经济结构和管理通胀预期的关系,加强和改善宏观调控,加快推进经济发展方式转变,对促进经济平稳较快发展和保持社会和谐稳定发挥了重要作用。2010年我国积极财政政策的主要内容概括如下。

### 一、安排使用好政府公共投资,着力优化投资结构

通过统筹使用公共财政预算拨款、政府性基金收入、国有资本经营收益等,中央政府公共投资支出10 710亿元,主要用于农业基础设施及农村民生工程、教育卫生等社会事业、保障性安居工程、节能减排和生态建设、自主创新和结构调整等方面。继续代理发行2 000亿元地方政府债券,优先用于公益性项目续建和收尾。扩大政府公共投资"以奖代补"范围,带动社会投资。这些措施有力地促进了投资快速增长,增强了经济社会发展后劲。

### 二、落实结构性减税政策,引导企业投资和居民消费

巩固增值税转型改革以及成品油税费改革成果。对部分小型微利企业实施所得税优惠政策。对1.6升及以下排量乘用车减按7.5%的税率征收车辆购置税。继续执行各项税费减免政策,严格行政事业性收费和政府性基金项目的审批管理。提高城乡居民收入,扩大居民消费需求。增加对农民的补贴,加强农业基础设施和农业综合生产能力建设,促进农民增收。提高对城乡低保对象、企业退休人员和优抚对象等群体的补助水平,增强居民消费能力。继续实施家电汽车下乡以及家电、汽车以旧换新等鼓励消费的一系列政策。

### 三、优化财政支出结构,着力保障和改善民生

增加对农民的各项补贴,政策覆盖范围进一步拓宽。新增450个县实施小型农田水利重点县建设,启动第二轮重点小型病险水库除险加固,全面完成大中型水库除险加固任务,加强大中型灌区续建配套节水改造以及中小河流治理。推进农业综合开发,加大对产粮(油)大县的奖励力度,支持农民专业合作组织发展、农业产业化经营和农业技术推广,推动现代农业生产发展。支持教育优先发展,对1.3亿农村中小学生免除学杂费并免费发放教科书,中西部地区1 228万家庭经济困

难寄宿生得到生活费补助。免除城市义务教育阶段学生学杂费,2 900多万学生受益。落实中等职业学校城乡家庭经济困难学生和涉农专业学生免学费政策。将普通高中家庭经济困难学生纳入国家资助政策体系,高校国家助学金平均资助标准由每生每年2 000元提高到3 000元。加大社会保障投入力度,新型农村社会养老保险试点范围扩大到24%左右的县。继续提高企业退休人员基本养老金水平和城乡低保补助标准,调整优抚对象等人员抚恤和生活补助标准。不断完善促进就业的财税政策。新型农村合作医疗、城镇居民基本医疗保险各级财政补助标准由人均80元提高到120元。促进解决关闭破产国有企业退休人员和困难企业职工参加城镇职工基本医疗保险问题。支持向城乡居民免费提供基本公共卫生服务,推动加强基层医疗卫生服务体系建设。国家基本药物制度覆盖到60%以上的政府办基层医疗卫生机构。顺利启动公立医院改革试点。认真落实相关税费优惠政策,加大保障性安居工程建设支持力度,开工建设保障性住房和棚户区改造住房590万户。支持实施农家书屋、农村电影放映等重点文化惠民工程,丰富农村文化生活。汶川地震灾后恢复重建基本完成,玉树地震灾后恢复重建进展顺利,大力支持舟曲抗灾救灾与恢复重建。

**四、积极支持科技创新和节能减排,推动经济结构调整**

实施科技重大专项,加强创新能力建设。推动发展战略性新兴产业,落实重点产业调整振兴规划。支持开展科研装备自主研制试点,实行鼓励关键零部件、先进技术装备等进口的税收政策。大力促进中小企业技术创新、结构调整和专业化发展。支持十大重点节能工程等,扩大节能产品惠民工程实施范围。公共领域节能与新能源汽车示范推广试点城市扩大到25个,在6个城市启动私人购买新能源汽车补贴试点。将太阳能热水系统等纳入政府采购扶持范围。重点减排项目和重金属污染治理加快实施,加大三河三湖等重点流域环境保护力度。建立草原生态保护奖补机制,促进草原生态建设和牧民增收。落实促进区域协调发展的各项财税政策。国家重点生态功能区转移支付范围扩大到451个县。积极扶持革命老区、民族地区、边疆地区、贫困地区加快发展。增加均衡性转移支付规模,财力薄弱地区落实各项民生政策的保障能力进一步提高。

## 思考题

1. 什么是财政政策?
2. 财政政策目标主要包括哪些?
3. 财政政策工具主要包括哪些?
4. 如何理解财政政策传导机制?
5. 财政政策有哪些特征?

6. 财政政策在宏观经济管理与调控中主要有什么样的功能？
7. 如何理解财政政策乘数？
8. 根据在调控经济活动中所起的作用，如何对财政政策进行分类？
9. 如何根据本国的国情和当时的经济环境，斟酌选择和运用适当的财政政策？
10. 财政政策与货币政策各有什么特点和局限性？如何配合使用这两大政策手段？

# 参考文献

1　安体富.财政与金融[M].武汉:武汉大学出版社,1996.
2　陈共.财政学[M].北京:中国人民大学出版社,1999.
3　蒋洪.财政学[M].北京:高等教育出版社,2000.
4　张馨.当代财政与财政学主流[M].大连:东北财经大学出版社,2000.
5　王传纶,高培勇.当代西方财政理论(上、下册)[M].北京:商务印书馆,1995.
6　项怀诚.中国财政管理[M].北京:中国财政经济出版社,2001.
7　解学智,刘尚希.公共收入[M].北京:中国财政经济出版社,2000.
8　冯秀华.公共支出[M].北京:中国财政经济出版社,2000.
9　张宏力.公共预算[M].北京:中国财政经济出版社,2000.
10　杨之刚.公共财政学:理论与实践[M].上海:上海人民出版社,1999.
11　刘溶沧,赵志耘.中国财政理论前沿[M].北京.社会科学文献出版社,2001.
12　曹立瀛.西方财政理论与政策[M].北京:中国财政经济出版社,1995.
13　樊丽明.西方国家财政税收论纲[M].济南:山东大学出版社,1996.
14　侯梦蟾.税收经济学导论[M].北京:中国财政经济出版社,1990.
15　袁振宇.税收经济学[M].北京:中国人民大学出版社,1995.
16　郭庆旺.当代西方税收学[M].大连:东北财经大学出版社,1994.
17　郭庆旺,赵志耘.财政理论与政策[M].北京:经济科学出版社,1999.
18　高培勇."费改税":经济学界如是说[M].北京:经济科学出版社,1999.
19　高培勇.公共财政:经济学界如是说[M].北京:经济科学出版社,1999.
20　朱柏铭.公共经济学[M].杭州:浙江大学出版社,2002.
21　梁朋.财税体制改革[M].广州:广东经济出版社,1999.
22　岳树民.中国税制优化的理论分析[M].北京:中国人民大学出版社,2003.
23　[美]哈维·S.罗森.财政学[M].北京:中国人民大学出版社,2000.
24　[英]C·V.布朗.公共部门经济学[M].北京:中国人民大学出版

社,2000.

25　中国财政年鉴编委会.中国财政年鉴(2002)[M].北京:中国财政杂志社出版,2002.

26　[日]坂入长太郎.欧美财政思想史[M].北京:中国财政经济出版社,1987.

27　Richard A Musgrave. Public Finance in Theory and Practice[M]. New York: McGraw-Hill,1984

28　Cullis, Jones. Public Finance and Public Economy[M]. New York: McGraw-Hill,1993